福建省社会科学规划博士文库项目

The new urbanization macro
layout of fujian province and
the strategic path

福建省新型城镇化的
宏观布局和战略路径

陈　清　著

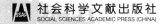

社会科学文献出版社
SOCIAL SCIENCES ACADEMIC PRESS (CHINA)

出版说明

    为了鼓励福建省青年博士在学术和科研领域勇于进取，积极创新，促进学术水平进一步提高，更好地发挥青年社科人才的作用，进而提升福建省社会科学研究总体实力和发展后劲，经福建省哲学社会科学规划领导小组同意，在 2010 年实施福建省社会科学规划博士文库项目计划（博士文库第一辑）的基础上，2014 年继续实施福建省社会科学规划博士文库项目计划，资助出版福建省社会科学类 45 岁以下青年学者的博士论文，推出一批高质量、高水平的社科研究成果。该项目面向全省自由申报，在收到近百部博士论文的基础上，经同行专家学者通讯匿名评审和评审委员会全体会议审议，择优资助出版其中的 25 部博士论文，作为博士文库第二辑。

    福建省社会科学界联合会拟与社会科学文献出版社继续联手出版博士文库，力争把这一项目打造成为福建省哲学社会科学的特色品牌。

contents
目 录

绪　论 ………………………………………………………… 001

第一章　城镇化发展的回顾与质量评价 ………………… 010

第一节　国外城镇化发展及一般规律 ……………………… 010

第二节　福建省城镇化发展基本历程 ……………………… 020

第三节　福建省城镇化发展的成就、问题与质量评价 …… 032

第二章　城镇化发展特征及未来趋势 …………………… 051

第一节　福建省城镇化发展阶段性特征 …………………… 051

第二节　福建省城镇化发展态势判断 ……………………… 062

第三节　福建省城镇化发展目标任务 ……………………… 073

第三章　城镇化发展的空间规划和优化布局 …………… 079

第一节　福建省城镇化总体空间战略布局 ………………… 079

第二节　福建省城镇化空间分类发展指引 ………………… 084

第三节　福建省城镇化空间优化策略 ……………………… 097

第四章　强化城镇化发展的产业支撑 …………………… 109

第一节　城镇化与产业发展的内在关系 …………………… 109

第二节　优化福建省产业发展的总体布局 ………………… 122

第三节　推进福建省产城融合发展 ………………………… 139

第五章　有序推进农业转移人口市民化 ······················· 153

　　第一节　推进符合条件的农业转移人口落户城镇 ········· 153

　　第二节　推进农业转移人口享有城镇基本公共服务 ······· 157

　　第三节　建立农业转移人口市民化的推进机制 ··········· 163

第六章　提高城镇综合承载能力 ····························· 168

　　第一节　构建城镇现代综合交通体系 ··················· 168

　　第二节　强化城镇服务功能 ··························· 171

　　第三节　构建城镇基本公共服务体系 ··················· 175

　　第四节　加快完善市政公用设施 ······················· 181

　　第五节　完善城镇住房供应体系 ······················· 187

　　第六节　加快绿色低碳城镇发展 ······················· 189

　　第七节　推进城市管理现代化 ························· 191

第七章　推进城乡一体化发展 ······························· 195

　　第一节　推进城乡规划一体化 ························· 195

　　第二节　推进城乡基础设施一体化 ····················· 202

　　第三节　推进城乡公共服务一体化 ····················· 207

　　第四节　提高社会主义新农村建设水平 ················· 216

　　第五节　强化现代农业的基础支撑 ····················· 228

第八章　创新城镇化发展的体制机制 ························· 242

　　第一节　深化土地开发管理制度创新 ··················· 242

　　第二节　建立可持续的公共财政和投融资机制 ··········· 250

　　第三节　探索人口管理新模式 ························· 257

　　第四节　推进行政区划调整和管理服务创新 ············· 264

　　第五节　完善城镇化协调发展机制 ····················· 269

附录　福建省新型城镇化规划（2014～2020） ··············· 279

参考文献 ··· 314

绪　论

　　城镇化是经济社会发展的必然趋势，是衡量一个国家经济发展水平的重要标志，是一个地区由农业化向工业化迈进的必由之路。2013 年 12 月召开的全国城镇化工作会议，分析了我国城镇化发展形势，明确了推进城镇化的指导思想、主要目标、基本原则和重点任务。之后出台了《国家新型城镇化规划（2014～2020 年）》，成为今后一个时期指导我国城镇化健康发展的纲领性文件。当前，福建省城镇化发展进入了十分关键的阶段。《福建省新型城镇化的宏观布局和战略路径》全面系统地阐述了推进福建省新型城镇化的战略思路、模式选择、空间布局、长效机制和政策措施，力求对推进福建省新型城镇化健康发展提供有益的理论指导和实践借鉴。

　　全书共八章，分别从城镇化发展过程的回顾与质量评价、城镇化发展特征及未来趋势、城镇化发展的空间规划和优化布局、强化城镇化发展的产业支撑、有序推进农业转移人口市民化、提高城镇综合承载能力、推进城乡一体化发展、创新城镇化发展的体制机制等方面，进行理论阐述和实践分析，涵盖了福建省城镇化发展的历史沿革、发展趋势、空间布局、城镇形态、主要任务、体制机制、政策保障等各领域和各方面。其中，第一、二章为第一部分，从全球的视野和历史的视角，分析探讨了国外城镇化发展的历程和规律，总结梳理了我国和福建省城镇化发展历程，运用统计数据分析不同时期我国城镇化发展的动态水平，进而对城镇化发展的成就、问题与质量进行科学评价；在系统总结回顾的基础上，对福建省城镇化发展的阶段性特征做出概括，并对福建省城镇化发展态势提出判断和预测。第三章至第七章是全书的第二部分，也是主体部分。该部分从空间布局规划、产业发展支撑、农业转移人口市民化、提高城镇综合承载能力、推进城乡一体化发展等方面，对推进福建省新型城镇化提出切实可行的思路举措。第八章是全书的第三部分，该部分从体制机制创新的角度，对包括土地开发管理、财税体制、人口管理、行政区划调整、工作推进制度等提出改革创新的思路和举措。

全书的主要框架和思路观点主要是：

第一章：城镇化发展的回顾与质量评价。本章概括了西方国家在城镇化的兴起阶段、推广阶段、进一步发展阶段中的主要做法及经验启示，梳理了政府调控下的市场主导型城镇化、自由放任式的城镇化、发展中国家的城镇化等模式。认为，发达国家城镇化的发展规律、发展动力、发展轨迹等都各具不相同特点，总体上可以分为三个阶段，即 18 世纪中叶英国工业革命时期到 19 世纪中叶的城镇化兴起阶段，19 世纪中叶到 20 世纪中叶的城镇化推广阶段和 20 世纪中叶至今的城镇化进一步发展阶段。世界各国由于各自不同的经济与政治状况，形成了不同的城镇化发展模式。国外城镇化建设道路可概括为三种模式：一是政府调控下的市场主导型城镇化，主要以西欧、日本为代表；二是自由放任式的城镇化，主要以美国为代表；三是受殖民地经济制约的发展中国家的城镇化，主要以拉丁美洲和非洲部分国家为代表。世界各国城镇化发展具有一定的规律性，即通常与工业化和经济发展水平相适应，一般沿着起步——快速发展——高位趋缓的轨迹发展。同时，城镇化的发展离不开工业化的推动，工业化是城镇化的基本动力。国外城镇化发展的主要经验归纳起来主要有四个方面，即注重发挥政府的宏观调控作用，通过公共干预政策引导和规范城镇化发展；重视发展农业；重视基础设施建设；注重培育城市主导产业和特色产业。

城镇化即城市化，是近现代工业化的产物。中国没有经过完整意义上的工业革命，近代中国的城市化进程是在西方列强的坚船利炮和西方文明的侵略威胁下被迫展开的历程。1840 年鸦片战争爆发，中国的城镇化进程也由此开始。新中国成立以后，我国农村城镇化进程取得了显著进步，但也经历了许多困难和挫折，以 1978 年改革开放为界，将我国城镇化进程分为两个时期，第一个时期是计划经济体制下的城镇化发展时期（1949～1978），第二个时期是市场经济体制下的城镇化发展时期（1978 至今）。福建省城镇化发展经历四个阶段，即恢复期（1949～1957）、波动停滞期（1958～1977）、复苏准备期（1978～2003）和高速发展期（2004 至今），经历了从改革开放以前的徘徊不前到改革开放后的飞速发展的转变。

　　我国城镇化发展的成就主要体现在：城镇化水平显著提高，城镇体系不断完善；城镇的数量和规模不断扩大；城镇之间的联系更加紧密，城镇密集地区逐步形成；解决了大量农村剩余劳动力的就业问题，增加了农民收入。福建省城镇化发展的成就体现在：城镇人口迅速增加；城市数量和规模不断扩大；对福建省的经济社会发展做出了重大贡献；城镇综合服务功能不断增强；城镇化体制机制不断创新。在加快推进城镇化进程中，也存在一些必须高度重视并着力解决的深层次矛盾和主要问题，主要包括农民工及其随迁家属难以融入城市社会，基本公共服务品质和均等化水平较低；城镇空间布局欠合理，大中小城市和小城镇协同发展水平较低；城镇基础设施比较滞后，管理服务能力亟待提高；体制机制不健全，阻碍城镇化健康发展，等等。在对福建省城镇化质量评价时，从经济绩效指标、社会发展指标、居民生活指标、生态环境指标、基础设施指标、空间集约指标、统筹城乡指标七个方面构建城镇化质量评价体系，综合评价城镇化进程带来的经济建设、社会事业、居民生活、生态文明、基础设施、空间结构、城乡统筹等方面的复合效应。根据综合分析，将福建的9个城市分为三类，建议采取不同的措施改善城镇化发展现状。

　　第二章：城镇化发展特征及未来趋势。当前，福建省城镇化发展呈现如下主要特点：产业结构不断优化升级，城镇化仍以第二产业带动为主，第三产业推动作用日益显著；城镇化模式多元化，包括自上而下型（外资驱动型、中心城市带动型）、自下而上型（乡镇企业带动型、就地城镇化型）和内聚外迁型；省内城镇化水平差异特征显著；人口流动向沿海城市和中心城市聚集，城镇化人口流向强聚弱散；城镇空间差异化发展，沿海网络化特征初显。

　　可以预测，福建省城镇化仍将处于持续较快发展阶段。第一，由于城镇化与经济社会发展基本同步，福建省总体上还将继续保持相对较高的经济增长速度，这对人口在城乡和区域之间的流动有较强的拉动作用；第二，未来福建省的经济增长速度相比前10年将有所减缓；第三，城镇化的成本也会不断提高，这将较大地抑制城镇化率的提高。人口规模方面，根据我国人口预测系统法、综合增长率法、趋势外推法等人口预测方法，预计福建省2015年总人口将会控制在3850万以内，到2020年总人口将会控制在4000万左右，到2030年总人口将会控制在4200万以内。城镇化水平方面，采用联合国法、趋势外推法与人均 GDP 相关分析法等预测方法，综合分析判定，至 2015 年全省城镇化仍将持续快速发展，预计总人口将会控制在 3850 万左右，城镇人口达 2480 万，城镇化水平提高到 64.4% 左右，平均每年增长 1.1 个百分点；至 2020 年全省总人口将会控制在 4000 万左右，城镇人口达 2720 万，城镇化水平提高到 68% 左右，平均每年仍然增长 1.1 个百分点；至 2030 年，城镇化速度将有所减慢，全省总人口控制在 4200 万左右，城镇人口达 3150 万，城镇化水平达到 75% 左右，平均每年增长 0.7 个百分点。

第三章：城镇化发展的空间规划和优化布局。福建省逐渐形成以福州、厦门、泉州为中心，中小城市为骨干，小城镇为基础的城镇体系。从福建区域空间发展的历史演变来看，可以总结出如下规律：从空间演变上看，呈现出从沿河发展向沿海发展转变的特征，趋海性特征突出；从空间体系对外联系的角度看，呈现出从相对独立封闭向开放互动转变的特征；从空间形态演变机制角度看，沿海城镇带网络化发展特征突出；从空间拓展机制角度看，外部空间拓展受限、内部整合力度不够。福建城镇空间组织结构可以概括为"一带、两区、四轴、多点"。其中，"一带"是指北起宁德福鼎南至漳州诏安的滨海都市带；"两区"是指福州和厦门、漳州、泉州（以下简称厦漳泉）两大都市区；"四轴"分别指纵向的南平、三明、龙岩（以下简称"南三龙"）城镇聚合轴，横向的福州、武夷山，中部的泉州、莆田—三明，厦门、龙岩腹地拓展轴；"多点"是指在福建城镇空间发展过程中发挥重要带动作用的城市新增长区域和重要节点城镇区域。

城镇空间引导策略可以简单地概括为"强化集聚、轴带拓展、多点联动、构筑网络"。在构建区域协调发展上，推进福莆宁（即福州、莆田、宁德）、厦漳泉两大都市区同城化发展，形成引领海峡西岸城市群发展和辐射带动内陆山区、粤东、浙南和赣南等周边地区的两大经济高地；推进"南三龙"城镇点状发展带开发建设，发挥其对福建全省经济社会发展的支撑作用和连接中西部的前锋作用。大力发展中心城市，发挥中心城市支撑城镇化格局的重要支点作用，做大城市规模，提升城市品位，强化综合承载能力，调整优化产业结构和城市空间布局结构，推动中心城区与周边区域的一体化发展，增强对区域发展的辐射带动和综合服务能力，成为引领经济发展的重要增长极。加快发展中小城市，按照挖掘潜力、完善功能、增强集聚、扩大规模、凸显特色的要求，充分挖掘现有中小城市发展潜力，提升中小城市发展质量，强化中小城市产业功能、服务功能、居住功能，加强市政基础设施和公共服务设施建设，提高聚集人口和服务"三农"的能力，将其建设成为服务城乡、带动区域、和谐宜居的节点城市。择优发展小城镇，坚持分类指导、差别化发展、择优培育，科学稳妥地推进乡镇整合，进一步优化重点中心镇布局，引导小城镇走特色化、集约化、现代化的发展道路。

在推进重点区域加快发展上，坚持重点突破、整体带动，培育发展环三都澳、闽江口、平潭综合实验区、湄洲湾、泉州湾、厦门湾、古雷—南太武新区、武夷新区、三明生态工贸区、龙岩产业集中区等重点发展区域，使之成为跨越发展的新增长点。通过政策倾斜和运作机制引导，改善交通和通信条件，有效提升其对都市区和省域经济社会发展的重要促进作用，使之成为加快城镇化进程的节点地区、先进制造业的聚集区，成为支撑福建发展和海西建设的创业创新的重要基地。

第四章：强化城镇化发展的产业支撑。城镇化的战略目标是通过提高城镇综合实力，完善城镇功能，大大提高城镇吸纳农村剩余劳动力的能力，优化农村社会经济结构，推动城乡互动协调发展。本章分析了城镇化与三次产业发展之间的内在关系，即城镇化的发展使得人口和要素迅速集中，这对产业发展起到重要的推动作用，同时，城镇化的发展也受到农业发展、工业化和第三产业的崛起这三大力量的推动和引导。我国的城镇化有其自身的特殊性、问题的复杂性和任务的艰巨性。要正确处理好产业发展与城镇化的关系，以加快产业发展为抓手加速城镇化进程。重点提升城镇化发展的产业支撑能力，同时也要高度警惕无产业或无就业的城镇化，防止个别地方进行激进的造城运动。同时还指出，我国城镇化和产业发展之间存在一些共性问题，提升进城务工人员素质是城镇化质量和产业效率同步提高的关键，集约、节约利用资源是城镇化绩效和产业发展效益同步提升的着力点。

目前，福建省城镇化水平的提高主要还是依靠工业的发展推动的，但其推动作用正在逐步下降，随着全省工业化进入成熟期，福建省城镇化的主导力量将逐步由工业变为服务业，第三产业的发展将日益成为全省城镇化和经济发展的主要推动力。要坚持以产业转型带动城镇化加速发展，产业发展转型的重点是大力发展现代农业、建设东部沿海先进制造业基地、提升服务业发展水平。"十二五"以来，福建省的产业发展取得了长足发展，但也存在一些制约产业结构升级和空间布局优化的突出问题，同时还面临诸多不利因素的制约和挑战，主要表现为：产业结构需进一步优化调整，产业布局在地区间发展不够协调，临港工业发展面临瓶颈，沿海和山区产业缺乏有效联动，产业链条不完整，产业关联度较低，高科技发展基础较为薄弱，经济增长对环境造成较大压力。福建省优化产业发展的总体策略是，推动产业集聚发展，强化城镇化与产业发展的良性互动，打造具有区际竞争力的高端产业，积极培育若干产业集群基地，着力构建具有福建资源特色的产业空间，大力发展现代农业，建设东部沿海先进制造业基地，提升服务业发展水平，加快海峡西岸区域创新产业发展，建设现代化海洋产业开发基地。在此基础上，本章提出了福建省优化产业总体布局的具体方案。充分考虑产业与城市之间的互动关系，提出坚持城镇化与工业化互动发展，将城市群作为城镇化的主体形态，提升和发展东南沿海、南三龙两大产业带，构建城市群提升产业群、产业群支撑城市群的发展机制，努力形成特色鲜明、错位发展、相互协调、产业群与城市群互促共进的城镇发展格局。特别是要依托全省城镇空间格局和重要交通通道、设施，构筑"两带推进、十区引领"产业空间体系，以一批具有竞争优势的开发区为基础，按照"产业集聚、开发集约、环境优化、功能提升"的要求，结合港口资源优化产业组织，加快形成功能互补、各具特色、优势明显、错位发展的产业布局。

第五章：有序推进农业转移人口市民化。推行符合条件的农业转移人口落户城镇，是促进农民工享有均等化基本公共服务的前提，必须按照相关规定分批次、分层次执行。在全面放开小城镇落户限制上，对于在建制镇（含城关镇）有合法稳定职业或合法稳定住所（含租赁）的农民工及其随迁家属均可落户，并不限制其工作年限或居住年限，保证农民工落户的及时性，加快提高农民工生活质量水平；省内农村人口转入城镇户口后，允许在一定时期内保留土地承包经营权、宅基地使用权和集体用地收益权，增加省内农民工落户城镇的资产。在有序放开中小城市落户限制上，对在中小城市有合法稳定职业或合法稳定住所（含租赁）的农民工及其随迁家属，凡居住满3年、工作满2年可申请落户；按照国家规定参加城镇社会保险达到 2 年以上的农民工及其随迁家属可在中心城市申请落户。在逐步放宽大城市落户条件上，对有合法稳定职业或合法稳定住所（含租赁）的农民工及其随迁家属，按照国家规定参加城镇社会保险达到 4 年以上的农民工及其随迁家属均可落户。同时，实施农民工积分制入户城镇制度，逐步推进福建省农村人口就地城镇化。推进农业转移人口享有城镇基本公共服务，完善城乡劳动者平等就业制度，保障农民工随迁子女平等受教育的权利，加快推进农民工参加城镇社会保险，改善农民工基本医疗卫生条件，拓宽农民工住房保障渠道，完善农业转移人口基本养老保险制度。目前全国户籍管理制度改革总体上朝着以人为本、执政为民的方向发展。一是分类调整户口迁移制度，着力引导农村人口有序向中小城市和建制镇转移，二是研究建立居住证制度，逐步为农民工在城市有序落户打通政策通道。福建省规划 2011 年到 2020 年每年需落户农民工数量为 28～30 万人，到 2015 年落户约 140 万人，到 2020 年落户约 290 万人。从目前情况来看，福建省农业转移人口市民化已初见成效。下一步要积极稳妥加以推进户籍管理制度改革，强化各级政府责任，充分调动社会力量，搭建农业转移人口市民化信息化平台，真正构建政府主导、多方参与、成本共担、协同推荐的农业转移人口市民化机制。

第六章：提高城镇综合承载能力。完善的基础设施、公共设施和良好的居住环境是促进城镇经济发展、提高综合承载能力的重要基础和条件。在基础设施方面，要加快完善交通、水电、通信、住宅、教育、卫生和体育等设施，其中构建城镇现代综合交通体系尤为重要。福建省要加快建设"三纵六横九环"铁路网和"三纵八横"高速公路网的建设，畅通城市进出口通道，做好交通节点规划建设，城市交通与城际交通、高速公路、干线公路、港口和客货运主枢纽等要尽快实现无缝对接，加快构建有效辐射各区域经济中心、高效连接中心城市、重要节点城市、交通枢纽、广大农村的现代化综合交通网络。在城镇空间结构方面，要按照统一规划、协调推进、集约紧凑、疏密有致、环境优先的原则，统筹中心城区改造和新城区建设，提高城市空间利用效率。在公共服务体系建设方面，要按照"区域统筹、共建共享、均等供给、分级配给"的原则建立设区市及以上、县（市）、镇、村（居委会）四级的教育科研、医疗卫生、文化设施、体育场所等与城镇发展相关的公共服务设施，形成总量适度、设施配套、功能完善、服务规范的城乡一体化公共服务设施网络。在市政公用设施方面，要推进供水工程、电力供应体系、城镇信息基础设施、数字城市、城市地下排水系统建设。在住房供应方面，要坚持满足基本住房需求的原则，加快构建以政府为主提供基本保障，以市场为主满足多层次需求的住房供应体系，完善房地产市场调控长效机制，有效调控城镇住房价格和租金，保障城镇居民住有所居。

第七章：推进城乡一体化发展。实现城乡一体化发展是现代农业和工业联系日益增强的客观要求，在生产力达到一定水平的基础上，加强城市和乡村之间的交流和合作，使其相互依存、相互促进，将城乡视为统一的整体，通过要素的自由流动和人为协调，取得最佳效益，同时达到一种经济一体化和空间融合的系统最优状态。本章列举了国内外关于推进城乡规划一体化的典型案例，其中国外包括英国、德国等。随着福建省城镇化的发展及城乡一体化探索的深入，理顺城乡规划体系，打破城乡规划分离的状况，以科学的规划统筹城乡协调、持续健康地发展日益紧迫重要。要推进城乡规划一体化，实现科学性、前瞻性、务实性与可操作性的有机统一。近年来，福建省交通、给水、电力、通信、清洁设施等方面的基础设施建设取得了巨大的成就，不过也要清醒地认识到其中所存在的问题。要加快健全相互配套衔接的城乡规划体系，体现地域差异、突出城乡特色，充分发挥规划的"领头羊"作用，加强对城乡规划的管理和监督。要积极推进福建省城乡基础设施一体化，确定城乡基础设施发展的重点，拓宽城乡基础设施建设的投融资渠道，加强对城乡基础设施的维护与管理。要加快推进城乡公共服务体系建设，逐步促进均等化。公共服务领域尤其是农村基本公共服务体系建设是推进城乡一体化发展的重中之重。城乡公共服务一体化是指政府为社会公众提供基本的、与经济社会发展阶段相适应的、体现公平原则的大致均等的公共产品和服务。要深化体制机制改革，统一城乡户籍制度，深化农村土地制度改革，合理规划行政区划；加大公共财政支持，调整财政支出结构，建立均衡性转移支付制度，实现财权和事权的统一；拓宽融资渠道，金融机构要增加公共服务业贷款规模，加大对符合条件的服务业企业授信额度，积极增加相关金融服务品种；创新管理监管机制，完善公共服务发展信息的监测、预警和发布制度，形成更高效的反馈制度，不断完善公共服务的目标考核体系。

　　第八章：创新城镇化发展的体制机制。深化土地开发管理制度创新，按照管住总量、严控增量、盘活存量的原则，严格保护耕地和节约利用土地，改革土地管理制度，推进土地征收和供应等领域的改革，不断完善土地产权、用途管制、市场配置、收益分配等配套制度建设，提高城镇化发展的土地资源保障能力。建立可持续的公共财政和投融资机制，按照财力与事权相匹配的原则，完善财税体制，加大财政转移支付力度，夯实市、县（市、区）政府财力。通过扩大债券融资、强化政策性金融、吸引社会资金投入等方式，为城镇基础设施建设拓宽融资渠道。探索人口管理新模式，以农业转移人口市民化为重点深化户籍制度改革，建立统一的人口基础信息库，创新和完善人口服务制度，努力让流动人口安居乐业、各得其所。推进行政区划调整和管理服务创新，优化行政层级和行政区划设置，合理增设城市建制，形成设置科学、布局合理、服务高效的行政区划和行政管理体制。完善城镇化协调发展机制，坚持协作共赢、融合发展，完善大都市区、城镇带合作协调机制，推动大都市区、城镇带内部的市场体系、产业布局、基础设施、公共服务、环境保护一体化发展。

第一章

城镇化发展的回顾与质量评价

第一节 国外城镇化发展及一般规律

一 国外城镇化发展阶段划分

城镇化是经济社会发展的必然趋势,是衡量一个国家经济发展水平的重要标志,是一个地区由农业化向工业化迈进的必由之路。城镇化不仅指人口的城镇化,而且是整个社会基本形态由农业型社会向更高一级城市型社会的转型。20世纪80年代初许多发达国家城镇化水平已达70%~80%,其发展规律、发展动力、发展轨迹等都体现出不同的特点,但总体上讲,国外城镇化发展历程可以分为三个阶段。

第一阶段:城镇化兴起阶段(从18世纪中叶英国工业革命时期到19世纪中叶)。工业化带动城镇化,是近代城镇化的一个重要特点。在工业革命的浪潮中,城市发展之快、变化之巨,超过了以往任何时期。在这一阶段,凭借工业革命的巨大成功,英国经济得到飞速发展,并且率先开始城镇化进程,逐步成为世界上第一个基本实现城镇化的国家。1851年,世界城市人口占总人口的比重为6.5%,而英国城市人口占总人口的比重则达到50%以上,远远超过了世界城镇化水平。城镇化兴起阶段的特点是:劳动力密集型的家庭小生产是城镇经济的主体,城镇经济活动的主要场所集中在手工作坊和私营小型企业,就业者主要是食品零售商、小商贩、工匠及少量低层次的服务业人员,此时城镇对农村人口的"拉力"还不够强大；同时，农业经济占国民经济的比重较大，使农村劳动力外流的"推力"还不太有力，农村人口向城镇转移的速度较为缓慢。

第二阶段：城镇化推广阶段（从 19 世纪中叶到 20 世纪中叶）。此阶段是城镇化高速发展的阶段。工业革命推动了世界经济的快速增长，也加快了城镇化的发展步伐。到 20 世纪中叶，欧美各主要资本主义国家基本实现城镇化。1950 年，世界城市人口占总人口的比重为 28.4%，其中欧美发达国家的城市人口比重达到 51.8%。与此同时，随着经济的逐步发展，发展中国家也开始进入城镇化的起步与初期推进阶段。城镇化推广阶段的特点是：大多数欧美国家进入工业化时期，现代工业基础初步确立，工业规模和发展速度明显加快，城镇的就业岗位增多，对劳动力的"拉力"增大；科技进步提高了农业生产率，使更多的农业劳动力从土地上解放出来。同时，由于医疗条件的逐步改善，人口进入高出生率、低死亡率的快速增长阶段，农村的人口压力增大，乡村的"推力"明显加大，大量农村人口向城镇转移，城镇化进入加速发展阶段。

第三阶段：城镇化进一步发展阶段（从 20 世纪中叶至今）。此阶段为城镇化的普及阶段，是城镇化成熟阶段。城镇化在全球范围内迅猛发展，造成城镇人口过度膨胀、城镇居民的生活质量和环境质量下降，从而导致人口向城郊迁移，引起商业衰退，城镇人口进入饱和状态，城镇化发展速度趋于缓慢；社会进入后工业化时代，人口进入低出生率、低死亡率、低增长率的阶段，农业现代化程度进一步提高，农村的经济和生活条件大大改善，乡村人口向城镇转移的动力较少，农村的"推力"和城镇的"拉力"都趋向均衡，城乡间人口转移达到动态平衡，城镇化进程趋于停滞，部分城镇甚至出现"逆城镇化"现象。城镇化进一步发展阶段的特点是：城市人口快速增长，城市数量迅速增加；发达国家与发展中国家城市人口增速呈现明显差异；城市规模越来越大，出现了若干特大城市以及城市群和城市带。

二　国外城镇化发展道路的几种模式及特点

世界各国由于各自不同的经济与政治状况，形成了不同的城镇化发展模式。根据城镇化进程与经济发展的关系以及政府调节与市场机制在城镇化进程中的作用，可以概略地将国外城镇化发展道路概括为三种模式：一是政府调控下的市场主导型城镇化，主要以西欧、日本为代表；二是自由放任式的城镇化，主要以美国为代表；三是受殖民地经济制约的发展中国家的城镇化，主要以拉丁美洲和非洲部分国家为代表。

1. 以西欧、日本为代表的政府调控下的市场主导型城镇化

工业革命前，西欧大多数国家城镇化处在较低水平，而且发展非常缓慢。18世纪中叶，工业革命的浪潮推动了经济的飞速发展，西欧城镇化也随之进入快速发展阶段。首先是英国的城镇化水平在1851年率先超过50%，随后德国、法国的城镇化水平也在不到百年的时间内上升到50%以上。日本的城镇化进程比一些西方国家晚百余年，但与西欧等老牌发达国家相比，日本的城镇化在速度上很引人注目，只用了几十年时间就达到了西方发达国家的城镇化水平。1945～1970年，日本城镇化水平由27.8%提升为72%，年均增长1.77个百分点，一举跻身为世界高城镇化水平国家行列[①]。在经历了城市的快速发展阶段后，这些国家的城镇化水平都保持在70%以上，进入了城镇化进程和城市发展的平稳时期，并且形成了伦敦、巴黎、东京这样有世界影响的大都市。目前，西欧作为全球人口自然增长最慢的地区，人口转移以城市间人口流动和移民为主，城乡之间已经没有明显的界限。

由此可见，西欧、日本的政府调控式城镇化发展模式是建立在市场机制的基础上，既注重政府宏观调控，又充分发挥市场机制的主导作用，但政府调控在城镇化发展过程中发挥了更大的作用。在这种发展模式下，政府主要是通过法律、行政和经济手段，引导城镇化健康发展，在土地、住房、交通、环境等各方面，政府都发挥着不可替代的作用。城镇化与市场化、工业化总体上是一个比较协调互动的关系，是一种同步型城市化。

此发展模式的特点表现在：一是工业化与城镇化相互促进。城市积累了大量的劳动力，为工业化提供了丰富的劳动力资源，而规模经济和规模效益又使城市的集聚作用得到进一步强化。比如，由于拥有丰富的煤矿资源，英国北部的一些城市，如曼彻斯特、利物浦等，成为工业革命的发源地，而伦敦由于集中了管理、金融、保险、工程、服务业，成为英国的政治、经济中枢。又如，源于工业化过程中对煤和铁矿石的需要，德国鲁尔

---

① 杨特、包佳丽：《国外城镇化发展战略成败及启示》，《中国经贸导刊》2010年第24期。

区新城镇应运而生。随着全球经济一体化以及竞争的加剧，为了适应社会发展的需要，城市产业结构进行了不断调整和重新分工，城市发展格局显现出新的态势，产业发展与城市发展的联系更加紧密。二是城镇化早期疾病的流行使城市建设的法律规范得以建立和完善。英国等欧洲国家在城镇化初期，随着城镇化的推进，人口和产业活动迅速集聚，而城市又缺少必要的供水、污水和垃圾处理等基础设施，居住条件恶劣，产生了严重的环境污染问题并导致致命疾病的流行。19世纪30至60年代，英国先后出现三次流行性霍乱，造成大量人口死亡。为了解决这一难题，自19世纪中叶，英国通过了一系列对环境卫生问题进行管理的法案。从1848年到1909年，英国先后颁布《公共卫生法》《环境卫生法》《工人阶层住房法》《住宅与规划法》等法案，对卫生和建筑进行管制，由政府组织向低收入者提供公共住宅，从而改善了人民的居住条件。继英国之后，欧洲各国政府纷纷效仿，相继制定法律法规，以强制性手段对城镇化和城市建设进行规定和规划引导，以有力的行政干预来改善城市的环境。三是政府在城镇化过程中发挥着不可替代的作用。土地、住房、交通、环境和历史文化保护是各国在城镇化快速发展过程中普遍遇到的问题，这些问题都需要政府的干预，因此政府公共政策涉及的范围越来越广。"二战"后，伦敦向外围迅速扩展，对农业用地产生了巨大的压力。1935年，伦敦郡通过了"绿化带开发限制法案"，由伦敦郡政府收购土地作为"绿化隔离带"，进而引导城市的建设开发，减少城市发展对乡村环境和利益的损害。中央政府成立城乡规划部，加强规划成为地方政府的法定义务。在西欧、日本的城镇化发展过程中，由于市场机制的主导作用，人口、土地、资本等与城镇化相关的经济要素能够自由流动和配置。同时，各国政府也强调对市场竞争和社会保障进行必要的国家干预，通过制定和实施国家城镇化战略和公共政策，健全法制，开发建设区域基础设施，提供公共服务设施，改善居民生活条件，引导城镇化与市场化、工业化协调互动发展，积极推进区域结构调整，正确应对快速发展的城镇化进程。在此过程中，针对各特定阶段出现的问题，通过体制机制的不断完善，及时调整政府政策，用行政、财税、规划等手段来弥补市场机制中存在的缺陷。

2. 以美国为代表的自由放任式的城镇化

美国是当今世界最发达的资本主义国家，其城镇化水平也很高。早在

20世纪70年代，美国就进入高度城镇化社会。城市经济结构和地域空间发生很大变化，人口、就业和新的投资开始从美国北部和东北部的大制造业城市向南部和西南部的城市和乡村转移，大都市增速减缓。美国也是市场经济的典型代表，在其城镇化和城市发展的过程中，市场发挥着至关重要的作用。美国的政治体制决定了城市规划及其管理属于地方性事务，联邦政府对城市规划和管理的能力较弱，政府不能及时有效地引导以资本为导向的城镇化发展，造成城镇化发展的自由放任，美国也为此付出了高昂的代价。由于美国在城镇化过程中政府任由城镇发展和城镇建设按照市场需求推进，造成城市过度郊区化，城市不断向外部低密度地区蔓延，城镇建设杂乱无序，空间和社会结构性问题日益突出。

美国的郊区化出现在20世纪上半叶。由于城市的快速发展，人口迅速集中，城市中心交通拥挤、住房紧缺、环境恶化、犯罪率高等问题日益突出，使人们希望逃离城市接近自然。受美国文化的影响，美国人崇尚实用、新潮和对私有住房的强烈追求，占地广、绿化多、空气清新、房子宽敞、房价又相对便宜的郊区住宅适应了他们的要求。富有家庭有能力选择离开生活条件恶劣的城市中心到郊区居住，建造属于自己的舒适的独立院落式低层住宅。随着经济的进一步发展，交通条件的改善，私人小汽车的普及和全美高速公路网的形成，使得郊区居民的生活、工作、娱乐、购物更加便利，广大中产阶级和普通居民也有能力移居到生活环境较好的郊区，富有家庭则迁往空气、环境更好的远郊，从而加快了美国郊区化的步伐。同时，由于美国实行土地私有制，加上利益驱动，大城市周边的小城镇政府为了开发建设地方经济，竞相吸引房地产开发商投资，农场主为了获得利润，也愿意将农田卖给开发企业，而较少顾及农田或生态环境的损失，服务业，尤其是大型购物城的兴起，满足了郊区生活的需求。美国政府的政策也有利于促进郊区化。1935年5月，美国政府成立了工程进展署（WAP），大规模建设城市公益福利设施和私人资本不愿提供的具有远期效益的工程项目，这些道路、桥梁、地下管线、公园等基础设施的建设改善了郊区的交通和居住条件，为大规模郊区化奠定了基础。联邦政府的税收制度倾向郊区，如提供低息住房贷款等政策，在客观上鼓励民众购买郊区更大、更好的房屋，从而推进了城市郊区化。城市的郊区化，使得城市发展在空间格局上表现为城市沿公路线不断向外部低密度地区蔓延，城市逐步发展为包含若干连绵的市、镇的大都市地区。

郊区化使得美国的人口密度降低，郊区经济得到快速发展，城市与郊区、乡村之间的差距逐步缩小、不断融合，这给美国社会经济发展带来了深远的影响，但是美国也为过度郊区化付出了沉重的代价。一是土地资源浪费严重。由于美国实行的是土地私有制，农民为了获得利润将土地卖给房地产商，导致农田流失严重。自20世纪60年代到70年代，美国农田流失的速度增长了3倍①，从平均每年110万英亩增加到310万英亩。二是生态环境遭到了严重破坏。原本宁静的大自然、一片片树林和庄稼逐渐消失，取而代之的是毫无差别的低密度住宅区。人们搬至郊区是为了逃离污染严重的城市，结果却制造出越来越严重的汽车废气污染。人类活动排放的生活污水，制造的生活垃圾，也污染了郊区环境，致使很多稀有物种濒临灭绝。同时，对汽车的高度依赖也使美国城市的高能耗成为世界之最，人均能源的消耗是全球平均水平的5倍。三是经济成本较高。郊区离市中心较远，交通成本高，出行时间长。据统计，1980年美国人均每年仅用于交通方面的花费就高达1270美元。在芝加哥区域，位于远郊区的家庭平均每年驾车出行的时间为居住在城市中交通设施沿线家庭的242%。由于人口密度过低，公共交通、教育、文化、警力等社会服务和水、电、气、垃圾处理等基础设施的人均开支大大增加，从而增加了政府开支，越来越多的城市政府和州政府不堪重负，许多地方政府无力支撑过度的郊区化。四是贫富差距加大。富有的人有能力搬至环境较好的郊区生活，从而形成富裕的郊区环绕着相对贫穷的中心城区的城市空间形态，这种空间形态已成为美国城市的主要特征。城郊间贫富分布的不均衡使得种族、阶层间的文化冲突不断加剧，形成了相互割裂的社会圈层，引发了一系列社会问题。由于人口向郊区转移，大城市中心的人口和就业岗位大幅度下降，位于东部、北部的老工业城市与内陆城市在此方面的表现尤为明显，城市中心逐渐衰败，从而导致老城区的修缮和公共设施建设的资金逐年减少，大城市中心出现贫困、脏乱和犯罪率高等一系列社会问题。

---

① 王成仁、景春梅：《新型城镇化应注重土地集约使用》，《中国经贸导刊》2013年第6期。

3. 以拉美国家为代表的受殖民地经济制约的城镇化

以拉丁美洲和大部分非洲国家为代表的发展中国家，其城市和城市体系是在遭受西方殖民统治时期建立起来的，具有独特的发展模式，即受殖民地经济制约的被动发展模式。这是由于殖民地国家无权决定国家经济发展的各项政策，宗主国一味地推行土地私有化政策，因此一旦遇到天灾减收或疾病流行，农民们便不得不将土地廉价抛售，而失去土地的大批农民只有向大城市集中。同时，由于政府未能及时进行调控和疏导，也没有探索适合本国国情的城镇化道路，而是把农民向城市转移作为解决农村社会冲突的一个途径，从而导致"过度城市化"。其具体表现为，外来资本主导下的工业化与落后的传统农业经济并存，工业发展落后于城镇化进程，政府调控乏力，城镇化大起大落。比如，第二次世界大战前夕，巴西、墨西哥、委内瑞拉、哥伦比亚和秘鲁5个处于半工业化经济类型的国家，城镇化率和工业化率大致都处在 10%～15%。到 1960 年，工业化率仍维持在 10%～15%，而 2 万人以上城镇人口的比例却增至 30%～50%。

造成这种结果的主要原因，一是城市发展与经济发展阶段脱节，工业化发展赶不上城镇化进程。合理的工业发展和产业结构，有助于城市的发展，有利于增加就业。拉美国家早期的工业化出现在其殖民地国家时期，国家经济的发展源于宗主国的工业资本输入，本国市场只是原材料加工地，民族工业较为落后，一旦宗主国工业资本撤出，本国经济将受到致命打击，仅靠第三产业的发展不能增加社会财富，提升城市经济和物质文明，从而造成城市经济发展缓慢，甚至倒退。二是忽视传统农业的改造与广大农村地区的发展。拉美国家主要依靠外国资本发展工业，城市经济得到了较快发展，但是却忽视了农业现代化和农村的建设，农村经济发展较慢，因而扩大了城乡差距。为了追求更好的生活，大量农村人口涌向生活条件更好的城市，使城市就业、居住、环境和教育设施不足的问题进一步恶化。三是殖民式的城市治理模式制约经济的发展。在长期的殖民统治中，欧洲宗主国的移民对拉美和加勒比地区等许多国家的人口和城市的发展和扩张有着深远的影响，导致拉美地区城市治理模式的欧洲化。拉美和非洲的城镇化在发展过程中无视本国原有的民族文化，没有立足于本国的基本国情，完全套用殖民主义宗主国的发展模式和调控办法，导致这些地区的城镇化道路极其艰难，在农村人口不断向城市转移的过程中，其经济却在逐渐衰落或停滞不前。

由于拉美地区的过度城镇化，产生了一系列经济、社会和环境问题。一方面，拉美地区城镇化发展过度引发了一系列"城市病"。在城镇化的发展过程中，拉美各国政府采取了大城市优先发展的战略，大力推进大城市基础设施建设，增加就业岗位，扩大就业机会，使大城市对移民更具吸引力，也使大城市在数量和规模上都得到了迅速提升。人口和资源迅速向大城市集中，逐步对边远地区尤其是中小城镇的发展产生了排斥效应，进一步加剧了地区间发展的不平衡，同时也产生了大量环境和社会问题，如城市环境恶化、交通堵塞、住宅拥挤、城市贫困人口空前增加、就业水平持续下降、犯罪率上升等一系列"城市病"。另一方面，工业化大幅落后于城镇化导致贫民窟泛滥。拉美国家的工业化发展严重落后于城镇化步伐，实现民族独立后，城镇化进展迅速，截至2000年，拉美的城镇化率已超过75%，但工业化率仍然保持在较低水平，仅为30%。工业化和经济发展水平较为滞后，使城市难以创造出充分的就业机会，满足不了农村移民的就业需求。大批农民来到城市后，由于缺乏就业机会，收入水平低下，没有能力在城镇买房安居，生活困苦，迫于生活压力，只能通过非法手段，在城市闲置土地上自建住房。但这些自建住房并没有列入市政部门规划，所以政府对居住区内的基本建设的投资相对较少，导致自建住房居住区内基础设施和公共服务极度匮乏，并逐渐沦为城市贫困阶层聚居的贫民窟。拉美近40%的农村移民到城市后都聚居在大城市贫民区，其中大部分居民都没有稳定的工作和收入来源，更谈不上社会保障和社会福利，他们对社会严重不满，导致毒品买卖和色情服务猖獗，犯罪率上升，这些都成为威胁社会稳定的重大隐患。

三　国外城镇化发展的一般规律

城镇化不仅是人口的简单聚集，而且是整个社会基本形态由农业型社会向更高一级城市型社会的转型，是衡量经济增长和社会发展的重要指标。综观世界各国城镇化的发展，不难发现城镇化发展具有一定的规律性。

1. 城镇化进程的阶段性规律。城镇化的发展水平通常与工业化和经济发展水平相适应，一般沿着起步→快速发展→高位趋缓的轨迹发展。在这一过程中，城镇化的形态特征与内在机制都发生了较明显的变化，并体现出鲜明的初期、中期、后期三个阶段。

初期阶段的城镇化水平较低，在30%以下。该阶段的特点是，第一产业所能提供的生活资料不够丰富，第二产业发展所需的社会资本短缺，国民经济总体实力相对薄弱，导致城镇化发展缓慢。中期阶段的城镇化水平为30%~70%，该阶段城镇化发展进入快速发展时期。人口和经济活动迅速向城市集聚，城镇化水平以稳定的增速发展，大约每年提高1个百分点。城镇在外延扩大的同时也开始了向内涵的发展。城镇化水平为70%以上为后期阶段，此时城镇化发展进入了高级阶段。这一阶段的特征是，城镇人口比重增长缓慢甚至停滞，城镇化进入稳定阶段，城镇的功能更加多样化、复杂化，逐步成为该区域的经济、科技、文化、商贸中心。

以城镇化水平比较高的美国为例。1790年，美国第一次人口普查数据显示，当时的城镇化水平仅为5%，处于初级阶段；而到了19世纪中叶，随着美国内战的结束，美国城镇化在和平的环境下得到快速发展，1920年，美国人口突破了1亿大关，此时的城镇化水平为51.2%，达到城镇化发展的中期阶段。1920年以后，人口城镇化水平上升速度趋缓。进入20世纪70年代以后，城镇化水平基本保持稳定，从20世纪70年代到20世纪末的30年间城镇人口占全国总人口的比例稳定在74%~77%。

2. 工业化是城镇化的基本动力。城镇化的发展需要一定的动力来推动，综观各国的城镇化发展历程，城镇化的发展离不开工业化的推动，工业化是城镇化的基本动力。工业革命首先在英国爆发，使得英国成为世界上最早开始工业化和城镇化的国家。工业革命在英国取得了巨大的成功，相应英国的城镇化发展也十分迅速，在此期间一大批工业城市，如曼彻斯特、伯明翰、利物浦等迅速崛起、成长。同时，随着资本、工厂、人口向城市的迅速集中，德国的鲁尔地区、法国北部地区、美国的大西洋沿岸等地区形成城市密集的区域。从发展的速度看，城镇化的发展与工业化的发展步伐一致，城镇化的高速发展期一般处于工业化加速阶段，即从工业化初期向工业化中期迈进的时期，也就是所谓的"同步城市化"。工业化及所带来的资本扩张极大地促进了城镇化的发展，成为其前进不可或缺的第一动力，整个城镇化过程其实就是资本扩大再生产过程在城市地域的体现。

四　国外城镇化发展的主要经验

1. 注重发挥政府的宏观调控作用,通过公共干预政策引导和规范城镇化发展。一方面,政府可以针对各个特定阶段出现的问题,对各项政策、制度进行及时的调整,用财税、行政、规划等手段来弥补市场机制的不足;另一方面,政府可以通过制定和实施公共干预政策,健全法制,加强基础设施建设,完善公共服务,引导城镇化与市场化、工业化的协调互动发展,从而快速顺利地实现现代化。以全球第一个实现城镇化的发达国家英国为例,在英国城镇化发展的初期阶段,城镇化曾出现过较为严重的问题,为此,英国政府针对实际问题制定了多部环境、卫生等方面的相关法律法规,成功地引导了城镇化的发展。"二战"结束后,英国出现城镇化大规模重建、人口快速膨胀等现象,有郊区化的趋势。为了解决这一问题,英国政府采取设置环城绿化带和建设新城的城市规划政策,较为成功地控制了大城市的无序扩张。

2. 重视发展农业。农业的发展在城镇化进程中担任重要角色。一方面,农业为城镇化提供了稳定的农产品来源以及充足的农村剩余劳动力;另一方面,为城镇工业品提供了广阔的销售市场和一部分资金。因此,许多发达国家都非常重视农业发展,如:1750~1760年的法国,1760~1770年的英国,1820~1830年的奥地利、意大利、瑞典等国家都先后有过"农业革命",使农业生产率有了大幅度提高,产生了大量的农村剩余劳动力,并转化为城镇发展中充足的劳动力,促进了城镇化的发展。相反,一些发展中国家却忽视了农业的重要性,在城镇化建设过程中以牺牲农业为代价谋得城市的发展,形成农业发展严重滞后,城乡差距扩大的局面。如拉美、非洲地区的发展中国家在城镇化过程中,片面强调城镇的扩张而忽略了农村的发展,导致大城市迅速膨胀,而农业逐渐衰退和落后,城乡二元经济结构问题严重,部分国家长期陷入"过度城市化"的泥潭而难以自拔。

3. 重视基础设施建设。基础设施建设对城镇化的发展具有基础性和支撑性的作用,其中,交通运输是实现城镇化快速发展的重要条件。为了加快推进城镇化,西方国家始终把发展交通运输作为城镇基础设施建设的重点，在铁路、公路建设方面投入大量资金。例如，美国先后建成了贯通东西、深入西部腹地的铁路大动脉以及 5 条平行的东西大干线，从而促进了区域间城镇化的均衡发展。法国将大量资金投入交通建设，修建了大量的公路、运河、铁路，这些交通设施对法国的工业化、城镇化发展起到了积极的推动作用。日本在城镇化建设初期就将基础设施建设作为重点，大部分公共投资主要用于铁路、公路、港口、工业用地等方面的基础设施建设，不但建设了四通八达的公路、铁路交通网络，而且在高速铁路建设方面取得了重大进展，这些交通设施的建成，极大地促进了中小企业的集中、生产资料的自由流动和商业的繁荣，推进了城镇化的顺利发展。

4. 注重培育城市主导产业和特色产业。城市发展与产业发展有着直接的关系。著名经济学家缪尔达尔在其城市发展积累因果理论中认为，当城市发展到一定的水平时，决定城市增长的不再是本地的资源禀赋，而是城市本身集聚资本、劳动力及生产要素的能力，这种能力取决于城市能否形成一种繁荣的主导产业。如美国的帕洛阿尔托小城镇，虽然全镇只有 5.6 万人，但其在城镇化发展过程中，凭借毗邻斯坦福大学的优势，大力发展以电子软件和生物技术为主导的高新技术产业，形成了以高新技术为特点的主导产业。同样，西雅图是微软的总部所在地，也形成了其主导产业。而以电子信息为主导产业的巴西伊瓜苏市则以旅游业闻名。在城镇化发展过程中，各发达国家也非常注重城市特色产业的培育，不少城市立足于自己的资源特色、环境条件，确定城市的产业发展战略，使城市迅速形成自己的核心竞争力。如美国的汽车城底特律和钢铁城匹兹堡、法国的葡萄酒城波尔多、意大利的服装名城米兰、荷兰的港口城市鹿特丹等均以独特的城市产业竞争优势而闻名于世。

第二节　福建省城镇化发展基本历程

一　我国城镇化发展历程

城镇化即城市化，它是思维方式、行为方式、生活方式城市化的过程，是城市在社会经济生活中逐渐占据主导地位从而引起城乡关系转型的过程，是社会结构转移的城市化现象，是近现代工业化的产物。我国没有经过完整意义上的工业革命，近代中国的城市化进程是在西方列强的坚船利炮和西方文明的侵略威胁下被迫展开的。

1840 年鸦片战争爆发，中国的城镇化进程也由此开始。鸦片战争时期，帝国主义大举入侵中国，用武力打开了中国的大门，加速了中国几千年封建经济基础的解体。同时，民族工商业和中国资本主义生产方式得以进一步建立和发展，为工业化和城镇化的发展创造了客观条件。但从总体上看，鸦片战争至新中国成立期间，中国经济社会发展缓慢，城镇化水平很低，发展速度也非常缓慢，城镇化经历了艰难的起步阶段。1843 年中国城镇人口只有 2070 万，人口城镇化率约为 5.1%（不包括边远地区）。从 1843 年到 1949 年的 100 多年间，城镇人口增加到 5765 万人，人口城镇化率增加到 10.64%。虽然这一时期城镇的发展速度有所加快，但 1949 年世界人口城镇化率已超过 28%，当时我国的城镇化水平还远远低于世界水平。在这个时期，我国城镇的空间布局极不平衡，城镇的规模结构也非常不合理。城市按职能基本划分为贸易口岸城市、交通枢纽城镇、工业矿山城镇以及区域中心城镇。1843~1949 年我国人口城镇化水平变化情况见表 1-1。

表 1-1　1843~1949 年我国人口城镇化水平

年份	总人口（万人）	城镇人口（万人）	人口城镇化水平（%）
1843	40588	2070	5.10
1893	39167	2350	6.00
1936	48300	3415	7.07
1949	54200	5765	10.64

资料来源：胡顺延等：《中国城镇化发展战略》，中共中央党校出版社，2002，第 84 页。

新中国成立以后，我国农村城镇化进程取得了显著进步，但也经历了许多困难和挫折。回顾其发展历程，可以 1978 年改革开放为界，将我国城镇化进程分为两个时期，第一个时期是计划经济体制下的城镇化发展时期（1949~1978），第二个时期是市场经济体制下的城镇化发展时期（1978~），每个时期可分为若干阶段。图 1-1 是新中国成立以来我国城镇化发展变动情况。

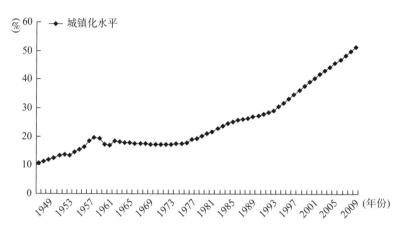

图 1 - 1　新中国成立以来我国城镇化发展的趋势

1. 计划经济体制下的城镇化发展时期（1949～1978）

（1）城镇化的恢复发展阶段（1949～1957）

新中国成立之初，城镇建设的主要任务是，恢复国民经济，医治战争创伤，使原有的城镇尽快恢复生机和活力。为了尽快恢复国民经济，政府积极规划了"一五"计划，并启动了156个重点工业项目，创造了大量就业岗位，吸引了大批农民进入城市和工厂矿区，使城市人口迅速增加。由于大批农村人口向城市集聚，不仅扩大了原有城市的规模，而且形成了一批新兴的生产性城市。另外，对资本主义工商业和手工业的社会主义改造确立了国有和集体企业在城市中独一无二的地位，城市的工业中心、生产中心的作用越来越明显，而消费服务中心、文化中心的功能开始减弱。此外，土地改革的成功推行，极大地调动了农民的积极性，农业生产产量增加，为城镇化的发展打下了坚实的经济基础。1949年新中国成立之初，全国城市仅为132个，城市人口只占全国总人口的10.6%。到1957年末，城市已发展到177个，相对于1949年增长了34%；城镇人口占全国总人口的比重为15.4%，比1949年增加了4.8个百分点。这一阶段，我国工业建设的布局开始向内地倾斜，因而加快了内地城镇化建设的进程。表1-2是改革开放前部分年份城镇化建设的相关数据。

表 1 - 2 1949～1978 年我国部分年份城镇建设相关数据

年份	全国人口	城镇总人口		市（个）	建制镇（个）
	（万人）	人口数（万人）	比重（%）		
1949	54167	5765	10.64	132	2000
1950	55196	6169	11.18		
1952	57482	7163	12.46	160	
1955	61465	8285	13.48		
1957	64653	9949	15.39	177	
1965	72538	13045	17.98	171	2902
1970	82992	14424	17.38	176	
1978	96259	17245	17.92	193	2173

资料来源：《中国统计年鉴》；《中国人口统计年鉴》；胡顺延、周明祖、水延凯等：《中国城镇化发展战略》，中共中央党校出版社，2002，第 89 页。

（2）城镇化发展的波动阶段（1957～1965）

1958 年开始，由于国家对经济发展前景过于乐观，盲目追求经济发展的高速度，经济发展的重心过于偏向工业，尤其是重工业，导致国民经济在发展过程中出现了新的不平衡，城镇化发展大起大落。图 1 - 2 是 1957～1965 年我国城镇化发展的变动情况。

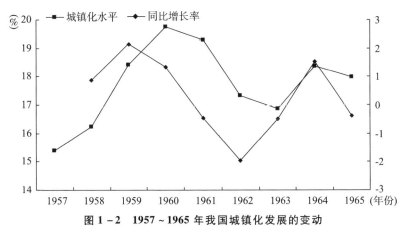

图 1 - 2 1957～1965 年我国城镇化发展的变动

根据我国城镇化发展的波动情况，又可将此阶段分为两个时期。

冒进时期（1957～1961），这一时期我国出台了一系列错误政策，如

"超英赶美""跑步进入共产主义"的"大跃进"运动、轰轰烈烈的"全民大炼钢铁"运动以及"人民公社化"运动,这些错误政策的实施导致农业劳动力非正常的向非农产业和城市转移,带来城镇人口的盲目增长。1959年,全国总人口相比1958年仅增加了1213万人,而城镇人口却增加了1650万人,超过了全国总人口增加量,增长率高达15.39%,是新中国建立以后最高的一年。1957年的城镇化水平由15.4%飙升至1959年的18.4%。1957年城镇人口为9949万,到1960年猛增到13073万人,净增加3124万人,增长了31.4%,平均每年增加1041万人,年递增率高达9.53%。此阶段,重工业得到爆发性发展。1960年末,重工业产值占工业总产值的比重高达66.6%,发展速度为25.9%,而轻工业和农业分别出现了9.8%和12.6%的负增长。

调整时期(1961~1965),"大跃进"运动、"人民公社化"运动的失败,加上自然灾害的发生,国民经济出现严重困难,为了扭转局面,1961年下半年开始,国家开始实行"调整、巩固、充实、提高"的方针,农业劳动力发生向农业的"逆向转移"。从1961年到1963年仅3年的时间,城市职工共减少1940万人,其中返回农村的就有1300多万人。同时,大量农村非农劳动力也返回农业生产,进城的农业劳动力从1960年的2745万人减少到1963年的71万人。1962年、1963年中央相继采取提高设置市镇标准、撤销不符合建制标准的建制镇等应急措施,这些措施和规定的出台减少了建制镇数量,对城镇化发展带来较大抑制,在一定程度上纠正了前一阶段的盲目冒进错误。由于一系列政策因素的影响,我国城镇化水平由1960年的19.7%下降到1963年的16.8%,下降了近3个百分点。这一阶段我国城镇化进程的波动与徘徊和国民经济的发展,尤其是工业化的大起大落有着密切联系,而国民经济的发展又受到政府强制实行的集中控制的政治经济政策的影响。

(3)城镇化发展的停滞阶段(1965~1978)

从1966年开始,我国进入长达十年的"文化大革命"时期,我国经济发展受到极大的影响,工业化和城镇化都遭受了巨大的损失。在"文革"期间,城市工业发展受阻,农村商品经济和小城镇逐渐衰落,城镇化发展受到灾难性影响,国民经济受到全面重创,大量的知识青年和城市干部被下放到农村,致使城镇人口增长十分缓慢。为保持高积累率,再次提出"先生产后生活"的方针,大规模减少对城市基础设施建设的投资,大搞"干打垒"工程。同时,由于对国际形势的错误估计,过分强调国防,全国展开了备战备荒的三线建设,提出了"山、散、洞"工业布局方针,在城镇建设过程中不考虑自然、交通等现实条件,盲目强调分散,使得基建投资对城镇建设的促进作用不能得到很好的发挥;造成城镇迁出人口大于迁入人口。自 1966 年,城镇化水平持续下降,直至跌落到 1972 年的 17.1% 后才开始回升,形成了一个明显的"谷底"。1972 年以后,城镇化水平虽然有所提高,但上升的速度非常缓慢。在 1972~1978 年的 6 年间,城镇化率总共才提高了 0.8 个百分点。截至 1978 年底,我国城镇化率才回升到 17.9%,与 1966 年的城镇化水平相同。1976 年的工业总产值相比 1966 年提高了 94%,工业年增长速度为 6.9%,但是城镇人口只增加了 20.8%,年增长速度只有 2.08%。到 1978 年,城镇人口增加到 17245 万,设市城市增加到 193 个,但建制镇下降到 2173 个。此外,由于"三五""四五"时期(1966~1975)国家将大量的基本建设资金投入三线建设,形成了西南、西北、豫西、鄂西、湘西和晋西等一系列新兴工业基地,对进一步调整工业地区分布起到重要作用,但由于大量沿海工业向内地转移,严重损害了许多沿海城市的经济发展。

2. 市场经济体制下的城镇化发展时期(1978~)

(1)农村体制改革推动城镇化发展阶段(1978~1984)

农村联产承包责任制的普遍推行,极大地激发了广大农民的生产积极性,农业劳动生产率迅速提高,加之政府大幅度提高农副产品的收购价格,使我国农业出现了连续六年的高速增长,农民的收入也迅速增长。由于当时城市经济体制改革还没有开始,第二、三产业吸纳农村剩余劳动力的能力有限,导致一些农民不得不自己寻找谋生的出路,加之城乡集市贸易的开放,吸引了大批农民开店办厂,于是乡镇企业就顺应时代的需求发展起来。乡镇企业充分利用大量廉价劳动力的优势,迅速发展成为农村的主要经济力量。乡镇企业的异军突起,为国家增加了税收,也为市场提供了大量商品,形成了我国农村就地城镇化的新形势,极大地促进了农村非农化的发展,为农村城镇化发展奠定了坚实的产业基础。由此拉开了农村城镇化的序幕,新兴的小城镇也随之迅速发展起来。这一阶段国家实行劳动密集型消费品工业优先发展的策略,产生了更多的就业岗位,使得工业吸纳劳动力的能力大大加强，农业劳动力份额迅速下降。同时，通过拨乱反正，2000多万上山下乡的知识青年和干部返城谋职，从而使城镇人口特别是大城市人口快速增长，出现了城镇化水平的整体提高，也为城市的发展注入了新的活力。1978年全国第三次城市工作会议制定了"控制大城市规模，多搞小城市"的方针，为小城镇的发展提供了强有力的政策保障。据资料统计，1978～1984年，全国城镇总人口由17245万增加到24017万，年均增长5.68%，而同期全国总人口的年均增长率仅为1.36%；城镇化水平由17.92%上升到23.01%，年均增加0.85个百分点；城市数目由193座增加到300座，年均增加了17.8座，城镇化进程大大加快（1978～2002年的有关数据见表1－3）。

表1－3 1978～2002年我国部分年份的城镇化发展相关数据

年份	全国人口	城镇总人口		市（个）	建制镇（个）
	（万人）	人口数（万人）	比重（%）		
1978	96259	17245	17.92	193	2173
1980	98705	19140	19.39	223	2874
1984	104357	24017	23.01	300	7186
1992	117171	32175	27.46	517	14539
1995	121121	35174	29.04	640	17532
2000	126743	45906	36.22	663	20312
2002	128453	50212	39.09	660	20601

资料来源：《中国统计年鉴》；《中国人口统计年鉴》；胡顺延、周明祖、水延凯等：《中国城镇化发展战略》，中共中央党校出版社，2002。

（2）城市经济体制改革推动城镇化发展阶段（1984～1992）

农村经济的迅速发展促使城市居民也提出改革要求。1984年10月，党的十二届三中全会正式提出全面开展城市经济体制改革，实行有计划的商品经济新体制。城市借鉴农村改革成功的经验，在城市改革中引进承包制，开启了城市改革之路。此后，经济体制改革逐步确立了城市经济体制改革的主体地位。改革的重点是：逐步扩大企业生产经营自主权，开放和拓展各种市场，逐步建立市场体系，积极引进外资，实现资本的多元化，城市发展对国家投资的依赖逐步减弱，城市发展也呈现出多元化趋势，原有城市的第三产业迅速发展，同时也出现了一批各具特色的新兴城市。此外，我国在成功地开辟了四个经济特区后，又决定开放沿海的 14 个城市，并且全面开放海南，使得沿海地区城市的经济迅速发展起来。广州、深圳、珠海等作为沿海开放城市的代表，成为我国经济的龙头，创造了"广东奇迹"，对内地的经济发展产生了强大的示范效应和推动效应。在"离土不离乡"的工业化、城镇化模式创立以后，我国农民又掀起了"离土又离乡"的民工大潮。在农村经济迅速发展的带动下，小城镇和农村集镇也得到快速发展。这一阶段，中央采取鼓励小城镇成长和严格控制大城市扩张以及发展农村集镇的政策。1984 年中央颁布了新的户籍管理制度，允许农民自带口粮进城务工经商和进城落户，同时降低了新设市和建制镇的标准，大大促进了新城市和建制镇的发展，全国城镇数量迅速增加。在此期间，我国出现大量的小城镇，这极大地促进了农村城镇化水平的提高、农民收入的增加、城乡差别的缩小，在吸收农村剩余劳动力方面起到了重大作用。1984～1992 年，城市数目由 300 个增至 517 个，年均增加 27.1 座，建制镇由 7186 个猛增到 14539 个，年均增加 919.1 个，同期全国市镇总人口由 24017 万增加到 32175 万，年均增长 3.72%；增长速度明显快于前一阶段。城镇化率由 1984 年的 23.01% 提高到 1992 年 27.46%，年均增长 0.56 个百分点。

（3）市场化推动城镇化发展阶段（1992～2002）

1992 年春天邓小平"南方谈话"以及党的十四大的召开，标志着我国进入了全面建设社会主义市场经济体制时期，明确了社会主义市场经济体制是经济体制改革的目标，突破了以往我们对计划与市场之间的关系的认识，提出了"计划和市场都是经济手段"。邓小平"南方谈话"为我国的非公有制经济发展创造了良好的经济社会环境，使得我国民营经济迎来了发展的黄金时期。由于具有投资环境好、技术先进、吸引外资能力强的优势，沿海经济特区和开发区经济发展更加迅猛。2002 年，民营经济在国内生产总值中所占比重约为 48.5%；外商和港澳台投资企业在国内生产总值中所占比重约为 15%；广义的民营经济的增加值占国内生产总值的比重大约为 64%①。民营经济的发展加速了中小城市的繁荣，同时也创造了大量

---

① 杨重光：《民营经济是推进城市化的重要力量》，《中国城市经济》2004 年第 3 期。

的就业岗位，直接促进了城市人口的增加。1992 年以后，国家一直鼓励发展第二、三产业，大量农村剩余劳动力转向非农产业，第二、三产业迅速发展起来，为农村城镇化快速发展打下了坚实的基础。1993 年 5 月，国家对设市标准进一步调整和完善，推动了城镇化继续向前发展，城镇人口、城镇化率进一步提高。城市作为区域经济社会发展的中心，其地位和作用得到了前所未有的认识和重视。1992～2002 年这 10 年期间，全国年末总人口由 117171 万增加到 128453 万，年均增长率为 0.92%，全国市镇人口由 1992 年的 32175 万增加到 2002 年的 50212 万，年均增长 4.55%，大大高于总人口的增长率；城市数目由 517 座增加到 660 座，年均增加 14.3 座，建制镇由 14539 个增加到 20601 个，年均增加 606.2 个；城镇化率由 27.46% 增加到 39.09%，年均增长 1.16 个百分点。

（4）初步形成具有中国特色的城镇化道路发展阶段（2002～）

2002 年，党的十六大提出要在 21 世纪头 20 年，集中力量，全面建设惠及十几亿人口的更高水平的小康社会；提出要全面繁荣农村经济，加快城镇化进程；提出要逐步提高城镇化水平，坚持大中小城市和小城镇协调发展，走中国特色的城镇化道路。由于我国整个产业格局正逐步向重化工业以及电子工业转型，城市需要在科学技术、教育、医疗等领域有相应的制度创新，弥补过去城镇化发展单纯注重数量而忽视质量的不足，过去单纯的以小城镇为主的发展模式已经不适应我国现阶段的国情。2006 年我国在"十一五"规划中，进一步强调了促进城镇化健康发展的战略思想，提出："坚持大中小城市和小城镇协调发展，提高城镇综合承载能力，按照循序渐进、节约土地、集约发展、合理布局的原则，积极稳妥地推进城镇化。"在此阶段，乡镇企业的发展使得城镇吸纳农村剩余劳动力的能力不断增强，城镇就业人员大幅增加，城镇化进入加速发展阶段。同时，我国城镇化发展过程中形成了大量城市群，如长江三角洲、珠江三角洲和京、津、唐等全国性城市群；中原、江汉平原、湘中、关中、山东半岛等区域性城市群；以中小城市为主体的、规模较小的地方性城镇群。这些城市群逐步成为我国城镇化推进的主体形态，这些城市群创造了大量的就业岗位，其集聚效应不断增强、极大地促进了我国经济的发展，同时也加快了我国城镇化的进程。这一时期，全国总人口由 2002 年的 128453 万，增加到 2011 年的 134735 万人，平均每年增加 698 万人；城镇人口由 2002 年的

50212 万人增加到 2011 年的 69079 万人，平均每年增加 2096 万人；城市数目由 2002 年的 660 个减少到 2011 年的 657 个，共减少 3 个；建制镇由 2002 年的 20601 个减少到 2011 年的 19683 个，平均每年减少 102 个；城镇化水平由 2002 年的 39.09% 提升到 2011 年的 51.27%，增加了 12.18 个百分点（2002~2011 年的有关数据见表 1-4）。

表 1-4 2002~2011 年我国城镇化发展相关数据

年份	全国人口	城镇总人口		市（个）	建制镇（个）
	（万人）	人口数（万人）	比重（%）		
2002	128453	50212	39.09	660	20601
2003	129227	52376	40.53	660	20226
2004	129988	54283	41.76	661	19883
2005	130756	56212	42.99	661	19522
2006	131448	58288	44.34	656	19369
2007	132129	60633	45.89	655	19249
2008	132802	62403	46.99	655	19234
2009	133450	64512	48.34	654	19322
2010	134091	66978	49.95	657	19410
2011	134735	69079	51.27	657	19683

资料来源：《中国统计年鉴》；《中国人口统计年鉴》。

二 福建省城镇化发展历程

福建省城镇化发展历程与全国大体一致，但又呈现其自身特点，具体来讲，可以分为四个阶段。

1. 恢复期（1949~1957）

新中国成立初期，福建省国民经济在遭受严重的战争破坏后逐步开始恢复，特别是"一五"计划的顺利完成，大大改善了国民经济的发展基础和发展环境，福建省的经济建设取得了较大进展，工业建设也逐步展开，城镇吸收农村剩余劳动力的能力增强，大批农民进入城镇和工矿区，城镇人口迅速增加，城镇化水平得到稳步提高。1950 年全省城镇人口仅 137

万，到 1957 年时增加到 237 万人，净增加 100 万人，年均增加 14.3 万人；城镇化水平也由 1950 年的 11.3% 提高到了 1957 年的 16.3%，年均增长 0.71 个百分点。这个时期，福建省的城镇化发展不仅改变了城镇人口的数量与结构，也稳固和加强了福建省的国民经济基础（见图 1-3）。

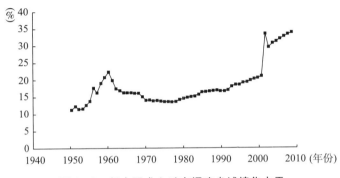

图 1-3　新中国成立以来福建省城镇化水平

2. 波动停滞期（1958~1977）

在这个时期，由于"大跃进""上山下乡""文化大革命"等原因，国民经济遭到严重破坏，大量知识青年和干部被下放到农村，城镇人口大量减少。加上国家上调设镇标准，一批城镇被撤销，出现了"逆城镇化"现象。该时期出台的户籍制度成为限制城乡人口流动的手段，严重影响了福建省城镇化的发展。1958~1960 年，"大跃进"运动使得非农人口剧增，至 1960 年，全省城镇人口已增加到 323 万，城镇化水平高达 22.4%。在经历了三年的经济困难时期之后，国民经济被迫做出相应调整，政府动员进城人口回乡务农，1965 年，全省城镇人口下降至 276 万，城镇化水平也相应下降到 15.7%。接着是 1966~1976 年"文化大革命"十年动乱，大批知识分子上山下乡，部分机关干部和城镇居民被下放到农村，城镇化水平进一步下降，到 1977 年时降至 13.6%。

此外，由于福建与台湾之间特殊的地理位置关系，国家一直对福建的投资较小，仅在 20 世纪 70 年代的"小三线"建设中，内地鹰厦铁路沿线的一些工业城镇，如三明、永安、南平、邵武等，得到一些缓慢发展，而沿海一线城镇的发展基本处于停滞状态。在这样的背景下，福建省城镇化进程受到抑制，城镇化水平一直处在较低水平，约为 13% 左右。

3. 复苏准备期（1978～2003）

自1978年党的十一届三中全会以来，我国发生了广泛而深刻的变革，社会经济取得飞速发展，福建省的经济也受到改革浪潮的影响焕发出勃勃生机。特别是1992年，在政府确立了经济体制改革的市场化方向之后，城乡集市贸易更加频繁并且迅速发展，大量农民涌进城市和小城镇，导致城镇出现大量的暂住人口。与此同时，外资企业、乡镇企业快速成长，外向型经济的发展，对于推动外延型城镇化的发展起到了重要作用，成为福建省城镇化发展的重要推动力。同时，通过拨乱反正，大批下放的城镇职工、居民和"上山下乡"的知青陆续回城谋职，从而使城镇人口特别是大城市人口快速增长，出现了城镇化水平的整体提高，也为城市的发展注入了新的活力。1977年高考制度的恢复，大量的农村学生有机会进入各大中专院校学习，间接地增加了城镇人口。撤县建市、撤乡建镇的政策也使大量的乡村人口变为城镇人口。这些因素对福建省城镇化进程起到重要的推进作用。1978～2003年，福建省新增城市17个，建制镇增加476个，城镇人口从336万人猛增到1000万人，净增660万人。到2003年，福建省城镇化水平达29.7%，比1978年提高了16个百分点。

4. 高速发展期（2004～）

随着改革开放步伐不断加快，经济体制改革全面推进，城乡之间、地区之间的互动不断增强，福建省的国民经济发展迅速，经济增长方式逐步向内涵集约型转变，城镇也向内涵型方向发展，城镇化发展进入了高速发展时期。特别是海峡西岸经济区战略的提出，更有力地提高了福建省的城镇化水平。2004年，福建省城镇化水平为30.9%，按"五普"统计的口径校正后，到2004年底城镇化水平已经达到47.6%。根据诺瑟姆曲线理论，福建省的城镇化水平超过30%临界值，已进入城镇化加速发展阶段。2004～2011年，福建省的城镇人口由1681万人增加到2161万人，净增加480万人，年均增加68.6万人。全省城镇化水平由2004年的47.6%增加到2011年的58.1%，年均增加1.5个百分点。为配合实施城镇化战略，福建省采取了一系列措施，如取消了进城控制指标和"农转非"计划指标，率先打破了根深蒂固的人口户籍二元化管理制度，取消了农业和非农业户口的限制，同时，在土地流转和粮食购销方面采取市场化改革，覆盖农村的社会保障体系逐步确立，长期阻碍城镇化发展的政策、体制、机制障碍得到根本性突破，户籍、土地、住房、教育、就业、医疗、保险、社会保障等配套措施进一步完善，这些都极大地推动了福建省城镇化建设的迅速发展。

第三节 福建省城镇化发展的成就、问题与质量评价

一 福建省城镇化发展的成就

1. 我国城镇化发展的成就

新中国成立以来，我国城镇化建设经历了曲折的发展过程，逐渐探索出一条符合中国国情的城镇化建设道路，城市逐渐发展成为国民经济社会发展的核心载体。特别是党的十六大以来，在城镇化发展过程中始终坚持统筹城乡、布局合理、节约土地、功能完善的原则，坚持走中国特色城镇化发展道路，促进大中小城市和小城镇协调发展，推动了我国的城镇化发展进程，并取得巨大成就。

（1）城镇化水平显著提高，城镇体系不断完善

新中国成立以来，我国城镇常住人口数量快速增长，城镇化水平显著提高。1949 年，我国城镇常住人口仅 5765 万，到 2011 年增长至 69079 万人，增加了约 11 倍。城镇化水平也由 1949 年的 10.6% 提高到 2011 年的 51.27%，提高了 40.67 个百分点。城市人口密度由 1990 年的 279 人/平方公里，增加到 2011 年的 2228 人/平方公里。城镇人口总量为美国人口总数的两倍，比欧盟 27 国人口总规模还高出 1/4。不论是从年净增量还是总量角度看，我国城镇人口数量都已长期位于世界第一（见表 1-5）。

表 1-5 1949-2011 年主要年份我国城镇化水平相关数据

年份	总人口（万人）	城镇人口（万人）	人口城镇化水平（%）
1949	54167	5765	10.64
1955	61465	8285	13.48
1965	72538	13045	17.98
1978	96259	17245	17.92
1992	117171	32175	27.46
2002	128453	50212	39.09
2011	134735	69079	51.27

同时，北京、上海、广州等国家中心城市吸引了大批外商投资，大量跨国公司总部集聚，中心城市的国际影响力逐步提高。随着奥运会、世博会、亚运会在这些中心城市的成功举办，我国向世界展示了新中国60多年来的建设成就；在吸收广大农村剩余劳动力就近就地转移和统筹城乡发展方面，小城镇有其独特功能，对推动城镇化发展起到了重要作用。目前，我国已初步形成以大城市为中心，中小城市为骨干，小城镇为基础的多层次的大中小城市和小城镇协调发展的城镇体系。

（2）城镇的数量和规模不断扩大

随着城镇化进程的加快，城镇的数量和规模也在不断扩大。1949年，我国城市的数量为132个，建制镇的数量为2000个，发展到2011年时，城市的数量增加到657个，净增加525个，年均增加8.5个，大约是1949年的5倍；建制镇增加到了19683个，净增加17683个，年均增加285.2个，大约是1949年的10倍。城镇数量迅速增长的同时，城镇化质量也得到显著提高，初步形成大中小城市与小城镇协调发展的城镇体系（见图1-4）。

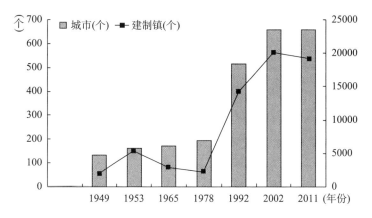

图 1-4 我国城市与建制镇数量变化趋势

在城镇数量迅速增长的同时，城镇的规模也不断扩大。建成区面积由1990年的12856平方公里扩大到2011年的43603平方公里，净增加30747平方公里，平均每年增加1464.143平方公里。城市建设用地面积由1990年的11608平方公里增加到2011年的41861平方公里，净增加30253平方公里，平均每年增加1440.619平方公里（见图1-5）。

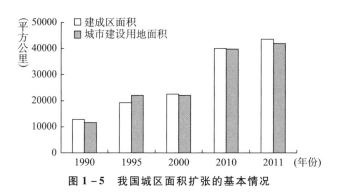

图 1-5　我国城区面积扩张的基本情况

（3）城镇之间的联系更加紧密，城镇密集地区逐步形成

随着社会主义市场经济体制的建立和完善，地域邻近城镇之间的联系也更加紧密，尤其是在 2004 年"组团式城市群"这一新的概念出现之后，我国逐渐形成了"结构有序、功能互补、整体优化、共建共享"的城镇镶嵌体系。目前环渤海、长江三角洲、珠江三角洲三大城市群已成为我国经济的增长极，成为我国对外参与经济全球化和国际竞争，对内引领区域发展的战略要地。2006 年，三大城市群区域面积为 27.37 万平方公里，仅占全国国土面积的 2.85%，而就在这不足 3% 的国土面积上，聚集了全国 13% 的人口（总人口为 1.6 亿），创造了 37.4% 的国内生产总值，吸引了高达 79% 的外来投资[1]，在辐射带动城乡和区域发展中发挥了重要作用。随着西部大开发和中部崛起战略的实施，在内地人口密集的地区，城镇群也在发育和壮大，形成了十大城市群：京津冀、长三角、珠三角、山东半岛、辽中南、中原、长江中游、海峡西岸、川渝和关中城市群[2]。这些城市群的形成，不仅大大提高了该区域的城镇化水平，而且使得我国城镇化的空间结构呈现出新的特征。

（4）解决了大量农村剩余劳动力的就业问题，增加了农民收入

城镇化发展为农村提供了大量就业岗位，解决了农村剩余劳动力的就业问题。2002 年我国城镇就业人员总量为 73280 万，2011 年末增加至 76420 万人，净增加 3140 万人，年均增加 348.9 万人。其中，全国城镇就业人员总量由 2002 年的 25159 万人增加到 2011 年的 35914 万人，净增加

---

① 《2007 中国城市统计年鉴》，中国统计出版社，2008，第 13 页。

② 转引自范恒山、陶良虎主编《中国城市化进程》，人民出版社，2009，第 29 页。

10755 万人，年均增长超过 4%；全国乡村就业人员总量由 2002 年的 48121 万减少到 2011 年的 40506 万人，累计减少 7615 万人，年均减少 1.9%（见图 1 - 6）。

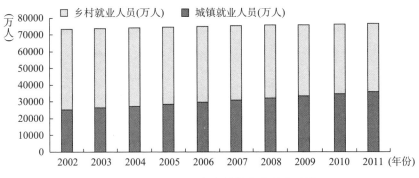

图 1 - 6　2002 ~ 2011 年全国就业人员变动情况

（5）城镇公用设施服务能力和供给能力增强

城市交通、供水、供热、供气、绿化、环境卫生、通信等基础设施体系的不断完善，建成区面积的不断扩大，以及住房条件的大大改善，使城镇接收外来人口的能力得到进一步增强，城镇现代化水平也得到提高。1990 年，我国的城市用水普及率为 48%，燃气普及率为 19.1%，每万人拥有道路长度为 3.1 公里，人均拥有道路面积 3.1 平方米，每万人拥有公交车辆 2.2 台，人均公园绿地面积 1.8 平方米。到 2011 年底，这些城市公用事业水平都有了大幅度提高，其中，全国城市用水普及率达到 97.04%，燃气普及率为 92.41%，每万人拥有道路长度 7.6 公里，人均拥有城市道路面积 13.75 平方米，每万人拥有公共交通车辆 11.81 台，人均公园绿地面积为 11.80 平方米。城市建成区绿化覆盖率也有所提高，由 2006 年的 35.1% 提高到 2011 年的 39.2%（见图 1 - 7）。

2. 福建省城镇化发展的成就

随着福建经济社会的持续快速健康发展，城镇化率也大幅度提高，城乡面貌发生了显著变化，住房、交通等基本设施的建设水平极大提高，城市人居环境明显改善，城镇集聚和辐射功能逐渐增强，城镇体系逐步完善，城镇在国民经济和社会发展中的主导作用进一步加强，城镇化与工业化同步发展。

（1）城镇人口迅速扩大

改革开放以来，特别是 2000 年后，福建省城镇经济发展迅速，吸纳了

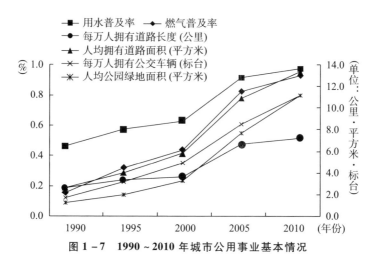

图 1 - 7　1990 ~ 2010 年城市公用事业基本情况

大量的农村转移劳动力，城镇人口不断增长，迅猛增长至 2011 年的 2161 万人；城镇化水平大幅度提高，到 2011 年已达到 58.1%，超过全国平均水平（51.6%）6.5 个百分点。详见表 1 - 6 和图 1 - 8。

表 1 - 6　2000 ~ 2011 年福建省人口和城镇化水平的变化情况

年份	全省人口（万人）	城镇人口（万人）	农村人口（万人）	城镇化水平（%）
2000	3410	1432	1978	42.0
2001	3445	1473	1972	42.8
2002	3476	1587	1889	45.7
2003	3502	1624	1878	46.4
2004	3529	1681	1848	47.6
2005	3557	1758	1799	49.4
2006	3585	1807	1778	50.4
2007	3612	1856	1756	51.4
2008	3639	1929	1710	53.0
2009	3666	2019	1647	55.1
2010	3693	2109	1584	57.1
2011	3720	2161	1559	58.1

数据来源：《福建省统计年鉴（2012）》。

（2）城市数量和规模不断扩大

1978 ~ 2011 年，城市从 6 个增加到 23 个，大约翻了两番，城市建成区

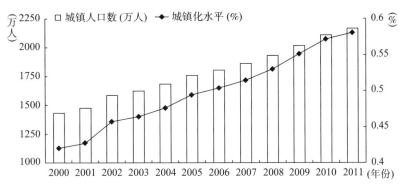

图 1 - 8　2000 ~ 2011 年福建省城镇人口与城镇化水平变化趋势

面积也大大增加，到 2011 年末已达 1130 平方公里（见表 1 - 7）。厦漳泉和福莆宁大都市区同城化步伐加快，形成了城镇化水平较高的海峡西岸沿海城镇带，以 40% 的国土面积集聚了 78% 的人口，创造了 85% 国内生产总值，吸引了 87% 的外商直接投资，实现了 91% 的国际贸易，成为拉动经济快速增长和参与国际国内经济合作与竞争的主要平台。

表 1 - 7　城镇数量变化情况

单位：个

城镇类型	1978 年	2011 年
100 万以上人口城市	0	2
50 万 ~ 100 万人口城市	1	1
20 万 ~ 50 万人口城市	1	7
10 万 ~ 20 万人口城市	4	13
城市总数	6	23
建制镇总数	62	606

（3）对福建省的经济社会发展做出了重大贡献

改革开放以来，福建省的地区生产总值由 1978 年的 66.37 亿元增加到 2011 年的 17560.18 亿元，年均增长 19%，高于全国 16.4% 的增长率（见图 1 - 9）。1978 年，福建省人均 GDP 为 273 元，低于全国的人均 GDP（全国人均 GDP 为 381 元）；到 2011 年，福建省的人均 GDP 增长至 47377 元，高于全国人均 GDP（全国人均 GDP 为 35181 元）。同时，全省 GDP 占全国的比重稳步上升，由 1978 年的 1.82% 上升到 2011 年的 3.71%；2000 年以来，全省人均 GDP 一直排在全国第 7 ~ 9 名之间，经济总量于 2008 年突破万亿元大关，2013 年进入了"2 万亿元俱乐部"。

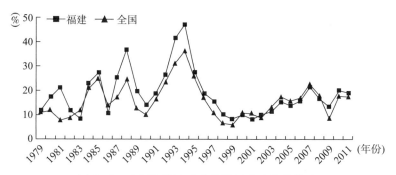

图 1-9　全国和福建省人均地区生产总值增速

由于福建全省人口总量只有 3720 万，远远少于沿海其他发达省份，使得其地区生产总值较小，但人均 GDP 水平已经与沿海发达地区接近（见图 1-10），特别是海峡西岸经济区建设以来，福建省的经济迅速发展，全省人均 GDP 水平持续提高，福建省与沿海发达省份发展差距进一步缩小。

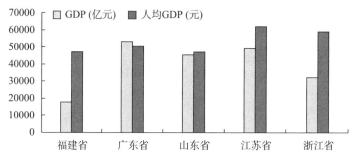

图 1-10　2012 年福建省及东部发达省份 GDP 和人均 GDP

（4）城镇综合服务功能不断增强

城镇道路、住宅、燃气、供排水、通信等基础设施水平明显提高；垃圾污水处理、公园绿地等生态环境设施大幅改善；2008 年，城市用水普及率为 97.52%，到 2011 年末提高到 99.1%，提高了 1.58 个百分点；城市燃气普及率从 2008 年的 96.04% 提高到了 2011 年的 98.7%，提高了 2.66 个百分点；城市用水普及率和城市燃气普及率已经达到了非常高的水平，都接近 100%。2008~2011 年，生活垃圾无害处理率提高了 10.81 个百分点，建成区绿化覆盖率提高了 2.16 个百分点，人均城市道路面积扩大了 1.42 平方米，人均公园绿地面积扩大了 1.32 平方米（见表 1-8）。

表1-8　城市（县城）基础设施和服务设施变化情况

年份	城市用水普及率（%）	城市燃气普及率（%）	人均城市道路面积（平方米）	人均公园绿地面积（平方米）	生活垃圾无害化处理率（%）	建成区绿化覆盖率（%）
2008	97.52	96.04	12.04	10.40	83.79	39.24
2009	99.18	98.63	12.58	10.51	92.53	39.71
2010	99.50	98.90	12.58	10.99	92.00	41.00
2011	99.10	98.70	13.46	11.72	94.60	41.40

　　与此同时，教育、医疗、文化体育、社会保障等公共服务体系日益完善，城市管理水平进一步提高。1952年，福建省的普通中学数量为178个，2011年末增加至1830个，净增加1652个，平均每年增加28个。2005年各类卫生机构床位数为88239个，2011年增加到123784个，净增加35545个，平均每年增加5924个。公共图书馆的数量由1985年的65个增加至2011年的89个，净增加24个。电视人口覆盖率由1985年的65.00%增加至2011年的98.54%，增加了33.54个百分点（见图1-11）。收养性社会福利单位由2007年的801个增加至2011年的1054个，净增加253个，平均每年增加63.25个。

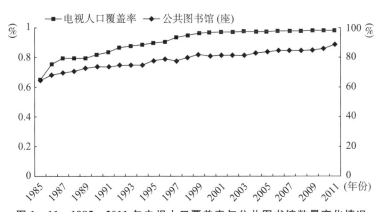

图1-11　1985～2011年电视人口覆盖率与公共图书馆数量变化情况

（5）城乡协调发展水平不断提高

　　伴随着工业化、城镇化的深入推进，农村基础设施和公共服务实现跨越发展，社会主义新农村加快建设，新型农村社会养老保险、新型的农村合作医疗制度、农村居民最低生活保障制度等全面推进，农村教育、文化、卫生、社会保障等社会事业蓬勃发展。乡镇企业的发展，为农村剩余劳动力提供了大量的就业岗位，增加了农民的收入，农民生产生活条件发生显著变化，呈现出农村社会结构加速转型、城乡发展加快融合的态势。1978年，农村人均纯收入为138元，到2011年末，农村人均纯收入增长至8779元，净增加8641元，达63.6倍（见图1-12）。

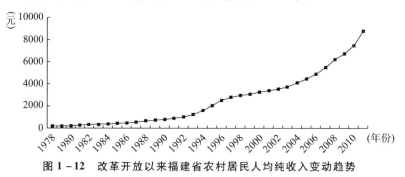

图1-12 改革开放以来福建省农村居民人均纯收入变动趋势

（6）城镇化体制机制不断创新

城乡一体的就业制度、覆盖城乡的基本公共服务均等化制度加快完善。户籍制度改革稳步推进，县级市和小城镇基本取消农民进城落户限制，地级市放宽了落户条件，开展居住证制度改革试点。流动人口子女就学、劳动就业、计划生育等方面的配套政策以及土地产权保护、用途管制、有偿出让等制度的不断完善，为城镇化提供了有力支撑。

二 福建省城镇化发展的问题

但在加快推进城镇化进程中，也存在一些必须高度重视并着力解决的深层次矛盾和主要问题。

1. 农民工及其随迁家属难以融入城市社会，基本公共服务品质和均等化水平较低

随着城镇化的推进，现代文明和工业文明在城市得到广泛普及，科学技术也大量应用于生产和生活的各个领域。但由于农村的生活水平较低，家庭收入有限，很多人都没有机会接受系统教育，因而不能像城市居民一样接受现代文明的洗礼。城乡之间的这种文化差距，使农民工在向城市转移的过程中经常遭遇文化及个人素质方面的歧视，主要表现在：一是由于大部分农民工受教育程度较低，导致农民工整体的文化素质相对较低；二是由于农民工没有接受过相关技术培训，导致其不能胜任精细的专业化程

度较高的工作；三是由于农民工没有系统地接受过法制教育，导致其法制观念淡薄，社会责任感较弱；四是逐渐成为农民工主体的第二代农民工，其经历的磨难较少，心理承受能力较差，往往经受不住挫折和打击。这些因素导致农民工只能从事技术含量较低的满足生存的工作，很难找到薪资待遇较好的稳定的工作，因而不利于城镇化的推进。

制度障碍是另一个阻碍农民工市民化的因素，其中，户籍制度成为最大的阻碍因素。由于户籍制度的存在，整个社会被分成两部分，城市和农村的差别已经深入人心。虽然改革开放以后户籍制度放宽了条件，农民被准许自由进出城市就业，但是由于城市的住房制度、社会保障制度、就业制度等城乡分割体制的阻碍，以及基本公共服务体系不完善等因素的影响，农民工及其家属未能在教育、文化、医疗、社会保障、保障性住房等方面享受与城镇居民平等的待遇。例如，受户籍限制，农民工无法在城市中落户安家。城市住房制度使得政府将住房政策只局限于有城市户口的市民，而农民工只能自己寻找居住的地方，大部分农民工只能居住在企业提供的集体宿舍或者是在建筑工地上搭建的临时工棚中。这些地方的居住环境非常简陋，缺乏基本的公共设施，不利于农民工长久性居住，更不利于农民工迁家至此，使得城市居民与农民工之间的矛盾越来越大。农民工虽然在城市里工作和生活，但却始终没有被城市真正接纳，他们的身份仍然是农民，难以成为真正的城镇居民，这制约了城镇化对扩大内需的推动作用，也潜藏着引发社会矛盾的风险。

2. 城镇空间布局欠合理，大中小城市和小城镇协同发展水平较低

福建全省已形成以福州、厦门、泉州为中心，区域城市为次中心，县级城市为骨干，小城镇为基础的较为完善的城镇中心体系，但各级城镇规模尚须提高。从城镇数量来看，2011 年福建省 100 万人以上的特大城市 2个，50 万~100 万人口的大城市 1 个，20 万~50 万人口的中等城市 7 个，10 万~20 万人口的小城市 13 个，城市总数为 23 个，小城镇总数为 606个，形成了"大中小相对比较合理"的规模等级体系。但是总体来看，城市规模依然偏小，特别是中心城市规模偏小。与发达地区相比，福建省明显缺少 300 万人以上超大城市，并且 50 万人以上大城市数量也较少，由于城市规模小，实力较弱，使福建省缺乏具有强大辐射效应的区域性中心城市；同时，福建省沿海城镇群规模等级结构中中等城市少，而中等城市在协调经济、社会和生态环境三者关系中发挥着重要作用，是承接大城市辐射和带动小城镇发展的桥梁；虽然福建省沿海地区的城镇化水平相对较高，但是大量的人口分散在大量的小城镇中，难以形成规模经济和集聚效应。

同时，福建省的中心城市辐射带动能力不强，城镇格局存在"小、散、乱"的现象：福州市 2011 年末全市户籍人口 649.41 万，城镇化水平为 63.3%，在我国所有省会城市中处于中游水平，但福州市城镇化表现为内聚式的发展模式，区域带动能力较弱，没有形成带动福建省东北地区整体发展的模式。厦门城镇化水平较高，到 2011 年全市户籍人口 185.26 万，城镇化水平高达 80.6%，但由于厦门市市域面积和经济总量较小，使厦门市的排位处于我国特区城市和副省级城市下游水平。泉州市到 2011 年末全市常住人口为 821 万，城镇化水平 59.3%，其经济总量较高，但这一总量并非来自中心城区的发展，更多的是来自所属县市的发展贡献，中心城区地位不高。因此福建省的中心城市没有形成带动全省发展的能力，不能充分发挥引领区域经济发展的"龙头"作用。

此外，中心城市的集聚人才、资金等要素能力较弱，周边小城市和城镇无法享受增长极带来的"溢出效应"。福建省沿海城镇密集带土地面积小于全省的一半，却聚集了全省 80% 左右的人口和经济总量，经济聚集度明显高于全国平均水平，是福建省城镇高度发展的地区。但与沿海的珠三角、江苏沿江、杭州湾、山东半岛等较为发达的城镇密集区相比，无论是经济聚集程度还是经济规模上，福建省沿海城镇密集带仍然处于相对落后的水平。中小城市由于集聚产业和人口不足，存在小城镇数量多、规模小、服务功能弱，区域聚集效应不明显，缺少能实现梯度推进的有效增长极，这些因素都是福建省在城镇化过程中应该注意的问题。

3. 城镇基础设施还比较滞后，管理服务能力亟待提高

2010 年，福建省社会保障覆盖率为 43%，只有东部沿海平均水平的 75%；城镇失业率达 3.89%，为东部沿海最高；每千人拥有医生数为 1.3 人，为东部沿海最低；研发经费支出占 GDP 比重仅为 0.89%，在东部沿海地区最低，只有平均水平的 68%；大专以上人口占总人口的比重为 4.8%，低于东部沿海 5.6% 的平均水平；人均公共图书藏书量 0.39 册，占东部沿海平均水平的 86%。社会保障、医疗卫生、科技、教育、文化等社会设施建设不足是福建省城镇化发展滞后的重要原因。同时，供水、生活污水及垃圾处理、道路交通、防洪排涝等市政设施有待完善，公共服务供给能力不足，管理运行的网络化智能化水平低，城市管理不科学，这些都是福建省城镇化发展过程中急需解决的问题。

随着部门垂直管理强化和行政执法权上收，乡镇政府职能不健全，管理权责不对应的情况较为严重。比如，在城市管理中，市场机制发挥的作用较小，很多政府部门的管理职能相互交叉，城市管理手段相对落后，资源整合和监督执法不能有效进行，城市管理和建设方面缺乏竞争和活力，城市功能不够完善；城市基础设施分布不均匀，服务业发展缓慢，社区服务等公共服务短缺，尤其是城市住宅建设服务设施配套不足；城中村成为城市管理上的"盲点"和"真空"地带，存在诸多社会问题和安全隐患，影响到城市整体功能的发挥和城市现代化的进程。同时，在以行政区域为单元的独立经济模式下，为了保护本地经济利益，防止税源外流，城市利用行政手段干预要素自由流动，在资源、市场、项目等方面过度竞争，内耗现象比较突出，也不利于区域整体竞争力的提升。

此外，政府公共服务能力欠缺，农村公共物品供给严重不足，城乡权利不平等，城市经济发展和衰败的乡村并存，最终形成了城市经济发展的"瓶颈"。

4. 体制机制不健全，阻碍城镇化健康发展

城乡分割的户籍制度、土地管理制度、公共服务和保障制度，固化了城乡二元体制，阻碍了城乡要素自由流动和平等交换，以及公共资源均衡配置。农民市民化是城镇化的必然趋势。但是，在户籍迁移管理上，政府通过政策和指标的双重控制，限制了人口自发地流向城镇。户籍制度抬高了农村人口进城的门槛，成为转移人口追求机会公平、待遇平等、权益保障的障碍，减缓了城镇化的步伐。近年来，虽然户籍制度有所松动，但是城乡二元体制仍未从根本上打破。一方面，城乡之间的要素资源流动仍以从乡到城的单向流动为主。农业基础薄弱、农村发展滞后、农民增收困难的局面尚未根本改变，资源的宏观配置效率大大降低，产生了庞大的农村隐性失业人口，城乡发展差距进一步扩大，城乡二元结构造成的深层次矛盾依然存在。农村资源要素流失严重，土地增殖收益分配明显倾向城市，从农村吸收的资金大量流向城市。政府对农村公共设施投资较少，农村公共资源配置大大落后城市，城乡居民在享受公共服务方面的差距很大。另一方面，长期形成的城乡分割的治理思路、政策体系和管理体制尚未从根

本上改变，在经济社会发展的各个领域，城乡之间还存在制度上的不公平。城乡分割的户籍制度、劳动就业制度、社会保障制度等制度性障碍，极大地影响了农民工市民化进程。大多数农民工在就业、住房、教育、医疗处于明显的低下位置，进城农民并没有享有同城镇居民一样的权益，他们的生产和生活还不稳定，买房难、上学难、就医难等各种问题使农民工进入城市生活的成本越来越高，农民工成为新市民的阻碍仍然很大。农民工与企业主的劳资关系紧张，不能很好地融入城市，处于城市的边缘状态。

现行土地管理制度对城镇化的发展也有较大的制约作用。由于政府对城乡实行不同的土地政策，城市和农村土地进入市场的条件和补偿政策不一样，造成乡村建设用地无序扩张，在征用农村集体用地过程中极大地侵害了农民利益。虽然农民有权转让其土地的使用权，但农民不能按市场价格转让其土地以获得应得的土地资本。土地虽然转让了，但由于进城后不能保证有稳定的经济收入，且失业后的社会保障不足，这又增加了农民对土地的依赖。低成本的征地制度带来的后果是，农民进行土地转让的交易成本很高，又不能获得足够的土地收益支持其在城市的生活，使农民进城后无法处理好与土地的关系，不能充分享受城镇化成果，导致城镇化过程中来自农村的推动力不足。

三 福建省城镇化质量评价

1. 城镇化质量评价的指标体系

城镇化质量是指在城镇化进程中反映城镇化优劣程度的一个综合概念，是与城镇化数量相对的概念，特指城镇化各组成要素的发展质量、协调程度和推进效率。虽然城镇化率是衡量城镇化水平的一个核心指标，但城镇化率并不等同于城镇化质量，城镇化率高，城镇化质量不一定高。城镇化质量评价的指标体系是一个动态的、复杂的、科学的体系。在选取城镇化质量评价的指标时，应该综合考虑城镇化质量的内涵和指标、数据的代表性以及数据的可获得性。

根据对城镇化质量内涵的理解，本节从经济绩效指标、社会发展指标、居民生活指标、生态环境指标、基础设施指标、空间集约指标、统筹城乡指标七个方面构建城镇化质量评价体系，综合评价城镇化进程带来的经济发展、社会事业、居民生活、生态文明、基础设施、空间结构、城乡统筹等方面的复合效应。为消除不同规模城市对城镇化质量评价的影响，在构建评价体系时本书弱化了总量指标，多数指标均采用人均指标。文中的评价指标体系由 7 个子系统和 24 个具体指标构成（见表 1-9）。

表 1-9　省域城镇化质量评价指标体系

	指标层	具体指标
城镇化质量评价体系	经济绩效指标	X1：人均 GDP（元）
		X2：GDP 增速（%）
		X3：第三产业产值比重（%）
		X4：人均地方预算财政收入（元）
	社会发展指标	X5：每万人拥有卫生机构床位数（张）
		X6：每万人拥有医生数（人）
		X7：公共图书馆的个数（个）
		X8：每万人拥有普通高中在校生数（人）
		X9：城镇化水平（%）
	居民生活指标	X10：城镇居民人均可支配收入（元）
		X11：人均社会消费品零售额（元）
		X12：城镇居民恩格尔系数（%）
		X13：人均公园绿地面积（平方米）
	生态环境指标	X14：城镇生活污水处理率（%）
		X15：生活垃圾无害化处理率（%）
		X16：建成区绿化覆盖率（%）
	基础设施指标	X17：市辖区人均供水量（立方米/人）
		X18：市辖区人均拥有道路面积（平方米）
		X19：市辖区每万人拥有公共汽车数量（辆）
		X20：市辖区燃气普及率（%）
		X21：市辖区用水普及率（%）
	空间集约指标	X22：城市人口密度（人/平方公里）
	统筹城乡指标	X23：城镇人均可支配收入与农民人均纯收入之比
		X24：城镇人均消费支出与农村人均消费支出之比

2. 城镇化质量评价的方法

在建立了城镇化质量评价指标体系后，需要确定各指标所占权重，确定权重的方法主要有两种：主观赋权法和客观赋权法。客观赋权法有主成分分析法、熵值法、因子分析法、复相关系数法等。客观赋权法所依据的赋权原始信息来源于客观环境，剔除了人的主观因素，它根据各指标的联系程度或各指标所提供的信息量来决定指标的权重，相对来说更加科学。本节在对福建省城镇化质量进行评价时采用客观赋权法中的主成分分析法。

主成分分析法也叫做主分量分析法，是将原始数据中众多指标转化为少数几个综合指标的分析方法。主成分分析的目的是希望用较少的变量去解释原来资料中的大部分变量，将多个具有一定相关性的变量转化成彼此相互独立或不相关的少数几个综合变量。通常是选出比原始变量个数少，能解释资料中的大部分变量的几个新变量，即主成分，并用以解释资料的综合性变量。由此可见，主成分分析实际上是一种降维方法，其在指标权重的选取上避免了人为因素的影响，客观地反映了指标之间的内在联系。

本节以福建省的福州、厦门、莆田、三明、泉州、漳州、南平、龙岩、宁德9个地级市为研究对象，通过建立的城镇化质量评价指标体系，利用主成分分析法提取影响城镇化质量的主成分，根据各主成分的特征值确定各自的权重，进而计算各城市城镇化质量的综合得分，定量地测度福建省各城市的城镇化质量。指标数据取自《2011 福建省统计年鉴》、福建省9个地级市2011年国民经济和社会发展统计公报。

3. 结果分析

根据所得的数据，运用SAS8.0软件做主成分分析，从运行结果可以看出相关系数矩阵中指标之间存在较大的相关性，各主成分的特征值和相应的方差贡献率如表1-10所示。

表 1-10　主成分特征值及方差贡献率

	Eigenvalue	Difference	Proportion	Cumulative
1	11.7822492	8.4306160	0.4909	0.4909
2	3.3516333	1.1375879	0.1397	0.6306

	Eigenvalue	Difference	Proportion	Cumulative
3	2.2140454	0.0795204	0.0923	0.7228
4	2.1345249	0.4457927	0.0889	0.8118
5	1.6887322	0.1076651	0.0704	0.8821
6	1.5810671	0.7277730	0.0659	0.9480
7	0.8532941	0.4588402	0.0356	0.9836
8	0.3944539	0.3944539	0.0164	1.0000
9	0.0000000	0.0000000	0.0000	1.0000
10	0.0000000	0.0000000	0.0000	1.0000
11	0.0000000	0.0000000	0.0000	1.0000
12	0.0000000	0.0000000	0.0000	1.0000
13	0.0000000	0.0000000	0.0000	1.0000
14	0.0000000	0.0000000	0.0000	1.0000
15	0.0000000	0.0000000	0.0000	1.0000
16	0.0000000	0.0000000	0.0000	1.0000
17	0.0000000	0.0000000	0.0000	1.0000
18	0.0000000	0.0000000	0.0000	1.0000
19	0.0000000	0.0000000	0.0000	1.0000
20	0.0000000	0.0000000	0.0000	1.0000
21	0.0000000	0.0000000	0.0000	1.0000
22	0.0000000	0.0000000	0.0000	1.0000
23	0.0000000	0.0000000	0.0000	1.0000
24	0.0000000		0.0000	1.0000

　　根据特征值大于1的原则，提取了前六个主成分，从结果可以看出，第六个主成分的累计贡献率为94.8%，说明前六个主成分对数据的解释能力已经达到94%以上。这六个主成分的载荷矩阵如表1-11所示。

表 1 - 11　城镇化质量主成分的载荷矩阵

	Prin1	Prin2	Prin3	Prin4	Prin5	Prin6
X1	0.269428	-.006601	-.137905	0.150145	-.091536	0.019765
X2	0.256364	0.013228	0.113587	-.226310	0.006013	-.061307
X3	0.030396	0.413450	0.350855	0.097171	-.217188	-.005147
X4	0.281059	0.097892	0.070967	0.058744	0.042759	-.054637
X5	-.017245	-.360323	0.117899	0.285922	0.353133	0.229273
X6	0.245095	-.143567	0.149484	0.086662	0.277109	-.021392
X7	0.070552	-.291028	0.053946	-.431512	-.247906	0.202584
X8	-.248538	-.000131	0.066809	0.329743	-.047906	-.118250
X9	0.275998	0.059065	0.033646	-.020306	-.049925	-.224946
X10	0.257373	0.081240	-.166436	0.026564	-.209278	-.191058
X11	0.237251	-.124849	-.189061	-.044284	-.041216	-.018226
X12	-.247237	0.174868	0.214974	-.176208	0.028855	-.029076
X13	.174650	-.138170	0.313767	0.103520	0.013126	-.448024
X14	0.139642	0.264434	0.028253	0.268995	-.128211	0.430018
X15	0.066215	0.048438	-.578018	-.086706	0.325983	-.038339
X16	-.100129	0.270180	-.171711	0.357768	0.328439	-.153696
X17	0.266916	0.108950	0.038465	0.118183	0.131089	-.147661
X18	-.094608	0.423379	-.169620	-.109176	-.004231	0.322768
X19	0.282261	0.065027	0.091322	0.008652	0.067633	-.112163
X20	0.179465	0.003043	0.367185	-.001337	0.258613	0.227033
X21	0.115188	0.037046	0.159605	-.301291	0.469257	0.085890
X22	0.230932	0.282961	0.137893	-.064562	0.007517	-.033095
X23	0.230161	-.164583	-.060072	0.167862	-.234290	-.197479
X24	0.136977	-.244167	0.034440	0.356858	-.184295	0.384966

根据表 1 - 11 可以计算出此六个主成分的得分，以各主成分的特征根贡献率为权重，可以计算福建省各市城镇化质量的综合得分，公式如下：

$$综合得分 = \sum_{i=1}^{n}（第\ i\ 主成分 \times 对应特征根贡献率）$$

其中，n 为主成分的个数。根据此公式，计算 2011 年福建省各市的城镇化质量的综合得分，以第一主成分得分从小到大排列，结果如表 1 - 12 所示。

表 1 - 12　各市的主成分得分和城镇化质量的综合得分

市	Prin1	Prin2	Prin3	Prin4	Prin5	Prin6	综合得分
厦门	7.84906	1.4561	0.93454	0.21566	0.24359	- 0.57816	4.140999
福州	2.96762	- 2.02091	- 0.47694	- 1.01441	0.27473	0.28856	1.078638
龙岩	- 0.24882	- 1.07947	- 0.52026	2.37877	0.81213	2.05551	0.083137
泉州	- 0.08145	- 0.4121	- 2.27831	0.23312	- 2.56207	- 0.85541	- 0.52386
漳州	- 1.77043	2.93184	- 0.48921	- 2.24218	0.01186	1.66728	- 0.5933
三明	- 1.15707	- 0.8973	0.04165	0.14166	0.01653	0.40284	- 0.64921
莆田	- 2.84316	2.38221	- 0.501	1.62443	1.13453	- 1.6268	- 0.99208
宁德	- 2.58043	- 0.33988	3.26458	0.25551	- 1.5247	- 0.05677	- 1.10126
南平	- 2.13532	- 2.0205	0.02495	- 1.59256	1.59341	- 1.29706	- 1.44307

综合得分的正负只表征相对水平，故将坐标轴往下移动并不影响综合得分的相对大小。为了更直观地观察各市的城镇化质量的情况，绘制各市得分由大到小排序、坐标轴往下移动两个单位的柱形图如图 1 - 13。

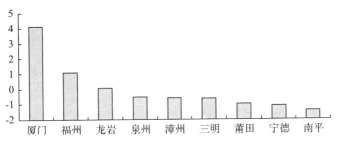

图 1 - 13　福建省各市城镇化质量排序

从图 1 - 13 可以看出，福建省各市的城镇化质量存在较大的差距，其中，得分最高的是厦门，得分 4.14，其次是福州，得分 1.08，龙岩 0.08，泉州 - 0.52，漳州 - 0.59，三明 - 0.65，莆田 - 0.99，宁德 - 1.1，得分最低的是南平，只有 - 1.44。

在城镇化水平上，厦门的城镇化率最高，为 88.5%，其城镇化质量综合得分也是最高，发展相对协调。城镇化率最低的龙岩为 47.5%，其质量综合得分在9个地市中位居第3位，城镇化发展极不协调。为了更好地分析福建省各市城镇化的速度与质量协调程度，以福建省各市的城镇化水平与城镇化质量得分为正交坐标轴，绘制散点图如图1-14所示。

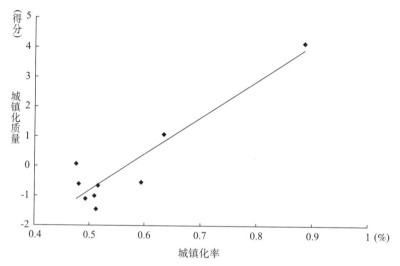

图1-14　福建省各市城镇化水平与城镇化质量得分散点

从图1-14分析可知，从城镇化发展协调性的角度，可以将这9个城市分为三类。第一类：厦门、福州、三明、莆田、宁德，这5个城市的协调水平较高。第二类：龙岩、漳州，协调水平较差，属于城镇化质量相对较高而城镇化水平较低的城市。第三类：泉州、南平，其协调性较差，属于城镇化水平相对较高而城镇化质量较低的城市。

应该根据这三类城市各自的特点，采取不同的措施来改善城镇化发展的现状。第一类城市在积极推进城镇化发展的过程中应当继续保持较高的城镇化质量。第二类城市应该调整发展战略，找到符合区域特色的城镇化道路，加快城镇化进程。第三类城市在城镇化发展过程中应该更加重视城镇化发展的质量，不仅关注人口的城镇化，而且要注重经济建设、社会事业、居民生活、生态文明、基础设施、空间结构、城乡统筹等多方面的协调发展。

第二章
城镇化发展特征及未来趋势

第一节 福建省城镇化发展阶段性特征

一 产业结构不断优化升级

城镇化仍以第二产业带动为主，第三产业推动作用日益显著。改革开放以来，全省产业结构不断优化，经济增长由主要依靠第一、二产业推动，逐步发展为主要由第二、三产业推动的格局。2000 年以来，第一产业对经济增长的作用不断弱化，第二、三产业的驱动力不断增强，特别是第二产业对经济增长的贡献强劲，贡献率基本在 50% 以上，并呈上升趋势。随着工业结构的调整升级和服务业的发展，第二、三产业对经济增长的协同拉动作用会进一步强化，特别是第三产业的驱动作用会进一步增强。在产业结构调整过程中，第一产业比重不断下降，第二、三产业比重持续上升。1978 年三次产业的比重为 36.0：42.5：21.5，第一、二次产业的比重较高，第三产业比重相对较低。到 2011 年，三次产业的比重调整为 9.2：51.6：39.2，第一产业比重大幅度下降，共下降了 26.8 个百分点，第二、三产业比重都有所提高，其中，第二产业提高了 9.1 个百分点，第三产业提高了 17.7 个百分点。由福建省的产业结构的变动情况可以看出，全省产业结构变动趋势完全符合配第克拉克定律，属于明显的"二、三、一"产业格局。

（1）第一产业结构趋于优化，规模化生产初现成效

第一产业结构逐步优化，农业的基础地位得到巩固。1978 年，福建省

第一产业中农业所占的比重最大，为 77.7%，林、牧、渔业所占比重之和小于农业。到 2011 年末，农业所占比重下降到 44.6%，林业提高到 9.5%，畜牧业提高到 15.5%，渔业提高到 27.1%，这标志着全省农林牧渔业生产已不再单纯地只依赖农业，逐步形成了体现"山海田"优势的生产结构。

福建省在农产品生产过程中更加注重专业化、规模化、集约化，逐渐培育出一批农业产业化龙头企业，并形成一批规模较大的农产品加工产业集群，如厦漳闽台合作农产品加工产业集群、南平乳制品产业集群、闽东水产加工产业集群、闽东茶业产业集群、闽东食用菌产业集群等，规模化生产初现成效。

（2）第二产业重型化开始起步，并仍然是福建省城镇化的主要动力

工业对福建省国民经济增长的驱动作用不断增强，在全省经济的主体地位进一步强化。到 2011 年末，全省工业总产值 7675.09 亿元，占地区生产总值的 43.7%。在连续两年高位增长的基础上，全省规模以上工业继续保持较快增长势头，全年产值增速基本保持在 20% 以上，工业发展表现出健康平稳的良好发展态势。

在产业内部，1978 年，轻工业总产值 36.91 亿元，重工业总产值 26.23 亿元，轻重工业比重为 58.5:41.5。到 2011 年轻工业总产值为 13860.64 亿元，重工业总产值为 16469.95 亿元，轻重工业比重为 45.7：54.3，重工业比重提高了 12.76 个百分点，比轻工业高出 8.6 个百分点。轻重工业比例关系首次在 2003 年发生转变，这标志着福建省的工业经济增长已从轻工业拉动为主导转向以重工业为主导，福建省开始进入重工业化的新的发展阶段（见图 2-1）。

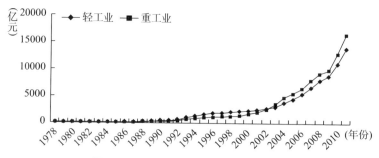

图 2-1　福建省轻重工业总产值对比

工业是福建省外向型经济的主体，是出口创汇的重要渠道。2011年，全省出口商品总额928.38亿元，其中，工业制成品的出口额为853.03亿美元，占全省全年出口总额的91.9%。近年来，外向型经济对福建省的工业经济发展做出了巨大贡献。2011年全省规模以上工业企业有14116家，实现工业总产值27443.9亿元。其中，外商及港澳台商投资企业4245家，占全省规模以上工业企业的30.07%，实现工业总产值12667.72亿元，占全省工业总产值的46.2%。外向型经济蓬勃的发展使得福建工业经济增长的空间进一步扩大，全省经济的国际化水平进一步提高。

目前第二产业仍然是福建省城镇化的主要动力。新中国成立以来，在城镇工业大规模建设和发展的基础上，福建省开始走上了快速工业化道路。目前，福建省已经进入工业化中期后半阶段，2011年，全省第二产业产值占地区生产总值的比重为51.6%。2007年以来，第二产业就业人数占总就业人数的比重一直最高，为35.1%，到2011年末时提高到37.8%，并且仍保存上升趋势。根据配第一克拉克定理，随着经济的发展，劳动力将由初期的第一产业逐渐向中期的第二产业甚至后期的第三产业转移。2000～2011年，第二产业从业人员增加了521.76万，年均增加43.48万人，第三产业从业人员增加了406.95万，年均增加33.9万人，第二产业就业人数增长速度是第三产业的1.85倍，超过60%的第一产业转移出来的劳动力最终进入第二产业。因此，未来一定时期内工业仍是福建经济和城镇化发展的主要推动力量。

（3）第三产业保持较快发展速度，对城镇化发展的推动作用日益显著

改革开放以来，福建省的服务业迅速发展，其增长速度一直高于全省GDP的增长速度，服务业对GDP的贡献率不断提升。近年来，金融、保险和房地产业高速发展，商业流通、交通运输、餐饮和旅游继续平稳向前推进，消费需求旺盛，对其他相关服务产业部门的快速发展起到一定的带动作用。

第三产业的快速发展，为工业和城镇建设提供了有利的服务环境和完善的基础条件，增强了城镇吸纳劳动力的能力，逐步成为城镇化发展的后续动力。一方面，随着工业的进一步发展，社会分工进一步扩大，配套的生产性服务需求不断扩大；另一方面，随着收入水平的提高，城镇居民的消费水平也相应提高，加之城镇人口的迅速集中，使得生活性服务的需求

旺盛。

改革开放以来，福建省第三产业吸纳劳动力的能力不断提高。1978
年，三次产业就业人口比为75.1:13.4:11.4，第一产业就业人口占总就业
人口的绝大多数。1993年，第三产业就业人数超过了第二产业，三次产业
就业人口比为53.5:23.2:23.3。1996年，第二、三产业就业人数之和超过
了第一产业。2008年，第三产业就业人数首次超过第一产业，三次产业就
业人口比为31.1:35.6:33.3。第三产业广泛的关联度和劳动、资金密集等
特点赋予了城镇新的强大的吸引力。第三产业的蓬勃发展为福建省城镇化
的进一步发展注入强大动力（见图2－2）。

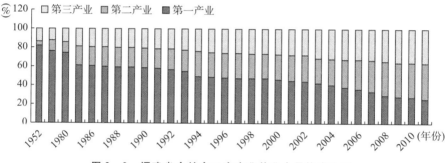

图 2－2　福建省全社会三次产业从业人员构成比例

由于耕地的刚性约束和农业的现代化，农业就业容量逐渐缩小。由于
结构提升和技术进步，第二产业对劳动力的要求越来越高。第三产业的门
槛低、就业容量大、门类分布广，决定了第三产业对城镇化的重要作用。
20世纪90年代以来，我国第二产业增加值平均每增长一个百分点，可提
供26万个就业岗位，而第三产业增加值平均每增长一个百分点，则能增加
100万个就业机会。可以认为，当第三产业增加值增长速度超过第二产业
增加值增长速度的1/4时，第三产业将成为人口就业的主要吸纳空间和城
镇化发展的主要动力。

但是，从服务业的规模和比重来看，福建省服务业规模偏小，结构层
次偏低，排在东部沿海省份之后。2011年，福建省服务业总产值为
6878.74亿元，占全省GDP比重仅为39.2%，此比重低于北京、上海、江
苏、浙江、广东等东部沿海城市（见表2－1），大大低于发达国家60% ～
80%的水平，甚至没达到世界低收入国家43%的平均水平。

表 2-1　2011 年东部沿海城市第三产业增加值占全省 GDP 比重对比

地　区	地区生产总值（亿元）	第三产业产值（亿元）	第三产业所占比重（%）
北　京	16251.93	12363.18	76.07
上　海	19195.69	11142.86	58.05
江　苏	49110.27	20842.21	42.44
浙　江	32318.85	14180.23	43.88
福　建	17560.18	6878.74	39.17
广　东	53210.28	24097.7	45.29

二　城镇化模式多元化

近年来，沿海部分城市工业化后期特征逐渐显现，福州、厦门、泉州、漳州等城市的现代服务业也开始蓬勃发展，使得现代服务业逐步成为城镇化发展新的驱动力量；同时，随着交通网络体系的逐渐完善，新的科学技术和管理经验越来越普及，城市间、区域间人才的流动也将进一步加强，不断提高的劳动力素质对城镇化的推动效应将日益显著。此外，在区域发展水平的差异与地域社会文化的双重影响下，地区间的城镇化发展将出现不同的动力机制，如沿海地区的城镇化未来将出现以市场导向为主，政府的宏观调控为辅，外资与民营经济共同带动的发展趋势；而西部山区仍将以政府、市场共同作用，国有、民营经济为主导，外资的比例将逐渐增加。

在综合分析人均 GDP、产业结构、就业结构和城镇化水平等多方面因素后，按区域划分可以将福建省城镇化模式分为三种类型。

（1）自上而下型（外资驱动型、中心城市带动型）

该类型城市以福州和厦门为代表。福州和厦门是福建省仅有的两座特大城市，也是福建省的区域性中心城市，以各自为中心的城镇群已初步形成。福州、厦门均已进入工业化后期阶段，境外投资的驱动、城市扩张以及劳动密集型服务业的拉动是其城镇化的主要动力。由于城市市辖区自身的发展，扩大了城镇建成区区域，大大增加了市区人口，促进了迁移流动人口的流入，这是两个城市城镇人口增长的重要来源。核心城市在集聚效应和规模效益的推动下规模不断扩大、空间向外扩展延伸。与此同时，核心城市在向外辐射能量时，自身的商品、技术、资金等也被释放出来，有效地带动了周边城镇的发展。协调中心城区向外扩展及其周边乡村地区的发展，并将其纳入福州、厦门大都市区的总体规划中，是该类型地区城乡协调发展的重要内容。

（2）自下而上型（乡镇企业带动型、就地城镇化型）

该类型城市以泉州和莆田为代表。该类型城市的特点为：中心城区作用不突出，乡村人口就地城镇化。目前，泉州市处于工业化中后期，莆田市还处于工业化中前期的阶段。乡村地区乡镇企业的发展是该类型城市城镇化的主要动力。这些布局分散的乡镇企业的发展，提供了大量的就业岗位，吸纳了大量的农村剩余劳动力，乡村地区相当部分就业人口转向非农产业，并形成一些介于城镇和乡村之间的人口密集地区。该地区也吸引了大量的省内外来人口，这些外来人口主要就业于服装制造业等劳动密集型行业，产生外来人口居留稳定性差的问题，因此该模式的城市应该更加注重产业的优化升级，弱化人口回流对当地城镇化进程的消极影响。

（3）内聚外迁型

该类型城市以漳州、宁德、三明、南平和龙岩为代表。该类型城市的特点为市辖区和个别城镇的城镇化水平较高，但向周边地区城镇化辐射的水平骤减。目前，这五个城市都处于工业化初期向中期的过渡阶段，中心城市辐射带动作用较弱，同时民营企业发育不够完全，非农化缺乏必要动力，导致人口既出现向市内中心城市、县城集中的现象，又有向市外沿海地区迁移的趋势。

三 省内城镇化水平差异特征显著

（1）城镇化水平稳健提升，但与沿海省份相比还有一定差距

改革开放以来，福建省城镇经济发展迅速，吸纳了大量的农村转移劳动力，城镇人口迅速增加，城市数量和规模不断扩大，全省城镇化水平稳健提升。1978 年，全省城镇人口数量为 336 万，到 2011 年末增加至 2161 万人，净增加 1825 万人，年均增加约 55 万人。1978～2011 年，城市从 6 个增加到 23 个，城市建成区面积也大大增加，到 2011 年末已达 1130 平方公里。

2011 年，全国城镇化水平为 51.27%，福建省高出其 6.83 个百分点，

在全国排名第八，位居前列。然而，在与沿海各省比较中可以发现，福建省仍处于中游位置，如图 2-3。在沿海 10 个省份中，福建省 2011 年的城镇化水平高于海南、河北、山东等省，以及全国的平均水平，但是仍处于上海、天津、广东、辽宁、浙江、江苏之下，特别是与相邻省份的广东（66.5%）、浙江（62.3%）相比还有一定的差距。

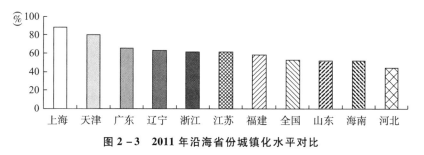

图 2-3　2011 年沿海省份城镇化水平对比

（2）省内各设区市城镇化水平不均衡

根据 2012 年福建省统计年鉴中的数据绘制的福建省各设区市城镇化水平的对比如图 2-4。

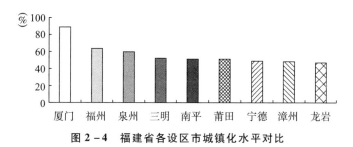

图 2-4　福建省各设区市城镇化水平对比

从图 2-4 可以看出，各市的城镇化水平差异较大，厦门的城镇化水平最高，为 88.5%，福州（63.3%）泉州（59.3%）处于中间水平，三明、南平、莆田、宁德、漳州、龙岩这 6 市的城镇化水平相对较低，都在 50% 左右。

从空间上来说，城镇化水平与经济的发展水平有着紧密的联系，一般经济发展水平较高的地区城镇化水平也相对较高，福建省的城镇化发展与经济发展水平基本保持同步。从发展阶段来看，从龙岩的 47.5% 到厦门的 88.5%，各地市之间城镇化发展水平存在较大的差距。不过总体来看，各设区市均已进入城镇化上升的加速阶段。

从县域单元角度分析，总体说来，南三龙一线、沿海一线、沿鹰厦铁路一线和沿闽江流域城镇化水平较高。除了这些区域城镇化水平较高，部分山区县（市）也表现出较高的城镇化水平，成为城镇化发展极化地区，如德化、邵武、永安、武夷山等市县。德化县在其陶瓷特色产业以及"一乡一业、一村一品"特色发展策略和"大城关"发展战略的驱动下，城镇化水平大大提高，高达70.27%；长久以来，邵武市一直都是外省入闽的唯一通道，是闽西北重要交通枢纽和物资集散地，如此优越的交通条件推动其经济蓬勃发展，城镇化发展迅速，城镇化水平高达66.8%；永安作为西部内陆第一强县，一直稳居福建省经济发展"十强"县（市），其良好的经济发展态势极大地推动了城镇化发展，城镇化水平高达61.94%；武夷山市则依靠独特的世界自然、文化"双遗产"，大力发展旅游经济，有力地推动了城镇化的发展，城镇化水平达52.8%。

四 人口流动趋海趋核，城镇化人口流向强聚弱散

（1）人口流动趋海趋核

从2000～2010年全省人口的机械增长来看，福州、厦门、泉州三市为人口净迁入市，机械人口增长总量为232.85万，超过全省的人口增长总数，而漳州市人口略有增长，而其余5个设区市均为人口净迁出市；如以市县为单位，人口净迁入的城镇有14个，在人口净迁入城市中，沿海城市11个，迁入量占迁入人口总量的95.9%；山区城市3个，迁入量占迁入人口总量的4.1%，表明福建省人口迁移有着明显的核心城市指向性。

沿海两大核心地区在聚集人口方面有着各自的特点。凭借强大的经济吸引力和辐射力，福州市区对山区和周边市县居民的吸引力增强，大量山区人口和周边市县人口流入市区，城镇人口大量增加。周边地区人口的大量迁出，使得这些地区"灯下黑"现象明显。产生这一现象的原因除了由于福州中心城区的强大吸引力所致，周边市县自身集聚能力不足也是很重要的因素。

而厦门市区和泉州市区在集聚人口方面与福州有所不同，特别是泉州，虽然市辖区的集聚能力相比福州为弱，但周边行政区域范围内的市县的集聚能力很强，从人口迁移负荷密度来看，石狮和晋江两市的人口集聚能力甚至超过了泉州市区。作为福建省最具经济活力的地区，厦门市、泉

州市吸引了大量的劳动人口以及投资商。而石狮、晋江、南安等县级市的乡镇企业发展迅猛，吸纳了大量农村剩余劳动力，呈现农村就地城镇化的局面，此外，这些县级市的民营经济十分发达，也吸引了大量外商投资。由于该区域的制衣业、制鞋业等劳动密集型产业非常发达，对劳动力的需求也非常旺盛。因此，大多数省内外来人口流入该地区。

（2）城镇化人口流向强聚弱散

2000～2011年，福建省的城镇人口由1432万增加至2161万，共增加729万人，平均每年增加66.27万人。从城镇人口增加量的分布来看，沿海城市、地级中心城市和内陆经济发展实力较强的县级市人口数量增加较快，人口聚集能力较强，福州市区和厦门市区成为福建省城镇人口极化地区，沿海城市带对城镇人口的吸纳能力较强，厦漳泉地区网络化体系初现，同时西部山区部分较弱县出现了城镇人口的分散。

从城镇人口增长对福建省的贡献的角度看，在所有呈正增长的城市中，除武夷山市外全部集中在东部沿海地带。对全省贡献率最高的是厦门市区和福州市区；东部沿海城镇人口呈带状集聚，成为全省城镇人口的主要贡献地区；西部地区除武夷山市呈现点状集聚，其他地区的城镇人口对全省的贡献都在降低，尤其是"宁德—古田—南平—三明—永安—漳平—华安—漳州"一线。在"小三线"建设时期，该区域的城镇化基础较好，城镇人口较多，但随着沿海地区诸市县的经济快速发展，沿海地区的对人口的吸引力大大增强，导致这些城镇的集聚能力大为减弱，虽然城镇人口数量仍保持不断增加趋势，但对全省的贡献率却大大降低了。

五 城镇空间差异化发展，沿海网络化特征初显

（1）空间结构由相对独立封闭向开放互动转变

福建省地形以山地丘陵为主，由西、中两列大山带构成福建地形的骨架。两列大山带均呈东北—西南走向，与海岸平行。由于福建省背山面海，陆域的东北、西和南面均由千米以上山脉与浙、赣、粤相分隔，地貌上表现为一个相对独立的地理单元。从省内看，受诸多山脉的隔断，若干个相对独立发展的板块逐渐形成。改革开放以前，在对外交通设施普遍比较落后的情况下，不论在全省还是在省域内部板块之间，城镇空间体系的发展均较为封闭，形成一种典型的内聚式发展模式。

改革开放后，随着交通基础设施建设的不断完善，福建省的空间结构逐渐发生改变，由相对封闭的空间体系开始向开放互动的空间结构转变。尤其是2000年以来，在交通基础设施不断完善的基础上，省域层面初步形成南承北接、东进西出的开放的空间格局。省域内部封闭的、自上而下的传统空间结构被打破，不同区域板块间空间互动联系逐渐加强，特别是在沿海城镇密集地带，网络化空间发展特征初显。

根据既定综合交通体系规划，到2020年时，福建省将全面建成"三纵八横"的高速铁路网和"三纵六横"的高速公路网，与珠三角和长三角形成"一日交流圈"，进而推动东部沿海城镇带的大连接，实现空间资源要素在更大范围内优化配置。从国际角度看，在西太平洋时代对亚洲太平洋沿岸巨型城市走廊建设的推动下，福建省作为环海峡地区的重要区域，依靠我国大陆广大的内地市场，必将成为我国沿海城市带和太平洋西岸上的新节点，进而形成更为开放的城镇空间体系。

（2）山海二元差异结构明显，要素向沿海集中趋势显著

在长期的发展中，福建省的人口分布、社会经济发展水平与自然地貌条件在空间上高度拟合，省域空间形成了两个区域板块，即东部沿海城镇密集区和西部山区点轴状发展。

东部沿海地区经济非常活跃，城镇集聚度高，对引领区域整体发展起着重要作用。相比东部沿海地区，西部山区的城镇化水平明显落后，城镇空间分布形成点状和点轴发展为主的空间模式。总体来看，人口分布、经济要素呈现进一步向沿海市县集聚趋势。福建沿海市县共23个，占全省土地面积的23.6%，却聚集了全省人口的61%和国民生产总值的72%。要素向沿海集中趋势使得山海总体差距进一步扩大，从2000年到2009年全省总人口增加了217万，其中沿海占86.11%；国民生产总值全省增加了8471.99亿元，沿海占72%。但是由于人口和要素均往沿海集聚，所以从人均发展水平来看，山海的差异反而出现缩小的趋势。1991~1999年，沿海与山区的人均GDP发展差距逐渐拉大，但1999年以后，山海人均GDP比值不断缩小，沿海与山区人均GDP比值从1999年的1.9倍下降到2009年的1.31倍（见表2-2）。从近几年全省各县市单元的经济增长速度来看，山区也出现了增速超过沿海的势头。山区在"十佳"县（市）中所占比重不断增加，最终占到"十佳"县（市）的绝对多数。从县域经济实力排序变化来看，实力上升的

县（市）中近八成来自山区，也反映了这一趋势，除了山区注重特色经济发展以外，与沿海经济的带动和反哺也是分不开的。

表2-2 福建省沿海和山区GDP、人均GDP比较

年份	东部沿海		西部山区		沿海人均GDP比山区人均GDP
	GDP（亿元）	人均GDP（元）	GDP（亿元）	人均GDP（元）	
1990	291.23	1611	161.27	1659	0.97107：1
1999	3016.69	14296.84	864.92	7367.61	1.94050：1
2006	5873.42	24200.33	1680.78	14861.01	1.62845：1
2007	7012.64	28623.25	2023.17	17888.33	1.60011：1
2008	8701.42	31355.34	1899.98	22918.94	1.36810：1
2009	9892.48	35393.49	2246.77	27004.45	1.31065：1

（3）西部山区城镇化发展处于总体分散、局部集中的空间形态

西部山区的地形以山地、丘陵为主，从整体看，城镇分布较广，比较分散，目前正处于点轴发育的初级阶段。通过分析西部山区城镇经济联系强度（见图2-5），可以看出，西部山区城镇联系以中心城市南平、三明、龙岩为核心的极核模式为主，局部地区还处于与周边城镇较少联系的散点式发展阶段，城镇间相距较远，相互之间联系较弱，城镇体系发展处于低级的平衡状态。

虽然山区城镇空间总体分布比较分散，但沿沙溪、建溪、九龙江山间谷地，依托205省道、鹰厦铁路呈现出相对集中的布局特征，并已进入点轴发展的空间演变阶段，山区城镇发展轴集聚特征凸显。从城市数量分布看，西部山区的9个设市城市，其中7个集中分布在山区城镇发展带上；从总量上看，山区城镇发展带用地面积占西部总面积的35%，却占到城镇人口的55.8%，GDP总量的56%；从人口密度和地均GDP看，分别是西部平均水平的1.3倍和1.8倍。

山区城镇人口规模的逐渐壮大，使得城镇发展和用地不足的矛盾越来越尖锐。为了化解这一矛盾，一些城市已经逐渐将城区的部分职能转移到周边发展条件较好的城镇，有效地促进跨区域产业互补、设施共享、交通对接，对"市县同城"的空间发展模式的形成起到很重要的作用。如三明

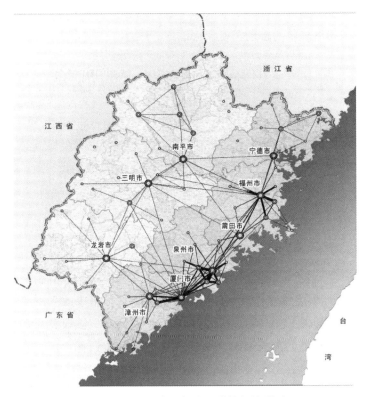

图 2 - 5　福建省西部山区城镇经济联系

和沙县、南平和武夷新区、龙岩和永定都相继呈现一体化发展的趋势。

第二节　福建省城镇化发展态势判断

　　根据第六次人口普查的相关数据，2011年全国城镇化水平为51.27%，福建省的城镇化水平比全国平均水平高出6.83个百分点，为58.1%，整体水平位居全国前列。目前，全省的城镇化发展的主要动力仍然是第二产业。2011年，福建省第二产业对经济增长的贡献率高达67.2%，第二产业就业人数占总就业人数的比重最大，高达37.8%，与此同时，第三产业的带动作用也逐渐加强。2011年，福建省第三产业对经济增长的贡献率为29.5%，远大于第一产业3.3%的贡献率。第三产业就业人数占总就业人数比重为35.9%，与第二产业就业人数比重相差不到2个百分点。可见，第三产业日渐成为福建省城镇化的主要动力和人口就业的主要吸纳空间。从空间上看，福建省城镇人口流动具有显著的趋海性，福州、厦门和泉州三大沿海中心城市显示出较强的人口聚集能力，而西部山区部分弱县人口聚集能力较差，出现城镇人口分布比较分散的现象，人口流动总体上呈现趋海趋核、强聚弱散的特征。全省城镇的生活质量、基础设施、城乡统筹发展水平得到了快速提高，但社会设施发展相对滞后。总体上，福建省城镇化发展的外部条件和内在动力已发生重大变化，进入质量与速度并重、以提高质量为主的转型发展新阶段。

一　城镇化仍将处于持续较快发展阶段

美国地理学家诺瑟姆通过研究各国城镇人口占总人口比重的变化情况，发现城镇化进程表现出明显的阶段性规律，即全过程呈现一条被拉平的"S"型曲线：第一阶段的城镇化率为 0 ~ 30%，为城镇化的初期阶段，这一阶段以 10% 为临界点，城镇化率在 10% 以前，城镇人口增加缓慢；当城镇化率超过这个临界点以后，城镇化进程逐渐加快。第二阶段城镇化率为 30% ~ 70%，为城镇化的中期阶段，城镇化进入加速发展阶段。城镇化率超过 70% 为城镇化进程的第三阶段，此时城镇化发展处于相对稳定状态，城镇化率略有下降。

2011 年福建省城镇化率为 58.1%，正处于城镇化加速发展阶段，距进入城镇化相对稳定时期还有十多个百分点以上的发展空间，仍然具有较大的城镇化发展潜力，预计"十三五"时期至 2020 年福建省城镇化发展将继续保持加速发展这一基本态势，但是发展速度会慢于过去 10 年。与过去10 年相比，城镇人口规模的扩大速度也会明显减慢。产生这一现象的原因归结为如下三个方面。首先，由于城镇化与经济社会发展基本同步，福建省总体上还将继续保持相对较高的经济增长速度，这对人口在城乡和区域之间的流动还有较强的拉动作用。其次，未来福建省的经济增长速度相比于前 10 年将有所减缓。最后，城镇化的成本也会不断提高，这将较大地抑制城镇化率的提高。

二　城镇总人口规模预测

人口的自然增长和机械增长将是未来人口的主要增长机制。改革开放以来，由于计划生育这一基本国策的实施，使得福建省人口自然增长率持续下降。1978年，人口自然增长率为19.04‰，到2011下降到6.21‰，平均每年下降0.41个百分点，但是总体下降趋势趋缓。从人口年龄结构的角度进行分析，计划生育政策产生的独生子女现已经进入育龄阶段，符合生育二胎条件的独生子女家庭将成为社会主体，由此可以预见，人口自然增长将进入稳定期。同时，从福建省的常住人口的年龄百岁图可以推测，福建省在2013~2015年出现一次人口生育高峰；因此，预期人口自然增长率将会稳中有升。

总人口机械增长由两部分组成，一部分是户籍人口的机械增长，受政策因素影响较大；另一部分是居住半年以上外来人口的增长，受经济因素影响较大。2000年以来福建省一直表现为人口净流入省份，平均每年净流入10万人，户籍人口数量比较稳定，外来人口对人口增长做出了主要贡献。经济因素将是未来影响人口流动的主要因素，原因可以归纳为如下三点。首先，随着福建省进入工业化中后期发展阶段，第三产业对劳动力的大量需求将会持续拉动外来人口增长；其次，随着海西战略地位提升以及两岸关系和平发展，福建省的经济将会蓬勃发展，进而吸引更多的外来人口；最后，交通基础设施的改善有利于人口跨区域流动，为人口大量迁入提供了保障。

规划根据CPPS（中国人口预测系统）法、综合增长率法、趋势外推法等人口预测方法，综合预测福建省2015年的总人口将会控制在3850万以内，相比2011年的3720万人，净增长130万人，平均每年增长32.5万人，平均增长率控制在7‰~9‰之间；到2020年，全省总人口将会控制在4000万左右，比2015年净增长150万人，平均每年增长30万人，平均增长率控制在7‰~8‰；到2030年，全省总人口将会控制在4200万以内，平均增长率控制在4‰~6‰。

三 城镇化水平预测

1. 城镇化水平预测

（1）福建省城镇化水平预测

2000~2011年，福建省城镇化水平从42.0%提高到58.1%，平均每年提高约1.4个百分点。目前，福建省正处于工业化中后期发展阶段，由第二产业带动转型为第三产业拉动的城镇化机制逐渐形成。从城镇化的现实趋势和动力机制角度看,福建省整体上处于城镇化加速发展阶段,并预计此阶段将一直持续到 2020 年。2020 年后城镇化速度将会减慢,进入较为平缓的发展阶段。

采用联合国法、趋势外推法、与人均 GDP 相关分析法等预测方法,综合分析判定,至 2015 年全省城镇化仍将持续快速发展,预计总人口将会控制在 3850 万左右,城镇人口达 2480 万人,城镇化水平提高到 62.5% 左右,平均每年增长 1.1 个百分点;至 2020 年全省总人口将会控制在 4000 万左右,城镇人口达 2720 万人,城镇化水平提高到 68% 左右,平均每年仍然增长 1.1 个百分点;至 2030 年,城镇化速度将有所减慢,全省总人口控制在 4200 万人左右,城镇人口达 3150 万人,城镇化水平达到 75% 左右,平均每年增长 0.7 个百分点。

(2)各地市人口与城镇化水平预测

本专著研究未来省域人口分布格局是以全省经济、生态的可持续发展为前提的。一方面,与沿海地区比较,山区经济发展较为缓慢,经济水平较低,非农化动力不足,使得山区从整体上将继续保持人口向沿海地区转移的趋势;另一方面,由于地形特殊,山区可利用的土地空间相对有限。山区作为省域的生态屏障区域和水源涵养区,承担着保护生态环境的重任,这就要求山区应当适当疏解人口,降低人口要素密度。因此,福建省人口分布应该采取不同地区不同原则,总体上遵循山区适当疏解、引导有机集中和沿海强化集聚的原则。

利用"六普"人口数据资料和各市统计年鉴数据资料,采用了综合增长率法,对全省各地市总人口、城镇人口、城镇化水平进行预测,在此基础上,利用各市县上报或已批的城市总体规划的人口数据进行校核。如下表2-3 所示。

2. 城镇化人口来源

城镇人口增长主要来源于以下几个部分。一是外来人口,包括来自外省的流动人口定居落户和直接迁入的省外户籍人口;二是本省农村剩余劳动力的转移,这部分人口既包括直接从农村迁入城镇的,也有长期在城镇工作的隐形城镇人口;三是来自城镇人口的自然增长;四是城镇空间扩张过程直接吸纳的周边农村人口。

表 2 - 3　福建省各地市总人口、城镇人口、城镇化水平预测

地区	2011 年			2020 年			2030 年		
	总人口（万人）	城镇人口（万人）	城镇化率（%）	总人口约为（万人）	城镇人口约为（万人）	城镇化率约为（%）	总人口约为（万人）	城镇人口约为（万人）	城镇化率约为（%）
全省	3720	2161	58.09	4000	2720	68	4200	3150	75
福州	720.00	455.76	63.30	800 ~ 850	570 ~ 630	71 ~ 74	860 ~ 900	670 ~ 720	78 ~ 80
厦门	361.00	319.49	88.50	360 ~ 390	330 ~ 360	91 ~ 94	370 ~ 400	350 ~ 385	95 ~ 96
泉州	821.00	486.85	59.30	820 ~ 840	530 ~ 580	64 ~ 69	830 ~ 880	580 ~ 630	70 ~ 73
漳州	484.00	231.84	47.90	500 ~ 540	310 ~ 360	62 ~ 69	510 ~ 550	350 ~ 400	69 ~ 72
莆田	279.00	142.01	50.90	290 ~ 320	180 ~ 210	62 ~ 66	300 ~ 330	210 ~ 240	70 ~ 73
南平	265.00	135.41	51.10	270 ~ 300	165 ~ 180	59 ~ 62	280 ~ 300	185 ~ 215	66 ~ 72
三明	251.00	129.27	51.50	260 ~ 285	160 ~ 175	60 ~ 63	280 ~ 300	185 ~ 215	66 ~ 72
龙岩	256.00	121.6	47.50	270 ~ 300	160 ~ 185	62 ~ 63	280 ~ 310	190 ~ 225	68 ~ 72
宁德	283.00	139.25	49.20	300 ~ 320	170 ~ 200	56 ~ 64	330 ~ 350	230 ~ 255	70 ~ 73

注：2011 年数据为各地"六普"数据。

（1）外来人口

2000 年以来福建省一直是人口净流入省份，外来人口流入的数量一直在逐年递增，平均每年净流入人口约 10 万。分析第五、六次人口普查和人口抽样调查的结果，发现约 90% 的外省迁入人口居住在城镇。通过以上分析，预计至 2030 年福建省净迁入城镇人口为：10（万人/年）× 19 × 90% = 171（万人）。

（2）农村剩余劳动力转化为城镇人口

① 农村劳动力需求量

根据中国社会科学院和农业科学院农业科学发展研究中心提出的计算公式：农业劳动力需求量 = 农业增加值 ÷（国内生产总值 ÷ 社会劳动者人数）= 第一产业比重 × 社会劳动者人数，可以计算出 2011 年农业劳动力需求量 = 9.2% × 2459.99（万人）= 226.32（万人）。

② 农村剩余劳动力

农村剩余劳动力 = 农村人口 × 平均劳动人口比例—农业劳动力需求量 =

$1559 \times 59.80\% - 226.32 = 705.96$（万人）。

③ 可转移的农村剩余劳动力

由于相对城镇而言，农村具有较强的就业弹性，剩余劳动力水平一般维持在较高水平，按照农村可保持约10%的劳动力剩余计算：

可接受的富余劳动力 = 农村人口 × 平均劳动人口比例 × 10% = 1559 × 59.80% × 10% = 93.24（万人）。

因此，可以计算出未来可转移的农村剩余劳动力 = 农村剩余劳动力—可接受的富余劳动力 = 705.96 − 93.24 = 612.72（万人）。

④ 可转移的农村剩余劳动力转化为城镇人口

农村剩余劳动力进入城镇，其家庭成员也必将随之入住城市，因此，在计算迁入人口时必须考虑一定的带眷系数。这部分迁入城镇的家庭一般为核心家庭结构，故设定总体带眷系数为0.5。

可转移的农村剩余劳动力转化为城镇人口 = 可转移的农村剩余劳动力转化为城镇人口 × （1 + 带眷系数0.5） = 612.72 × （1 + 0.5） = 919.08（万人），约占农村人口的60%。

（3）城镇人口自然增长

2011年，福建省的城镇人口为2161万，如果城镇自然人口增长率按照4‰计算，则到2030年城镇自然增长人口 = 2161 × （1 + 4‰） 19 − 2161 = 170.28（万人）。这里还未将新迁入城镇人口的自然增长计算在内。

（4）城镇扩张过程纳入的周边农村人口

这部分人口估算难度较大，但是从往年城镇人口增长的情况看，这部分人口也是城镇人口增加的不可忽视的一个重要来源。城镇周边村庄分布相对较为密集，平均规模也较大，在城镇空间范围扩大的过程中，这些村庄的人口将直接"被城镇化"。2000年以来，福建省村民委员会数量大大减少，大部分村民委员会在城镇扩张过程中实施了"村改居"。按照福建省行政村平均人口1500人左右计算，2000~2011年这11年中约有101万人被直接纳入城镇户籍。按照过去11年的城镇人口扩张速度计算，可以粗略预计在2012至2030年城镇周边农村人口被纳入城镇的数量将高达175万左右。由于可转移农村剩余劳动力在计算中可能重复，按照这部分占60%的比例计算，可预测净纳入城镇的周边农村人口约70万。

（5）至 2030 年新增城镇化人口计算

综合上述对城镇化人口来源的分析，可以粗略地估计至 2030 年共约新增 1330 万城镇化人口。

城镇化人口来源 = 外来人口迁入 171 万人 + 农村剩余劳动力 919 万人 + 城镇人口自然增长 170 万人 + 城镇周边净纳入农村人口 70 万人 = 1330 万人。

3. 城镇人口的高素质发展趋势

高考是改变个人命运的一个机会，一直受到城乡群众的重视。由于计划生育政策的实施，如今每个家庭生育子女数量减少，导致城乡家庭更加重视子女的教育，而大学扩招使得接受高等教育成为可能。大量的农村考生通过高考录取，顺利转变为城镇人口。

福建省高考录取人数的规模呈现不断扩大的趋势。2004 年，福建省的普通本专科招生 15.5 万人，到 2012 年，全省各批次录取人数为 22.8 万人，这对改变人口城乡分布的作用不可小觑。如果按照农村生源占高考录取人数的 50% 估计，今后每年福建省将会录取 11 万人左右的农村户口学生，这些学生可以通过高考进入城市，顺利实现人口城镇化。而且，由于高考制度的规范性和惯性，高考录取的方式将会是一个持续而稳定的人口城镇化的途径。

在高考录取的这一部分学生当中，有相当一部分人就读于中等职业学校，这些学生毕业后进入城市，为城市和工矿区输送了大量的技术人才，这些接受中等职业教育的农村青年成为农村劳动力转移的主体，改变了以往以小学文化、初中文化为主体的低端劳动力结构。高素质农村劳动力向城市转移，有利于其在工商领域就业，极大地推动了城镇化的顺利实现。

4. 农村人口城镇化的速度将要下降

当前，城镇化社会环境发生了巨大改变，城镇吸引力逐渐降低，由于政府的各种惠农政策，农村吸引力大大增强，人口城镇化进程面临着前所未有的压力。城镇化压力主要表现在如下几个方面。

（1）受城镇化水平极限的约束

城市可持续发展必须建立在自然资源与环境的可持续性的基础上，资源、能源为城镇化的加速发展提供基本保障，城镇化的快速发展需要生态环境提供基本支持。一方面，无论是从人口增长、空间扩张，还是从经济发展和生活水平的提高等角度看，城镇化的发展意味着城市对各种资源需求的增多，需要更多的土地、水、能源、矿产等自然资源，同时会向环境中排放更多的废气废水。但是随着经济发展和城市发展受资源、环境的限制程度逐步加剧，福建省未来的城镇化将明显地受到来自资源环境保障的约束。另一方面，由于福建省的地形特点是山区、丘陵区多而平川区少，要完全实现农业现代化的难度比较大，导致农业生产需要更多的劳动力，这意味着农村需要维持较多的人口。

综合上述分析，根据城镇化发展的 S 型曲线规律，判断福建省的城镇化正处于第二阶段中后期，受城镇化极限水平的约束，福建省的城镇化发展必然转为速度减缓的阶段。

（2）农村人口老龄化降低了人口转移性

计划生育政策实施后，使福建省年轻一代的数量逐年减少，农村年轻人的数量也逐年减少，而老年人比重增加，农村人口出现老年化。然而，老年人口难以成为人口城镇化的对象。人口城镇化根本上是农村劳动力的城镇化，而不是收入低、消费能力低、文化程度低的农村老年人口的城镇化。农村老年人习惯了乡村的生活，很难再适应城市的生活方式，其自身综合素质较低，在城市就业机会较少，除非是征地拆迁等被动的城镇化。城镇的拉力不足难以带动广大农村老年人实现城镇化，因而，农村人口老龄化降低了人口转移性。

（3）城镇化成本高提高了城镇化门槛

当前，就业是青年人进入社会面临的一大挑战。应届毕业生就业困难，下岗职工再就业困难，农村低端劳动力就业更困难。随着持续快速增长的经济开始减速，经济发展吸纳劳动力的能力势必下降。这表明城镇的就业容量并不是无限的，在持久城镇化的过程中，就业困难必然成为阻碍城镇化进程的一大障碍。同时，由于通货膨胀，使近年来房价房租、交通、食品等成本飙升，导致城市生活成本大大提高，城市年轻人包括大学生在城镇生活的压力增大，城镇化门槛提高。此外，由于交通、污染等各种城市病问题的日益突出，极大地降低了城市生活质量，削弱了城市的吸引力。

（4）农村生活环境吸引力增强

在改革开放初期，人们对农村的印象是公共设施不足，生活环境落后。相反，城市拥有完备的公共设施，生活环境良好，这种城乡间的差异使得城市对人口的吸引力大大增强。但随着经济社会的发展，城乡间的这种差异逐渐发生改变。如今乡村地区的交通基础设施得到极大改善，县乡公路网、村村道路网已经构建，电动自行车、摩托车以及中低档汽车等交通工具在农村的普及度越来越高。同时，农村的现代通信设施也广泛应用，固定电话网络、移动电话网络、宽带网络得到了迅速发展。交通、通信基础设施的改善，弥补了农村与城镇之间空间上的隔绝，将农村和外面世界紧密联系起来。此外，自 2005 年，国家重视农村的发展，实施了各种惠农政策，极大地促进了农业的发展、农民收入大大增加和农村建设成效显著，这些都有利于增强农村的吸引力。

5. 大中小城市将实现协调发展，发展模式将更加趋于多元化

综观世界城镇化发展历程，可以看出，大城市在发展过程中的各个方面都占优势，综合效益最好。从工业化和经济全球化的发展历程看，大城市的发展对经济发展起着重要的作用。因此，福建省应该加大对大城市发展的支持。同时，由于各地区发展水平参差不齐，单一地发展大城市不足以促进城镇化的健康发展。因此，未来一段时间内，福建省在加快城镇化进程的同时，要协调好大中小城市和小城镇的发展。同时，各地区将立足本地实际情况，逐渐形成具有各地区特色的、多元化的、大中小城市和小城镇合理分工和互相配合的城镇体系。

6. 制度上将更加有利于城乡一体化

（1）城乡居民自由迁移的人口管理制度将逐步建立

户籍制度将城市和农村分离，不利于城镇化的发展，未来福建省将逐步废除现行的户籍管理制度，逐步建立城乡居民自由迁移的人口管理制度。福建省将逐步取消农业户口与非农业户口的限制，建立城乡居民可以自由选择居住地的人口登记制度，实现城乡统一。不再按人口登记地制定住房、就业、教育、医疗、社会保障等方面的差别化政策。

（2）将逐步实现农村集体土地流转制度改革

未来福建省将进一步完善农村集体土地承包经营制度，在保障承包方拥有土地承包经营权的同时，保障其拥有承包期内对土地承包经营权进行处置和得到收益的权利；承包方可以自行决定转让对象，包括转让给所在集体经济组织以外的任何组织或个人，逐步建立土地承包经营权流转制度；在建立规范的土地用途规划管制的基础上，城市的组织或个人购买或租赁农村集体土地成为可能，这为农民进城开辟了获取创业资本和社会保障资金的渠道，有利于城镇化的快速发展。

（3）将逐步建立全省统一的社会保障体系

福建省将通过对社会保障制度的不断完善，逐步建立覆盖城乡的全省统一的社会保障体系。为了改变农村居民进入城市后受到不平等待遇的现状，福建省会逐步将现行城镇居民享受的社会保障扩大覆盖到进城务工的农村人口，增强城市对农民的吸引力；用人单位在雇佣农村劳动力时，必须依照规定为其缴纳社会保证金；对于那些在城市有稳定职业，并且自愿定居城市的农村居民，政府将为其建立社会保障账户；按先城市、后农村的原则，征收社会保障税，最终在全省范围内建立覆盖城乡的社会保障体系。

7. 人口城镇化已成为新型城镇化的核心任务

土地城镇化快于人口城镇化所带来的问题日益突出，有序推进农业转移人口市民化成为新型城镇化发展的重要内容，促进农民工逐步转化为有稳定就业和稳定居所的城镇人口，享有与城镇居民平等的待遇成为人口城镇化的主要特征。人既是社会发展的手段，也是社会发展的目的。传统的城镇化忽视了人的主体性，而新型城镇化强调以人为本，是以人为核心的城镇化。因此，城镇发展的各个阶段和环节都应贯穿以人为本的思想，通过城镇化的发展推动人的全面发展。以人为核心的城镇化需要实现职业上从农业到非农业、地域上从农村到城镇、身份上从农民到市民的三维转换。这需要两个基础，一个基础是需要为农民创造更多的就业机会，提供更多并且稳定的职业，这意味着每个城市都要建立产业平台；另一个基础是为进城农民提供市民可享有的一切福利和保障，这需要矫正目前的城乡二元化，推进户籍制度、农村土地产权制度和社会保障制度等改革，统筹解决进城农民的就业、教育、住房、养老、子女教育等问题，有序推进农业转移人口市民化，让农业转移人口真正实现在城镇安居乐业。

8. 城镇化可持续发展的要求更加紧迫

（1）用水供需矛盾

福建省是一个沿海省份，虽然水资源总量储备丰富，但是从时间和空间角度看，其水资源的分布非常不均匀。从时间上看，水资源在一年中各个时段变化较大，汛枯相差悬殊，年内分配集中于汛期。从地域看，水资源分布呈现北多南少的局势，闽西北地区水资源相对丰富；而东南沿海水资源较为贫乏。全省工程性缺水与局部地区水质性、资源性缺水并存。目前福建省水资源紧缺问题突出，城镇急速发展造成的地区缺水问题尤为明显。厦门市的缺水问题尤其严重，已经成为"贫水区"，莆田、福州、泉州、漳州等市相对厦门缺水问题没那么严重，但也已经属于或接近"水资源紧张区"，缺水问题已经成为约束福建省沿海地区城镇快速发展的瓶颈。

母亲河上游水源生态涵养与山区城镇发展之间的矛盾也逐步扩大。福建境内大多数河流都是在省内发育，在省内入海，如闽江、九龙江等，上下游城镇发展对流域连带影响明显。上游的山区在城镇化发展过程中，随意向大自然排放污染物、梯级水电站的建立影响了河流自然属性、水产养殖布局不合理，这些问题对流域环境、上游自然保护区、水源涵养区明显产生消极影响。

（2）土地供需矛盾

福建自古以来人多地少，土地资源相当匮乏，人地矛盾非常突出。2011年福建省土地总面积仅占全国土地总面积的1.26%，人均拥有土地面积0.32公顷，仅占全国平均水平的45.07%，是人均拥有土地面积最少的省份之一。2008年，福建省的耕地面积为1330.1千公顷，人均耕地面积0.037公顷，仅占全国平均水平的41.14%，比联合国粮农组织提出的0.8亩的警戒线还要低。同时，全省可以利用的土地空间非常有限。全省土地总面积中，坡度小于15度的土地面积仅占23.67%，但全省现有71.64%的耕地和66.40%的建设用地都集中于此，生产、生活和各项建设用地也都集中于此，行业间用地矛盾非常突出。

此外，经济发展对土地需求增加与土地供给的矛盾日益突出。随着国家对耕地的保护力度加大，土地资源稀缺问题日益凸显。沿海地区不仅是城镇化、工业化发展的主要承载空间，同时也是主要的农业产区。闽东南地区土地总面积约占全省土地总面积的34%，而耕地面积却占全省面积的45.68%。建设用地利用效益区域差异也非常明显，沿海地区建设用地中第二、三次产业的产值是内陆地区的2.3倍。

随着海峡西岸经济区建设的不断推进，全省基础设施建设也持续快速发展，城镇化、工业化的发展和新农村建设的不断发展都需要大量的土地，土地稀缺对城镇化发展的制约日益明显。

（3）自然灾害阻碍了城镇化的发展

一是地震自然灾害的影响。福建省位于环太平洋地震断裂带边缘，地处华南沿海地震带北段，是我国主要地震活动的地区，而且受台湾地区地震的影响较大。地震活动在空间分布上存在南强北弱、沿海强内地弱，呈带性、重复性的特征，同时，地震断裂带与沿海重点发展地区相重叠，对沿海地区城镇化发展构成较大威胁。

二是台风自然灾害的影响。由于福建省地处东南沿海，靠近世界上最大的台风源地，导致福建省成为我国受台风灾害影响较严重的省份之一。台风灾害影响最为严重的地区分布在东部沿海，尤其是闽南沿海，闽中南的泉州与莆田交界处，闽中北的福州与宁德交界处，与沿海城镇发展地域基本重叠，对沿海地区和海岛开发造成季节性威胁。福建省台风灾害数据库资料显示，近 26 年来福建省平均每年有 1.5 个台风登陆（含两次登陆），4 个台风对福建造成影响，每年造成近百人死亡，直接经济损失 25 亿元，在福建所有自然灾害中危害最大、损失最严重的就是台风灾害，台风灾害已经严重影响福建省经济的可持续发展。

城镇化进程中水、耕地等自然资源和自然灾害的约束也日益增强，城镇建设中存在"拼土地、拼资源、拼成本"和"摊大饼"的做法越来越受到资源环境的瓶颈制约，所以，必须走低碳生态发展道路，创新城镇化发展模式。

第三节　福建省城镇化发展目标任务

作为海西经济区建设的主体，福建在促进两岸关系和平发展中发挥着重要作用，同时肩负着示范科学发展观、带动中西部地区发展的重要使命，是我国新一轮区域经济协调发展的战略要地。在未来城镇化发展过程中，福建应当依靠自身良好的生态基础、活跃的经济氛围，以及两岸同源的文化优势，在国家的大力支持下，按照国家的统一部署，以发展产业群、城市群和港口群为突破口，推动全省经济全面、快速、协调、跨越式发展，进一步改善经济、社会、文化、制度环境，努力将福建省建设成为海峡两岸人民交流合作的先行区、科学发展的先行区、国际合作的重要窗口、我国重要的旅游中心，成为对接"两洲"、辐射中西部的沿海增长极。

一　未来福建省城镇化水平的目标

　　未来福建省的城镇化水平将会不断提高，总体上将会接近或达到东部地区的平均水平，城镇化质量也将大大提高。根据第六次人口普查数据，2011 年福建省年末常住人口为 3720 万、城镇化率为 58.1%，推测 2015 年全省总人口将会控制在 3850 万左右，其中城镇人口 2480 万，城镇化水平大概在 62.5%，每年平均约增长 1.1% 个百分点，总体上接近或达到东部地区平均发展水平，城镇化质量也将明显提升。2020 年全省年末常住人口控制在 4000 万左右，其中城镇人口达 2720 万，城镇化水平大概在 68%，每年平均增长大概 1.1 个百分点。2030 年全省年末常住人口控制在 4200 万左右，其中城镇人口达 3150 万，城镇化水平大概在 75%，每年平均增长 0.7 个百分点。

二　未来福建省城镇发展布局的构建

　　未来福建省的城镇空间布局将更加优化，形成以福州、厦门、泉州三大省域中心城市和省域次中心城市为核心，福莆宁、厦漳泉两大都市区为依托，滨海都市带为脊梁，大中小城市和小城镇协调发展的网络化城镇发展格局。两大都市区基本实现同城化发展，集聚经济、人口以及辐射带动能力进一步增强，综合竞争力明显增强。支撑城镇化格局的综合交通运输网络和信息网络将更加完善。城市规模结构不断优化，中心城市带动能力显著增强，中小城市数量明显增加，海峡西岸城市群将成为我国经济发展的新增长极。到 2030 年，福莆宁大都市区的常住人口规模达到 1400 万，厦漳泉大都市区常住人口规模达到 1300 万，全省城镇人口中，都市地区城镇人口所占比重在 70% 以上。一般地区城镇人口集中度越来越高，一批具有强劲辐射能力的地方性中心城市和具有地方特色的小城市（镇）逐渐形成。

三　未来福建省城乡基础设施体系的建设

　　未来福建省城乡的基础设施体系建设将使城乡居民生活水平不断提高，实现由小康向更高层次迈进，城乡公共设施和基础设施逐步完善并适度超前，城市生态环境大大改善，综合防灾能力进一步加强。2015 年，全省千人医疗机构床位数将达 4 床，新增劳动力平均受教育年限 13.3 年；城镇人均拥有道路面积将达到 13.5 平方米，城市（含县城）生活垃圾无害化处理率达 95%，城镇（含县城）污水处理率达 83%。到 2030 年，全省千人医疗机构床位数将达 4.5 床以上，新增劳动力平均受教育年限在 14 年以上；人均拥有道路面积 14 平方米左右，城市（含县城）生活垃圾无害化处理率达 99% 以上，城市（含县城）污水处理率达 90% 以上，城乡发展建设更为协调集约。

四　未来福建省生态环境的提升

届时经济高效、资源节约和环境友好的生态福建将基本建成。2015 年，福建省的生态环境质量将继续位居全国前列。其中，建制镇人均公园绿地面积达 6.5 平方米，城市人均公园绿地面积达到 11 平方米以上，森林覆盖率为 65.5%，各类特殊保护区域面积占全省国土面积将高达 14%，生态环境保护与经济、社会协调发展。至 2030 年，福建省的生态建设会取得新的进展。其中建制镇人均公园绿地面积将增加至 10 平方米以上，城市人均公共绿地面积将达到 12 平方米以上，各类特殊保护区域面积将占全省国土面积 18% 以上。全省森林覆盖率继续处于全国领先水平，可持续发展能力大大增强。

1. 城镇景观风貌

未来福建省将形成大都市区、都市区和城市、城镇各具特色的景观风貌格局。福建省将凭借其独特人文优势和山海自然景观优势，协调城市建设和小城镇建设，加强旧区改造和新区建设，全力推进平潭综合实验区等新增长区域建设，最终具有浓厚福建地方特色的省域城镇景观风貌将逐渐形成。

在一系列保护地方文化举措的实施下，进一步加强对历史文化名城、名镇、名村和非物质文化遗产的保护，保护和恢复具有代表性的城镇历史文化街区和优秀近现代建筑，延续发扬历史文脉和地方特色，福建省将建成一批历史文化名镇、名村和园林城市。

2. 城镇人居环境

随着生态环境建设的进一步推进，城镇人居环境将大大改善。基本公共服务品质和均等化水平将显著提高，实现对城镇基本公共服务常住人口的全覆盖，如基本公共卫生服务均等化水平将明显提高，基本药物价格明显降低，保障标准大幅提升，服务项目不断增多，受惠人群持续扩大；基层医疗服务能力将明显提高，硬件设施得到显著改善，人员编制普遍增加、素质不断提升；基层医疗机构服务效率将明显提高，基层医务人员队伍结构优化，待遇增加，活力增强。城镇管理将更加智能化、精细化。生态环境质量明显提升，城镇发展将更加集约低耗，城镇生活更加和谐宜人，集约紧凑和绿色低碳的城镇发展模式基本形成。

3. 城乡发展一体化新格局

党的十七届三中全会通过的《中共中央关于推进农村改革发展若干重大问题的决定》作出了"我国总体上已进入以工促农、以城带乡的发展阶段，进入加快改造传统农业、走中国特色农业现代化道路的关键时刻，进入着力破除城乡二元结构、形成城乡经济社会发展一体化新格局的重要时期"的基本判断，并提出了"加快形成城乡经济社会发展一体化新格局"的历史任务。福建省将落实国家的方针政策，着力破除城乡二元结构，逐渐形成城乡发展一体化新格局。实现统筹城乡经济社会成效显著，城乡一体的户籍、就业、社保、土地、投资和公共服务体制基本确立的目标，将给农村发展注入新的动力和活力，促进城乡共同发展和协调发展。到2020年，福建省将基本建立有利于农业转移人口市民化和城乡一体化发展的体制机制。

五 未来福建省城镇化体制机制的创新

在户籍制度、农民工基本公共服务、保障性住房建设、土地利用、等级化的行政管理体制等方面，现行的体制机制仍然存在许多问题，不利于新型城镇化的推进。未来福建省将着力于体制机制创新，不断完善城镇化体制机制。户籍管理、社会保障、住房保障、义务教育等方面的体制改革将取得实质性进展。城乡土地管理制度改革将取得突破，行政区域和管理体制、财税体制、城镇建设融资机制更加完善。福建省城镇化发展主要指标见专栏1-1。福建省城镇规模结构见专栏1-2。

专栏 1　城镇化发展主要指标

指　标	2010 年	2015 年	2020 年
城镇化率	57.09	65	70
城镇人口（万人）	2109	2480	2780
农业转移人口落户城镇数（万人）		140	400
城镇建设用地面积（平方公里）			≤2690
城镇保障性住房覆盖率（％）		20	35
城镇公共交通占机动出行比例（％）		25	≥70
城市（含县城）污水集中处理率（％）	77	85	90
城市（含县城）生活垃圾无害化处理率（％）	82	95	99 以上
新建城区地下管廊覆盖率（％）			100
城市宽带接入能力（Mbps）		50	70
绿色建筑占新建建筑比重（％）		30	60
人均公园绿地面积（设市城市/县城）	10.8/8.3	12/10	15/12 以上
地级以上城市空气质量达到一级标准的比例（％）		100	100

专栏 2　城镇规模结构

期限	人口规模（万人）	城镇数量（个）	城镇名称
2020 年	>300 万人	3	福州、泉州、厦门（其中福州、泉州为 500 万人以上特大城市）
	100 万~300 万人	2	漳州、莆田
	50 万~100 万人	7	平潭、南平、三明、宁德、龙岩、福清、晋江
	20 万~50 万人	22	长乐、闽侯、连江；石狮、南安、惠安、安溪、永春、德化；龙海、漳浦、云霄；仙游；邵武、建瓯、建阳、浦城、永安、尤溪、长汀；福安、福鼎
	5 万~20 万人县城	33	罗源、闽清、永泰、长泰、诏安、东山、南靖、平和、华安；武夷山、顺昌、光泽、松溪、政和；明溪、清流、宁化、大田、沙县、将乐、泰宁、建宁；漳平、永定、上杭、连城、武平；霞浦、古田、屏南、寿宁、周宁、柘荣

续表

期限	人口规模 （万人）	城镇数量 （个）	城镇名称
2020 年	5 万人以上镇 （非县城所在地）	37	江田、江阴、龙田、高山；金井、深沪、安海、英林、官桥、诗山、黄塘、崇武、湖头、东石、梅山、洪濑、水头、龙门、蓬壶；岩溪、杜浔、靖城、四都；江口、枫亭、埭头；仙阳、徐墩、水吉、和平；小陶、洋中；永福、才溪；秦屿、牙城；流水
	5 万人以下镇	450～500	略

注：上表不包括进入城市规划建设用地范围的建制镇。

第三章

城镇化发展的空间规划和优化布局

第一节　福建省城镇化总体空间战略布局

一　福建省域空间发展的历史规律及特点

经过 2000 多年的发展，福建省的城镇体系逐渐建立，形成了以福州、厦门、泉州为中心，中小城市为骨干，小城镇为基础的城镇体系。

新中国成立前，福建省城镇化空间发展可大致分为三个阶段：

第一个阶段：闽北地区沿江沿河开拓阶段。唐朝以前，福建省的主要城镇大部分位于闽北地区，基本上分布在闽江及其支流两岸。

第二阶段：沿海城镇集聚拓展阶段。自唐朝中期以后，城镇迅速发展，福建省开始进入第一个快速发展时期，境内已存在的城镇都得到了不同程度的发展，并产生一些新兴城镇。宋元时期，航海技术和海外贸易空前发展，在此背景下，福建城镇规模和功能也相应地发生了巨大变化，城镇数量大规模增加，以经济功能为主的城镇逐渐增多。泉州逐步发展成为元朝最大的对外贸易港口，并逐渐形成了以泉州为中心，福州为次中心，沿海城镇为主体，沿着省际交通轴线为发展轴的城镇空间格局。

第三阶段：山区进一步均衡发展阶段。明朝中后期，在海禁和清朝的闭关锁国政策的影响下，沿海城镇发展大大受阻甚至停滞倒退，而内陆城镇受到的影响相对较小，从而得到持续发展。从客观上看，这一政策对于城镇空间分布的均衡化起到了促进作用。但是，由于这一时期福建省城镇化发展的主要动力来自内需，导致发展动力不足、发展速度缓慢。福建省城镇化在发展过程中逐渐形成了以厦门为中心，漳州、泉州为两翼的城镇格局。

新中国成立初期，由于福建省和台湾之间特殊的地理位置关系，国家没有对福建城镇建设进行大规模的投资，仅在鹰厦铁路沿线的三明、永安、南平、邵武等城镇设置了一些"小三线"建设，这促进了福建省部分偏僻山区城镇化的发展，一些山区工业城镇逐渐涌现，而沿海一线的城镇建设发展非常缓慢，基本处于停滞状态。

改革开放以后，福建省的经济得到了飞速发展，城镇化建设也进入了第二个快速发展期。福州、厦门、泉州等中心城市利用其区位和交通优势，获得了较快的发展，集聚和辐射带动能力逐渐增强，加速了沿海城镇带的形成。

从福建区域空间发展的历史演变来看，可以总结出如下规律：

1. 从空间演变上看，呈现从沿河发展向沿海发展转变的特征，趋海性特征突出。在港口交通日益完善，交通干线规模逐渐扩大的背景下，福州、厦门和泉州等沿海城市凭借其方便的水陆交通优势，得到了突飞猛进的发展，并逐渐成为城镇集聚的新兴地区。城镇空间分布走向从闽北向闽东南乃至全省扩散，沿海地区成为城镇分布的密集地区，集聚了大量人口。

2. 从空间体系对外联系的角度看，呈现从相对独立封闭向开放互动转变的特征。唐宋元时期，在当时的海洋经济的影响下，泉州港和福州港曾一度成为重要的世界贸易商港，福建省域空间表现为一定程度的外向性。改革开放以前，由于当时对外交通设施比较落后，城镇空间体系的发展不论是在全省还是省域内部板块之间都较为封闭，呈现较为典型的内聚式发展特征。改革开放以来，福建省的交通基础设施得到了大幅度改善，城镇交通规模逐渐扩大，初步形成南承北接、东进西出的开放式空间格局，表现出从相对独立封闭的空间体系向开放互动式的空间体系转变，福建省与珠三角、长三角的交流合作日益频繁。随着西太平洋时代对亚洲太平洋沿岸巨型城市走廊建设的推动，福建省作为环海峡地区的重要区域，凭借我国内陆广大的腹地市场，必将成为我国沿海城市带和太平洋西岸上的新节点，形成更为开放的城镇空间体系。

3. 从空间形态演变机制角度看，沿海城镇带网络化发展特征突出。在新技术的推动下，福建省的沿海城镇空间联系呈现出网络化特征。福建省初步形成了以海港为枢纽，铁路和高速公路为骨干，空港为门户的沿海综合交通走廊。从福建省城市间经济联系强度分析图（见图 3-1），可以看出，在城际联系空间格局上，以福州和厦门为代表的沿海城市表现出经济联系非常密集、联系强度较大的特点，南部地区形成厦漳泉网络化发展特征，逐渐形成了以福州和厦门为经济联系中心，逐步向外扩张的网络化城镇空间体系。

图 3-1　福建省城市间经济联系强度分析

4. 从空间拓展机制角度看，外部空间拓展受限、内部整合力度不够。福建省地处长三角、珠三角两极之间，由于这一特殊的地理位置以及人口、经济规模之间存在较大差距，福建省的经济腹地受到两洲的强力挤压。从经济发展水平看，福建东南地区对闽西、粤东、赣南具有一定辐射带动能力，但这些地区同时也是泛珠三角的核心部分，其经济发展受到珠三角的辐射影响较大。闽西、赣北的经济发展主要依赖长三角地区的带动，而受福建东北地区的辐射带动较弱。相关资料显示，江西省每年外流的劳动力中，40%流入长三角地区，30%流入珠三角地区，占江西省外流劳动力的绝大多数，仅有20%左右的外流劳动力进入福建沿海地区，这些劳动力中的70%流入福建东南地区，30%分布于东北地区。

除了外部空间拓展受到限制，福建省域内部整合力度也不够。以厦门、泉州、漳州为例，尽管像城市联盟这样的区域协调机构已经建立很久，但厦门、泉州、漳州之间还没有形成相对明确的职能分工，合作交流还停留在较低层次，闽南地区经济协作虽然已经提出20多年，但是其作用并没有得到很好的发挥。此外，各城市内部县区单元之间的竞争也非常激烈。地方政府在低层次上同位竞争，造成了资源的严重浪费。

二 福建省城镇化整体空间战略布局

按照统筹规划、合理布局、分工协作、完善功能、以大带小的要求，以《福建省主体功能区规划》确定的城镇化地区为重点，实施差异化城镇化发展战略，调整城市空间的区域分布，适度扩大、优化开发区域和重点开发区域城市建设空间，控制限制开发区域城市建设空间，优化城镇化空间布局，以构建科学合理的城镇体系。

1. 实施差异化城镇化发展战略

实施都市地区、一般地区差异化推进策略，总体实现"有序集聚、适度均衡"的发展格局。

所谓都市地区，主要是指大都市区和都市区，并且由区域性的中心城市地带及其周边紧密的城镇组合而成，具有网络化、都市化的特点，主要包括沿海都市区和依托南平、三明、龙岩等中心城市形成的内陆都市区。都市地区的城镇体系一般表现出发展初期向成熟期阶段转型的特点。都市地区城镇化发展应以集聚引导都市地区发展壮大，提升区域核心竞争力为目的，重点向都市地区集聚和倾斜，实施积极稳妥的公共政策，促进人口、产业和各类要素向都市地区中心城镇迅速集聚。

一般地区，是指那些正处于快速发展阶段，并具有节点生长和点轴体系层次发展特征的都市地区之外的其他区域。在一般地区城镇化发展过程中，应该优化统筹城镇发展空间和乡村发展空间，合理引导人口、各类要素资源、基础设施等向中心城镇集聚，推动空间集中、土地集约、资源集聚的层次化区域的形成，择优培育重要节点，重点在一般地区培育一批具有较强地方服务能力和区域影响能力的城镇。

2. 福建省城镇空间总体结构及发展战略

考虑到福建城镇化进入快速发展阶段的现状以及和城镇空间演进的特点，将推进城镇空间结构优化的主体形态定位在都市区，并以逐步完善的交通和基础设施为支撑，以滨海都市带为脊梁，以福州、厦漳泉两个大都市区为依托，以福厦泉三大省域中心城市和省域次中心城市为核心，以城镇聚合轴为骨架，以中小城市和小城镇为基础，形成层次合理、空间有序、地域开放、转型发展的网络化省域城镇空间体系。

城镇空间组织结构可以概括为"一带、两区、四轴、多点"。其中，"一带"是指北起宁德福鼎南至漳州诏安的滨海都市带；"两区"是指福州和厦漳泉两大都市区；"四轴"分别指纵向的南（平）三（明）龙（岩）城镇聚合轴和横向的福（州）武（夷山）、中部（泉州、莆田—三明）、厦（门）龙（岩）腹地拓展轴；"多点"是指在福建城镇空间发展过程中发挥重要带动作用的城市新增长区域和重要节点城镇区域（见图 3－2）。

城镇空间引导策略可以简单地概括为"强化集聚、轴带拓展、多点联动、构筑网络"。

强化集聚：强化大都市区统筹引领能力、中心城市辐射带动能力和城市新增长区域触媒激发能力，引导生产要素向大都市区、发展轴和中心城市、节点城镇集聚。

轴带拓展：按照"梯度推进、点轴拓展"原则，依托区域交通干线轴带，引导沿线城镇各类要素适度集聚、各类设施共享共建、城镇空间有序整合，从而促进城镇聚合轴集聚和发展能力的提升。

多点联动：依托都市地区、新增长区域和节点城镇，形成有机联动、互补发展的城镇空间发展态势。

构筑网络：依托完善区域交通网络和基础设施廊道，促进区域城镇空间、产业空间、基础设施空间、生态空间优化布局、相互协调，形成有序交融的网络化城镇发展新格局。

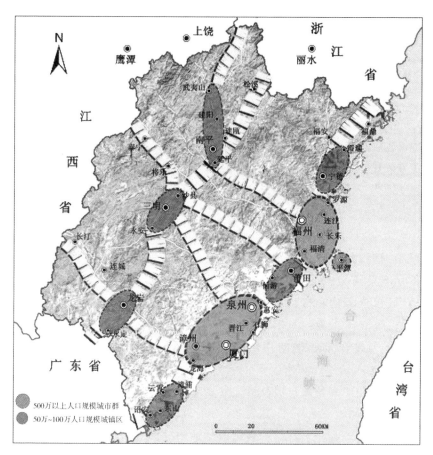

图 3 - 2 "一带、两区、四轴、多点"城镇化战略格局

第二节 福建省城镇化空间分类发展指引

在城镇化发展过程中，福建省应以国家把海峡西岸城市群列入全国八大城市群之一为契机，大力推进以"一带三区六轴"为重点的城镇格局建设，加快推进区域一体化的步伐，构筑区域经济优势互补、空间结构高效合理、区域联动发展的区域协调发展新格局。

一　加快推进都市区建设

大都市区是城镇化发展到较高阶段时产生的城市空间形式，是省域城市功能提升和区域一体化发展的重要趋势。要以建设亚太地区重要大都市区为目标，强化都市区的内在联系和功能互补，加强城乡规划、产业布局、基础设施建设、基本公共服务和环境保护等方面的协调衔接，推进福莆宁、厦漳泉两大都市区同城化发展，形成引领海峡西岸城市群发展和辐射带动内陆山区、粤东、浙南和赣南等周边地区的两大经济高地；推进南三龙城镇点状发展带开发建设，发挥其对全省经济社会发展的支撑作用和连接中西部的前锋作用。

——福莆宁大都市区。强化福州省会中心城市的重心辐射作用，推动平潭综合实验区的开放开发，充分发挥其在对外开放和两岸交流合作中的先行作用，推进莆田城乡一体化建设试点，加快宁德、莆田中心城市的整合速度，充分发挥莆田、宁德港口优势，加强福州与莆田、宁德等城市的合作交流，推进同城化连片繁荣发展，打造海峡西岸核心区和沿海地区重要经济增长极，并逐渐发展成为对接台湾、辐射浙南、赣东北和更广大中西部地区的发展高地。充分利用江阴地区、环罗源湾地区的港口资源，加快港口工业和临海重工业集聚，加快提升福清市综合性服务职能，培育环罗源湾城镇专业化服务职能，推动福州大都市区向沿湾、滨海地区拓展延伸（见图3－3），该地区2020年城镇化发展水平及等级结构见表3－1。

表3－1　福建省福莆宁大都市2020年城镇化发展水平及等级结构

城镇化发展	城镇化水平（%）	67～71（2020年）
	常住人口（万人）	800（2020年）
城镇等级结构	省域中心城市	福州
	省域次中心城市	平潭综合实验区、莆田、宁德
	地方性中心城市（都市区副中心城市）	福清、长乐、福安
	县域中心城市	闽侯、罗源、连江、仙游、霞浦
	中心镇	渔溪、江阴、东张、龙田、高山、白沙、黄岐、丹阳、古槐、江田；度尾、榜头、枫亭、钟山、庄边、萩芦、埭头、牙城、沙江；流水、澳前

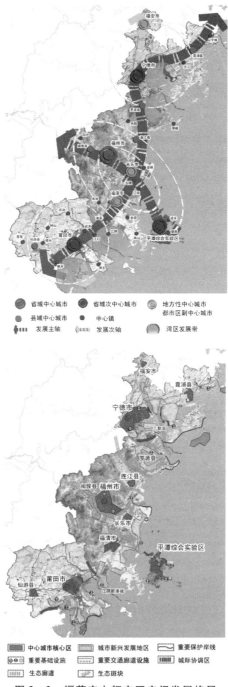

图3-3 福莆宁大都市区空间发展格局

　　——厦漳泉大都市区。强化厦门经济特区综合配套改革试验区效应，构建泉州民营经济创新发展示范区，发挥漳州田园生态优势，加强国际化服务职能建设，凸显组合优势，建成引领海峡西岸经济区发展、促进对台交流合作、高度融合、体制机制更具活力的现代化都市区（见图3-4），该地区2020年城镇化发展水平及等级结构见表3-2。

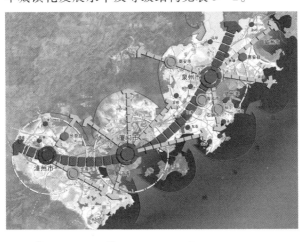

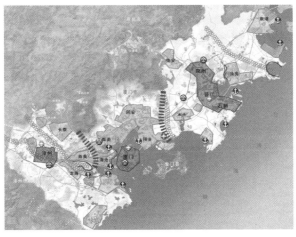

图 3-4　厦漳泉大都市区空间发展格局

表 3 - 2 福建省厦漳泉大都市区 2020 年城镇化发展水平及等级结构

城镇化发展	城镇化水平（%）	70～75（2020 年）
	常住人口（万人）	1200（2020 年）
城镇等级结构	省域中心城市	厦门、泉州
	省域次中心城市	漳州
	地方性中心城市（都市区副中心城市）	南安、晋江、石狮、龙海
	县域中心城市	惠安、长泰
	中心镇	崇武、黄塘、深沪、安海、金井、东石、磁灶、官桥、水头、祥芝、永宁、蚶江、涂岭、马甲；靖城、丰山、石亭

——南三龙城镇点状发展带。南（平）三（明）龙（岩）城镇点状发展带是福建省山区纵向发展带，是平行于沿海城镇发展带的辅轴。依托松溪—武平高速公路、杭闽广铁路等交通通道，以及"一纵三横"四条城镇内陆发展轴，引导南平、三明、龙岩都市区实现强化集聚，确保经济发展与城镇发展和环境承载能力相协调，辐射浙南、粤东地区，接轨长三角、珠三角，推动海西西部地区的整体协调发展。

二 大力发展中心城市

发挥中心城市支撑城镇化格局的重要支点作用，做大城市规模，提升城市品位，强化综合承载能力，调整优化产业结构和城市空间布局，推动中心城区与周边区域的一体化，增强对区域发展的辐射带动和综合服务能力，成为引领经济建设的重要增长极。以协调中心城市与周边卫星城镇及各类开发区为重点，加快构建适度超前、功能配套、安全高效的现代化基础设施体系，适当疏解中心城市功能，适度降低城市中心区人口密度，改善城市人居环境，增强中心城市对区域经济社会发展的辐射带动能力，使其逐步成为海峡西岸城市群建设的支撑。做大做强福州、厦门、泉州三大省域中心城市，以更高的标准改善交通条件，提升环境质量，提高文化品位，推进产业结构向高端发展，提高参与全球产业分工的层次，建设具有国际国内较高影响力的区域性现代化大都市。加快漳州、莆田、三明、南平、龙岩、宁德和平潭综合实验区的开放开发，提高海西重要支点城市的综合服务功能和辐射带动能力，发挥对区域协调发展的战略作用。

福州市作为福建省的省会城市，在其发展过程中应当坚持高标准要求、高起点规划、高质量建设，以"一城两翼双轴线"城市群发展战略为主线，加快推动中心城市"东扩南进、沿江向海"的跨越式、组团式建设，进一步改善城市环境，提升城市品位；坚持走新型工业化道路，努力打造科技含量高、经济效益好、资源消耗低、环境污染少、人力资源得到充分发挥、信息化与工业化深度融合，在全国具有竞争力的海西先进制造业基地和两岸产业合作基地；充分发挥省会中心城市的龙头带动作用，进一步加强省域综合服务功能，逐渐形成集合交通物流、商务商贸、科技创新、文化教育、旅游会展为一体的服务海西的现代服务业中心；大力发展现代服务业，促进发展提速、比重提高、水平提升，加快形成以服务业为主导的产业结构；充分发挥福州山水、江海、温泉、文化等优势，积极创建国家级生态城市和国家生态园林城市，强化环境综合整治，优化产业布局，完善城市功能，提升城市品位；加强投资环境的改善和经济结构的提升，逐步将福州建设成为海峡西岸经济区的先进制造业基地和台湾产业转移的核心承载地；建设资源节约型和环境友好型社会，打造临江向海、山水相间、生态环境优美、富有闽都文化特色的宜居城市。

厦门市作为我国东南沿海重要的中心城市，以及福建省内唯一的经济特区，应充分发挥经济特区先行先试的龙头和示范作用，推动岛内外一体化发展。按照"规划一体化、基础设施一体化、基本公共服务一体化"的总体要求，以"全域厦门"理念和"高起点、高标准、高层次、高水平"的原则，全面拓展岛外，优化提升岛内，推动城市建设和产业发展双轮驱动，加快推动岛内外一体化，形成岛外各组团别具特色又相互协调的城市新格局。推动中心城市新区向外扩展延伸，加快旧村、旧城改制改造，推动厦门由海岛型城市向海湾型城市转变，发挥龙头引领作用，率先基本实现现代化。优化提升第二产业，加快发展第三产业，推进三次产业在更高层次上协调发展，提升产业核心竞争力，壮大产业规模，打造海峡西岸强大的先进制造业基地和最具竞争力的现代服务业集聚区。发挥经济特区对台交流合作先行先试的作用，围绕提升两岸交流合作水平，建设两岸交流合作先行区。进一步发挥在体制机制创新方面的试验区作用，全面推进各项改革试点，加快重点领域和关键环节的改革步伐，加快建设海西科技创新中心、国际航运中心、物流中心、低碳示范城市和现代化国际性港口风景旅游城市。

泉州市作为国家历史文化名城、现代化工贸港口城市和文化旅游强市，应加快推进东进、南下、西拓的大泉州湾城市发展战略的实施，适时对行政区划进行调整，整合城市资源，拓展城市发展空间，推进晋江、洛阳江两岸城市建设，强化历史文化名城特色，改善城市公共基础设施和加快公共服务体系建设，充分发挥泉州作为充满活力的创业型城市的支撑作用，增强经济快速发展的拓展效应。应在进一步做精做强传统优势产业链的基础上，大力培育发展新兴产业集群，将泉州构建成为先进制造业基地、两岸产业对接基地和民营经济创新发展示范区；加快建设海西先进制造业基地，全面提升服务业发展水平，大力发展海洋经济，加快构建"三产互动、轻重协调、创新引领、集群发展"的现代产业体系。立足区位和资源特点，发挥比较优势，着力开展市域内外合作，促进区域经济协调发展。更加注重统筹协调聚集资源，优化城市发展格局，提升环湾区域在泉州城镇体系中的核心地位，集中力量加快环湾区域的规划建设，完善城市功能，建设宜居宜业的城市环境，增强环湾区域的辐射带动作用，创新城市管理机制，建设现代化海湾城市。进一步完善城市公共服务平台，努力将泉州建成具有全国性专业技术服务及区域性专业物流业的区域性服务中心。

漳州市作为海峡西岸经济区生态工贸港口城市，应充分发挥港口优势，坚持陆海统筹、科技兴海，加快发展海洋经济，构建具有较强竞争力的海洋产业体系，建设全国海洋经济发展试点示范区，打造海洋强市，实现生产力布局由陆地空间向海洋空间拓展。加快行政区划调整，实施市区"中心东移、跨江南扩、面海扩展"的发展战略，推动中心城市扩展延伸、做大做强，努力建成科学发展的先行区、先进制造业和战略性新兴产业的密集区、现代服务业的核心区和宜居宜业的生态工贸港口城市。着力推进传统产业高端化、高新技术产业化、新兴产业规模化，加快构筑结构优化、技术先进、清洁安全、附加值高、吸纳就业能力强的现代产业体系。充分发挥漳州对台优势，着力先行先试，大力推进漳台经贸合作、文化交流和人员来往，努力打造吸引力更强、功能更加完备的两岸交流合作前沿区域。落实主体功能区规划，优化空间发展布局，引导重大项目、新兴产业、优势资源和人口向发展潜力大的"一核两湾"集聚，构筑新型工业化、新型城镇化、现代农业、生态安全的新格局，形成区域经济优势互补、主体功能定位清晰、空间结构高效合理、人与自然和谐相处的区域协调发展态势。

莆田市作为世界妈祖文化的中心以及海峡西岸经济区港口工贸城市，应大力提高妈祖文化品牌的知名度，发挥妈祖文化的整体规模效应，构筑以妈祖文化为主题的海峡西岸滨海文化旅游度假胜地；加快对中心城区、滨海新城、仙游城区"三大城区"的建设，打造新城中心、城厢组团、涵江组团、荔城新区组团、笏石组团、东庄组团、忠门组团、湄洲岛组团、鲤城组团、枫亭组团的"一心九组团"大城市格局；构建仙港大道、城港大道、荔港大道、涵港大道、荔涵大道、324国道、木兰大道、莆阳大道、工业路、沁峤路、东吴大道、滨海大道组成的"四纵八横"城市主干路网，逐渐形成百万中心城市框架。不断完善垃圾、污水处理等基础设施，努力实现节能减排目标；以创建国家级园林城市为契机，构建山城河海的生态园林体系。充分发挥工艺品和木材加工等特色产业优势，加快临港产业的发展，将莆田建设成为产业集聚强劲、生态环境优美的湄洲湾港口城市。

三明市是海峡西岸经济区中部中心城市和生态型综合枢纽。应大力推进三明市区、沙县和永安市的产业、服务和空间的一体化发展，打造三明中心城市，促进市域的人口和各类发展要素向三明中心城市集聚；大力推进三明的工业化进程，强化工业对城市发展的支撑作用；全面落实主体功能区规划，优化区域发展布局，推进行政区划调整、三明规划区扩容和中心城市的统筹空间布局，全面提升中心城市的空间承载力与对市域的辐射能力；推动城乡经济社会一体化发展，支持原中央苏区、革命老区、少数民族和边远贫困乡村加快发展；引导市域西翼六县和东翼两县城镇化走"集中发展"的道路，以县城和试点乡镇为核心，促进人口向县城和试点乡镇集聚；全面提升三明的生产性和生活性服务业，凭借良好的生态环境和山水资源，努力将三明建设成具有良好品质和吸引力的生态文化旅游胜地和宜业宜居城市。

南平市是海峡西岸经济区重要的交通枢纽和闽北中心城市，应继续

"突出工业、突破工业"，坚持自主创新与产业调整振兴相结合，提升做大传统产业，加快培育新兴产业，推进传统产业的高端化、高新技术产业化、新兴产业规模化，构建具有闽北特色、竞争力强的现代产业发展支撑体系。加快统筹推进南平城区和武夷新区建设，推进资源综合利用，控制不合理的资源开发活动，实现武夷新区的经济社会与生态环境全面、协调和可持续发展；积极承接符合环保要求的沿海产业转移，建设组团式山水园林城市。依托武夷山"双世遗"的自然人文优势，加快完善旅游基础设施和配套服务，优化旅游环境，延伸旅游产业链，打造世界级的旅游目的地和海峡西岸绿色腹地，推动全市旅游业实现更大规模、更高水平的发展。

龙岩市是海峡西岸经济区西部的中心城市，应围绕构建产业集群，依托闽粤赣边界重要的交通枢纽和物流中心的地位，建设大项目、培养大企业、发展大产业、打造大基地，加快产业转型升级，创建现代机械制造业基地，进一步支持龙工集团在龙岩做大做强，增加工程机械品种，提高整车生产规模和技术水平，推进龙工出口生产基地建设，稳步提升在全球工程机械行业的排位，打造世界级工程机械产业基地。发挥海西汽车差异化发展政策的比较优势，打造海西产业基地。发挥"海峡客家"文化优势，先试先行，加快构筑龙岩和台湾的交流合作平台，使闽西成为两岸经贸合作、文化交流和人员往来的重要通道。增创对台经贸合作新优势，打造两岸经济融合新亮点，全面加强与台湾工商团体的联系，加快对台经贸合作载体建设，争取设立国家级台商投资区。以红色、客家、自然生态为特色，重视旅游与文化、休闲、度假、会展、观光农业等联动发展，打造旅游精品线路，大力推进商务、物流、人居、旅游环境建设，努力建成全国重要的红色旅游基地。

宁德市是东南沿海重要的港口枢纽、临港先进制造业基地、海西特色文化和生态旅游胜地。应以宁德世界地质公园申报成功为契机，整合旅游资源，加快旅游产品开发，完善旅游公共服务，加强旅游交流合作，拓展旅游市场，把旅游业发展成为战略性支柱产业，实现宁德市从旅游资源大市向旅游经济强市的跨越。优化海洋开发布局和产业结构，加大海洋经济投入，推进海洋科技创新，有效利用海洋资源和保护海洋环境，不断扩展经济发展空间，加快建设海洋经济强市。坚持市场化、产业化、社会化的发展方向，加快现代服务业的发展。加快发展港口工业建设，促进滩涂、海洋渔业、海滨旅游等海洋资源的综合利用，提升城市服务职能，建成和谐、优美、安全、生态的绿色宜居海湾新城。

平潭综合实验区是两岸交流合作的先行区，海峡西岸科学发展的先导区，体制机制改革创新的示范区，两岸同胞共同生活的宜居区。应深入开展两岸经济、文化、社会等各领域交流合作的综合试验，积极探索"共同规划、共同开发、共同经营、共同管理、共同收益"的两岸合作新模式，积极承接台湾产业转移。通过承接台湾高新技术产业、现代服务业的转移，逐步推进高新技术产业和服务业的发展，加快推动海峡西岸高新技术产业基地、现代服务业集聚区的完成；加强两岸旅游合作，将平潭综合实验区建设成为国际知名的海岛旅游休闲地；加快平潭海峡北部通道建设，实现与福州中心城市、长乐滨海新城的互动发展，借助便利的城际交通，推动同城化的实现。依托北通道推进闽江—长乐—平潭的区域调水和能源工程。充分利用福清、长乐等相邻地区良好的经济基础和便利的交通优势，加强平潭与相邻地区的产业分工合作，扩大平潭产业发展空间，实现平潭与相邻地区优势互补、共同发展。完善城市服务功能，健全生活服务设施，创新社会管理服务机制，构建经济发展、文化繁荣、社会和谐、环境优美的幸福宜居岛。

三　加快发展中小城市

按照挖掘潜力、完善功能、增强集聚、扩大规模、凸显特色的要求，充分挖掘现有中小城市发展潜力，提升中小城市发展质量，强化中小城市产业功能、服务功能、居住功能，加强市政基础设施和公共服务设施建设，提高聚集人口和服务"三农"的能力，将中山城市建设成为服务城乡、带动区域、和谐宜居的节点城市。推进省管县的改革，积极实施"大城关"战略，发展壮大县域经济，加快推进县域城关镇的扩容提和提升质量。扩大县城和中心集镇规模，加强县城基础设施建设，提升县域重点开发功能，合理布局建设产业发展基地，促进产业园区的集中发展，进一步强化县城的中心聚集能力，引导人口向城镇集聚，提高对乡村的辐射带动能力。支持县域特色资源的开发和优势特色产业的发展，加大对地方支柱产业的扶持力度，将其培育成县域主导产业。积极融入中心城市，做好与中心城市产业对接，承接中心城市产业转移。大力建设服务中心城市居民生活的副食品基地，发展对绿色食品的种养加工和生态旅游。加强工业园区、生活居住区、城乡交通枢纽和生态环境建设，将其发展成为各具特色、功能完善的小城市。在"十二五"末全省18个县城城区人口规模将达到10万以上，20个县城人口将达到5万～10万。到2020年，县城城区常住人口规模多数将超过20万人。对具有区位交通优势、产业基础较好、经济实力较强、发展潜力大的部分小城市和县城，要扩大管理权限，壮大产业实力，优化发展空间，使其快速成长为超过50万人口的中等城市，成为新的区域次中心城市和经济增长板块。推进省级以上开发区（工业园区）与周边城市和城镇的有机衔接，支持区位优势明显、产业基础较好、经济实力较强的县（市）率先发展成为功能完善、特色鲜明的城市新区，形成新的区域次中心城市。

对于县市域中心城市的发展，应结合各地不同的区位条件与经济发展水平，因地制宜，采取不同措施，按照分类指导、整体推进的原则，积极推进县市个性鲜明的发展。按照"先富带动后富"的整体战略，支持一些区位优势明显，经济基础较好的县市率先发展起来，集中力量优化经济结构，提升经济发展水平和基础公共设施的建设水平，强化其对人口与产业的集聚能力，促使其发展成为中等城市。福建省城镇等级体系见专栏3-1。

（1）加强对沿海中心城区与周边城镇的规划，积极参与城市产业分工，承接城市产业转移，以城市生产生活服务配套型产业为重点，建设分工合理，城市布局科学的城镇体系，并带动周边卫星城镇的建设发展。

（2）对高速公路及铁路沿线等有交通优势的县市，应充分利用交通便利这一优势，大力发展与邻近城市互补的产业，部分具备大项目落户条件的县市可以借此加快成为工业强县。

（3）对经济欠发达的县市，应加大财政倾斜的力度，强化对生产要素的引导作用，大力发展特色产业，并以此培养新的经济增长点，增强自身的"造血"功能。此外，对于生态资源丰富的县市，应该注重环境保护，大力发展绿色产业和特色资源加工业。

（4）对于条件较好的县市，应该合理地调整行政区划，强化对产业和人口集聚的引导作用，充分发挥县市对周边农村经济的辐射带动作用，推动城乡互动协调发展。加强县域间的产业协作，积极拓展内外资源和市场，实现优势互补、资源共享、共同发展。

专栏 3 - 1 城镇等级体系

城镇中心等级	城镇数（个）	城镇名称
省域中心城市	3	福州、厦门和泉州
省域次中心城市	7	漳州、莆田、南平、三明、龙岩、宁德、平潭
地方性中心城市（或都市区副中心城市）	13	福清、长乐、晋江、石狮、南安、龙海、漳浦、邵武、武夷山、永安、长汀、福安、福鼎
县域中心城市	44	连江、罗源、闽清、永泰、闽侯；仙游；惠安、安溪、永春、德化；云霄、诏安、长泰、东山、南靖、平和、华安；建阳、建瓯、浦城、顺昌、光泽、松溪、政和；沙县、明溪、清流、宁化、大田、尤溪、将乐、泰宁、建宁；漳平、连城、永定、上杭、武平；古田、屏南、寿宁、周宁、柘荣、霞浦
中心镇	116	见专栏 3 - 2
一般镇	350~400	略

四 择优发展小城镇

坚持分类指导、差别化发展、择优培育，科学稳妥地推进乡镇整合，进一步优化重点中心镇布局，引导小城镇走特色化、集约化、现代化的发展道路。按照"规划先行、功能齐备、设施完善、生活便利、环境优美、保障一体"的要求，充分发挥小城镇在连接城乡、辐射农村、扩大就业和拉动内需中的重要作用，深化小城镇综合改革试点建设，将其发展成为集聚产业和人口、服务"三农"的重要载体，提升建设发展水平，将其建成小城市。夯实小城镇经济基础，强化产业支撑，健全完善公共服务和基础设施，推动小城镇向周边农村拓展延伸。加强中心城市周边小城镇的统筹配套发展，逐步建设成为卫星城。加大对小城镇基础设施和公共服务设施建设的政府投入力度，构建投融资平台，推广建设移交、建设转让移交和代建制等模式，探索建立新型农村金融组织，完善小城镇金融服务。积极引导农村人口与产业向中心镇集聚，加强小城镇与城市的有序分工、优势互补，支持具有特色产业、生态魅力和历史文化积淀的小城镇，发展成为各具魅力的特色镇。

在各县（市）范围内，选择 1～3 个区位条件好，人口规模较大、经济实力较强、人口吸纳能力强，或资源特色优势突出的城镇，作为中心镇培育，推动农村人口与产业向中心集镇集聚，对周边农村经济社会发展和农民生产生活方式转变起到示范带动作用。加大对中心镇的扶持力度，实施"扩权强镇"，依法下放行政审批权和行政执法权，扩大镇级政府行政事务管理和处置权限，探索赋予部分中心镇经济社会管理权限，推进户籍制度、农村教育、医疗制度、社会保障制度等方面的改革。着力提升产业发展、公共服务和基础设施配套水平，促进人口、产业、资源等要素的集聚，使这些中心镇尽快成为连接城乡、带动周边农村发展的桥梁。

努力推动区位条件好、经济实力较强、人口规模较大的重点中心镇向带动能力更强的小城市或大中城市发展；将中心城市周围的小城镇纳入所属城市的总体规划，促进与中心城市之间的产业和生活配套设施的分工，推动一批卫星城镇的形成，使之逐步发展成为中心城市服务的具有特定功能的小城镇；将沿交通干道、江河流域等交通条件较好、资源较丰富、产业基础较好的小城镇，逐步发展成为各具特色的工业主导型、资源开发型、边贸旅游型、交通枢纽型、城市辐射型城镇；对于距中心城市较远的偏远城镇，需要完善其为农业、农村和农民的服务功能，加快推进农产品集散中心和加工基地建设，以及农业信息、技术推广和文化教育中心的形成，使之为当地农业和农村经济发展做出贡献。福建省中心镇见专栏 3-2。

专栏 3-2　中心镇一览

序号	设区市	中心镇	城镇名称
1	福州市	15	渔溪、江阴、东张、龙田、高山、东桥、池园、梅溪、白沙、黄岐、丹阳、中房、嵩口、古槐、江田
2	泉州市	23	崇武、黄塘、水口、蓬壶、深沪、安海、金井、东石、磁灶、官桥、洪濑、诗山、仑苍、水头、罗东、梅山、祥芝、永宁、蚶江、马甲、涂岭、龙门、湖头
3	漳州市	15	佛县、盘陀、杜浔-古雷、四都、梅岭、杏陈、九峰、坂仔、靖城、书洋、丰山、石亭、火田、岩溪
4	莆田市	7	度尾、榜头、枫亭、钟山、庄边、萩芦、埭头镇

序号	设区市	中心镇	城镇名称
5	南平市	15	樟湖、石陂、仙阳、东游、南雅、徐墩、寨里、渭田、镇前、埔上、拿口、和平、麻沙、水吉、星村
6	三明市	14	青州、夏茂、桃源、嵩溪、石壁、里心、万安、盖洋、朱口、建设、贡川、小陶、洋中、坂面
7	龙岩市	11	下洋、湖坑、十方、河田、新桥、朋口、姑田、适中、东肖、才溪、永福
8	宁德市	13	沙埕、店下、秦屿、穆阳、黄田、霍童、双溪、牙城、沙江、南阳、浦源、斜滩、富溪
9	平潭综合试验区	2	澳前、流水
合计		116	

注：上表不包括进入城市规划建设用地范围的建制镇。

第三节　福建省城镇化空间优化策略

一　城镇化空间发展规划布局

1. 强化中心

强化中心城市建设，加快推进福州大都市区和厦漳泉大都市区建设，加快城市联盟进程和同城化步伐，推进轨道交通、机场、通信网络等基础设施共建共享，增强三明、莆田、南平、龙岩、宁德等中心城市的辐射带动能力。推动设区市中心城区与周边地域的一体化发展，增强中心城市对区域发展的辐射带动能力和综合服务能力，加快推进9个都市区带动区域发展格局的形成。

福州都市区实施"强化中心、发展两翼"战略，壮大福州中心城区，加快建设平潭综合实验区，将长乐市、闽侯县和连江县融入福州市区共同发展。充分利用中心城区内部城市资源、空港资源、滨海资源，打造福州—长乐—平潭发展轴，即通过引导闽侯、福州中心区—东部新城—马尾新城—滨海新城—平潭综合实验区轴带的城镇空间集聚，疏解中心区人口向外围新城集中，拉动福州中心城区沿江向海发展，构筑"一心、一区、两翼"的空间结构,促进福州大都市区形成。

厦门都市区指厦门全市,实施"疏解本岛、拓展海湾"战略,带动环湾发展。疏导本岛居住人口、控制建筑密度,提升本岛环境品质。推进新城建设,加强公共设施和基础设施配套。加快建设集美新城,重点建设厦门北站片区和西亭中心区;依托集美学村,建设集美大高教园区;加快建设海沧新城,重点建设海沧湾中心区、居住区;推进环东海域旅游、居住区发展,提升同安大同城区环境品质。

泉州都市区实施"环湾整合、三向拓展"战略,整合泉州中心城区、晋江中心城区和石狮中心城区,推动一体化发展。加强市域内各县市、城镇间交通联系的一体化、快速化、公交化建设,促进市域城镇与交通的统筹发展。协调湄洲湾南岸地区(主要包括泉港和惠安)和南翼环围头湾地区(主要包括安海和水头组合)的功能布局,统筹大型基础设施建设,促进城乡空间协调发展。

漳州都市区实施"东接厦门、拓展南部"战略,对接漳州市区和龙海市。重点发展九龙江三角洲城镇群,壮大中心城区,提升漳州市区的综合服务功能。协调九龙江出海口的招商局漳州开发区、长泰等区域发展,引导农村人口适度集中。实施城乡一体化发展,促进九龙江三角洲城乡整体提升。九龙江三角洲城镇群要加强与厦门市区的联系与对接,主动融入厦门湾建设,积极参与厦门湾经济区的产业布局调整优化,加快产业对接、项目对接,推动厦漳泉城市联盟建设进一步发展。

莆田都市区实施"推进湾区、突破南部"战略,整合莆田市区以及仙游县的部分地区,推进一体化发展,缩小发展差距。协调沿福厦综合交通走廊和沿湄洲湾、平海湾城镇发展和设施布局的控制要求,预留沿兴化湾南岸城镇和产业发展的空间,落实都市区轨道交通的通道空间布局,加快推进都市区网络化空间结构形成。

龙岩都市区实施"扩容强市"战略,加强中心城区与周边城镇的协调,永定县的部分地区纳入龙岩市区,推动城市"南移西扩"集约式、组团式发展。完善龙岩中心城区的设施建设与功能,提升城市综合服务功能。培育城镇发展轴线,重点协调漳州—龙岩—长汀高速公路、铁路沿线城镇,以及鹰厦铁路(龙岩段)及龙梅铁路沿线城镇的协调发展。长汀市重点保护旧城,建设新区。建设高坎、雁白、古蛟三大新城,承接中心城市产业集群转移，缓解中心城市用地不足的压力，远期将永福纳入龙岩都市区，推进一体化发展。

三明都市区实施"一体化发展"战略，加强三明市区与沙县县城的同城化建设，实现三明市区和沙县一体化发展，形成新三明中心城区。加强三明市区与永安的产业协作，提升产业空间承载能力和发展水平。重点建设三明列东和沙县水南新区双核心，提升三明整体综合服务功能。加快发展北部和南部新城，整合培育岩前、富口、洋溪、荆西、莘口等外围组团，引导产业空间和部分城市职能向外围转移，疏解三明城区人口高密度的压力。

南平都市区实施"重点转移"战略，重点构建"双心双轴两翼"的网络状空间形态。其中，延平城区和武夷新区为市域城镇体系的"双心"，推进南平市区向武夷新区跨越式发展。南平市区重在强化城市综合服务功能。武夷新区重点发展旅游业、现代服务业和新兴产业，培育形成区域新的增长点。加快武夷新区—南平市区快速交通廊道建设，形成武夷新区和南平市区双枢纽的交通格局，构筑区域一体化交通网络。培育城镇发展轴线，重点构建"武夷新区—建瓯市区—南平市区"发展主轴及"邵武市区—武夷新区—浦城市区"发展次轴。

宁德都市区实施"湾区集聚、带动北部"战略，以强带弱，推进宁德市区与霞浦等环湾地区的联动发展。统筹推进港口、产业、城市与生态互动发展，优化提升蕉城区、东侨新区开发布局，规划建设滨海新区、铁基湾新城，构建海峡西岸东北翼中心城市。保护宁德西北部山区生态系统，涵养水源，加强地质灾害防治，加强海洋环境保护和生态建设，严格控制船舶、港口码头及工业排放对港湾内海的污染。重点加强协调环三都澳湿地水禽红树林自然保护区以及环三都澳港区的保护与开发。

2. 突出重点

建设平潭综合实验区，要加快推进连接海坛岛的对外交通通道、岛内交通主干道路的建设，尽快形成适应实验区大开放大开发的交通框架体系。加快市政基础设施改造，完善配套设施，加强现有城区的更新改造和环境整治，奠定发展基础。加快平潭海峡北部通道建设，推动平潭综合实验区与福州中心城市、长乐滨海新城实现互动发展，依托城际交通实现同城化。充分发挥福清、长乐等相邻地区良好的经济基础和便利的交通优势，加强平潭与相邻地区的产业分工合作，扩大平潭产业发展空间，实现平潭与相邻地区优势互补、共同发展。积极承接台湾产业转移，探索两岸合作的新机制，逐步把平潭综合实验区建设成为"两岸人民合作建设、先行先试、科学发展的共同家园"。

建设两岸交流合作先行先试区域，进一步拓展厦门和福州台商投资区的发展空间，加快泉州和漳州新的台商投资区建设，承载更多领域、更为紧密的两岸合作，构建环海峡经济圈。充分发挥厦门经济特区的对外开放优势，深化其他地区的对台联系和产业协作，推动闽台合作和国际交流的优化升级。强化海峡两岸（福建）农业合作试验区、海峡两岸（三明）现代林业合作实验区的建设，加快推进对台农业资金、技术、良种、设备的引进与合作，构建两岸人员科技信息交流，促进现代农业生产要素引进消化的农产品销售平台，深化农业合作。积极承接台湾先进制造业，推进电子信息、石化、机械、汽车、船舶、食品、医药等产业更高层次的对接，重点推进战略性新兴产业的合作，推进先进制造业的深度对接，引进台湾龙头企业，构建产业集群。加快建设福州、厦门两岸金融区域性服务中心，加强闽台金融机构双向互设、相互参股，深化两岸金融合作，打造资本对接平台。完善闽台旅游合作机制，共建环海峡旅游圈，共推双向旅游精品线路，共同打造"海峡旅游"品牌，提升服务业合作水平。积极落实ECFA货物早期收获计划，扩大早收清单内商品的对台进出口规模，扩大闽台货物贸易规模。

充分发挥湾区和港口岸线资源优势，以湾区建设为重点，承接沿海化的发展态势，推动区域经济逐步实现由以城市为主体的"城市带动"转向"城市＋湾区"的双重带动。加快推进港口经济和临港产业的发展，推动产业的优化升级和要素的集聚，增强沿海一线的辐射带动能力。大力发展现代海洋经济，围绕"海峡、海湾、海岛"，合理开发海洋资源，优化空间布局，大力培育发展海洋新兴产业，加快推进现代化海洋产业开发基地的建设。

3. 集中布局

提高空间资源利用水平，妥善处理经济发展与生态保护之间的关系，推动全省城镇化重点向沿海地区集聚、倾斜，沿海地区向都市区集聚，山区向内陆中心城市、县城和中心镇集聚，促进全省城镇的"集聚"发展，实现城镇和产业发展空间的集中布局。

福州、厦门两个城市在全国范围内的竞争力还相对较弱，城镇化发展必须以沿海几个大城市为中心，建立大都市区，做大做强，加快推进福莆宁大都市区和厦漳泉大都市区的建设，通过人口、产业、资本、市场的聚集，形成带动海峡西岸城市群整体发展的城镇和产业发展核心区域，并协调带动周边中小城市与广大乡镇城镇化的发展，提升福建省城镇化的核心竞争力。

扩大中心城市规模，引导龙岩、三明、南平三市的产业和城镇适度集中布局，实现人口和产业向中心城市和特色城镇集中，形成龙岩—长汀，沙县—三明—永安和武夷山—建阳—建瓯—南平的集中发展区段。促进人口、产业、设施的良性互动发展，增强产业规模优势，提升服务带动功能。进一步择优强化县城，使基础设施和提升性的公共服务设施的投入更加集约高效，切实发挥中心镇的服务带动作用，壮大县域经济。

4. 协调区域

优化海峡西岸城市群内部空间格局，以区域性快速交通通道和流域为基础，推进城市联盟，促进区域联动发展，构建区域经济优势互补、空间结构高效合理、人与自然和谐相处的区域协调发展格局。协调福州、莆田、宁德、南平，形成闽东北城镇协调发展区域；协调厦门、泉州、漳州、龙岩、三明，形成闽西南城镇协调发展区域。

加快推进"三纵六横九环"铁路网的建设，加强"三纵八横"高速公路网的建设，完善普通公路网的建设，加快民航、城市轨道交通的发展，完善对内对外交通通道和基础设施网络的建设。拓展内陆腹地，辐射带动江西和广大中西部省区，形成"对接两洲、辐射中西"的区域空间协调发展的态势。

5. 提升特色

在城镇发展过程中，应强化福建的生态功能优势和人文资源优势，加强对历史文化资源、特色景观资源的保护，强化区域和城市特色，加强对历史文化名城、名镇、名村的保护，保护历史街区风貌，整合文化资源，增强城镇的生态和文化服务功能，结合城镇山水空间格局和城镇职能发展特点，塑造各具特色、景观多样、自然和人文价值突出的城镇特色，提升城市群魅力和文化影响力。

重点凸显福州、泉州、漳州、长汀国家历史文化名城和厦门现代滨海城市的特色优势，加快推进闽南文化生态保护试验区的建设，提升闽台缘博物馆的交流功能。充分发掘和弘扬福州船政文化、莆田妈祖文化和宁德畲族文化等特色文化，增强地域文化和景观特色。充分利用武夷山世界文化与自然"双遗产"、福建土楼世界文化遗产、泰宁等国家级风景名胜区和众多革命遗迹等自然和人文资源，加强地域景观的保护与开发，弘扬客家文化、红土地文化、朱子文化等，建设特色城镇。

二　优化国土空间开发格局

由于不同区域的资源环境承载能力、现有开发密度和发展潜力不同，综合考虑确定主体功能定位，将国土空间合理划分优化开发、重点开发、限制开发、禁止开发四大区域，综合考虑经济布局、人口分布、资源利用、环境保护和城镇化格局等多方面因素，明确发展方向，控制开发强度，规范开发秩序，完善开发政策，逐步形成可持续发展的国土开发格局。

在优化福建省国土空间开发格局的过程中，对优化开发区域和重点开发区域，应逐步发展成为以集聚经济和人口为主体功能，提供高新技术产品、经济结构优化和现代服务业发展的区域空间；限制开发区域和禁止开发区域，应逐步发展成为以提供农产品和生态产品为主体功能，同时具有发展其他适宜经济功能的农业空间和生态空间。

1. 优化开发区域

推进福州、厦门和泉州等中心城区的优化开发，调整优化经济结构，提高自主创新能力，使之成为全省重要的人口和经济密集区和带动全省经济社会发展的龙头。应优先考虑提高增长质量和效益，在保持经济持续增长的基础上，努力提升参与全球分工与竞争的层次，注重自主创新能力的提高，加快推进经济结构的优化升级和发展方式的转变，使之率先成为经济与社会体制改革的试点区和先行区，推动社会主义市场经济体制的进一步完善。

2. 重点开发区域

推进沿海城镇密集带和内陆产业集中区的重点开发，加快推进新型工业化和城镇化进程，成为支撑未来全省经济持续发展的重要增长极；应以优化结构、提高效益、节约资源、保护环境为前提，推动经济快速发展，加快工业化和城镇化发展步伐，做好优化开发区域的产业转移、限制开发和禁止开发区域的人口转移的承接工作。应该对近期、中期和远期开发目标和时间顺序予以区分,将目前无开发需要的区域作为预留发展区域予以必要的保护。

3. 限制开发区域

推进农产品主产区和重点生态功能区的适度开发,限制大规模、高强度的工业化和城镇化开发活动,通过集中布局、点状开发发展特色生态产业,强化农业生态功能,加强生态修复和环境保护。推动相应的财政转移补偿政策的实施,改善公共服务和生活条件。提高人口受教育水平,增强人口转移到其他区域的能力,减轻人口压力和就业压力。

4. 禁止开发区域

推进自然保护区、文化自然遗产、风景名胜区、森林公园、地质公园等禁止开发区域的生态环境建设,严格依照法律法规实施强制保护,严禁不符合主体功能定位的开发活动。

三 推进重点区域加快发展

坚持重点突破、整体带动,培育发展环三都澳、闽江口、平潭综合实验区、湄洲湾、泉州湾、厦门湾、古雷—南太武新区、武夷新区、三明生态工贸区、龙岩产业集中区等重点发展区域,使之成为跨越发展的新增长点。通过政策倾斜和运作机制引导,改善交通和通信支撑条件,有效提升其对都市区和省域经济社会发展的重要促进作用,使之成为加快城镇化进程的节点地区、先进制造业的聚集区,支撑福建发展和海西建设的创业创新的重要基地。

1. 环三都澳

依托深海港口优势和产业基础,重点发展溪南、赛江、漳湾三大临港产业片区,引导产业分工、优化产业布局,积极培育装备制造、能源、冶金和油气储备等临港产业,培育海洋高新产业、新材料、新能源等战略性新兴产业。加快港口建设步伐,推动特色文化、生态、海滨旅游业的发展,努力构建海西重要的自然和文化旅游中心。主动承接长三角产业及各生产要素转移,深化环三都澳与周边地区的合作交流,加强两岸产业对接,构建连接长三角的前沿区域,形成内陆地区便捷的出海口和海峡西岸东北翼富有竞争力的新增长极,建成环三都澳城镇簇群。

2. 闽江口

以福州中心城市为核心，推进江阴、罗源湾南北两翼空间的拓展延伸，推动城市、港口和产业的联动发展，提升电子信息、机械装备、纺织服装、冶金化工、能源等产业，加大战略性新兴产业培育力度，加快先进制造业基地和现代服务业中心的建设。在城市外围形成新的工业集中地和产业基地，以产业集聚带动周边地区发展，提升城镇密集地区的整体发展水平。依托重大基础设施、国际航运枢纽港建设，将南台岛新城、马尾新城、滨海新城作为重点发展对象，加快形成福州都市区"沿江向海"的空间拓展格局。协调好旧城改造与新区开发的关系，加快调整行政区划，把长乐、闽侯和连江部分乡镇纳入城市规划建设，加快疏解中心城区功能，推动东扩南移战略的实施，实现由依托居住区带动向设施和产业带动的转变，促进中心城市沿闽江口展开布局，进一步拉开城市发展框架。加大对闽江流域的综合整治和近岸海域的环境保护力度，推动形成山水相融的生态宜居宜业环境，加快构建可持续发展实验区和生态示范区。

3. 平潭综合实验区

积极探索两岸同胞更加开放的合作方式，实行灵活、开放、包容的对台政策，开展两岸经济、文化、社会等各领域交流合作的综合实验，促进两岸经济全面对接、文化深度交流、社会融合发展。统筹平潭与周边地区的协调发展，构建产业配套、功能互补、相互促进、协调发展的区域发展格局。加快与资源承载力相适应，并具有较强竞争力的现代产业体系的形成，突出对台产业合作，承接台湾高端产业转移，促进科技文化教育合作，建成两岸高新技术产业基地及低碳科技应用示范基地，重点发展高新技术产业、海洋产业、旅游业。遵循绿色、生态、低碳、科技的要求，完善城市功能。推动建设两岸合作综合实验的先行区，建设两岸高等教育、职业技术教育和文化创意产业合作示范基地。

4. 湄洲湾

实施"集群发展、环湾对接"战略，引导南北岸城镇、产业合理布局和协调开发，南岸加快泉港、泉惠、枫亭石化园区建设，北岸强化石门澳、东吴、东峤产业园区发展，打造1000亿元石化产业基地和临港重化工业核心区，提升整体竞争优势。加快高技术、高附加值的制造业和现代服务业的发展，构建先进制造业基地和现代物流产业集聚区。推进港口联动发展，加强南北岸合理布局和协调开发，将其发展成为主枢纽港。强化生态环境建设和海域污染防治，打造世界妈祖文化中心和海滨旅游度假胜地。

5. 泉州湾

应淡化城镇密集地区行政区划的界限，加快泉州市行政中心整体外迁，推动中心城市发展空间向外延伸，带动周边组团式城镇与中心城区融合。推进以港口为依托的现代化集疏运体系建设，扩大海港、空港开放功能，拓展东出西进综合通道。引导民营资本参与城市建设，调整优化产业布局，统筹环泉州湾产业、港口、城镇的发展，加快泉州台商投资区、泉州总部经济区域、传统产业区域的建设，有效整合产业资源，提升产业集聚能力。巩固提升纺织鞋服、食品饮料等传统优势产业，大力发展光电信息、装备制造等成长型产业及现代服务业、战略性新兴产业，打造两岸产业对接示范区、产业转型提升引领区和民营经济创新示范区。保护自然生态景观和文化遗产资源，整合和提升环湾发展用地，形成海湾型都市区。

6. 厦门湾

厦门湾应以厦门经济特区的扩区为契机，加快推进沿湾新城的建设，优化沿湾地区的产业结构，逐渐形成环海湾发展格局。大力发展现代服务业、战略性新兴产业，壮大电子、机械等先进制造业，打造海峡西岸先进制造业基地、自主创新基地、国际航运物流中心、文化休闲旅游中心和金融商务中心。加快翔安国际机场建设，增强机场服务更大区域范围的能力，培育周边地区临空经济职能，构筑面向闽南，集商贸物流、现代服务、生产居住、旅游休闲为一体的国际性商务地区，重点发展特殊钢铁、电子信息、汽车汽配、食品加工和港口物流业，建成对台产业对接集中区，推动闽南地区产业优化升级和空间优化整合。构建合理的区域分工与协作机制，推动城市发展由海岛型向海湾型迈进。强化陆海环境综合整治，实施重点环保工程，建设良好人居环境。

7. 古雷－南太武新区

以漳州招商局经济开发区和古雷石化产业园区为龙头，以海岸沿线及港区后方陆域为依托，重点发展石化和现代化装备制造业，加大对新能源、新材料、海洋生物等战略性新兴产业的培育力度，改造提升食品加工等传统产业，大力发展港口物流业和滨海旅游业等现代服务业，加快临港新城的建设，形成全国重要的临港石化产业和先进制造业基地、滨海自然与文化旅游胜地。

8. 武夷新区

充分发挥武夷山"双世遗"的品牌优势，构建大武夷旅游经济圈，打造国际知名的旅游胜地和我国主要的自然文化中心。依托武夷山机场和高速公路、高速铁路，建设现代立体化交通体系，形成服务周边地区发展的对外开放综合通道，形成海西重要交通枢纽和人流、物流、信息流集散中心。重点发展节能低碳的资源加工、机械装备、光电、电子信息、轻纺、生物、环保、旅游养生、创意等产业，加快推进海西新兴产业基地的建设。以旅游为先导，以产业为基础，依托武夷山、建阳两市，建成"一区多组团"的带状空间格局，重点培育兴田、将口、童游三个片区，打造史蕴丰富、生态和谐的海峡西岸新兴城市。

9. 三明生态工贸区

依托三明高新技术产业开发区的金沙园和尼葛园、三明经济开发区、现代物流产业开发区、载重汽车城、梅列和三元经济开发区、积善和金古工业园等平台，承接台湾和沿海产业转移，引导工贸区内产业园区的合理布局和分工协作，拓展汽车与机械、冶金及压延、林产加工、纺织等主导产业，改造提升化工、建材等传统优势产业，培育生物及新医药、新材料、新能源等战略性新兴产业，壮大现代服务业，加快发展生态休闲旅游业，建设海西先进制造业重要发展区域、现代服务业集聚地、生态文化旅游胜地，推动三明都市区的产业和服务功能提升。

10. 龙岩产业集中区

应依托龙岩经济开发区和各省级开发区，以交通和基础设施为依托，以培育高坎、雁白、古蛟三个新城为重点，主动承接沿海产业转移，重点发展装备制造、稀土、冶金及压延、农产品精深加工、环保、建材、能源等产业，建设有较强竞争力的工程机械产业、全国重要的稀土产业、金铜产业、环保设备研发生产和绿色农产品基地，促进产业集聚，打造国家级可持续发展产业示范基地。以龙岩中心城市为核心，以便捷的交通枢纽和资源优势为基础，以生态产业为支撑，推进生态型经济枢纽和海峡西岸经济区重要增长极的形成。以革命历史胜地和客家聚居地为依托，打造全国重要的红色旅游和客家文化基地。

四　促进区域联动协调发展

在经济市场化、全球化深入演进的大背景下，任何一个区域的发展都不是孤立的，实现经济的互动发展、互补发展已是大势所趋。福建省应立足区位和资源特点，充分发挥比较优势，推动沿海地区的率先发展、内陆地区的竞相发展和欠发达地区的加快发展，促进区域经济协调推进，实现不同区域基本公共服务的均等化。

1. 推进沿海内陆的互动联动发展

努力提升沿海一线城市的综合实力，增强创新和开放活力，推动产业和人口的集聚，鼓励区域合作交流，加强对重要港湾和临港产业集中区的建设，吸引国内外高端产业落地布局。支持内陆地区加快开放开发步伐，优化特色优势产业，提升产业的承接和对接水平，增强要素集聚能力和发展活力，加快对港口和交通枢纽沿线经济发展带的建设，加快沿线城市和小城镇的建设，带动内陆地区城镇带、产业带发展，推动其成为支撑区域一体化的重要腹地，形成海西联动中西部的先行区域。发挥闽东北、闽西南等经济技术协作区作用，建立更加紧密的区域合作机制。支持符合产业政策的沿海地区产业向内陆有序转移，运用市场手段，推动山海长效合作机制的形成，促进沿海内陆联动发展。

2. 促进苏区老区加快发展

坚持"老区优先，适当倾斜"的原则，在项目、资金、物资、信息和人才等方面加大向原中央苏区县、革命老区县的倾斜支持力度。落实好国家对原中央苏区县、革命老区县分别参照执行的西部、中部地区投资政策，选好选准有前景的项目，争取国家对苏区老区基础设施、民生工程、产业振兴、节能环保等方面建设的投资，加大以工代赈等资金扶持力度。推进原中央苏区振兴规划的实施，推动经济的全面振兴和社会的全面发展。实施老区村跨越发展工程，加大政府政策扶持和资金投入力度，通过改善基础设施、提升公共服务、强化民生保障、加快特色产业发展等措施的实施，加快老区面貌的改善。

3. 加大对欠发达地区的扶持力度

加大对少数民族集聚区、偏远山区、贫困地区、海岛、水库库区等欠发达地区的扶持力度，进一步完善政策，增加教育、医疗、社会保障、基础设施等方面的投入，推动欠发达地区生产生活条件的进一步改善。加强对农村危房的改造，扩大沿海岛屿供水工程范围。加快推进造福工程的实施，对规模较小、生存环境恶劣的农村群体有序推进异地扶贫搬迁。加大整村推进扶贫开发力度，改进和加强扶贫开发重点村的挂钩帮扶工作。充分发挥欠发达地区土地、矿产、旅游、劳动力等的资源优势，大力发展特色经济。强化欠发达地区与沿海发达地区之间经济的交流合作，拓宽对口帮扶渠道，推进产业园区建设，加快培育一批协作示范工程和重点骨干项目，增强自我发展能力。

第四章
强化城镇化发展的产业支撑

第一节　城镇化与产业发展的内在关系

一　城镇化的概念

城镇化，又叫城市化或都市化，主要是指 18 世纪中叶产业革命以来，随着工业化的推进，而出现的人口和要素在空间上不断聚集的现象。它主要表现为随着一个国家或地区社会生产力的发展、科学技术的进步以及产业结构的调整，其农村人口不断向城镇转移，农业人口转化为非农业人口，农村劳动力从事职业向城镇第二、三次产业的转移，城镇数目不断增加、城镇用地规模不断扩大，等等。城镇化是世界各国工业化进程中必然经历的历史阶段，既是物质文明进步的体现，也是精神文明前进的动力。城镇化作为一种历史过程，不仅表现为城镇数量与规模不断扩大的过程，同时也是城镇结构和功能转变的过程。这一历史过程包括四个方面：第一，城镇化是农村人口和劳动力向城镇转移的过程；第二，城镇化是第二、三次产业向城镇聚集发展的过程；第三，城镇化是地域性质和景观转化的过程；第四，城镇化包括城市文明、城市意识在内的城市生活方式扩散和传播的过程。概括起来表现为两个方面：一方面表现在人的地理位置的转移和职业的改变以及由此引起的生产方式与生活方式的演变；另一方面则表现为城镇人口和城市数量的增加、城镇规模的扩大以及城镇经济社会化、现代化和集约化程度的提高。

二 城镇化的战略目标

城镇化的战略目标是通过提高城镇综合实力，完善城镇功能，大大提高城镇吸纳农村剩余劳动力的能力，优化农村社会经济结构，推动城乡互动协调发展。这一战略目标的实现必须依赖坚实的经济基础，而产业正是经济基础最根本的体现，因此，城镇化的发展需要有产业支撑。一个没有产业支撑的城镇，必然是一个经济基础脆弱、功能不健全的城镇，必然是一个缺乏造血功能、没有发展动力的城镇，甚至是一个渐趋衰落的城镇。

城镇化战略必须立足于具有支撑作用且具有一定经济实力的产业，因此，我国城镇化战略应重点突出产业的比较优势，农村应将竞争力较强的劳动密集型产业作为城镇支撑产业。全国范围内城镇化的发展都必须坚持大中小城市和小城镇协调发展，在小城镇的发展过程中，应以现有的县城和有条件的建制镇为基础，科学规划，合理布局；同时，应充分发挥本区域的资源、技术和人力资源的优势，大力发展特色产业和优势产业，并强化大中小城镇之间以及城乡之间的产业关联和融合，使城镇化发展立足于产业发展的基础之上，把发展小城镇同发展民营企业和农村服务业紧密结合起来；在产业的选择上，应在有重点地发展资本密集型和知识密集型产业的基础上，加强对劳动密集型产业的发展，政府应制定一些优惠政策措施，加大对与农产品相关联的加工业技术创新的扶持力度，推动食品业等农产品加工业和制造业的发展，从而加快城镇产业与农村产业的融合。此外，要加快城乡产业的一体化发展，政府应当致力于改变目前城镇的封闭式结构，降低门槛，加快推进社会保障、住房、教育等制度改革，扫除一切阻碍城乡要素自由流动的障碍，为城镇化发展提供良好的制度保障。

三 城镇化发展与三次产业之间的关系

城镇化的发展使得人口和要素迅速集中，这对产业发展起到重要的推动作用。一方面，由于聚集效应明显，交易费用大大降低，进一步促进了现代化生产体系的分工，对工业的技术进步和结构升级起到了重要的推动作用；另一方面，随着人口集中以及交易费用的降低，吸引了更多的劳动力由第一、二产业向第三产业转移，生产性服务业和生活性服务业得到蓬勃发展，使第三产业迅速发展起来，其增长速度将逐步超过工业的增长速度，第三产业的比重也不断上升。城镇化引起产业结构也发生巨大变化，以劳动密集型和技术密集型为主的服务业的比重不断提高。相应地，就业人口不断地由第一、二次产业向第三产业转移，就业结构不断变化。这些因素都进一步提高了产业的聚集程度和人口集中度，从而扩大了城市规模，城市日益成为现代经济的基本载体和重要组织形式。

城镇化的发展受到农业发展、工业化和第三产业的崛起这三大力量的推动和引导。其中，农业发展是城镇化发展的初始动力，工业化是城镇化发展的根本动力，第三产业是城镇化发展的后续动力。钱纳里和赛尔因的研究成果表明，随着人均收入水平的提高，工业化的发展使产业结构发生改变，提高了城镇化水平；而当工业化水平发展到较高阶段（人均GNP超过500美元之后），城镇化进程的主导力量逐步由工业向整个非农产业（即服务业）转变，而就业结构的变化与产业结构的变化的差别越来越大，并将对城镇化起着更大的作用。我国学者郭克莎在进一步研究了我国当前工业化进程中服务业发展与城镇化的相互关系后指出，服务业的发展与城镇化是相互依赖、相互促进的[①]。服务业发展拉动非农就业增长带动城镇化率的上升，而城镇化的加快也能够促进服务业的较快扩张。但是，从两者发展的逻辑顺序和长期进程来看，主要趋势是先有服务业的发展和就业的增加，再有农村人口的转移和城镇化率的上升。因此，要通过加快服务业发展来带动城镇化。

在推动城镇化发展的同时，我们还应当清醒地认识到，城镇化的发展并不意味着农业的消亡或农业地位的降低。相反，农业是城镇化发展的基础，农业发展是城镇化发展的初始动力，农业的现代化与城镇化密切相关。随着城镇化水平的提高，城镇新技术产业与农业的联系更加密切，农业的地位大大提升，农业的功能将更加多元化。当前，在发达国家和我国一些经济发达的大城市周围或城市圈内出现了"都市农业"，即：分布在都市工商业、住宅等区域内，或分布在都市外围的特殊形态的农业，以经营奶、鸡、鱼、菜、果、观赏植物为主，同时也实行包括稻、麦、畜牧、水产等农产品的复合经营，集约化、专业化程度很高，其生存主要依附于都市经济，直接受到都市经济的影响。此外，"都市农业"的功能并不只

---

①　郭克莎：《工业化与城市化关系的经济学分析》，《中国社会科学》2002年第2期。

局限于经济方面，其功能涉及社会、生态、文化等多个方面。这说明随着城镇化的发展，人们对农业的需求会越来越多、越来越高，观光农业、旅游休闲农业、绿色食品农业、文化农业等将逐渐进入人们的生活，并成为人们生活的重要组成部分。因此，各区域在城镇化的进程中，应当加大对农业的支持和保护力度，注重农业功能的开发，促进城乡产业的融合和城乡经济社会的协调发展。

四 我国城镇化与产业发展的内在关系

众所周知，目前我国正处于工业现代化、产业集群化的加速期，同样也处于城镇化的加速期，两者密切相关，是相互支持、相互影响。城镇化发展的理论表明，工业化为城镇化发展提供资金与物质基础，为城镇化发展提供支撑和动力，是城镇化发展的动力因素，特别是工业化对生产要素的集聚作用，已经成为城镇化形成的社会背景；而城镇化又在一定程度上为工业化提供了外部经济效益及集聚经济效益，尤其是当城镇化发展到一定阶段后形成的工业化市场，将成为工业现代化与集群化向纵深发展不可或缺的基础，为产业加快发展开辟更加广阔的空间。

作为世界上最大的发展中国家，我国的城镇化有其自身的特殊性，有其问题的复杂性和任务的艰巨性。要正确处理好产业发展与城镇化的关系，以加快产业发展为抓手加速城镇化进程。重点提升城镇化产业支撑能力，同时也要高度警惕无产业或无就业的城镇化，防止个别地方进行激进的造城运动。

1. 城镇化建设与农业可持续发展的互动

农业的可持续发展有助于推进城镇化进程，农业的不可持续发展则会阻碍城镇化进程。而且，与农业发展相适应的城镇化进程本身也有助于农业的可持续发展，而与农业发展不相协调的城镇化进程则会阻碍农业的可持续发展。二者表现为一种相互促进、相互牵制的依存关系。

（1）农业可持续发展有利于推进城镇化进程

城镇化不等于消灭农村、消灭农民、消灭农业，城镇化的发展离不开农业，城镇产业的发展离不开农业部门的要素贡献。农业可持续发展不但不会阻碍城镇化进程，反而有利于推进城镇化进程。

第一，农业的可持续发展为城镇化贡献了大量劳动力。城镇产业发展需要大量劳动力，特别是城镇产业中技术含量要求不高的制造业和对劳动者素质要求不高的劳动密集型服务业，不仅所需劳动力数量大，而且所需劳动力素质更适合农村劳动力的就业选择。所以，在农业生产效率提高后，大量闲置的农业劳动力为了寻找就业机会和获得更高的收入，将纷纷转向第二、三次产业，使城镇产业的发展得到"足够的劳动力供给"。

第二，农业可持续发展将提高生产效率，生产大量农产品。这些农产品不仅可以满足不断增加的城镇人口生存的需要，而且可以为城镇产业的发展提供丰富的原材料，从而促进城镇产业的发展和城镇化水平的提高，并为城镇产业的升级提供基本条件。

第三，农业的可持续发展，将使农业生产的效率和效益得到提高，农民收入增加，为当地农村第二、三次产业的发展提供有利条件。而农村第二、三次产业的加速发展是城镇化进程中农村城镇发展的先决条件。

第四，农业的可持续发展将为城镇化提供大量资金。从世界城镇化进程看，世界上任何一个国家的城镇化都是建立在农业基础之上。在我国，这种贡献表现得更为明显。如我国农业曾经被迫通过统购统销政策和工农产品"剪刀差"向其他产业贡献了巨额资金。

第五，农业可持续发展，为城镇化贡献了大量的资源。这种贡献突出地体现在土地资源上。土地是农业赖以生存的最基本的生产资料，也是城镇发展的基础。在农业的发展过程中，随着农业科技水平的进步和农业生产力水平的提高，使国家有机会和能力对农业进行结构调整，并在此基础上协调国民经济各产业的平衡发展，这自然会给城镇产业的发展提供土地资源。

第六，农业的可持续发展，要求有良好的外部环境条件与之配套，这就要求其他产业也要协调发展，为此，国家会站在宏观角度制定社会经济发展总体规划，并指导和协调农业与第二、三次产业间发展的关系，避免各产业的盲目发展导致效率损失，从而间接地推动了城镇化进程。

（2）城镇化将推动农业的发展

世界城镇化规律显示：凡是城镇化进程正常的国家或地区，城镇化水平越高，农业也越发达，如美国、日本，以及我国的台湾地区。城镇化的起步要依赖农业，城镇化的进一步推进又有助于农业的可持续发展。城镇化对农业可持续发展的推动作用主要表现在如下几个方面。

第一，城镇发展的直接结果表现为城镇人口数量的扩大，形成巨大的农产品消费市场，从而刺激农产品需求，有利于农业生产能力的持续提高。第二，城镇发展促使农业从封闭的自给农业向开放循环的市场农业转化，有利于农民收入的持续增加。城镇化在为农村居民提供利用自身劳动力资源增加收入的同时，也为农业生产成本的降低和规模效益的提高提供了必要的基础。城镇化缩小了城乡产业与就业结构的差距，为改变农业部门不利的经济地位和增加农民收入提供了有力保障。第三，城镇发展使农业从"生产农业"向"多功能农业"转化。城镇化促使农业部门从提供单一的生产性功能向提供生产、生活与生态为一体的多重复合功能转化，有利于农业人口、资源与环境的协调发展。随着城镇化的推进，客观上促进了一个人类与自然、城镇与环境协调发展的农业综合体系的出现。在这种农业体系中，农业生产将建立在人口、资源与环境相互协调和共同发展的基础之上，从而减少了在二元体制下，农业作为单一的生产体系为了生产性目标而打破这种协调的可能性。第四，城镇化能促进农业结构由低层次向高层次升级转化，促进农业良性发展。

2. 城镇化建设与工业的协调发展

1760 年，世界开始进入以蒸汽机为标志的工业化时代。生产技术和生产方式的转变，大工业生产体系的形成，使原有的分散和落后的手工业生产和以农业为主体的乡村经济发生了性质和地域上的变化，人类的生产活动和居住活动开始不断向城镇集中，而城镇生产活动的聚集和人口的增加，城镇基础设施的兴建和功能的不断完善，以及聚集经济效益的强化，反过来又作用于工业化，促进了工业化的发展。城镇化与工业化形成相互影响、相互促进的关系。

（1）工业发展对城镇化的推动作用

第一，工业发展加速了工业和第三产业向城镇集中，推动了城镇化。城镇化的重要标志之一是工业和第三产业向城镇集中，由于蒸汽机的广泛使用并取代了水力、畜力和人力成为工业生产的动力源，使工业生产摆脱了地域的限制，迅速向城镇集中。而工业的发展和生产效率的提高，又对产前产后的服务提出了更高的要求，推动第三产业向城镇集中。

第二，工业化加速了人口向城镇集中。人口向城镇集中有两个先决条件：其一是农业劳动生产率的提高，在农产品满足社会需求的前提下，使一部分农业劳动力脱离土地；其二是城镇有就业岗位，能够吸纳从农业中分离出来的劳动力，而这两点都与工业化密切相关。首先，工业化促使农业生产工具的更新，机械化的生产工具比牛拉犁式的生产工具能创造更高的生产效率；其次，工业化带来的大机器生产不仅本身就能吸纳大量劳动力，而且要求生产专业化、生活社会化，促使为工业生产提供产前产后服务的生产性服务业和生活性服务业迅速发展，这就为城镇创造了更多的就业机会。

（2）城镇化对工业发展的促进作用

第一，城镇化能产生明显的聚集经济效益。工业和第三产业在城镇集聚会产生巨大的聚集经济效益。例如，工业生产需要供水、供电、仓储、供热、交通、通信等基础设施，而居民消费的发展则需要文化设施、教育设施和娱乐设施等。这两类设施的公共使用也会节省成本，提高生产率和使用效率。城镇化的经济效益可归结为：一是城镇基础设施可以产生生产上的规模效应。二是城镇可以找到高质量的生产者。三是城镇中存在的竞争有利于技术的进步和基本建设成本的节省。四是城镇有较大的市场，市场规模效应明显。五是城镇使工业生产同原料市场和销售市场紧密相连，既节省了运费，又使商业信息畅通。这些经济效益都会促进城镇工业健康、快速发展。

第二，城镇化可以提高劳动力素质和工作效率。城镇化所形成的人口集结，促使各种熟练劳动力、技术人员和管理人员的汇合，不仅使劳动力得到最合理的组织和最有效的使用，而且使企业人员更富有进取精神和竞争心理，从而提高劳动力的素质和个人工作效率，间接地推动工业化的发展。

第三，城镇化将带来工业和经济社会生活的巨变。城镇化会产生巨大的中心城镇，形成城镇群，使经济社会生活发生剧变。19世纪中期，在英国和法国就出现了城镇群，这种城镇群的特征是商业和服务业集中在中心城镇，工业已开始向郊外扩散，形成工业卫星城镇。

3. 城镇化建设与第三产业的协调发展

第三产业提供服务产品具有非贮存性以及生产、交换、消费的同时性等特点，使服务需求本身具有聚集的特性。只有当生产要素和人口聚集到相当规模，产生强大的市场需求，才足以支撑第三产业的不断产生和独立化。因此，第三产业的产业特征对聚集有着一种内在要求，以聚集为特征的城镇成为第三产业的需求基础。从城镇和第三产业发展的历史可见，城镇最初就是农产品的集散地、手工业的集中地和第三产业的基地。很多第三产业行业最初就是出现在城镇。

（1）城镇化的发展推动了第三产业的崛起

第一，城镇化过程促使第三产业新行业的出现，并推动传统行业的发展。城镇化过程中的工业聚集促进了第三产业中生产性服务业的发展。城镇是工业化的空间聚集的表现，由工业化引起的城镇聚集必然要求行业间的要素、商品、信息发生各种交换与联系，从而促进交通、通信、金融、保险等各类市场的发展。城镇化过程中的人口聚集还促进了第三产业中生活性服务业规模的扩张以及教育、科学、文化、卫生和人才培训、人才中介市场的发展。

第二，城镇化过程引起人们生活方式的市场化转变，为第三产业的发展提供市场条件。与第一、二次产业不同，第三产业的生产自始就与市场交换相联系，这是由服务产品在需求结构中的地位和服务产品的非实物性决定的。对服务产品的需求，是在满足了生存需要的基础上的较高层次的需求。城镇化的发展提高了人们的生活水平，推动了第三产业的发展。再从城镇生活方式看，它与乡村生活方式的重要区别就是与不同生产方式相联系：乡村生活方式与农业生产方式相联系，可能自给自足；城镇生活方式与工业和第三产业相联系，并且自始就与市场交换方式相联系。因此，城镇化为第三产业的发展提供了天然的制度土壤。城镇化的过程就是第三产业不断发展的过程。

（2）第三产业是城镇化的重要经济源泉和后续动力

第一，第三产业的发展是实现城镇经济聚集效益的保证。城镇经济的一个重要特征就是具有聚集效益，而城镇聚集效益是通过第三产业的发展实现的。交通、通信及商业的发展有助于解决大机器工业生产分工带来的原料和产品市场问题。金融保险、信息咨询、公共事业等服务业的发展可为工业资本的不断扩张、城镇经济的持续稳定发展，提供良好的外部环境。教育、文化、广播电视、科学研究等事业的发展保证了城镇经济发展时所需要的有较高素质的劳动力资源。社会公共事业部门的发展，则在一定程度上为城镇经济的发展提供了法律保证。因此，发展第三产业是城镇经济实现劳动力聚集的重要途径。

第二，第三产业是城镇外部经济效应的重要源泉。城镇经济的另一重要特征是具有外部经济效应，且十分突出，其相当部分源于城镇第三产业：较高的教育水平和良好的卫生条件，使城镇劳动力一般都具有较高的素质；发达的市场体系、完备齐全的公用事业服务系统大大降低了企业的运输及交易成本；密集的信息和先进的信息传播手段使企业往往无须支付成本而坐享其成。城镇第三产业的比重越高，外部经济效应就越大，城镇的聚集效应就越高。这也是不少大企业和跨国公司的总部设在第三产业发达的大城镇的主要原因。

第三，第三产业是城镇经济发挥扩散效应的重要条件。城镇经济还具有对国民经济发展的扩散效应。城镇往往可以发挥增长极的作用，它的崛起，一般都对邻近地区的发展有较大的扩散效应。促进经济扩散的因素很多，第三产业是实现扩散和影响扩散范围的重要条件。交通运输、通信服务业的发展，金融及各种要素市场的发育，就是实现生产从城镇向边缘地带转移的前提，而且第三产业越发达，城镇经济的扩散范围越大。英国、美国、日本先后出现过这种现象。市郊化现象的出现，除了有大城镇过度密集造成负效应的因素外，第三产业的发展，城镇扩散效应的作用也是很重要的原因。由信息革命引起的交通、通信、金融服务业等的发展对第三产业的发展产生了很大影响。

第四，第三产业是城镇化的后续动力。工业化是城镇化和第三产业发展的重要的初始动力，但到后工业化时期，随着第三产业在国民经济的比重增大，第三产业作为城镇化后续动力的作用日益显现。主要表现为：一是生产配套性服务增加。高度发达的社会化大生产要求城镇提供更多更好的配套性服务行业，如金融、保险、科技、通信业；商品流通要求有仓储、运输、批发、零售业服务；市场营销要求有广告、咨询、新闻、出版业服务。专业化程度越高，越要求企业间的协作与交流，越要求有发达的市场服务体系。二是生活消费性服务的增加。随着收入的提高和闲暇时间的增多，人们开始追求更丰富多彩的物质消费和精神享受，由此促进城镇文化教育、体育娱乐、医疗保健、旅游度假、法律诉讼等行业的发展。

五　城镇化与产业发展的共性问题

我国城镇化和产业发展之间存在一些共性问题：提升进城务工人员素质是城镇化质量和产业效率同步提高的关键。进城务工人员的存在并非为我国独有的现象，进城务工人员的素质关乎国家现代化进程。衡量城镇化质量的一个重要指标就是城镇居民素质的高低，同样，从业人员素质直接关系到产业生产率。第一产业从业人员由农村流到城市从事非农产业，是一次跨越式就业的素质拓展过程，他们最初主要从事技能要求较低的一般加工业或建筑业；随后，他们在从事专业工作的过程中有机会接受相关的职业技术培训，这是个人综合素质第二次提升的过程，也是城镇化质量提高的过程。所以，提升进城务工人员素质的核心环节是支持有条件的外来务工人员在城市落户，同时，建立政府、企业和劳动者个人之间相互促进的内生增长机制，如，签订较长的劳动合同，确保企业和劳动者个人都有一个长远的素质提升规划。

集约利用资源是城镇化绩效和产业发展效益同步提升的着力点。对于我国这样一个人多地少的国家，目前可用于城市发展的建设用地日趋减少，加之严格的用地指标管理，用地持续紧张是今后长期要面对的问题。同时，对于城镇化和产业发展而言，传统经济发展方式已消耗了大量的矿产资源和能源，已是难以为继。因此，要从市场机制完善和体制改革入手，着力从规划编制、机制创新、产业结构调整、技术推广等方面出发，探索布局紧凑、节能环保、高效集约的发展路径。推动技术创新并使之产生实效是城镇化和产业发展能力同步增强的保障。技术创新不仅可以改变企业生产分工形式和促进行业技术或工艺的革新，还可以改变城镇化的空间形态及相关主体的行为方式。比如，高速铁路的修通使相距较近的城市可以实现同城化，现代信息技术的应用为传统产业的振兴提供了复兴的机会，现代网络技术的发展也影响了企业区位选择的决策。总之，技术创新对城镇化和产业发展的影响是不可估量的。

六　城镇化与产业发展相互促进的制约问题

当然，我国在实现城镇化与产业发展相互促进的过程中，也会遇到一些制约性问题：

首先，是户籍制度问题。现行户籍制度不仅让进城务工人员无法顺利落户及享受当地均等化的基本公共服务，也给我国城镇化健康发展埋下了隐患，不利于社会的稳定。同时，现行户籍制度不利于建立适应产业发展的劳动力供给机制。绝大多数的企业和外来务工人员只签订了短期用工合同，这种短期性质的合约加剧了企业用工风险，也不利于外来务工人员素质的提高。可见，坚持因地制宜原则，稳妥推进户籍制度改革势在必行。

其次，是产业项目低水平重复建设问题。这个问题所以长期存在，主要是由现行的体制引起。一方面，当城镇化目标被列入当地规划后，由于对干部政绩考核的形式主义理解，地方政府为了达到目标，可能采取扭曲市场的行为来搞城镇化大跃进，比如巧立各种名目，缺乏规划论证，盲目建设新城新区，从而积累了很大的投资风险。另一方面，许多地方政府不顾自身实际条件盲目发展新兴产业，但实际落地的项目却处于产业链低端。由于攀比效应，这种势头容易蔓延至全国其他地区，加之市场需求变动，容易形成很高的产能过剩风险。因此，低水平重复建设对城镇化和产业发展都是不利的，及时反思和改进现行的体制是十分必要的。

最后，是城市资源环境承载力问题。一方面，城镇化水平的提高和产业发展需要消耗大量的水、土地等资源，虽然有些资源可以从区外运入，但与人类生活和工业生产密切相关的土地资源是不可移动的，水资源供给也有限，限制了城市和产业的大规模扩张。另一方面，环境容量是有限的。尽管技术或管理创新可以有限地扩大环境容量，但这需要时间和经济成本。城镇化的本质是人类和产业活动在空间的高度集中，两类行为都会产生"负"的产出，例如，大量污染物的排放等。当"负"的产出规模超过环境自身负荷，就会引起一系列的环境问题。如果不重视资源环境承载力问题，就有可能造成城镇化成本的上升和产业效益的下降。

七　福建省城镇化与产业发展的内在关系

随着福建省工业化的发展，大量农村剩余劳动力转化为非农业劳动力，并随着产业聚集和要素流动不断地向城市集中。目前，福建省城镇化水平的提高主要还是依靠工业的发展来推动，但其推动作用正在逐步下降，随着全省工业化进入成熟期，福建省城镇化的主导力量将逐步由工业变为服务业，第三产业的发展将日益成为全省城镇化和经济发展的主要推动力。

福建省经济和城镇化的成就在很大程度上源于承接国际产业的转移和由此形成的产业集群效应。山区的落后更重要的原因是没有形成规模的产业集群效应。随着沿海地区产业升级，大规模的承接沿海地区的产业转移是山区形成产业集群优势、提升产业竞争水平的有效途径。产业的承接与转移符合山区与沿海的双方利益。

应当正确处理好城镇化与产业发展之间的关系，坚持以产兴城、以城促产、产城一体，强化产业作为吸纳城镇就业和容纳城镇人口的重要经济基础的作用。围绕中心城市明确各城市功能定位和产业分工，结合区划调整，推进城市间功能互补和经济联系，提高区域整体竞争力。着力提高城镇产业的附加值，培育发展符合本地资源禀赋条件、具有竞争优势的产业，大力发展各类服务业，形成结构优化、技术先进、清洁安全、就业容量大的现代产业体系。

1. 以产业转型带动城镇化加速发展

福建省应以全省社会经济发展方式的全面转型为依托，以城镇空间转型为导向，以土地利用的集约化转型为保障，推动城镇化加速发展。

（1）发展高关联度产业，提升循环累积效应

福建省当前的产业结构中，加工型产业占据较大比重，这也是东部沿海地区城镇人口快速增长的主要动力，这些产业往往是整个产业链中某个环节的加工，对整个产业和社会发展的循环累积带动作用相对有限。因此，需要在加工环节向前后向拓展产业链，重视相关衍生产品的加工投入，同时要努力发展基础性的重化工业以及后续关联产业，从而为后续的增长和城镇化发展提供支撑。

（2）加快发展现代服务业

福建省现有服务业体系的发展潜力是有限的。不可否认，内生需求的增长在当前产业发展和就业拉动中发挥着重要作用，并且是短期内维持城镇化持续发展所必需的基础。但是仅依靠现有体系的规模扩张来推动需求增长是不可持续的，毕竟循环累计效应总体上是衰减的而且是有终点的。物流、信息、金融、商务等新型服务业具有巨大的发展潜力，这些行业所面对的是需要填补的发展中的市场，而不是饱和的增量中的市场，因此，具有高于整体经济增长速度的可能性，从而为城镇化的快速推进注入活

力。因而应当加快新型服务业的发展，以新型服务业的发展优化对产业发展的支撑，维持和提升内生需求增长，形成新的城镇化增长点。

2. 产业发展转型的重点

（1）大力发展现代农业

巩固和加强农业基础地位，坚持用工业的理念谋划农业发展，创新农业经营方式，提高农业综合生产能力、抗风险能力和市场竞争能力，加快建设闽东南高优农业、闽西北绿色农业、沿海蓝色农业产业带。建立健全农业投入稳定增长机制，确保总量持续增加，比例稳步提高。深化闽台农业合作，以市场为导向，加快转变农业发展方式，优化提升四大优势产业，加快发展十大特色农产品。积极发展形式多样的休闲观光农业、农产品加工业，完善农业现代产业体系，发展高产、优质、高效、生态、安全的农业，推进农业与第二、三次产业的融合发展。加快开发具有重要应用价值和自主知识产权的生物新品种，推动良种繁育产业基地建设，做大做强现代种业。大力发展设施农业、农产品精深加工业和流通业，加快专业化、标准化、规模化和集约化生产经营，提高农业产业化经营水平。

（2）建设东部沿海先进制造业基地

坚持加快发展与提升水平并举，产业集聚与布局优化互动，科技创新与产业化协同推进，着力发展先进制造业。突出培育新一代信息技术、生物与新医药、新材料、新能源、节能环保、高端装备制造、海洋高新产业七大战略性新兴产业，做大做强电子信息、装备制造和石油化工三大主导产业，培育发展高技术产业，努力打造福建"制造与创造"的双重优势。促进产业链向高附加值、高技术含量环节延伸，提高增加值占规模以上工业的比重，发挥更大的带动效应。广泛应用高新技术和先进适用技术，改造提升传统优势产业，加快技术装备更新、工艺优化和新产品开发，推进企业重组和淘汰落后产能，增强品牌创建能力，提升产业集聚水平，促进产业转型升级。促进工业化和信息化深度融合，大力发展结构优化、技术先进、清洁安全、附加值高、吸纳就业能力强的现代产业体系。

（3）提升服务业发展水平

加快生产性服务业集聚发展，促进生产性服务业向研发创新和物流销售两端延伸，推动生活性服务业协调发展，不断拓展新领域，发展新业态，培育新热点，提高服务业在国民经济中的比重，促进现代服务业的发展提速和水平提升。优化旅游发展环境,延伸旅游产业链,加强旅游、文化、科技融合,构建大旅游格局,努力建设国际知名的旅游目的地和富有特色的自然文化旅游中心。依托综合运输枢纽,运用先进运输组织方式,培育物流龙头企业,建设连接两岸的现代物流中心,把旅游和现代物流业培育成带动国民经济发展的新主导产业。推动银行、证券、保险等金融机构健康发展,着力推进金融业务创新,推进闽台金融合作的先行先试,打造集聚辐射能力强的区域性金融服务中心。大力发展信息服务、商务会展、服务外包、商贸流通、家庭服务等服务业,开发新的增值环节,丰富消费服务产品类型,拓宽服务业发展领域,满足城乡居民消费结构的升级和多样化需求。

第二节 优化福建省产业发展的总体布局

一 福建省产业发展存在的主要问题

"十二五"以来,福建省的产业发展取得了很大成就,但也存在一些制约产业结构升级和空间布局优化的突出问题,同时还面临诸多不利因素的制约和挑战,主要表现为:

1.产业结构需进一步优化调整

"十二五"以来,福建省的第一产业比重持续下降,第二、三产业比重稳步上升,三次产业结构水平趋于进步。但随着项目带动战略和工业化进程的逐步加快,近年来第三产业的发展速度慢于第二产业,对经济的拉动作用有所减弱。服务业增加值占 GDP 比重与发达国家相比还有很大差距。

一是三次产业内部存在的问题和不足。农业方面,全省农业的产业化、规模化、集约化水平仍不高,生态农业和优质农业比重较低,农业的生产效率较低,农业的比较优势发挥不够充分,农业龙头企业的带动作用不够强,农业的支柱产业、特色产业不够明显;工业方面,全省的工业化水平和新型工业化程度不高。工业总体竞争力优势没有形成,支柱和重点产业尚未形成比较完善、颇具规模的产业链和产业群,难以通过产业协作和上下游延伸,拉动产业升级。现代物流、软件、各种中介等现代第三产业发展水平较低，教育、体育、卫生等基础性、公益性事业面临产业化发展问题。

二是区域内产业结构不理想。目前区域内发展较好的产业集群主要是传统劳动密集型的制造业，如纺织、服装、鞋、建材等，这些行业的产业集群数达19个，占全部集群总数的30%以上，基本是当地县域经济的主要构成部分。这些产业集群以民营经济为主体，规模相对较小，集群上下游产业链拓展不够。重化行业、高新技术行业产业集群个数较少。电子、机械、石化这三大支柱行业的产业集群发展也不够理想，作为专业化部门发展的规模尚不够大，技术创新能力不强。尤其是高新区的电子信息产业集群，虽然已形成了相对完备的产业价值链，但这些价值链上的企业大都由国外（域外）控股，核心技术都在国外研究开发，然后把技术固化于设备上再移植到福建省进行生产。造成产业集群中技术水平、创新能力不均衡，不能促进整个产业集群技术更新换代。

三是产业结构整体竞争力有待提高。虽然福建省整体的制造业水平位居全国第八位，但在服装、制鞋、陶瓷、水泥、石材、电子、塑料制品、化纤、纸制品产业方面在全国有一定优势，但是形成规模的集群只有福州马尾显示器、青口汽车、厦门IT、湄洲湾石化、泉州石材等，而知名度较高的只有晋江鞋业、石狮服装、德化陶瓷、福安电机等。产业整体规模和竞争力与周边的两个三角洲相比，还有一定差距。

2. 产业布局在地区间不够协调

福建省区域内的产业布局总体上还不够协调，从地区分布来看，主要集中在"一轴两翼"地区，西部和北部地区所占比重较小。当前，闽东北、闽西南两翼协作存在如下几个方面的问题：一是思想观念跟不上协作发展的新要求。个别地区、部门对区域协作的重要性认识不足，阻碍了协作的有序开展。沿海地区把山海协作视同扶贫行为，对拓展内陆腹地发展空间重视不够。内陆地区对借助沿海资金、技术、信息优势，加快观念更新、产业对接、机制创新的认识尚不到位。二是运作方式跟不上市场机制的变化。由于缺乏整体推动区域协作的政策法规体系，闽东北、闽西南两翼区域协作仍主要依靠行政手段推动，对发挥政府引导、市场推动、企业主体作用认识不足，对区域协作缺乏规划指导，尚未形成长效协作发展机制。三是腹地拓展未能发挥港口的优势。受"西进"基础设施通道建设相对滞后的影响，福州、厦门、泉州、莆田、宁德等市的港口资源优势尚未得到充分发挥，南平、三明、龙岩以及江西、湖南等内陆省份尚难以成为沿海港口物流腹地，沿海与山区经济联动、带动作用仍较弱。四是区域协作与生产要素流动不相适应。目前，闽东北、闽西南两翼尚缺乏较强竞争力的产业、企业和项目支撑，产业分工协作体系尚未形成，沿海地区传统产业难以向协作区域延伸、集聚。协作区内专业市场、信息资源、人才、劳务、环保等领域协作还存在诸多障碍。

3. 临港工业发展面临瓶颈

（1）临港工业基础设施建设相对滞后

福建临港工业区基础条件差，基础设施建设需要大量资金，尤其是水、电、路建设投入大、耗资多、成本高。目前，福建的临港工业、工业腹地建设，大多由各地、各部门根据各自利益进行，缺乏统筹规划、合理布局。在港口交通建设方面，港口的疏港公路、铁路进港问题还没有得到根本解决。水电方面，沿海地区包括湄洲湾南岸、晋南淡水资源稀缺，在建引水工程投资大、进展缓慢；作为沿海用电的重要区域，沿海电源点规划滞后，设备欠配套完善，难以提供高效、迅捷的服务，船舶待港、货物压港、滞港等现象因港区分散时有发生，影响临港工业的竞争力和吸引力。港城分离也是影响福建港口和临港工业发展的制约因素之一。比如福州两大深水外港临港工业区——罗源湾开发区与江阴工业集中区，距离福州主城区都在80公里左右。由于无法充分利用主城区现成的基础设施，在一片海滩上建设颇具规模的现代化临港工业区，开始阶段基础设施建设的投入将十分巨大。这容易造成项目落地虽然支持了发展平台，却没有形成发展平台的情况，港区、工业区建设也将失去支撑。

（2）港口发展面临着内部竞争与协调的问题

福建省沿海港口众多，上规模的港口有厦门港和福州港，此外还有湄洲湾港口、泉州港、沙埕湾、三都澳、江阴港及其他中小港口。毋庸置疑，福建沿海具有良好天然条件的深水岸线不少，沿海各级行政区域也都希望能够拥有自己的港口。但是从区域整体而言，这种港口布局不利于港口做大做强。目前，厦门港和福州港的关系在更大程度上处于竞争态势，合作的意向很小，而且邻近的其他小港也缺乏全省港口一盘棋的观念，尽其所能增加投入、扩大规模，而无暇顾及港口生产能力与市场需求是否协调，使全省港口群区域分割程度严重，争货源的现象时有发生。

（3）临港工业腹地发展空间受到制约

由于缺乏整体与长远的规划，沿海临港工业发展存在着土地资源不足与开发投资滞后的问题。作为港区后方腹地应重点发展临港工业，形成港口、腹地经济互动发展格局。但由于为港口建设发展预留的后方用地标准偏低，即高潮岸线后方仅 1000 米，导致港口后方工业用地紧张，成为临港工业土地资源制约瓶颈，难以形成上规模的临港工业产业集群。沿海各县市区在港口项目招商引资中，存在急于求成、饥不择食现象，忽视了岸线资源的保护和合理利用，出现挤占岸线及陆域土地的问题。此外，发展临港工业项目未能与港区功能和定位相结合，使港口难以发挥在现代物流中的平台作用。目前，港口腹地的经济功能未能与港口发展联结互动，形成港口的理性经济腹地大，而现实经济腹地狭小的现象，制约了临港工业的发展。

4. 沿海和山区产业缺乏有效联动

沿海三个中心城市拥有的产业集群数量占据全省集群总数的 70% 以上，而电子信息、石油化工、机械装备三大主导产业的主要产业链也多分布在这三个中心城市。技术资金密集型的产业主要分布在沿海，劳动密集型的产业以山区为主，比如钢铁、铝制品业等。同时，产业资源要素聚集呈现出资源及其加工为主导的产业集中在山区，如农副产品、林产工业、水泥等；而以市场导向为主的产业则主要聚集在沿海中心城市，如纺织、服装、鞋帽、食品、工艺等。总体而言，两者的发展相对独立，尚未找到有效联动的契合点，产业发展呈现山海分离的状况。

5. 产业链条不完整，产业关联度较低

从现有的产业结构看，已初步形成石油加工、化学原料及制品—化纤、纺织—服装—皮革制品—塑料制品产业链，以及冶金、金属制品—专用、通用设备—汽车船舶—电气机械—电子信息产业链这两大产业链。但是还有许多产业链条不完整，不少原材料需要到外省购买，企业就很难做大做强，企业成长偏慢又制约了产业集群的快速成长。而部分产业链过短的现象，又使得工业产业集群由于缺乏资金、技术和人才，使集群的产品停留在资源的初级加工上。

从产业关联度看，福建省的产业关联度较低。其中三大主导产业中的主要产业链的辐射作用还未充分发挥。三大主导产业的主要产业链分布在福州、厦门、泉州三大中心城市。电子信息产业的显示器产业链在福州的马尾和福清；机械产业的装载机械产业链在厦门并向三明延伸，轻型客车产业集群在福州；石化产业的化纤产业链在厦门的海沧，炼化产业链在泉州的泉港，在这三市之外的其他城市，三大主导产业的单个集群规模较小，与主导产业中的主干产业链的关联度也不明显。

6. 高科技产业发展基础较为薄弱

福建省高新技术产业发展取得了很大进步，但是自主创新能力不足的问题依然严峻。一是研发能力相对偏低。国际经验显示，R&D 经费占 GDP 比重小于 1% 的国家，基本处于技术引进与应用层次；具有较强引进、消化、吸收能力的中等发达国家，一般在 1.5% 以上；自主创新能力较强的发达国家都在 2% 以上。2011 年，福建省 R&D 经费占 GDP 的比重平均为 1.1%，与中等发达国家相比存在较大差距；全省的制度创新、技术创新、消化吸收创新能力都有待加强。二是高技术产业整体规模较小。"十二五"以来，福建省第二产业迅速发展壮大，工业主导地位继续加强。在工业化发展的中期及加速期，高技术产业增加值占 GDP 的比重越高越能体现经济结构、产业结构的优化程度。虽然近年来全省高技术产业发展较快，但比重逐年下降。三是企业自主创新投入不足。企业作为科技创新的主体，创新积极性不高，忽视对新技术、新产品的研发，依赖国外品牌贴牌生产的现象较普遍，通过科技创新开发自主品牌的情况不多，而且科技活动投入较低。

7. 经济增长对环境造成较大压力

虽然福建省环境质量状况的各项指标在全国名列前茅，但全省环境形势仍不容乐观，生态环境仍然比较脆弱，生态破坏趋势尚未得到根本遏制，经济社会发展使资源环境面临着更大压力。一方面，区域内自然资源相对贫乏，现有可持续供应的资源相当有限。全省地少人多，无油少煤少气，矿藏资源不足，许多重要资源人均占有量远远低于全国平均水平。人均土地和耕地分别只有全国平均的 44% 和 40%，能源自给率只有 40%。另一方面，生态系统的承载量相当有限，难以承担更多的负荷，难以为发展提供更多的生态空间。如果继续延续传统的发展方式，环境和资源存量将无法支撑经济社会的持续发展。因此，加强生态环境建设，走最有效利用资源和污染排放最少的循环经济发展之路，统筹运用好有限的资源和环境容量，是福建省产业发展的必然选择。

二 福建省优化产业发展的基本思路

1. 产业发展目标

坚持以科学发展观为统领，以增强经济效益和增加就业为核心，以市场为导向，以产业结构调整优化为主线，以高新技术为支撑，以工业园区、产业基地和项目组团建设为载体，加强科学规划引导，优化产业布局，突出优势和特色，加强企业协作，搞好产品配套，增强自主创新能力，促进闽台产业深度对接，加强资源节约和环境保护，培育和发展一批特色明显、结构优化、体系完整、环境友好和市场竞争力强的产业集群，形成特色鲜明、错位发展、相互协调的区域产业格局，努力建设科技含量高、经济效益好、资源消耗低、环境污染少、人力资源优势得到充分发挥的现代化先进产业体系。

2. 产业发展定位

产业发展要努力构筑东部沿海先进制造业的重要基地，形成对产业发展方式转变、跨越发展的有力支撑。立足现有制造业基础，加强两岸产业合作对接，壮大主导产业，加快培育战略性新兴产业，改造提升传统优势产业，扶持大企业大集群，形成在全国具有竞争力的先进制造业产业体系和两岸产业合作基地。按照经济增长方式转型的要求，以现代服务业和新兴产业为发展重点，构建结构优化和适度重型化的产业格局。

海西区域经济中心。作为海峡西岸经济区的主体，福建要充分发挥沿海港口、外向带动、对台合作、生态资源和对内连接等优势，进一步整合包括浙南、赣南和粤东在内的地区资源优势、产业体系，构筑经济发展的良好平台，着力推进相互间的产业对接和基础设施对接，着力提升与台港澳的合作水平，进而推动我国东部沿海繁荣区域的整体联动，使福建成为我国沿海地区重要的区域经济中心。

科技创新先导区。完善科技发展机制，强化政府扶持和政策引导，加快建设创新转化服务平台，营造优越的创新创业环境，积极引导创新要素向企业集聚，促进高新技术产业化，推进海峡西岸高新技术产业带建设，使之成为科技创新的先导区。

先进制造业核心基地。促进产业结构优化升级，提升产业发展水平，培育大企业大集团，培育若干具有竞争优势的制造业基地和产业集群，构建新型产业体系，将其打造成为先进制造业核心基地。

现代农业产业化示范区。以市场为导向，注重农业科技创新，运用工业化理念，按照高产、优质、高效、生态、安全的要求，加快转变农业发展方式，促进农业产业化发展，大力发展优势产品和特色农产品，率先构建现代农业产业体系，将其打造成为现代农业产业化的示范区。

现代服务业发展中心。坚持市场化、产业化和社会化方向，不断完善服务业发展政策，加快拓展生产性服务业和充实消费性服务业，提升服务水平。建设连接海峡两岸的现代物流中心，加快发展信息服务业和外包服务业，打造国际知名的旅游目的地，打造现代服务业的发展中心。

现代化海洋产业开发基地。坚持陆海开发联动，积极发展海洋科技，有效利用海洋资源和保护海洋环境，优化海洋开发布局，推进临港工业、海洋渔业、海洋新兴产业的快速发展，建成现代海洋产业体系。

3. 产业空间发展的基本原则

从福建产业发展趋势出发，根据福建产业发展的总体战略定位要求，推进产业空间发展应落实以下原则：

（1）优化中心城市功能布局，提升产业服务功能

重点发展生产性服务业。有重点、分步骤推进产业空间布局调整，以中心城市商务区为载体，集聚专业人力资源要素，构筑良好的产业发展环境，拓展生产性服务业和新兴产业发展空间。优先发展与制造业配套、提升制造业水平的金融业、物流业、商务业和信息科技业，加快生产性服务业向中心城市集聚，建构高效创新的城市服务体系，形成区域经济发展的强有力的核心。整合科技创新资源，保障科技园区等创新平台建设，提升城市产业创新服务能力。

（2）保障战略引导型产业用地，合理空间资源配置

抓住产业转型的关键时期，促进区域产业结构具有先导作用的战略引导型产业快速发展，实现地区产业升级的目标。保障战略引导型产业的用地空间，根据区位条件、产业发展用地评价指标、交通干线的分布、产业发展的生态环境制约等因素对产业发展的作用及其影响，指导战略引导型产业的空间布局。凸显沿海湾区对新一轮产业发展的重要带动和支撑作

用，将港口条件的优劣作为战略引导型产业发展的重要条件加以分析，并充分考虑产业用地潜力对产业发展的限制和支撑作用，以实现港口、产业互动良性发展为目标，建设临港产业基地。

（3）强化比较优势

在产业空间布局和发展规划上，注意挖掘优势，充分利用福建比较优势，科学规划，合理布局，探索建立现行区划下不同行政主体的协调发展与各级、各类开发区科学整合的机制，合理引导产业梯度转移，提高资源集约利用水平，实现整个产业体系的协同发展。

（4）强化产业导向

加强产业政策的贯彻落实，强化对产业发展的宏观指导，进一步引导增量资金投资方向，完善支撑功能平台，以市场为导向、以高新技术为支撑、以产业转型升级为重点，不断推动产业集聚，着力培育产业集群，形成主导产业、特色产业、高新技术产业等协调发展的现代产业体系。

（5）强化科技创新

完善科技发展机制，支持自主创新，加快建设创新转化服务平台，积极引导创新要素向企业集聚，推进海峡西岸高新技术产业带建设，建设区域自主创新体系。

（6）强化资源集约利用

产业发展要充分依托已有的城市设施和功能，注重产业、城市、生态和谐发展；开发区要强化城市服务功能与人居功能；降低资源消耗，不断提高水、土地、能源等重要资源利用效率，推行清洁生产，建成循环经济体系，走资源综合利用的循环经济发展道路。

（7）强化差异化发展原则

差异化发展就是要大胆解放思想，运用发散思维、逆向思维，以世界眼光，以经济全球化、区域经济一体化的思维审视发展的时间空间、内外部环境和国内国际两个市场。在不同区域的产业发展中充分发挥优势、塑造特色，勇于开拓创新，善于独辟蹊径，坚持"人无我有、人有我优、人优我特"，形成自身独特的核心竞争力，避免同业、同质竞争。

4. 产业空间发展总体策略

（1）推动产业集聚发展

科学规划，合理布局，进一步强化城镇产业集聚，推进城镇化发展。

优化城镇产业空间布局，加强城市各类产业园区建设，逐步形成城区以第三产业为主，工业园区以第二产业为主，城镇外围以现代农业为主，促进城镇由内向外形成"三二一"产业布局结构。将城镇各类园区纳入中心城市统一规划，促进园区与城镇互动发展，推动各类园区快速成长为功能完善、特色鲜明的城市新区。注重依托老城区改造，调整优化老城区产业空间布局，实现"退二进三、腾笼换鸟"。按照"一县一业"思路，加快发展县域优势特色产业，整合和调整零星分散的工业企业，每个县（市）至少形成一个独具特色的产业园区。鼓励规模较小的城镇采取"飞地"的办法，创新财税体制，促进各类产业园区向市县产业园区集聚。通过引导各类产业的合理集聚和优化布局，实现城镇发展与产业发展的良性互动。

（2）强化城镇化与产业发展的良性互动

坚持把转变经济发展方式、调整优化产业结构与推动城乡区域协调发展结合起来，以产业结构优化升级促进城市做大做强，努力实现经济增长、就业增加与新型城镇化发展的良性互动。积极培育高新技术产业、战略性新兴产业，着力发展附加值高和就业容量大的制造业等都市型工业，大力发展循环经济、低碳经济、绿色经济，提升整体水平和竞争力，有效推动人才、技术和资本等向城市流动，强力支持城市扩大发展空间。大力发展以生产性服务业为主的现代服务业，不断提高服务业发展水平和在经济总量中的比重，促进服务业与现代制造业有机融合，积极拓展新型服务领域，为扩大就业、集聚城镇人口创造有利条件。

（3）强力打造具有区际竞争力的高端产业

整合现有工业园区，推进电子信息、装备制造、石油化工等主导产业做大做强，促进产业链向高附加值、高技术含量环节延伸，培育规模化的现代产业集群；加快技术装备更新、工艺优化和新产品开发，巩固提升鞋帽、服装等具有品牌影响力的传统产业，提高产业竞争力和市场占有率；以国家级、省级高新区为载体，健全战略性新兴产业门类、扩大产业规模，全面优化技术结构、组织结构、布局结构和行业结构，培育形成新的先导性、支柱性产业。加快福州、厦门、泉州三大中心城市和平潭综合实验区的综合性金融、贸易服务业发展。

第一，建立多元化的高新技术产业投入体系。从科技的宏观发展规划入手，整合各类与科技相关的项目计划，整合科技资源，加大集成力度，以重大项目为龙头，实施条块结合的项目管理模式。以国家级和省级高新技术开发区为载体，加大先进技术自主开发、引进、吸收力度，以重大项目为龙头，逐步建立企业为主、政府引导、金融支持、风险投资参与的多元化的高新技术产业投入体系。政府要设立专项资金，鼓励自主创新，以经济结构调整为中心，制定高新技术产业发展的主要任务，使高新技术产业成为产业结构优化升级的重要因素。

第二，利用外资发展高新技术产业。一方面，调整利用外资政策，引导外资发展高新技术产业；另一方面，积极营造有利于外资发展高新技术产业的综合环境。这需要大胆进行体制创新和机制创新，努力营造适合高科技创业型企业发展的外商投资的政策、市场空间；着重就发展高新技术产业的政府管理体制、审批程序、竞争体制、产业政策等进行清理，建立起规范、透明、高效的高新技术产业的政府宏观调控体系；大力鼓励外资改造传统产业，提高传统产业的技术含量和附加值，提升劳动要素与高新技术产业资本的结合能力，从而使高新技术产业建立在传统产业的基础上，依靠传统产业提供相应的基础设备和技术力量，缓解高新技术产业发展中资金需求与供给的矛盾，增强风险承受能力，并使高新技术在传统产业的广阔领域中培植深厚的根基，建立更多的生长点，加强高新技术产业的发展基础。

（4）积极培育若干产业集群基地

以沿海交通走廊为主轴，加强与长三角、珠三角产业的承接和协作，以福州、厦门、泉州等中心城市为依托，以三都澳、罗源湾、闽江口、湄洲湾、厦门湾、泉州湾和古雷—南太武新区等城市新增长区域为空间载体，协同周边城镇，建设沿海产业集群带；以铁路、公路为交通联系轴，发挥地区资源优势，培育南平、三明、龙岩综合产业区，形成内陆产业集群带。整体推进一批专业特色鲜明、品牌形象突出、服务平台完备的现代产业集群。

（5）着力形成具有福建资源特色的产业空间

依托良好的生态环境和独特的山海资源特色，利用闽台优势，大力发展具有福建特色的旅游业，延伸旅游产业链，构建大旅游格局，建设国际知名的旅游目的地和富有特色的自然文化旅游中心。依托海洋资源优势，加快海洋产业发展，运用先进运输组织方式，培育物流龙头企业，建设连接两岸的现代物流中心。推进农业现代化进程，形成闽东南高优、闽西北绿色农业、沿海蓝色农业三大特色产业带。

（6）大力发展现代农业

巩固和加强农业基础地位，深化闽台农业合作，以市场为导向，加快转变农业发展方式，大力发展优势产业和特色农产品，积极发展形式多样的休闲观光农业、农产品加工业，构建现代农业体系。加快农业科技创新，推广应用农业新品种、新技术、新肥料、新农药、新机具。完善扶持粮食生产的政策措施，稳定播种面积，推进规模经营，努力保持粮食自给能力。促进农业特色产业升级，发展壮大畜牧业、园艺业、林竹业、水产业等优势产业，积极发展水产品、畜禽、茶叶、笋竹、蔬菜、水果、食用菌、花卉苗木、烟叶、中药材等十个重点特色产品。实施农业标准化，发展品牌农业，推进无公害农产品、绿色食品、有机食品认证，积极实施国家地理标志产品保护，推行农产品质量认证和产地等标识认证制度。加快发展农民专业合作社，扶持壮大一批带动力强的农业产业化龙头企业，完善龙头企业与农户的利益联结机制，支持培育一批农产品加工示范园区、示范企业和示范项目。推进农产品出口加工基地建设，扩大特色优势农产品出口。加强农业基础设施建设，改善农业生产条件，提高土地产出率和资源利用率。加快农产品质量安全监管体系建设，完善农产品质量安全监测网络，实行种植、养殖基地备案，加强与国际接轨的农产品标准化建设。健全新型农业社会化服务体系，加快信息服务平台建设，建立农业技术推广、动植物疫病防控、农产品质量安全监管等公共服务体系，健全农村市场网络，发展农村现代流通业。

（7）建设东部沿海先进制造业基地

坚持加快发展与提升水平并举，产业集聚与布局优化互动，科技创新与产业化协同推进，着力发展先进制造业。要突出培育新能源、生物医药、节能环保、新材料、信息网络和海洋等战略性新兴产业，发展壮大电子信息、装备制造和石油化工三大主导产业，培育发展高技术产业，改造提升传统优势产业，提升产业集聚水平。

第一，提升产业发展水平。落实重点产业调整和振兴的实施方案，突出项目带动和品牌带动，促进产业链向上下游延伸，价值链向中高端攀升，不断拓展产业规模，加快产业转型升级。着力发展先进制造业，围绕龙头企业、骨干项目和品牌产品，提高产业集中度和综合配套能力，壮大电子信息、装备制造、石油化工等主导产业。促进电子信息产业由加工制造为主向集研发、生产、服务、应用为一体转变，加大力度发展集成电路、液晶面板等基础产品，延伸计算机及网络、数字视听、移动通信三大产业链，加快发展软件、半导体照明及光电、新型元器件等新兴产业。着力壮大交通运输设备、工程机械、电工电器、飞机维修等产业，推动基础装备、基础部件及基础工艺发展，发展港口机械、建材装备、轻纺装备等产业装备，积极引进国内外大型装备制造业企业。引导石化产业按照基地化、大型化、集约化的原则合理布局和配置资源，延伸和完善石化产业链，带动合成树脂、合成橡胶、合成纤维以及新型化工材料、新型纺织原料等产业发展。以国家级和省级高新技术开发区为载体，加快建设厦门半导体照明产业基地，泉州微波通信产业基地，福厦泉软件园，福州、龙岩环保产业基地以及三明、南平生物医药产业基地等一批高新技术产业基地，组织实施高新技术产业化示范工程，完善公共服务平台，促进集成电路设计和软件、光电、消费电子、生物医药、精密仪器、环保、新能源、新材料等高新技术产业集聚式发展。

第二，培育大企业大集团。积极打造区域品牌、企业品牌和产品品牌，支持企业争创中国名牌、驰名商标，鼓励有条件的企业争创世界名牌。支持重点骨干企业品牌创新、品牌经营，鼓励有实力的企业以资产、资源、品牌和市场为纽带实施兼并重组。加快重点骨干企业技术改造和技术进步，推动有条件的企业建立技术研发、产品标准、质量检测、财务结算等中心，鼓励企业参与制定、修订国际、国家、行业标准。引导企业与国内外大企业合作、嫁接央企、改制上市或通过发行债券等方式实现快速扩张，培育一批拥有自主知识产权、主业突出、竞争力强的大企业大集团。支持有条件企业开发境外资源和市场，收购或参股国际品牌、营销网络和研发机构。

第三，培育发展产业集群、产业基地。发挥工业园区的载体作用，完善园区基础设施，提升工业园区、产业集聚区功能。发挥龙头企业带动作用，发展配套协作企业，优化生产协作流程，积极支持中小企业进入龙头企业的供应网络。发挥公共服务平台的支撑作用，加强金融担保、技术研发、产品检测、专业市场、现代物流、营销联盟、人才培训、行业协会等公共服务平台建设，提升产业集聚能力。电子信息产业要以福州、厦门沿海国家级信息产业基地及国家级信息产业园区建设为重点，推进厦门火炬高新区建设国家"光电显示产业集群试点"，加快建设国家级海峡软件产业基地，提高国家级动漫产业基地建设水平。石化产业要形成以炼化一体化为龙头，上中下游配套合理、竞争力强的湄洲湾、漳州古雷石化产业基地，加快推进三都澳溪南半岛工业园区、福州江阴石化专区、泉港台湾石化专区的建设。装备制造业要建设好福厦汽车产业集中区的汽车及零部件生产基地，加快形成厦门湾、湄洲湾、闽江口、三都澳、东山湾等修造船集中区，做大厦门、泉州飞机维修基地，推动龙岩、泉州、三明、南平装备制造业基地建设，促进输配电及控制设备、精密铸锻件、电工器材、中小型电机生产，形成在全国具有竞争力的特色装备制造基地。冶金产业要建设福州、厦门、漳州、龙岩有色金属及深加工产业集群、三明金属材料及深加工产业集群、南平铝精深加工产业集群，加快形成上杭铜加工、长汀稀土产业基地。纺织服装业要进一步做大做强泉州纺织服装、长乐纺织产业集群，培育发展三明、南平等纺织产业集群。轻工业要培育发展食品、制鞋、塑料、工艺美术等一批在国内外有一定知名度的产业集群。建材产业要发展南安石材和水暖器材、泉州建筑陶瓷等产业集群，加快培育特种玻璃产业基地。林产工业要推进林浆纸和林板一体化，建设一批资源综合利用的木竹藤加工骨干项目，加快莆田秀屿木材加工区建设，形成林产品深加工基地。

（8）提升服务业发展水平

加快生产性服务业集聚发展，推动生活性服务业协调发展，加强闽台服务业双向开放合作，培育旅游和现代物流业成为国民经济发展新的主导产业，提高服务业在国民经济中的比重。

第一，积极发展现代服务业。要加快发展技术含量和附加值高的金融保险、现代物流、中介服务等行业，带动服务业整体水平的提高。金融保险业方面，应以平潭综合实验区为突破口，先行先试，在不危害我国金融安全的前提下，加强与台湾金融机构的合作，发展离岸金融，引进外资、台资和侨资金融机构，探索国内外金融保险业合作的体制机制；规范发展典当业，发挥典当行业在社会小额短期融资方面的积极作用；合理、有效地发挥民间金融机构的作用，积极引导并规范民间金融机构的发展。现代物流业方面，以福建的产业基础和传统港口物流为依托，大力发展新型流通业态，积极发展第三方物流，鼓励电子商务等现代流通方式，加快构筑社会化、专业化、信息化、规模化的现代物流服务体系；在中介服务业方面，要规范提高律师、公证、会计、审计、资产评估、工程与管理咨询、科技咨询等咨询服务业的发展，积极发展证券、保险、人才、劳动力、法律服务等市场中介组织，大力推广代理、代办、经纪、拍卖等中介服务方式，为企业经营管理、居民消费决策和社会信息沟通提供有效服务。

第二，建设连接海峡两岸的现代物流中心。积极承接台湾现代服务业转移，依托中心城市、产业集聚区、货物集散地、交通枢纽和港口资源，完善公共物流信息平台和物流技术标准化体系，建设福州、厦门、泉州等物流节点城市和一批现代物流园区和大中型综合性现代物流中心。引导传统运输、仓储企业向第三方物流企业转型，发展一批集运输、仓储、配送、信息为一体的物流企业。依托临港工业、产业集群和台资企业集中区，围绕原料供应、半成品和成品仓储配送，建设物流配送或专业配送中心。加快保税港区、保税区、保税物流园区、保税物流中心建设，完善保税物流体系，推进闽台两地港区对接，发展保税仓储、贸易采购、配送中转等业务。推进流通业现代化步伐，加快专业市场升级改造，发展电子商务、连锁经营、物流配送等新型流通方式和经营业态，合理布局社区服务业。

第三，加快发展信息服务业和外包服务业。加强网络资源整合，提高信息网络综合服务能力，完善信息通信网应用体系，加快信息技术服务推广应用，重点发展数字内容服务业、软件设计业。依托福厦泉软件园和有条件的软件开发基地，发展软件服务外包、业务流程外包、动漫游戏产业，培育承接服务外包业务的专业企业，支持服务外包类企业发展离岸外包和在线外包业务，吸引台湾企业乃至世界跨国公司服务外包转移，努力打造国家服务外包基地城市、对台服务外包示范城市和国家软件出口基地。

第四，打造国际知名的旅游目的地。以滨海旅游、生态旅游、红色旅游和文化旅游为重点，进一步整合旅游资源，促进风景名胜资源保护和永续利用。打造滨海蓝色生态、山地绿色生态两大旅游带，构筑闽东北、闽西南、闽西北三大旅游协作区，提升福州、厦门、泉州、漳州、三明、武夷山、永安等中国优秀旅游城市品牌。加快构建大武夷、福建土楼旅游区。支持泰宁申报"中国丹霞地貌"世界自然遗产和宁德白水洋、太姥山、白云山申报世界地质公园，推动泉州"海上丝绸之路"、厦门鼓浪屿和福州"三坊七巷"等申报世界文化遗产，丰富福建省世界级旅游品牌。强化海西旅游目的地整体形象宣传，健全旅游营销体系，深度开发国内外重点客源市场。做大做强旅游产业，培育旅游品牌企业，完善旅游配套设施。办好海峡旅游博览会、中国武夷山旅游节、中国·湄洲妈祖文化旅游节等重点旅游节庆会展，推进旅游标准化，培育一批有特色、有影响、有效益的旅游精品，加快建设我国重要的自然和文化旅游中心。

第五，优化服务业发展环境。首先，要加快推进服务业的产业化进程，形成有利于第三产业发展的体制机制环境，建立和完善监督机制，创造系统完善、公正规范、健康有序的社会环境；其次，要处理好第三产业对内对外开放的关系，消除体制障碍，制定公开、透明、统一的准入政策，稳步、有序地推进金融、旅游、教育和医疗等第三产业领域的开放，形成有利于第三产业发展的市场环境；最后，要拓宽服务业融资渠道，建议政府发展第三产业专向引导资金，广泛吸收民间资本，调动民间力量枳极参与第三产业的投资和竞争。

（9）加快海峡西岸区域创新产业发展

第一，完善科技发展机制。加强科技宏观管理体系建设，集聚整合创新力量，加强统筹协调，优化配置科技资源，推动跨区域、跨部门的科技合作，密切产学研结合。营造有利于社会资金投入科技的环境，建立稳定的各级财政科技投入增长机制，建立健全多渠道、多元化的科技投入体系，加大对海峡西岸区域创新体系建设的科技投入，着力打造特色鲜明的区域创新体系。切实发挥科技的支撑和引领作用，加强高技术和产业关键共性技术的开发，加快科技成果的转化应用，推广一批有效促进产业升级、技术改造和节能减排的先进技术和创新产品，打造一批特色产业基地，促进形成高新技术产业集群。实施知识产权战略，造就一批竞争力强的优势企业。加大与扩大内需、改善民生相关的重点技术与产品的产业化、商业化和规模化应用力度。大力普及科学知识，提高全社会科学文化素质。

第二，加快建设创新转化服务平台。努力构筑能够引领产业技术升级和发展方式转变的海峡西岸研发高地。支持信息、医药、生物、新材料、新能源、海洋等领域的应用基础研究，加快电子信息、光电、石化、装备制造、生物、医药、现代农业和物流等领域的重点学科发展，组建学科群，加强国家级重点实验室、工程技术（研究）中心、企业技术中心、产品检测中心、博士后站点等平台建设，鼓励外商在闽投资设立研究开发机构。进一步提升中国·海峡项目成果交易会的影响力，创新科技成果转化及产业化机制，大力发展科技经纪服务，加强中试基地建设，鼓励国内外高校与设区市联合设立培训与研发中心，构建科技成果转化平台。加强科技资源共享平台建设，推进高校和科研机构科技资源的共享，推动科研平台和大型仪器设备向企业开放共同使用、延伸服务，打造服务全省发展的科技公共服务平台。创建国家级海峡两岸科技产业合作基地，促进两岸科技项目对接、机构与人才对接、知识产权对接和科技情报（信息）对接，推进两岸科技人员交流往来，构筑闽台科技交流合作平台。

第三，积极引导创新要素向企业集聚。综合运用政策、投入、金融、服务等多种方式和手段，促进技术、资金、人才、管理等各类创新要素流向企业，引导企业加大技术创新和成果应用的投入力度，推动企业成为技术创新的主体。深入实施技术创新工程，培育创新型企业，建设产业技术创新战略联盟，完善产业技术创新链，提升企业自主创新能力和综合实力。支持高新技术企业和科技型中小企业发展，加强企业技术创新人才队伍建设，鼓励引导与国外企业、研发机构合作研发，注重引进关键技术、知识产权和关键零部件，开展集成创新和引进、消化、吸收再创新，加快技术创新、产品创新和管理创新，强化自主品牌建设。扶持建立一批行业技术开发基地和技术转移中心，加快先进技术向中小企业辐射和转移。鼓励高校和科研院所的科技人员进入企业从事技术开发活动，引导高校和研究机构紧密围绕企业需求开展联合创新。

第四，推进海峡西岸高新技术产业带建设。将高新技术产业发展纳入区域经济社会发展的总体规划，充分发挥福州、厦门国家级高新区的作用，加快推进省级高新区二次创业和整合升级。积极推动区内产业集聚和特色产业基地发展，提高高新技术产业在区域经济中的比重。支持符合条件的省级高新区、技术开发区申报国家级高新区。推进闽台高科技园区交流合作，鼓励和支持台湾科技界、企业界参与高新技术园区建设。加快建成海峡西岸高新技术产业带，使之成为承接台湾高新技术产业与技术转移的载体。

（10）建设现代化海洋产业开发基地

坚持陆海开发联动，积极发展海洋科技，有效利用海洋资源和保护海洋环境，优化海洋开发布局，推进临港工业、海洋渔业、海洋新兴产业等加快发展。围绕三都澳、罗源湾、兴化湾、湄洲湾、泉州湾、厦门湾、东山湾等港湾的开放开发，合理布局发展临港工业，建设以石化、船舶、冶金、电力等为重点的临港工业集中区，形成区域经济发展新增长点。提升海洋渔业，推广名优新品种和生态养殖模式，建立大型抗风浪深水网箱养殖产业化基地、立体生态养殖示范基地和水产品加工基地，建立一批国家级水产品加工示范基地。加快渔港建设，建设现代化远洋捕捞船队，积极拓展远洋和深海渔业，鼓励台湾企业在福建省沿海设立渔业基地。发展海洋新兴产业，建设海洋科技中试基地及研发平台，推动建立国家南方海洋科研中心，加快培育海洋药品和保健食品、海水综合利用、海洋能源资源开发利用、海洋科技推广与信息服务等新兴产业，形成若干以港湾为依托的具有较强竞争力的临港经济密集区。

三　福建省优化产业总体布局的具体方案

——福莆宁大都市区。坚持陆海统筹、区域统筹、产业统筹，大力发展先进制造业、高新技术产业和现代服务业，积极推进区域产业分工和协同发展，形成国内一流的高端产业聚集区。积极实施蓝色经济区发展战略，依托港湾优势，加快培育临港产业，积极发展海洋经济，建设海峡西岸经济区先进制造业中心、全国新兴海洋产业和文化产业基地。

——厦漳泉大都市区。充分发挥经济特区龙头作用，做精做强传统优势产业集群，大力发展现代服务业，积极培育战略性新兴产业集群，建设先进制造业基地、海西科技创新中心、两岸产业对接基地、民营经济创新发展示范区。加快建设全国重要的临港石化产业基地，推进国际航运中心、物流中心建设，大力发展海洋经济，将其打造成为以国际金融、国际贸易为先导的海峡西岸经济国际化前沿地带。

——南三龙点状城镇发展带。立足生态和边贸优势，重点建设武夷新区、三明生态工贸区、龙岩产业集中区，积极承接东部沿海地区产业转移，加快发展现代物流业，引导产业要素往南三龙省域中心城市和山区发展条件较好的地区集中。加强生态建设和环境保护，大力发展绿色经济，提高现代农业发展水平，引导旅游资源的适度有序开发，形成国内知名旅游目的地和福建省重要生态环境屏障。

——中心城市。强化中心城区总部聚集、信息集散、高端服务、创意创新等功能。发挥现有产业基础和人才、技术优势，大力发展高新技术产业。引导企业和项目向开发区和工业园区聚集，发展壮大先进制造业集群，使中心城市成为产业的集聚中心。整合城市旅游资源，发展休闲旅游、文化旅游。注重依托老城区改造，实现"退二进三、腾笼换鸟"，大力发展金融保险、物流配送、信息咨询、会展、中介服务和社区服务等现代服务业，逐步提高服务业在中心城市经济和就业中的比重。积极发展外向型、生态型的现代城郊农业。

——中小城市。立足区域环境承载能力，利用土地资源、劳动力资源相对丰富的优势，引导产业差异化、特色化发展，大力发展劳动密集型产业。加强与中心城市产业发展的协作配套，承接中心城市产业转移。支持县域特色资源的开发和优势特色产业的发展，加大对地方支柱产业的扶持力度，形成县域主导产业。

——小城镇。鼓励和支持发展民营经济，推进劳动密集型产业向符合条件的小城镇集聚，积极发展环保型工业，大力发展特色种植养殖业、设施农业、观光休闲农业、农产品加工业和手工艺品加工业。

第三节　推进福建省产城融合发展

充分考虑产业与城市之间的互动关系，坚持城镇化与工业化互动发展，进一步强化城市聚集能力，加强工业园区、生活居住区、城乡交通枢纽以及小城镇建设，通过构建产业载体积极稳妥推进城镇化步伐。将城市群作为城镇化的主体形态，提升和发展东南沿海、南三龙两大产业带，构建城市群提升产业群、产业群支撑城市群的发展机制，努力形成特色鲜明、错位发展、相互协调、产业群与城市群互促共进的城镇发展格局。

——按照"优、新、高、特"和建设现代产业体系的要求，加强统筹规划和综合协调，以加快十大新增长区域建设为重点，有效集聚科技、人才等创新资源,大力发展战略性新兴产业、现代服务业、海洋经济、先进制造业和高效生态农业,不断增强产业集聚区的城市配套、科技支撑、生态保障和生产性服务等功能,加快向现代产业集群转型。

——按照布局集中、产业集聚、土地集约、生态环保的原则,完善城市功能分区,合理配置产业用地,推进城镇产业集聚发展。坚持陆海统筹,加强港城联动,增强城市综合实力,不断提升城市综合服务功能,最大限度发挥辐射带动作用。按照引领发展、宜业宜居的要求,坚持依托城市发展产业园区、建设园区带动城市发展,把各类园区纳入城镇统一规划,精心谋划和组织省级各类园区的开发建设,加强园区规划设计工作,大力发展园区经济,整合、创新国家级和省级开发区,扩大管理权限、壮大产业实力,促进园区建设与城市建设有机衔接,将其逐步发展成为功能完善、特色鲜明的城市新区,成为新的区域次中心城市和经济增长板块。提高县域重点开发区功能,加强小城镇建设与工业园区布局的结合,合理布局建设产业发展基地,促进产业园区集中,引导人口向城镇集聚。充分发挥县城和重点镇、一般镇之间的有机互动作用,对工业基础较强、产业集聚度较高、人口较多的地区,加快就地城镇化步伐,提高城镇化水平。打造一批城镇化与工业化融合发展的产业示范园区,逐步形成城区以第三产业、工业园区以第二产业、城镇外围以城郊型现代农业为主,形成由内向外的"三二一"产业布局。

一 加强产业与城镇空间的协调布局

依托全省城镇空间格局和重要交通通道、设施,构筑"两带推进、十区引领"的产业空间体系,以一批具有竞争优势的开发区为基础,按照"产业集聚、开发集约、环境优化、功能提升"的要求,结合港口资源优化产业组织,加快形成功能互补、各具特色、优势明显、错位发展的产业布局。

着力促进产业、城镇和生态协调发展。产业用地选择应符合环境保护原则,在统一的城乡规划指导下合理布局、有序发展,与城镇相邻或相连的,应纳入城镇总体规划;相对独立的,应纳入城镇体系规划。

1. 产业集聚带——"两带"

沿海产业聚集带:以厦门、福州、泉州中心城市和平潭综合实验区为主要载体,培育服务业核心功能区域,推进金融业务创新和闽台金融合作先行先试，大力吸引承接国际服务外包、电子商务、文化创意、信息服务、会展业等现代服务业，打造集聚辐射能力强的区域性现代服务业中心；以沿海综合交通走廊为主轴，发挥沿海中心城市服务平台的优势和沿海湾区资源优势，拓省级以上开发区的核心载体效应，引导产业差别定位和合理布局，围绕做大做强电子信息、机械装备、石油化工等三大主导产业，改造提升轻工、纺织、食品等传统优势产业，着力培育战略性新兴产业，加快承接国际先进制造业和高新技术产业转移，深化闽台产业对接，实现产业转型升级，建成沿海高新技术产业密集带、传统优势产业提升带和临港临海产业综合经济带。

南三龙产业聚集带：依托"一纵三横"四条城镇内陆发展轴，发挥山海联动的梯度效应，引导产业要素往南三龙城镇密集带和山区发展条件较好的地区集中发展，建设贯穿武夷新区、三明生态工贸、龙岩产业集中区的产业聚集带。依托大区域交通条件改善、生态环境优良、特色资源丰富的优势，大力发展循环经济，推进传统产业升级，积极承接符合环保要求的沿海产业转移，重点引导装备制造、资源深加工、生物制药和新材料等产业的发展，构筑新兴特色产业群。

2. 产业重点发展区域

环三都澳重点发展区。要统筹环三都澳经济发展布局，科学推进岸线开发和港口建设，着力打造溪南、赛江、漳湾三大临港工业区域，推进海西宁德工业区建设。引导装备制造业、能源、冶金和油气储备等临港产业集聚发展，积极培育海洋、新材料、新能源等战略性新兴产业，发展滨海旅游业。承接长三角产业资金、技术及人才转移，加强与浙西南、赣东北地区的区域合作，主动接受福州、温州等地区的辐射，将环三都澳建设成为连接长三角的前沿区域、海峡西岸东北翼富有竞争力的新增长极。

闽江口重点发展区。主要是指闽江入海口周边的产业区，以福州中心城市为核心，以罗源湾、江阴半岛为两翼，重点依托福州经济技术开发区、长乐滨海工业集中区、福州青口投资区、元洪投资区、罗源湾经济开发区、可门干散货物流中心等经济开发区，加快城市和港口建设步伐，大力推进临港工业发展，使其成为集装箱和大宗散杂货运输相协调的省级航运枢纽港。提升省会中心城市建设管理水平和辐射带动能力，突出环罗源湾区域的能源、冶金及压延加工和机械装备制造等企业特点，充分发挥江阴港区的远洋集装箱运输功能，积极推进高新技术、高附加值的制造业和现代服务业的发展，建设先进制造业基地和对台产业合作基地，形成现代制造业密集区和城镇集聚区。

平潭综合实验区。加快中央支持海峡西岸经济区建设政策在平潭的先行先试，开展两岸区域合作综合实验，推进多种形式的民间交流合作。统筹考虑平潭与福州江阴工业集中区、长乐空港工业集中区等周边地区的产业分工，形成产业配套、功能互补、相互促进的区域发展格局。按照"突出重点、优势互补、高端发展"的要求，积极开展两岸产业合作，引导台湾高新技术产业、现代服务业等高端产业向平潭延伸拓展，加强两岸在关键产业领域和核心技术方面的联合研发，将平潭建设成为综合竞争力强、辐射带动作用大的新兴产业基地，促进海峡西岸经济区及周边地区产业的转型升级。

湄洲湾重点发展区。依托沿海港口，加强南北岸合理布局和协调开发，使湄洲重点发展区成为大宗散货和集装箱运输相协调的主枢纽港。加快发展临港产业为主的港口经济，建设现代化的临港重化工基地和能源基地，大力推进泉港、泉惠、枫亭石化园区建设，打造千亿石化产业基地和临港重化工核心区。开发建设莆田石门澳、东吴、东峤木材加工区等湄洲湾北岸区域，推进港城共同发展，促进产业链、产业群发展一体化，使其逐步发展成为临港重化工业的核心区，形成新兴临港产业和海洋经济发展带。发挥民营经济发达的优势，加快传统优势产业的转型升级，大力发挥高技术、高附加值的制造业和现代服务业，建设先进制造业基地、两岸产业对接基地和民营经济创新示范区。

泉州湾重点发展区。以泉州中心城市为核心，统筹环泉州湾产业、港口、城市的发展，立足先行先试和支撑带动，加快泉州台商投资区、泉州总部经济带等区域的开发建设，大力发展现代服务业、战略性新兴产业和光电信息、装备制造等成长型产业，加大品牌带动，整合提升传统优势产业，打造两岸产业对接示范区、产业转型提升引领区和民营经济创新示范区。大力推进以港口为取向的现代化集疏运体系建设，进一步扩大海港、空港的开放功能，建设海西东出西进的综合通道。加快拓展城市规模，增强城市的集聚辐射、综合服务功能，建设海西现代化创业型宜居城市。

厦门湾重点发展区。以厦门特区为龙头，以漳州为发展翼，以厦门台商投资区、厦门火炬高新区、海沧保税港区、物流园区、翔安工业集中区和漳州台商投资区、角美工业开发区、招商局开发区等为依托，重点增强高端要素的集聚和综合服务功能的开发，加快完善港区、物流区、临港工业区的疏港道路、市政配套网络，提升港湾一体化发展水平，力争厦门港取得突破性发展，形成以集装箱运输为主、散杂货为辅的国际航运枢纽港和物流中心。北岸厦门要积极推动厦门台商投资区扩区，使经济特区延伸到全市，推进综合配套改革试验和岛内外一体，突出发展现代物流和战略性新兴产业，打造以高新技术产业为重点的闽台产业对接集中区、现代化国际港口风景旅游城市和海峡西岸重要中心城市，增创特区改革开放新优势。南岸要以漳州中心城区、龙海为主体，加快规划建设南太武滨海新区，重点发展特殊钢铁、电子信息、汽车汽配、食品加工和以大型散杂为主的港口物流业，建成海峡西岸生态工贸港口城市。

古雷—南太武重点发展区。以古雷新兴石化基地建设为突破口，以古雷、东山、云霄、诏安四个港区和国家级、省级开发区为依托，统筹区域内重大基础设施建设和岸线、土地等资源开发，加快发展石化、新能源、现代装备制造、港口物流等临港产业，培育新能源、新材料、海洋生物等战略性新兴产业，做大做强食品加工等传统产业，大力发展港口物流业、滨海旅游业等现代服务业，将东山湾建成海西石化产业基地、特种玻璃基地、光电产业基地和重要的旅游目的地。发挥福建南大门的区位优势，加强与珠江三角洲和港澳地区的合作和产业对接，建成承接台湾和珠江三角洲产业转移的前沿阵地。

武夷新区。以高（快）速铁路、高速公路、空港以及城市快速通道等重大交通基础设施建设为重点，加快建设闽浙赣结合部的综合交通枢纽，打造服务周边地区发展的对外开放综合通道、海西腹地乃至更广区域的人流、物流、信息流集散中心。整合、优化、提升武夷山市、建阳市的功能布局，打造史蕴丰富、生态和谐，与武夷山"双世遗"相匹配，"宜创、宜业、宜养、宜游、宜居"的新兴中心城市。大力培育山水观光、养生度假、文化体验、民俗风情旅游等品牌，构建大武夷旅游经济圈，建设国际知名的旅游目的地和我国重要的自然文化旅游中心。着力发展节能低碳的资源深加工、机械装备、电子信息、创意、旅游等产业集群，培育壮大符合武夷生态资源特色的生物制药、环保等新兴产业，建设海峡西岸新兴产业基地。

三明生态工贸区。以三明中心城市为中心，突出永安—三明市区—沙县主轴的发展，向东南、西北两翼拓展。充分发挥资源优势，大力承接台湾和沿海产业转移，依托海峡西岸（三明）现代林业合作实验区、清流国家级台湾农民创业园，强化与台湾现代化农业、林业的深度对接与合作。依托沙县金沙园等六大工业园区平台，加快发展冶金及压延、林产加工、机械及汽车制造、矿产加工、生物医药及生物产业五大产业集群，建成海西先进制造业重要发展区域。依托泰宁世界地质公园，开发休闲、安养、文化旅游精品，大力发展山水观光旅游业，建设海峡西岸重要的生态、文化旅游目的地。

龙岩产业集中区。以龙岩中心城市为核心，依托闽粤赣边界交通枢纽优势，不断完善路网、电网等基础设施，主动承接沿海产业转移，重点发展机械、商贸物流、有色金属、烟草、环保、建材能源、钢铁产业，建设汽车、能源、纺织、农产品加工、商贸物流五个海西产业基地，打造工程机械、精品卷烟、环保设备、金铜、建材、稀土产业基地，实现一个千亿元产业集群（壮大机械产业集群）、两个500亿元产业集群（商贸物流业、有色金属产业）。将龙岩产业集中区建设成为沿海产业转移的重要承接基地、新兴产业基地、绿色农产品基地。以客家聚居地和革命历史胜地为依托，大力发展旅游业，将龙岩产业集中区建设成为全国重要的客家文化和红色旅游基地。

3. 开发区

注重开发区（园区）带动城镇空间拓展的先导作用，以省级以上开发区为重点，以产业转型升级的总体要求为指导，引导各开发区（园区）提升、整合、扩容和重构，使之成为优化全省城镇体系、强化中心城市功能、提升区域竞争力的重要载体。培育先进制造业基地和加快发展现代服务业的"孵化器"，发展开放型经济的战略平台。

福莆宁和厦泉漳大都市区应着力培育大型综合性开发区，以软环境建设为重点，以引进重大项目、跨国性总部经济和研发机构为主攻方向，建成具有区域影响力的内外资集聚平台和创新基地，建立具有较强国际竞争力的生产体系。

沿海新增长区域应加快建设若干规模化、基地型、集约化的临港产业园区，打造区域竞争力强的临港重化产业群。统筹港城及环境资源关系，协调岸线资源配置，引导海洋资源的综合性开发利用，建设海洋经济强省。

其他都市地区应根据自身区域产业的基础和资源禀赋，培育专业性开发区，加快产业集聚步伐，壮大特色优势产业，形成区域特色竞争力。

一般地区应适当提高开发区和工业用地的集中度，依据自身资源条件特点，加强与相邻发达地区的联系和结对帮扶，在条件相对较好的中心城镇，建设若干特色型或扶贫型开发区，引导其培育新的经济增长点。

二 构建福建省城镇与产业融合发展的体系

福建省的城镇体系与产业体系存在比例不协调、结构不合理、功能不匹配的现象，由此造成城镇与产业联系松散、城镇之间各自为政、城乡分割等突出问题。因此，城镇发展必须紧紧围绕产城融合的理念，充分发挥自身产业优势，加快经济发展方式的转变，推进产业结构的调整，拓展配套特色产业链条，构建与城镇功能定位和发展层次相匹配的产业发展体系，促进经济增长由主要依靠增加物质资源消耗向主要依靠科技进步、劳动者素质提高转变，推动以产兴城、以城促产，实现经济社会与生态环境的协调和可持续发展。

1. 以产业集群为载体实现"产城融合"

产业集聚区是产业和城市融合发展的结合点，要按照整合资源、提升功能、强化特色的要求，把产业集聚区作为城市的优先开发区域，加快配套基础设施建设，优化投资环境，促进企业集聚、项目集中、土地集约，推动优势产业园区化、基地化、规模化发展，使其成为全省产业发展的"扩散源"、工业经济的"隆起带"。借鉴国内外产城融合发展的成功经验，结合福建省的产业特点，产业集群成长路径应作如下选择：明确发展重点，做好产业集聚区的前期规划；做强主导产业，发挥优势产业的带动作用和产业的集聚效应；产业先行，重点培育行业龙头企业；搞好产业关联配套，延长产业链；构建产业集群的创新体系，推动产业集群升级；同步发展第三产业，加快发展新区服务业，以服务聚人气，增强产业集聚区的服务功能。

2. 以构建特色鲜明的产业体系为支撑实现"产城融合"

特色优势是城市和产业核心竞争力的重要内容和支撑，是区域发展的基础所在。城市特色与产业特色的有机结合，有利于城市个性与品牌的塑造，是城市重塑新优势的有效路径。要强化产业支撑，明确城市功能和产业定位，摒弃"大而全""小而全"的做法，结合资源禀赋、产业基础、区位条件，因地制宜、科学规划，使潜在的资源优势转化为经济优势，促使具有潜在优势的产业在城市迅速成长和集聚，真正培育起具有鲜明特色和较强竞争力的优势产业体系。要因地制宜，适当集中，建立战略联盟和合作机制，加大资源整合力度，提高产业集中度，推动企业的专业化集聚，提高产业园区专业化水平，加强专业市场建设。要推动要素集聚，加快集中资金、土地、技术、人才等生产要素，为产业园发展提供强大的要素支撑。要搭建平台，集聚资金，逐步建立以政府资金或资源为引导，以企业投入为主体，以金融贷款为支撑，外资与民间资本并重的开放式、多元化投入机制和融资体系。要强化创新，集聚技术，抓好产业园区创业中心、研发中心、孵化中心等创新平台的建设，加快技术改造和技术创新，加强科研院所与园区产学研联合，加快创新成果的转化。要政策支持，集聚人才，在引进高层次人才、设立科研机构、吸引留学人员来福建创业等方面向产业园区重点倾斜。

在促进城市与产业特色融合的过程中，应当结合福建省的特点，注意如下两点：一是推进大港建设，提升港航物流功能。加快提升港口发展水平和带动力，进一步完善港口基础设施建设，大力发展港口物流业和国际航运业，高标准、高起点建设贸易港、物流港和智慧港。包括优化港口集疏运基础设施，提升港口物流服务水平，大力发展具有国际竞争力的航运业。二是大力发展市场潜力大的海洋新兴产业，重点要在海洋新材料产业、海洋生物产业和海洋工程服务业三大产业上寻求新突破。

3. 加大财政投入，拓宽融资渠道

加强政府资金引导、多渠道吸引社会资金、积极探索金融资本与产业资本相互融合的新途径。加大财政对科技研发的经费投入，引导和带动全社会对科技的投入。建立基金制度，落实创新激励政策，强化产业融合发展的企业创新主体地位。补贴产业融合所需资金，加快形成自主知识产权，加大基础研究投入，加速科研成果转化。加大资金投向产业融合重点领域的力度，引导政府资金由支持单个企业向支持基地建设、优化产业投资环境转变。培育金融产业集群，强化金融机构的资金和资源配置功能。鼓励风险投资，提升金融对先进制造业的辐射渗透能力。

4. 加强组织协调，构建产城融合体系

在城市治理意义上，产业具有的共同技术基础是产业融合的前提条件，但技术融合要发展为产业融合，还需经历产品与业务和市场融合等阶段，并取决于市场需求、制度和政策环境等因素。创新的推动力、市场需求的拉动力、企业间竞争合作的压力以及政府的政策支撑是产业融合发展的主要动力。在"十二五"规划的基础上，进一步完善促进先进制造业和现代服务业融合的发展目标，确定合理的产业政策和产业重点，构建融合型产业体系。促进产业融合的组织协调机制，形成利益驱动的相互融合共识，具有前瞻性地做好产业融合规划，以促进不同产业在融合渗透中共同发展，并形成相互融合的新型产业体系。重点发展研发服务、创意产业、教育培训、生命健康、信息技术、生物技术等，确立以知识密集型服务业为主导、高附加值制造业为支撑、宜居产业配套的产业结构，坚持以高端产业集聚高端要素，形成现代服务业、高新技术产业和先进制造业有机融合、互动发展的新格局。

5. 统筹联动，促进产业与城市发展目标的统一

产业与城市有机融合的发展道路，其最终目的是提升居民生活品质。因此，在推进产城融合中要始终坚持以人为本，以提升居民生活品质为发展导向，通过城乡统筹、经济社会互动、区域联动，促进产业与城市发展目标的统一。一是建设国家级生态区，营造一流宜居环境。首先，要加强绿色生态建设。其次，要加大城乡环境整治和环境的保护力度。最后，要提高环境监管能力。二是抓好节能减排工作，大力发展循环经济。坚持以产业结构调整促进节能减排，促进传统企业通过调整产品结构和技术改造，向高端转型升级，对全省高污染、高能耗、高排放、低效益、低产出的企业坚决实施关停并转，严格控制新上高耗能、高排放、高污染项目，严格择优布局新的临港工业项目。三是加强公共服务体系建设，打造民生保障健全的和谐幸福品质城区。一要提高就业创业公共服务水平。二要加强社会保障服务。三要健全住房保障服务体系。四要提高教育现代化水平。五要推进公共文化服务体系建设。

三 构建福建省产城融合发展体系的保障措施

1. 建立利益协调机构

产业集聚区的实施，需要在当地政府的统一领导和协调之下，充分调动各企业、政府机构、科研单位、社会团体乃至全体人民的积极性，多方协力配合、齐心建设，实现优势产业集中发展、资源配置优化和经济社会的可持续发展。

（1）成立产业集聚区管委会

把发展产业集聚区摆到重要议事日程和年度工作范围，成立专门的工作领导小组，落实牵头实施部门，建立协作机制，整合政府相关部门力量形成发展合力。同时，针对产业集聚区发展过程中出现的问题，产业集聚区管委会要定期召开例会，以保证产业集聚区建设的顺利发展。

（2）建立和完善产业集聚区专家咨询委员会

充分发挥专家委员会在制定产业集聚区重大项目投资等方面的评估、论证、咨询和推介作用，为集聚区建设及配套扶持政策的制定提供科学的决策依据。

2. 实现城市相关规划的完善和衔接

规划是城市建设的依据。城市发展要将"产城融合"作为城市规划的主导理念，要将产城融合思想贯穿于产业集聚区规划的各个层面，产业集聚区的空间整合必须由产城融合空间规划加以规范和引导，最终落实到空间层面。在规划体制上，探索推进城市、产业和土地"三规"融合衔接，发挥规划部门、产业部门、建设部门、公共服务部门等在规划编制中的联动作用，将产业资源、人口资源、服务资源、设施资源统筹考虑，同时要审时度势，积极引入"弹性规划"理念，在园区和新城等阶段的开发建设过程中，结合未来城市发展的趋势和要求，预留部分空间，作为完善城市功能的重要补充区域。树立领先的产城规划理念，提高现有城市空间资源的使用效能，使区域经济获得协调、均衡、全面的发展，努力建设一个宜居宜业宜商的现代化城市。

3. 高标准建设新城基础设施和公共服务设施

基础设施和公共服务设施是城市发展的支撑和保障。没有一流的基础设施和公共服务设施，就没有一流的环境载体，就不能吸引人们到新城投资置业。

（1）加强公共基础设施建设

城市基础设施是为城市生产和居民生活提供公共服务的工程设施，完善的基础设施体系是推动区域经济发展的资源性保障。在快速城镇化过程中，由于规划、资金、土地等原因，往往造成新城、产业园区等基础设施建设相对滞后。从产城融合的角度来看，完善基础设施不仅有利于不同城市空间的联系互动，而且有利于城市功能的提升。

一要强化交通先行，完善城市交通基础设施，用高标准的公共交通带动新城拓展区的发展。从国际经验看，交通不便，商业不发达，是造成新区人气不旺的主要原因。为此，新区要做好公共交通建设规划，修建更为广泛的公共交通网，通过快速路、城市轨道交通等提高中心城区、新城、重点镇、郊区、产业园区的交通通达性，构建高密度、大容量、多形态、无缝化的城市交通体系。二是加强市政基础设施建设，重点推进园区的市政设施的改进和完善，在不同城市空间的交集地带，按照共享共用的原则，合理规划布局适当的市政设施。加强城市精细化管理，城市道路建设、道路绿化、城市照明、监控管理系统及电力、电信、供水、排水、天然气管网埋设等都严格统一规划、协调发展。三要强化循环经济、绿色经济的理念，完善环保设施的布局，加快工业污水、生活污水、生活垃圾等处理设施的建设，推动城市绿色发展。

（2）注重公共服务设施建设

产城融合就是努力实现产业功能、城市功能、生态功能的良好融合。首先，政府应当有意识地投资建设大型社会服务设施，或者引导社会投资者建设商业设施，如学校、博物馆、体育场馆或大型购物中心、游乐场等，增强对期望集聚的要素的吸引力。福建省应当加大公共服务设施建设，如加大教育投资力度，加快新区中小学建设；加强社区医疗卫生服务机构建设，让新城区居民能够享受到便捷的医疗服务；尽快建成公共娱乐基础设施，策划多种多样的公共娱乐活动，提高新区的知名度和吸引力。通过高雅艺术、群众活动和休闲文化三种形式来带动新区文化产业建设，发挥文化功能，聚集新区人气。通过配套商业、文教、卫生、体育、休闲娱乐等公共服务设施，为生产生活提供便利，形成层次分明、系统完整的产业和城市公共服务体系。

（3）积极开展城市基础设施资产经营

新区基础建设需要大量的资金，单靠政府一方出资显然是杯水车薪，应在充分发挥政府对基础设施建设主渠道作用的同时，树立并强化"经营城市"的理念，坚持用改革和市场经济的办法，不断拓宽融资渠道，积极通过市场机制引导外资和民间资本的投入，促进基础设施建设和经营的市场化，减轻政府财政压力，加快新区发展。如由企业、社会资金投资建设供水、燃气、热力、公交、污水和垃圾处理等市政公用基础设施，在政府授权的一定时间和一定范围内经营，期满后交还政府；按照"谁投资，谁受益"的原则，引进电力、通信等企业，带资建设相关设施；采取BOT、PPP、经营权转让、资产置换等方式，通过出让道路、桥梁等基础设施冠名权扩大招商引资的力度、规模和质量；利用特许经营、投资补助、贷款贴息、税收优惠等措施，鼓励、支持和引导社会资本参与基础设施项目建设。

4. 理顺管理体制、营造健康发展软环境

作为城市建设的主体，地方政府应当更加注重新旧城区建设的联动性、新城建设的控制性、新城功能的完善性和新城内部的协调性等问题，并在制度设计与完善上予以保障，不断推进城市可持续发展。在不断加强硬环境建设的同时，更要重视软环境建设，把改善软环境作为促进新区持续健康发展的突破口。

（1）创新城市管理理念

城市管理部门要从传统的经验式管理向科学化管理转变，从运动式管理向体制化管理转变，从问题式管理向预防式管理转变。在运用行政管理手段的同时，更加注重经济、法律、技术、教育等手段的综合运用，建立健全科学的城市管理目标考核机制和激励机制。

（2）创新管理体制

新区的快速发展必须有好的政府管理体制来牵引，树立整体意识，省市区共同努力、积极创造条件，尽快打破原有行政区划，在独立行政区框架内对各种要素资源进行整合。在初创阶段就应精简管理体制，建立低成本、高效率的行政服务平台；继续打造软环境建设的"直通车"品牌工程，做到尊商、亲商、安商、扶商，对来福建投资的外商公开审批程序、简化审批手续，从项目咨询、洽谈到注册登记、办理营业执照，实行"一条龙"服务、"一站式"审批，对外来投资项目实行"首席服务官"制度，由市政府派出首席服务官对投资企业进行全程服务；建立招商引资项目跟踪问效制度，对重大招商引资项目实行跟踪落实责任制和督察机制，防止因服务、督促不到位出现投资商撤资或资金不能及时到位的现象。

（3）实施新城倾斜政策

通过土地开发政策，吸引人口和产业的进入，加快商务、商业、公共服务业向新城核心区集聚；制定推进项目建设政策，对科技含量高、产业带动性强的项目给予特殊的优惠政策，简化和规范项目管理程序，实行重点项目专责制和跟踪服务制；引导现代服务业的发展，引导全球产业链中的后台服务业企业总部落户新城；实行产业人才的配套政策和住房制度上的特殊政策，可将部分房地产项目的经营收益通过优惠政策"转让"给新城的暂住人口，以经济增长推进房地产市场发展，使这部分房产成为新城发展的启动器和助推器，促进主城区空间布局的优化调整和新城建设的协调发展。

（4）放松管制，提高市场资源配置能力

应最大限度地促进三次产业的融合发展，消除相关产业内部各行业和产业间进入的政策壁垒，完善融合型产业体系的制度环境。打破行政垄断和部门分割的利益格局，推动行政审批制度改革的新突破，取消或部分取消各种价格、准入、投资、服务等方面限制，特别是放松价格规制和准入规制，实施激励性规制，加强社会性规制，保护市场公平竞争。建立健全社会信用体系。实行由政府牵头、各有关部门参加制定社会信用体系建设的整体规划，支持非国有经济在更广泛的领域参与福建服务业的发展，促进企业的相互合作和竞争。统筹协调部门、地区、行业关系，形成产业融合所需的组织协调机制，实现融合的企业主体机制和为融合提供服务的中介机制，同时要避免部门被市场中的各方利益集团所俘获，确保消费者利益和企业员工利益不受损害。完善开放型城市创新体系，完善与国际接轨的办事规则和营商环境，积极吸收国内外优势资源，以外引、内联方式，引进全球高端项目、技术和人才，吸引世界品牌企业和品牌产品，培育一批企业集团，掌控产业融合发展的主导权。

（5）做好人才、土地、资金、税费各方面的政策保障

加大政府部门对特定岗位专业人才的培养，并与专业团队合作，使城

市建设更加合理，产业规划更加科学；政府应设置合理的权利机制，适当放宽对土地的管制，为产城融合发展创造优良的环境；同时，产城融合发展需要大量的资金，政府要加强资金的保障，加大招商引资来确保资金的供应；落实资源税费改革政策，补偿资金向开采区生态修复倾斜，大力探索利益互补机制，积极向国家争取资源本地留存比例，支持就地转化，优化产城融合软环境。

第五章
有序推进农业转移人口市民化

第一节　推进符合条件的农业转移人口落户城镇

推行符合条件的农业转移人口落户城镇，是促进农民工享有均等化基本公共服务的基本前提，必须按照相关规定分批次、分层次执行。这既是改善和保障民生的必然要求，也是加强和创新社会管理的有效手段，对于推进城镇化健康发展，全面建成小康社会，实现社会长治久安，都具有重要意义。就目前全国各省的情况来看，大部分省市都相继制定了农民工落户城镇的标准。安徽省规定在省会城市市辖区就业满三年，其他设区市市辖区就业满一年，并有合法稳定住所（含租赁），同时参加社会保险一定年限的农民工可申请落户。广东省政府制定了积分指标体系，对农民工个人素质、参保情况、社会贡献等进行量化并计算积分，根据农民工积分排名和每年下达的落户指标确定落户人员。对于农业转移人口，福建省现有的规定是农民工居住满五年（人均居住面积达到当地政府规定标准），工作满三年便可申请在城市落户。为了实现又好又快地推进符合条件的农业转移人口落户城镇这一政策，需要有序放宽农民工落户条件，在农民工自愿的基础上，逐步推进符合条件的农业转移人口及随迁家属在城镇落户。加大对农民工市民化的扶持力度，保障农民工的相关权益，降低农民工进城定居成本。区分城市规模和综合承载能力，把所有城市划分为大中小三种标准，对于不同标准的城市应该以不同的就业年限或居住年限、城镇社会保险参保年限为基准，制定公开公正的农民工落户标准，引导农民工特别是新生代农民工形成落户城镇、享有城镇生活待遇的合理预期，造福广大农业转移人口。

一 全面放开小城镇落户限制

目前福建省城镇化水平和质量有明显提高，但也存在资源环境制约、城市总体规模偏小、区域空间发展不平衡等问题。截至2010年，全省拥有建制镇591个，城镇化水平仅为57.09%，城镇化人口为2109万，略高于全国城镇化51.27%的水平，但是相比沿海其他省市，城镇化水平还有待提高。因而全面放开小城镇落户限制将对促进农民工市民化具有积极作用。在城镇化质量上，全省城镇化带动了城镇基础设施的完善，公共服务和供给保障能力明显增强。全面放开小城镇落户限制，能将城镇公共服务延伸至更多人群，让更多人民群众享受到改革发展成果。

全面放开小城镇落户限制应采取的措施，一是对于在建制镇（含城关镇）有合法稳定职业或合法稳定住所（含租赁）的农民工及其随迁家属均可落户，并不限制其工作年限或居住年限，保证农民工落户的及时性，加快提高农民工生活质量。在落户的同时，落实城镇养老保险、医疗保险、失业保险、社会救济、子女教育等公共服务，确保城镇公共服务涵盖每一位新落户的农民工及其随迁家属，让农民工无后顾之忧。二是省内农村人口转入城镇户口后，允许在一定时期内保留土地承包经营权、宅基地使用权和集体用地收益权，增加省内农民工落户城镇的资产。三是省内农民工可享受原有的计划生育政策，也可自主选择城镇居民社会养老保险或新农保、城镇居民医疗保险或新农合。这样不仅提高农民工落户城镇的意愿，也可以使以人为本的执政理念得到具体落实，真正让老百姓得到实惠。

二 有序放开中小城市落户限制

从福建省中小城市情况分析来看，目前全省人口在20万以内的城市为罗源县、闽清县、永泰县、长泰县、诏安县、东山县、南靖县、平和县、华安县、古田县、屏南县、寿宁县、周宁县、柘荣县、武夷山市、顺昌县、光泽县、松溪县、浦城县、政和县、明溪县、清流县、宁化县、大田县、将乐县、泰宁县、建宁县、漳平市、永定县、上杭县、连城县、武平县。人口在20万~50万的城市为仙游县、南安市、安溪县、永春县、德化县、漳浦县、云霄县、福鼎市、福安市、永安市、尤溪县、邵武市、建瓯市、建阳市、长汀县。人口在 50 万～100 万的城市为宁德都市区、南平都市区、三明都市区、龙岩都市区和福清市。人口在 100 万～200 万的城市为漳州都市区和莆田都市区。这些中小城市占到全省所有城市的94.74%，有序放开中小城市的落户限制是非常必要的。

有序放开中小城市落户限制可以采取的措施，一是对在中小城市有合法稳定职业或合法稳定住所（含租赁）的农民工及其随迁家属，居住满三年、工作满两年可申请落户。考虑到中小城市农民工比较多，而城市容量、公共服务配套有限，无法在短时间内将全部农民工市民化，只能采取分层次、分批次地将农民工纳入市民化。这样既符合经济发展规律，也有利于中小城市转型升级，使中小城市持续健康发展。二是按照国家规定参加城镇社会保险达到两年以上的农民工及其随迁家属可在中心城市申请落户。这样使提前进入中小城市公共服务领域的农民工可以优先申请落户，帮助农民工尽快享受到其他城镇公共服务，从而提高其生活质量。

三　逐步放宽大城市落户条件

福建省人口在 300 万以上的城市为福州都市区、厦门都市区、泉州都市区，占省内所有城市数的比重为 5.26%，但却容纳了全省绝大部分人口，其中农民工更是不可忽视的一部分。逐步放宽大城市落户条件是引领农民工过上幸福生活的开始，同时也起到了将公共服务延伸到农民工群体的示范作用，对全省积极推进农民工市民化有不可估量的影响。

逐步放宽大城市落户条件的措施可以采取的是对有合法稳定职业或合法稳定住所（含租赁）的农民工及其随迁家属，按照国家规定参加城镇社会保险达到 4 年以上的农民工及其随迁家属均可落户。由于大城市人口多，城市超负荷运载本身很容易导致各种问题，所以农民工市民化必须谨慎进行，不能操之过急，需要稳定、逐步地推进。

四　实施农民工积分制入户城镇制度

广东省广州市实施农民工积分入户政策，开创了农民工市民化的先河。广东省农民工总量为 2675 万人，居全国第一。广州市政府率先实施农民工积分政策，受到社会的广泛关注。这种积分入户政策回应了农民工的合理呼唤，打破了长期以来依附在户口制度上的社会福利分配机制，为农民工落户城镇打开了新渠道，使农民工有机会扎根城市、融入城市。

福建省外来农民工人数相对浙江、上海、广东等地比较少，但是较全国来说，还是属于农民工输入大省，因此，实施积分政策比较合理。为了保障农民工公平参与积分，还需要在了解农民工日常生活的基础上制定相关细则，使农民工真正利用积分政策，达到完善自我、服务社会、落户城镇的目的。

福建省实施农民工积分制落户城镇可采取以下措施：已在福建省就业的非城镇户籍，不管是省外还是省内的农民工，除违反计划生育政策、有犯罪记录、未办理福建省居住证、未缴纳社会保险、未签订一年期及以上劳动合同等五种情况之一的人员外，可申请积分制落户城镇。一是省内务工的农村户籍人员和外来务工的农民工都可适用积分制入户政策。二是对参与积分并达到一定分值的人员，可凭积分享受相关公共服务，积分达到规定分值时，可申请入户城镇，具体政策由各地级市根据实际情况制定。三是优化积分指标，加大职业资格和专业技术职称的分值，鼓励农民工参加政府开办的免费技能培训，提升个人专业技能和就业能力。四是提高缴纳社会保险费年限的积分分值和最高分值。鼓励在申请入户地长期稳定就业的农民工入户城镇，对在申请入户地参加社会保险及在同一单位稳定就业3年以上的农民工，可给予加分。五是鼓励技能型农民工入户，提高国家职业资格、专业技术职称指标的积分比重，把相关法律法规规定需持证上岗的证书纳入积分范围，参照相应级别的国家职业资格证书设置积分指标。六是鼓励获得表彰奖励和积极参加社会服务的优秀农民工入户城镇。七是鼓励本省户籍农民工就地就近入户城镇。

五 逐步推进农村人口就地城镇化

随着福建省经济的快速发展和城乡一体化的全面推进，农村分散式居住方式不再适应经济发展需要，逐步推进全省农村人口就地城镇化是一个恰当的选择。就地城镇化即鼓励农村人口从过去向大城市、中心城市迁移转变到向所属县域城市、中心城镇的迁移为主要模式，实现人口的就近进城、进镇，从而实现农村人口的城镇化生活方式根本转变。

根据有关资料显示，福建省20～50岁的农村精壮劳动力大多外出务工经商，"80后""90后"年轻人几乎不愿意回乡务农。农村的留守人口基本上是老人、儿童和妇女，最需要解决的是留守儿童的教育、老人的养老医护以及农村治安问题，而能够有效解决这些问题的根本途径就是把分散的农村家庭集聚起来，建设新农村或者农村社区，并配套相应的城镇公共服务措施。

农村人口就地城镇化是一种可以通过新的土地流转与置换机制、通过城镇化集中居住而实现的一种"离土进镇""进厂进城"的发展模式。农民可以通过宅基地的置换，进入重新规划的城镇化功能型社区集中居住，也可以通过土地的股权置换，进入新的农业工厂、工业园区工作。仿效城市改造，让农村家庭折价置换新农村或农村社区的新房。实行农村人口就地城镇化，就是实现农民非农化和土地资本化，做好规划并有步骤地建设基础设施及公共服务设施，适时适度推进农民就地转移和住宅集聚。

通过就近城镇化集中居住、农地置换这种方法，让农民享受到经济发展和城市发展的双重利益，解放了农业剩余人口，提高了农村土地的使用效率。更关键的是就近城镇化让农民改善了住房条件，拓宽了就业渠道，使他们最终适应城市生活方式。实施就近城镇化的新型城镇化战略也打破了郊区人口就地城镇化的局限。以往我国人口就近城镇化，主要表现为城郊区域因为城市扩张而被城市所侵入，郊区人口转变为失地农民和成为就地城镇化人口。而新型的就地城镇化模式保护了农民的土地权益，同时也保障和提升了农民的居住权益。就地城镇化也超越了一般意义上的社会主义新农村建设模式，是一种新兴的新农村城镇化战略取向。这种社会主义新农村的模式，核心理念是实现农民居住环境、生活环境的改善。就地城镇化将有助于将我国分散的村落型社会改造为城镇化集中居住、就业改变、生活改善的社区型社会。以人口就近城镇化原则为指导的新型城镇化道路，将从根本上改变我国的乡土社会结构，采取集中、集约、集聚的方式，改变我国农村落后的生产与生产方式问题，从而实现城乡统筹、城乡一体化的目标。

第二节　推进农业转移人口享有城镇基本公共服务

推进农业转移人口享有城镇基本公共服务，是保障民生的重要举措，是加快推进农业转移人口市民化的必然结果。要通过全体人民的共同努力，逐步提高农民工及其随迁家属享有城镇基本公共服务的水平。

一 完善城乡劳动者平等就业制度

福建省农民工就业集中于少数几个行业当中。据相关学者调查分析，全省农民工就业主要分布在制造业和建筑业，其次是服务业，就业于高新技术行业的非常少，剩下少数农民工从事第一产业。农民工以中青年为主，文化程度不高，所以其主要特征是以出卖自己劳动力挣钱，没有更多的谋生技能，因而绝大多数农民工处于就业的劣势地位。需要政府相关部门加快完善城乡劳动者平等就业制度，视农民工为城乡统一劳动力市场不可分割的组成部分，将其纳入城乡协调发展的共同政策框架。重要的是建立城乡劳动者自由流动、自主择业、平等就业的制度，引导农村劳动力在城乡、地区间有序转移，逐步实现城乡劳动力市场一体化；政府劳动保障部门应加强对劳动力市场的监督管理，完善相关政策规定。

完善城乡劳动者平等就业制度可以采取以下措施：一是建立健全覆盖城乡的公共就业服务体系，开展就业信息及相关政策的宣传，为农民工提供免费的就业信息和政策咨询。二是加大对职业技能培训的投入力度，强化企业用工的职业资质要求，提升农民工职业技能。三是将农民工创业纳入政策扶持对象，加强创业培训和创业服务。对农民工创业所需资金，政府相关部门要高度重视，积极给予资金支持或是提出相关解决资金问题的有效建议。大力鼓励农民工自主创业，带动身边更多的农民工就业，并安排专门人员给予技术指导。四是加强劳动保障监察、劳动争议调解仲裁和法律援助，健全农民工劳动用工、劳动保护等方面的权益保障机制。

二 保障农民工随迁子女平等受教育的权利

目前，农民工随迁子女受教育的状况不容乐观。从全国范围来看，农民工随迁子女受到不公平教育的问题突出，在一定程度上给孩子的教育及健康成长造成一定影响。在一些地区仍然存在农民工随迁子女求学难的现象，很多学校会以学生户籍不在本地或者名额已满为借口拒绝接受他们，一些地方存在名目繁多的各类费用，例如赞助费、择校费等。虽然国家多次出台政策要求将农民工随迁子女义务教育纳入当地教育发展规划，但是在实际执行中，部分农民工随迁子女没有享受到平等接受教育的权利。近年来，福建省积极探索建立农民工子女接受义务教育的保障机制，并将解决农民工子女义务教育阶段入学作为一项"民心工程"来抓好抓实。为保证农民工子女能上好学，福建省规定农民工子女与城市孩子享受同等受教育的权利。福州市要求对农民工子女做到"三个一视同仁"和"三个特别照顾"，即对农民工子女在接受教育、评优评先、入队入团等方面与当地学生一视同仁；对学习困难者、家庭经济困难者、生活不便者给予特殊照顾。龙岩市、三明市还采取成立农民工子女家长委员会、建立农民工子女中特殊生跟踪表、对农民工子女结对帮扶等措施，保障农民工子女身心健康、茁壮成长。

保障农民工随迁子女平等受教育权利可以采取以下措施，一是将农民工随迁子女的义务教育纳入城镇政府教育发展规划和财政保障范畴，足额拨付教育经费。扩大办学地点，提高教学质量，争取所有农民工子女能够平等接受教育。二是鼓励和扶持举办面向随迁子女招生的民办学校，出资人不要求取得合理回报，依法享受与公办学校同等的税收优惠政策，以及在用地、用房、基建、贷款、用气、用水、用电和通信等方面的优惠政策。三是探索"政府购买学位""政府补贴民办学校办学"等模式。对委托承担随迁子女义务教育的公益性民办学校，按一定标准购买学位或给予补助，并要求学校按相应标准减免学生的学杂费。四是各级政府应设立民办教育发展专项资金，促进民办学校提高办学水平。对于教学质量差的民办学校要加强整顿，建立起经常性、不定期的抽查机制，督促其提高教学质量。五是实行中小城市和城镇公办中小学对农民工随迁子女开放，中心城市公办中小学按招生总数的10%向片区居住的农民工随迁子女招生。同时，防止农民工子女聚集在一个区域或者是同一所学校上学，减轻学校的压力。六是将农民工随迁子女纳入当地普遍性学前教育，并根据农民工家庭情况，建立起贫困补偿机制，或者是引入社会慈善基金，引导社会给予补助。另外还将农民工随迁子女纳入免费中等职业教育招生范围，培养社会急需的技术人才。七是基本实现农民工随迁子女平等享有参加中考、高考的权利。逐步在大中小城市中推进全面放开农民工随迁子女参加中考、高考，完善教育体制机制，促进教育的公平公正。

三　加快推进农民工参加城镇社会保险

加快推进农民工参加城镇社会保险，有利于打破城乡和户籍界限，提高农民工的实际待遇，同时也有利于促进劳动合同的签订、规范用工制度、保持社会稳定。可以从以下几个方面着手：一是加快做实养老个人账户，实现基础养老金全国统筹，努力实现省内全部农民工参与城镇社会保险。二是推进城乡养老保障和医疗保障制度的衔接，整合城乡居民基本养老保险和基本医疗保险制度，使农民工没有后顾之忧，方便农民工轻松便捷参与城镇社会保险。三是实现农民工与城镇职工平等参加工伤保险、失业保险、生育保险并享受相应待遇，提高农民工应有的社会福利。四是合理确定社会保险最低缴费基数，逐步把生活困难的农民工家庭纳入社会保险补贴范围，确保农民工不会因为没钱而与城镇社保失之交臂，鼓励农民工及早参保并连续参保。五是完善社会保障关系转移接续办法，减少农民工由农村社保转为城镇社保的障碍。全面实施社会保障"一卡通"，实现农民工社会保障关系全接续。

四　改善农民工基本医疗卫生条件

科学规划，优化配置，加快建设结构合理、覆盖城乡居民的医疗服务体系，促进基本医疗服务均等化，改善农民工基本医疗卫生条件，努力提高基本医疗服务的能力和水平。建立基层医疗服务机构与大医院、专业公共卫生服务机构上下联动、分工明确、协作密切的农民工基本医疗卫生服务体系。充分利用现有综合医院，加大对农民工及其随迁家属的基本医疗卫生服务投入，提高全省农民工基本医疗卫生服务水平，可以采取以下措施：一是尽快完善农民工基本医疗保障制度，加快建设农民工基本医疗的法律法规，着力解决农民工看病难、看病贵等问题。二是根据常住人口配置公共卫生服务资源，将农民工及其随迁家属纳入社区卫生服务体系，享有与城镇居民平等的基本医疗卫生服务。三是加强对农民工及其随迁家属的疾病预防控制和医疗救助，逐步提高农民工及随迁家属医疗救助经费补助标准。四是强化健康教育、妇幼保健、预防接种、传染病防控、职业病防治等公共卫生服务。五是按照与户籍人口同等待遇原则，向农业转移人口免费提供计划生育、优先优育、生殖健康等服务。六是开展专门针对农民工的专项医疗服务活动，经常性开展农民免费体检，对于被检查出有重大疾病的农民工给予优惠的治疗。七是把农民工纳入工伤保险制度，建立针对农民工的医疗费用部分社会统筹的保障制度，同时也要建立起多层次适应农民工流动的医疗保险制度。八是加强医疗卫生资源的建设，特别注重改善农民工基本医疗卫生条件。

五　拓宽农民工住房保障渠道

从政府相关部门对农民工住房的调查来看，在全国普遍存在由于农民工购房能力差，他们在城市的住房主要是通过自行租房、单位提供或者政府提供的途径获得，这也导致了农民工居住形式的混乱、居住环境的边缘化，以及居住的流动性强。近年来，政府一直致力于使农民工在城市居住有其屋，保障农民工的住宅权，并从制度层面上拓宽农民工住房保障渠道，推出了农民工廉租房、公共租赁房、农民工公寓等。但由于农民工住房保障制度发展不平衡，原则不明确、不统一，住房保障形式上较为混乱，并且缺乏相关的配套制度。因此，农民工住房保障必须兼顾社会公平原则、政府主导原则、住房保障水平适度原则、分类型分层次分步骤原则、因地制宜原则、保持城乡住房保障对接原则。

随着农民工队伍的日益壮大，让其在所工作的城市中住有所居，成为农民工输入地各级政府责无旁贷的一项使命。福建省目前主要是探索对住房困难的农民工和新就业人群，如何通过公共租赁住房政策进行适度保障。同时在部分拍卖地块配套一定比例的公租房，以解决外来人口和中低收入家庭的住房需求。在农民工集中的开发区和工业园区，按照集约用地的原则，统筹安排公共租赁住房等保障性住房建设用地，集中建设配套农民工集体宿舍、公寓等住房，由工业园区实施管理，向园区企业职工出租。

拓宽农民工住房保障渠道可以从以下几个方面着手：一是将符合条件的农民工纳入城镇住房保障体系，通过廉租房、公租房、租赁补贴等多种形式改善农民工居住条件。世界各国的经验表明，保障性住房是实现人民住有所居的重要辅助手段。加快推进和完善福建省农民工住房保障制度，可以有效缓解目前福建省农民工住房需求的紧张形势。二是根据城市自身财力和常住人口需要，有效扩大保障性住房供给规模和优化供给结构。由于福建省农民工住房保障面临错综复杂、标准不一的局面，所以在有效扩大保障性住房的同时更要强调优化供给结构，使农民工保障性住房的供给趋于合理化、规范化。三是在农民工集中的开发区和工业园区可着重建设单元型或宿舍型公共租赁住房。农民工数量较多的企业可在符合规定标准的用地范围内建设农民工集体宿舍，提高农民工生活质量。四是城乡接合部可由集体经济组织利用农村集体建设用地建造保障性农民工公寓，探索将稳定就业的农民工纳入住房公积金制度覆盖范围。虽然目前全国范围内实施这一措施的还很少，没有经验可以借鉴，但是福建省可以先行先试，逐步建立起一套符合农民工住房保障公积金的制度体系，为全国提供示范。

六 完善农业转移人口基本养老保险制度

随着我国城镇化步伐的加快，完善农业转移人口基本养老保险制度显得尤为重要。将农业转移人口和城镇居民养老保险合并实施，推行城乡一体化养老保险制度，使农业居住人口和城镇居民享受到统一的缴费标准、统一的政策优惠和统一的待遇支付，努力实现社会保险的全覆盖，使广大农业转移人口老有所养的愿望在制度上能够最终实现。

目前，我国基本养老险是社会统筹与个人账户相结合的城镇基本养老保险制度。实行城乡一体化的养老保险制度，使农业转移人口的基本养老保险制度更加方便快捷，有效避免养老保险制度的碎片化，减少制度并轨与整合的环节，降低转制成本，实现所有农业转移人口与原城镇居民享有同等的国民待遇，有利于实现社会公平正义，推进基本公共服务均等化。

首先，应从低水平起步，筹资和待遇标准与经济发展及各方面承受能力相适应，为今后逐步提高标准留出空间。个人、家庭、集体、政府合理分担责任，权利与义务相对应，既体现公平普惠，又体现个人和家庭的责任。实行政府主导和居民自愿相结合，通过利益驱动和宣传动员来引导农民积极参保。其次，应增加缴费档次，鼓励居民选择较高档次，引导居民长时间缴费。农业转移人口可根据自身经济状况，自主选择缴费标准。缴费档次可分为 100 ~ 1000 元、1500 元、2000 元等多个档次，加大农业转移人口选择缴费空间，既适合低收入的农业转移人口，又满足存在高缴费愿望的参保人员。财政对于多个缴费档次可以给予 30 ~ 120 元、160 元、200 元的补贴。这样既有利于调动广大农业转移人口参保的积极性，也体现了各级党组织和各级政府对农民工参保缴费工作的支持。缴费15年以上的，每增加一年，达到领取养老金条件时，增加两元以上的基础养老金。然后建立特殊人群补贴机制，对重度残疾人、低保家庭等特殊困难家庭给予全额或部分补贴。对已参加村干部养老保险的在职村干部和新任职村干部，继续按照村干部缴费标准参加居保。对城乡计划生育独生子女户参加居保缴费实行奖励补贴，在补贴的基础上，政府再按照适当标准给予奖励补贴。试点城镇根据国家扶持政策，并结合全省农业转移人口的实际情况，研究制定补贴政策。农业转移人口中参保者年满65岁及以上者，每月可领取养老金，同时建立自然增长机制，根据经济和社会发展情况，每年适度提高养老金标准。

第三节　建立农业转移人口市民化的推进机制

目前全国户籍管理制度改革总体上朝着以人为本、执政为民的方向发展。一是分类调整户口迁移制度，着力引导农村人口有序向中小城市和建制镇转移；二是研究建立居住证制度，逐步为农民工在城市有序落户打通政策通道。福建省规划2011年到2020年每年需落户农民工数量为28～30万人，到2015年落户约140万人，到2020年落户约290万人。从目前情况来看，全省农业转移人口市民化已初见成效。下一步要积极稳妥推进户籍管理制度改革，强化各级政府责任，充分调动社会力量，搭建农业转移人口市民化信息化平台，真正建立政府主导、多方参与、成本共担、协同推荐的农业转移人口市民化机制。

一　建立政府、企业、个人成本分担机制

近年来，国家出台了关于农民工享有基本公共服务及其成本分担的政策，制定了农民工享有基本公共服务的相关政策法规，把农民工纳入了城镇基本公共服务保障制度范畴。对于农民工市民化等一系列基本公共服务成本分担机制也有相关规定。医疗保险方面，城镇职工基本医疗保险由企业和个人分别缴纳职工工资的6%和2%，无须财政补助；政府对城镇居民基本医疗保险和新型农村合作医疗补助由各级财政共同分担。2012年，各

级财政补助标准为每人每年 240 元，其中中央财政对西部地区补助 156 元，对中部地区补助 132 元，对东部地区区分不同省份给予一定比例的补助。省以下各级财政分担比例由各省（区、市）自行确定。中央财政安排城镇居民医疗保险和新农合补助均按照实际参保人数测算，已将农民工包含在内。养老保险方面，城镇职工基本养老保险单位缴费比例为 20% 左右，个人缴费比例为 8%，2011 年各级财政安排基本养老保险补助资金近 2000 亿元，其中中央财政占较大比重。保障性住房方面，中央财政主要根据建设保障性住房的任务量、财政困难系数等因数，对各地予以资金支持。义务教育方面，中央财政主要支持建立农村义务教育经费保障机制，全面免除农村义务教育阶段学生的学杂费，落实学生公用经费标准。中央和地方财政负担比例西部为 8:2，中部为 6:4，东部除直辖市外，按财力分省确定。城镇义务教育经费主要由地方政府负担。

建立政府、企业、个人成本分担机制，需要合理划分政府、企业、个人责任，各司其职，形成合力。根据农业转移人口市民化成本性质，明确成本承担主体和支出责任。在推进农民工市民化中，政府要发挥引领作用，尤其是在农民工市民化初期阶段。各级政府要积极构建农业转移人口市民化成本分担机制，并支付农民工市民化必需的城市基础设施投入、公共服务供给的绝大部分成本。具体来讲，政府要承担农业转移人口市民化在义务教育、公共就业服务、公共医疗卫生、社会保障、保障性住房以及市政设施等方面的公共成本。中央政府可通过农民工公共服务方面的财政专项转移支付，对跨省转移的农民工公共服务进行重点投入支持，并加强与省际调配重要资源和配套设施，增加农民工输入地的公共服务品质。省级政府应把重点放到省内跨市县迁移的农民工的公共服务提供上。具体可建立省内农民工市民化专项基金，加强省内农民工转移流入城市的补助，用于支付农民工市民化的医疗费用、社会保障等成本，可适当倾斜农民工廉租房的住房成本支出。各个流入地政府要承担起农业转移人口市民化过程中，扩大城市容纳量所需要建设的城市功能设施和市政基础设施的投资成本，以及辖区内农民工市民化的公共服务支出，重点负责农民工廉租房、经济适用房、农民工集体宿舍等保障性住房建设的大部分投入，使农民工能够在城市中住有所居。在城市管理和公共服务过程中，引导社会公众关爱和重视农民工，保障农民工能够自由行使民主权利，增加农民工的安全感、归属感和幸福感。企业要负责好农民工的劳动保障成本。具体讲，企业要落实农民工与城镇职工用工同酬制度，依法为农民工缴纳养老保险、医疗保险等费用，改善农民工工作环境，提供必要的职业病防治措施。定期开展职工技能培训与素质提升，为农民工向上流动创造条件，增加农民工的谋生技能，提高农民工文化水平和个人素质。农民工市民化后要努力承担个人及其随迁家属的城市生活成本，快速融入城市生活，勇于承担社会保障中需要个人承担的支出。农民工应合理运用工资收入，以及承包土地的占有、使用等权利和宅基地物权所产生的收益，努力盘活个人私有财产，积极参与城镇社会保险，参加职业技能培训，提升自身文化素养。

二　合理确定各级政府职责

随着经济的发展，各级政府的功能和职责的划分越来越重要，同时我们也看到这种划分越来越清晰明了，这样能更好地服务经济，完善市场运行机制，加快各方面的发展。目前，我国把农业转移人口市民化作为一项非常重要的工作来抓，这也是加快我国城镇化步伐的重要举措。所以要合理确定各级政府职责，更好地为农业转移人口市民化提供方便。

农业转移人口市民化的成本需要由中央政府、地方政府和市场来共同分担。中央政府可以通过财政的转移支付一部分，主要用于农业转移人口市民化的教育、医疗和社会保障支出。地方政府通过财政配套承担一部分，主要用于支付农业转移人口市民化的廉租房、经济适用房、农民工集体宿舍等住房成本的支出。其中省级政府主要负责制定全省农业转移人口市民化实施方案和政策，重点承担省内跨市县农业转移人口市民化的公共成本，增加农业转移人口输入城市的容纳量，使农业转移人口能够更好地进入城市生活。省级政府还应按照基本公共服务均等化要求安排财政转移支付，保证农业转移人口市民化的城市基本公共服务。市县政府负责具体落实农业转移人口市民化的各项政策措施，负责为农民工及其随迁家属提供基本服务，保证农民工住有所居、病有所医、学有所教等，并承担相应的市政运营和基本公共服务支出，努力扩大城市容纳量，完善城市基本功能，更好地服务农业转移人口的生活。

三 完善农民工社会参与机制

有调查显示，农民工普遍感觉社会不公平，主要的原因就是因为他们处于社会的最底层，大部分城市市民对农民工缺乏关心和包容，有时甚至做出侵害农民工利益的行为。农民工作为经济社会发展的主力军，为城市的建设和繁荣做出了突出贡献，本应该受到全社会的尊重，却遭受部分人士的歧视。很重要的一个原因，是没有完善农民工社会参与机制，缺乏农民工为自己呼吁和沟通交流的平台。

推动农民工个人融入企业、子女融入学校、家庭融入社区、群体融入社会，既需要政府部门的大力支持，也需要社会各个阶层的力量来共同帮助农民工，努力建设一个包容性城市，提高城市的和谐、文明程度。在参与社会治理方面，提高各级党代会、人大代表、政协委员中农民工代表的比例，努力培养农民工参政议政的积极性。积极引导农民工参加工会、党团和社团组织，从而促进农民工有序参政议政和参与社会治理。鼓励农民工参与社区的共同建设和管理，丰富农民工精神文化生活，加强对农民工及其随迁家属的人文关怀，努力提高农民工的幸福指数。

四 完善农业转移人口就业收入服务机制

建立健全农业转移人口市民化推进机制，需要加强对农业转移人口的就业培训与指导。党的十八大提出推动实现更高质量的就业，要贯彻劳动者自主就业、市场调节就业、政府促进就业和鼓励创业的方针，实施就业优先战略和更加积极的就业政策。对于农业转移人口要鼓励其多渠道多形式就业，同时促进创业带动就业。加强农业转移人口的就业创业培训，提高就业稳定性。健全人力资源市场，完善就业服务体系。健全劳动标准体系和劳动关系协调机制，加强农业转移人口的劳动保障监察和争议调解仲裁，努力构建和谐的劳动关系。同时，对农业转移人口初次分配和再分配都要兼顾效率和公平，再分配更应注重公平。还要多渠道增加农业转移人口的财产性收入，规范收入分配秩序，保护合法收入，增加农业转移人口低收入者收入，调节过高收入，取缔非法收入。

加强农业转移人口就业培训，提高农业转移人口技能水平。加强农业转移人口就业培训，可以考虑运用灵活的培训方法，不拘泥时间、地点和形式，完全以农业转移人口为出发点，使培训与就业紧密联系。也可根据市场和企业的需求，按照不同行业不同工种对从业人员基本技能的要求，安排培训内容，实行定向培训，提高培训的针对性和适用性。调动社会各方面参与农业转移人口技能培训的积极性，鼓励各类教育培训机构、用人单位开展农业转移人口的技能培训，各级财政都要安排专门用于农业转移人口职业技能培训的资金。为提高资金的使用效率，可以由农业转移人口自主选择培训机构、培训内容和培训时间，政府对接受培训的农业转移人口给予补贴和资助。

加强对农业转移人口的就业引导，促进农业转移人口更好更快地融入城市生活。在城镇化和农业现代化建设过程中，引导农业转移人口以农业为依托，进行就业结构的转换，扩大产业链，带动产前、产中、产后相关产业的发展。在产前向农业转移人口提供教育技术培训，市场信息咨询，产中重视特色产品的开发、农产品的深度加工，产后重视对农产品的包装、运输和销售，促使地域分工协作和专业化体系的形成和完善。建立农业转移人口就业服务机制，为加强农业转移人口就业服务引导做好前期准备。一是要建立健全全省农业转移人口劳动力市场信息网络，通过政府搭建的信息平台，把各市县镇的劳动力需求向农业转移人口公布，让其自主择业。二是在农业转移人口聚集较多的地方建立社会保障救助机构，指导、帮助农业转移人口就业。

第六章

提高城镇综合承载能力

第一节 构建城镇现代综合交通体系

　　完善的基础设施、公共设施和良好的居住环境是促进城镇经济发展、提高综合承载能力的重要基础和条件。在基础设施方面，要加快完善交通、水电、通信、住宅、教育、卫生和体育等设施，其中构建城镇现代综合交通体系显得尤为重要。一个综合承载能力高的城市，必须以形成高效便捷、布局合理、结构完善、衔接顺畅的综合运输体系为目标。福建省将加快建设"三纵六横九环"铁路网和"三纵八横"高速公路网建设，畅通城市进出口通道，加强交通节点规划建设，使城市交通与城际交通、高速公路、干线公路、港口和客货运主枢纽等尽快实现无缝对接，加快构建有效辐射各区域经济中心、高效连接中心城市、重要节点城市、交通枢纽和广大农村的现代化综合交通网络。

一 强化都市区内部交通联系

　　"十一五"以来，福建省在城市交通体系建设上取得了较大发展。据有关资料统计，截至2011年年底，福建省城市人均道路面积达12.93平方米，高于国家平均水平。不过随着城镇化的进一步发展，城市人口和车辆快速增加，福建省绝大多数大中城市都不同程度出现了行路难、乘车难、交通拥堵等问题，城市交通问题已经受到社会各界的高度重视。

　　强化都市区交通内部联系，首先要树立综合交通体系建设的思路。加强福莆宁大都市区和厦漳泉大都市区交通一体化规划建设，完善城际轨道交通网络，加强交通体系整合，协调交通设施建设。加快研究新时期城市资源配置和城市规划等综合性问题，以系统化思维、综合性举措协调推进城市交通资源配置和管理工作。福莆宁大都市区要加快推进城际轨道交通项目和沿海城际铁路建设，推动福厦铁路向城际铁路转变。以福州到厦门的高铁为枢纽，建立开放的道路交通系统，全面落实"两横三纵"交通格局，提高全省道路交通网络建设科学化水平。以枢纽港口为引领，优化港口布局，完善铁路网络，拓展港口腹地，加快实现罗古高速与京台高速的连接，打通罗源湾向西与江西内陆货运大通道的连接，建设渔平高速西延线，完成平潭、江阴与内陆联系通道，建设古田、闽清、永泰山区高速公路。厦漳泉大都市区要充分利用福厦铁路、厦深铁路，推进开行厦漳泉城际列车；加快建设厦漳泉城际轨道1号线，推进长泉铁路、沿海货运专线、宁漳客运专线、昆厦客运专线建设，形成六条客货共线（福厦、厦深、龙厦、鹰厦、漳泉肖和长泉）、两条客运专线（宁漳、昆厦）、一条货运专线（沿海货运专线）的"九线"铁路网格局。

二　城市要优先发展公共交通

优先发展城市公共交通并确立其在城市交通的主体地位，是缓解当前福建省大城市交通拥堵的切实可行的方法。发达的公共交通是解决绝大多数人出行问题的根本措施。此外公共交通的发展对于其他出行方式具有间接的调控作用。福建省在"十三五"期间，要大力发展的城市公共交通必须与深化城市公共事业管理体制改革相联系，优先开放基础设施和基础服务市场，在根本上解决城市交通拥堵问题，构建城镇现代交通体系。有序建设城市轨道交通，推进公共停车场建设，新建的公共建筑和住宅小区按标准配套停车位，加快构建慢行交通网络。鼓励使用绿色交通工具，加强以步行、自行车和公共交通等绿色交通为重点的城市交通基础设施建设，合理规划建设公交专用道和综合场站，优化线路，提高公交出行分担率。对于耗油低、噪音污染小的运载工具，应当在政策上予以倾斜。要逐步调整城市车辆的环保技术标准，减少城市的污染和热效应。鼓励发展智能交通，建设公众出行信息服务系统、车辆运营调度管理系统、安全监控系统和应急处置系统，推动各种交通方式、城市道路交通管理系统的信息共享和资源整合。打通断头路和拓宽小街巷，优化城市路网结构，提高道路网密度。提升公共停车设施配建指标，实施路边非禁止区域即可停车制度。

构建城镇现代综合交通体系，既是当务之急，又是长远之计。促进城市交通的发展，优化城市交通格局，需要建立统一的交通管理机构，进一步提高统筹、协调和管理能力，实现统一法规、统一政策、统一规划。统筹规划应为包括设施建设、管理提升、技术支持和政策支持在内的一个整体系统工程，需要建立先进的道路网络系统、先进的交通流控系统、先进的技术支持系统和优先的财政支持系统。

三　小城镇和农村加快改善对外交通条件

城镇化是推进我国城市化进程的长期战略，发展小城镇和农村是城镇化的重要组成部分，完善小城镇的交通网络则是促进城镇化发展的重要举措。小城镇和农村交通规划属于区域性专项规划，应结合自身特点和当地的交通需求，在交通总体规划与城镇总体规划的框架下，编制符合实际的、有特色的城镇区域交通综合规划。目前，福建省小城镇和农村的交通问题主要表现在道路交通秩序混乱，公路分布不均衡且偏少，道路网状结构尚未成型，公共交通系统发展严重滞后，居民出行偏于个体机动。小城镇和农村在面对快速城市化进程中交通供需不协调、不匹配的问题时，交通发展对策应系统地进行长远考虑，从交通设施建设和运营管理两个方面着手，结合当地特点，有计划地推进小城镇和农村交通建设，确保 5 万以上人口城镇通一条高等级公路，10 万人以上城镇通两条高等级公路。完善集镇道路网络结构，增加连通度，提高道路系统的使用效率。加快集镇公共交通建设，落实公交优先的布局。加强小城镇和农村静态交通建设，强调建筑配件，增建公共停车场和加快规划布点村庄道路建设，实施镇村公交公路提档改善工程，推进城乡客运一体化。建设和完善小城镇和农村道路网络，提高路网容量，加强主干路和次干路的建设，打通断头路和丁字路，提高巷道等级到支路，增大支路密度，建立片区微循环系统，逐步完善小城镇和农村的人行系统。以绿色交通理论为指导，通过科学的交通管理体制，规范道路交通秩序，提高现有路网的交通性能。

第二节　强化城镇服务功能

按照统一规划、协调、推进、集约紧凑、疏密有致、环境优先的原则，统筹中心城区改造和新城区建设，提高城市空间利用效率。

一　强化中心城区服务功能

以都市区和中心城市为重点，通过空间的集聚、重组和协调，坚持保护修复与改造更新并重、旧城改造和功能提升并举，合理疏散大城市中心城区功能。统筹地上地下空间开发，推动商业、办公、居住空间合理布局，完善中心城市功能分区。加快旧城改造，推进棚户区和城中村改造。增加城市间的经济、社会、文化合作，避免区域城市产业同质化发展而造成资源、设施、市场、技术的无序竞争和浪费，引导周边城市功能错位发展，上下协调，强化各级各区域城镇的功能整合互补和差异化引导，形成层次分明、优势互补、信息共享、设施共建、环境共护的整体氛围。

强化中心城市建设，构建都市区发展格局，推动设区市中心城区与周边地域的一体化发展，增强对区域发展的辐射带动和综合服务能力，进一步推动都市区的发展整合。以福州省会中心城市和厦门经济特区为突破点，充分利用湾区和港口岸线资源，重点建设平潭综合实验区，大力拓展厦门和福州台商投资区发展空间，进一步推进泉州和漳州等城市新设的台商投资区建设，提升沿海一带的辐射带动作用。

妥善处理新区开发与旧城改造的关系，坚持保护修复与改造更新并重、旧城改造和功能提升并举。新区建设要注重拉开城市框架，提高建设标准，旧区改建注重保护传统风貌，多拆少建，提高存量建设用地的二次开发效益，展现老城新貌。同时根据城镇自然山水、历史和现代建筑等空间特色，集中深入开发地区资源，深化城市设计、优化景观设计和美化建筑设计，努力形成独具特色的城市公共空间和城镇风貌。

综合发展城市地下空间，尽快组织编制城市地下空间开发利用规划。合理开发利用地下空间资源，避免大量的重复投资和建设，节约经济发展成本。有条件的城市要依据城市地质条件特点，做好与市政、交通、环保、防灾和历史名城保护等相关专项规划的衔接，加强综合防灾与安全防护设计,前瞻性地预留地下交通走廊、地下管线综合管廊,以及地下商业开发的空间,逐步建立可持续协调发展的城乡地下空间利用模式,引导城镇发展空间向地下延伸,缓解建设用地的供需压力,构筑与城市总体空间相协调,地上地下协调发展的立体化用地空间格局。

强化历史文化资源和特色景观资源的保护,强化区域和城市特色,增强吸引力。加强历史文化名城名镇名村、历史文化街区、历史建筑和优秀近现代建筑的保护,复兴特色历史文化街区,整合文化资源,展现富于地域特色的海峡西岸城市群景观,提升城市群魅力和文化影响力。重点发挥福州、泉州、漳州、长汀国家历史文化名城、厦门现代滨海城市的特色优势,加快推进福州三坊七巷、厦门鼓浪屿、武夷山等一批创意文化产业基地的建设和闽南文化生态保护试验区的建设;充分利用武夷山世界文化与自然"双遗产"、福建土楼世界文化遗产、泰宁等国家级风景名胜区和众多革命遗迹等自然和人文资源,加强地域景观的保护与开发,弘扬客家文化、红土地文化、朱子文化等,建设特色城镇;充分发掘和弘扬福州船政文化、莆田妈祖文化和宁德畲族文化等特色文化,增强地域文化和景观特色。

推动产业布局与城镇空间协调互动。集中城镇布局,优化空间资源利用,集约利用土地资源,进一步强化城市聚集能力,加强工业园区、生活居住区、城乡交通枢纽以及小城镇建设,实现城镇和产业发展之间的特色鲜明、相互协调的集中布局。一方面,按照引领发展、宜业宜居的要求,对具有区位交通优势、产业基础较好、经济实力较强、发展潜力大的新增长区域和工业园区,要扩大管理权限、壮大产业实力,促进与周边城市和城镇的有机衔接,使其快速成长为功能完善、特色鲜明的城市新区,成为新的区域次中心城市和经济增长板块。另一方面,各类园区要纳入城镇统一规划,打造一批城镇化与工业化融合发展的产业示范园区,逐步形成城区以第三产业、工业园区以第二产业、城镇外围以城郊型现代农业为主的由内向外的"三二一"产业布局。

二 提高城市建设水平

加强城市的规划、建设与管理,着力提高城市品位,注重城市的空间布局、文化载体、标志性建设等独特个性。坚持精雕细琢、精益求精,合理控制建筑的高度、密度,推进工程建设质量标准化、施工环节精细化、建设队伍专业化，建设街区整齐、风格简洁、建筑精致、人与自然和谐相处的现代宜居城市。

创建宜居环境。进一步深化城市建设，全面实施"点线面"攻坚计划，推进城市的完整社区和快慢线建设，以及小流域综合治理。加快推进城市主干道、主要出入口、城市公园、内河、重要公共服务设施周边的景观整治改造。大力推进"四绿"工程实施，积极开展城市绿道网建设和花化彩化工作，实现"四季常绿、四季变化、四季有花"的景观效果，力争2020年福建的所有城市、县城全部达到国家或省级园林城市（县城）标准。

提高建筑质量，发展绿色建筑。2014年政府投资的公益性项目、厦门和福州保障性住房全面执行绿色建筑标准，同时支持10万平方米以上住宅小区、2万平方米以上大型公共建筑按绿色建筑标准规划设计，力争到2020年全省新增绿色建筑面积2000万平方米以上。

三　提升城乡接合部规划建设水平

加快城区基础设施和公共服务设施向城乡接合部地区延伸覆盖，引导住宅集中建设和社区化发展，加强环境整治和社会管理综合治理，改善生活居住条件和治安条件，增强容纳外来人口的能力。保护生态用地和农业用地，建设绿色隔离区，形成改善城市生态系统、提高城市环境质量的缓冲地带。

协调城乡空间发展，引导人口快速集聚，促进城镇化建设。以高效率城乡空间布局为导向，强化县（市）域中心城市、中心镇和中心村的地位，促进工业向产业园区合理集聚，使转移就业的农村人口向中心镇以上城镇转移，使农民向宜于居住、便于耕作的村民聚居点集中；中心城市周边有条件的县市合理规划建设成产业和人口集聚能力强的新型中小城市，经济欠发达的县市加快实施大城关战略，增强对农村经济的辐射力；因地制宜，尊重村镇的实际，促进村庄向规模化方向发展，形成规模效益，综合提高经济、社会、环境效益，合理引导人口更快、更优、更好地向城镇集聚，促进城乡多样化、特色化发展，分区分类地引导建设。

加快城乡基础设施建设。有序拓展城乡建设用地，科学引导土地优化配置，优化城乡建设用地和农业用地布局，实现设施规划适度超前、布局合理、配套科学、功能完善。规划建设便捷的城市道路系统、公共交通系统和配套完善的城市停车系统，建设先进的城市给排水、电力电网、燃气、通信等设施系统，提升城市综合管理、卫生、污染治理和园林绿化水平，完善城市防洪、防台、防涝、消防、抗震、人防等综合防灾体系。到2020年，福建全省实现城镇人均拥有道路面积达到13.5平方米，城镇（含县城）污水处理率达85%，城市（含县城）生活垃圾无害化处理率达95%的目标；到2030年全省城镇集约增长，人均拥有道路面积14平方米左右，城市（含县城）污水处理率达90%以上，城市（含县城）生活垃圾无害化处理率达99%以上。

加快推进城乡环境综合整治，优化城乡景观风貌。推进村庄环境综合整治和农村家园清洁行动，开展统一规划、统一设计、统一配套、特色明显的村镇住宅小区建设试点，大力推进旧房裸房和公路铁路沿线绿化整治，抓好危房改造试点，力争通过若干年的努力，明显改善旧村庄和公路铁路沿线景观面貌，建成一批房屋美观、环境整洁、配套完善、自然生态的宜居新村。进一步实施危房改造与小城镇建设、造福工程、灾后重建、地质灾害点搬迁相结合，构建"户分类、村收集、镇中转、县处理"的四级联动的城乡垃圾处理体系，解决农村贫困群众的基本居住安全和农村垃圾出路瓶颈问题。严格保护区域和城镇间的生态开放空间，控制城镇发展边界，促进城镇紧凑集约发展，保护乡村田园自然风貌，发挥福建独特的人文优势和山海自然景观优势，发扬历史文脉和地方特色，形成具有浓郁福建地方特点的省域城镇景观风貌。

协调城乡统一规划。城中村和城市周边的村庄纳入城市或镇的总体规划，城市周边的小城镇纳入所属城市，实施规划建设统一管理。村庄加强用地整理，控制建设用地规模，提高村庄宅基地的土地集约利用效率，以中心村为核心，带动周边基层村成立农村社区，以农村社区为单位进行市政基础设施和公共服务设施配套，提高农民生活质量。小城镇加强居住、生产服务、商贸服务职能，加强与中心城市之间的产业配套，积极推进基础设施、公共设施的先行建设，引导周边村庄居民向镇区集聚发展。逐步迁移位于自然保护区、风景名胜区、自然灾害区禁止建设区内的村庄人口，充分利用资源和自然景观特色优势，发展生态农业或乡村旅游业等特色产业，带动当地农业和农村经济发展。

第三节　构建城镇基本公共服务体系

社会性公共服务设施是区域社会经济发展的基础，其建设水平与档次反映了城镇等级要求，成为衡量城镇人居环境质量的重要指标。福建省要以文化大省建设为目标，按照"区域统筹、共建共享、均等供给、分级配给"的原则建立设区市及以上、县（市）、镇、村（居委会）四级的教育科研、医疗卫生、文化设施、体育场所等与城镇发展相关的公共服务设施，形成总量适度、设施配套、功能完善、服务规范的城乡一体化公共服务设施网络（见表6-1）。

表6-1　社会公共服务设施分级配置

设施分类	设施名称	设区市及以上	县（市）级	镇级	村（居委）级
文化设施	影剧院	●	●	●	○
	图书馆	●	●	●	○
	展览馆	●	●		
	博物馆	●	●	○	○
	娱乐用地	●	●	○	○
	文化活动中心	●	●		
	文化馆（站）	●	●	●	●
	青少年活动中心	●	●	●	○
	老年人活动中心	●	●	●	○
	儿童乐园	●	○		
体育设施	体育中心	●	●		
	体育场馆	●	●	●	○
	游泳馆	●	●	○	
	体育训练基地	●	○		
教育设施	高等院校	●	○		
	专科院校	●	●	○	
	职业学校、成人学校及培训机构	●	●	●	

续表

设施分类	设施名称	设区市及以上	县（市）级	镇级	村（居委）级
教育设施	中学	●	●	●	○
	小学	●	●	●	○
	幼儿园	●	●	●	○
	科技馆（站）、信息站	●	●	●	○
医疗卫生设施	综合医院	●	●	●	
	专科医院（中医院、儿童医院、妇幼保健院）	●	●	○	
	卫生院（站）			●	●
	休疗养设施	●	●	○	
	疾病预防与控制中心、防疫站	●	●	○	
	急救中心	●	●	○	
	中心血站	●	●		
	社区卫生服务中心			●	○

注：●表示必须配置的公共服务设施；○表示可选择配置的公共服务设施。

一 规划建设教育设施

福建省基础教育近年来逐年稳步提升，但教育发展欠均衡的状况没有得到根本扭转，城乡之间、区域之间、学校之间资源配置差距仍很大。因此，要以建成体系完整、布局合理、发展均衡的现代国民教育体系和终身教育体系为目标，根据城镇人口分布、设施服务半径和农民工子女进城就学问题等设置中小学、学前教育，积极规划建设全省基础教育设施，提高基础教育水平。加快实现城乡教育均衡发展，加快农村寄宿制学校建设，缩小山海教育设施差距，解决边远地区、交通不便地区中小学生上学远的问题，加大对原中央苏区、革命老区、民族地区、偏远地区、海岛的义务教育的扶持力度。全面普及学前三年教育，重点加快发展农村学前教育；高水平高质量普及九年义务教育，基本实现义务教育均衡发展，义务教育学校标准化建设全面完成；全面普及高中阶段教育，大力发展中等职业教育，市、县一级普及高中阶段教育。全省全面普及学前三年教育，到2030年全省幼儿毛入园率达到 96% 以上；所有适龄儿童均能依法按时接受义务教育，九年义务教育巩固率达 99% 以上，义务教育普及率保持在全国较高水平。新增劳动力平均受教育年限达到或接近 15 年，受过高等教育的比例达到 20% 。

福建省高等教育发展和科技研究水平相较其他沿海省份滞后，并呈现区域发展不平衡和极化效应的现象。福建省正迈入高等教育普及化发展阶段，要重点发展福州、厦门高等教育集中区，加快福州、厦门高等教育基地的建设，确立福州、厦门作为全省教育研究中心的地位；推动各地市适合发展的职业高等院校的建设，大力扶持当地高等院校、专科院校和职业培训学校，发挥泉州、南平、三明、宁德、龙岩区域性教育科技服务基地的作用，重点在泉州、三明等地建设具有一定规模、适应地区产业优化发展的人才培养的科研区。推动平潭闽台教育先行先试，在平潭设置闽台教育资源共享机制，建设闽台教育园区，实现合理范围内的教师互聘、学分互认和设施共建共享。加快发展本科教育，推进市县职业技术学院建设，整合现有高校资源，调整高校结构，合并或提升有条件的职业院校和专科学校，实现全省 9 个设区市至少建设一所本科高校和一所示范骨干职业技术学院，30 万人口以上城镇应设置专科院校或职业培训学院；尽快实施高校集中区资源共建共享，充分利用和发挥高教集中区集中办学的优势，不断提高高等教育资源的综合利用率，开展高校间教师互聘、学分互认、设施共用，并建设共享型专业实验室和实习基地，为科研人员和广大师生提供高水平的研究平台；争取普通高校控制在 90 所左右，研究生教育规模翻一番，具有高等教育文化程度的人数翻一番，20～59 岁劳动人口平均受教育年限达到 12 年以上，新增劳动力平均受教育年限达到 14 年以上，建立起体系完整、布局合理、发展均衡的具有福建特色的现代国民教育体系和终身教育体系。

二 规划建设医疗设施

福建省医疗卫生资源配置不够合理，卫生服务体系建设仍然滞后。卫生资源配置过于集中在大城市大医院，对农村卫生、社区卫生和预防保健的投入不足；卫生资源地区差异较大，山区明显低于沿海；2009 年，每千人病床数和每千人医师数均低于全国平均水平，与福建的经济的地位尚不相称（见表 6－2）。

表 6 - 2   2009 年福建千人拥有职业医师数、床位数与全国水平比较

	职业医师数（人）/千人	床位数（张）/千人
全国	1.56	3.06
福建	1.40	2.70

　　规划健全公共卫生服务体系，提高城乡基层医疗卫生服务水平，重点提升福州、厦门医疗服务设施水平，建立服务全省的医疗保健中心区域，保证省级医疗卫生设施用地，引导优势医疗卫生资源和设施向外围新城辐射；提高医疗卫生设施的社区覆盖率，分级配置城镇医疗卫生用地，充分考虑流动人口对医疗卫生设施的需要，扩大建设用地，优化医疗预防保健机构布局，建成以省、市级医院为龙头，社区卫生服务中心为基础的新型医疗卫生服务体系，做到社区卫生服务设施与居民住宅同步规划、同步审批、同步建设，同时加快老年人医疗服务设施的建设，适应老龄化社会需求特点；乡镇完善以县级医院为龙头、乡镇卫生院为骨干、村卫生室为基础的农村三级医疗卫生体系，重点加强乡镇卫生院建设，实行乡镇卫生院分类管理和指导，提高基本医疗的服务能力，实现全省县、乡、村三级医疗机构达标建设，建成城市医院对口帮扶基层医疗机构的长效机制（见表 6 - 3、表 6 - 4）。

表 6 - 3   医疗卫生设施规划用地指标

分项指标	城市规模（万人）	小城市（<20）	中等城市（20 ~ <50）	大城市		
				I（50 ~ <100）	II（100 ~ <200）	III（≥200）
医疗卫生	占中心城区规划用地比例（%）	0.7 ~ 0.8	0.7 ~ 0.8	0.7 ~ 1.0	0.9 ~ 1.1	1.0 ~ 1.2
	人均规划用地（平方米/人）	0.6 ~ 0.7	0.6 ~ 0.8	0.7 ~ 0.9	0.8 ~ 1.0	0.9 ~ 1.1

表 6 - 4   医疗卫生设施规划千人指标床位数

城市规模	小城市	中等城市	大城市		
			I	II	III
千人指标床位数（张）	4 ~ 5	4 ~ 5	5 ~ 6	6 ~ 7	≥7

三 规划建设文化设施

福建省文化设施建设起步较晚，基础较弱，投入较低，省内文化设施建设差距较大，总体落后于东部沿海省份。其中设区市中，仅厦门市的文化设施达到一级馆要求，其他地市的文化设施甚至不能达到国家最低标准，部分地市目前未建博物馆、图书馆、影剧院；县市中，仅长乐、永春等经济发展水平较高的县市文化设施建设较好，山区文化设施建设较为落后。所以，文化设施规划应以省域重要中心城市为引领，福州、厦门、泉州可适度超前，高标准建设一批服务海西经济区的标志性文化设施，预留福莆宁和厦漳泉大都市地区重大文化设施用地；各设区市应建成特色鲜明、功能完备的现代化文化体育设施，县（市）级以上城市须配置博物馆、图书馆、美术馆、艺术馆、电影院、文化广场等文化基础设施，完善各级城镇文化服务能力；将公共文化设施纳入城乡规划体系，加大政府投入，沿海地区及经济发达县市文化设施覆盖率和达标率应达到80%以上，其他地区达到60%以上，实现农家书屋覆盖全省所有建制村，文化设施面积人均拥有量应达到公共服务设施国家标准，提高文化设施城乡覆盖率，提升文化设施建设水平；在少数民族聚集地区、革命老区、历史文化名城（镇、村）建设一批具有福建地方特色、功能完备的博物馆和展览馆，优先扶持福州和厦门的文化创意中心、动漫基地，以及福州影视基地等，为文化产业提供空间载体，建设具有福建地域特色的文化设施；依托地域特色建设闽文化艺术中心、闽台文化交流中心等文化设施，推动文化展览和文化宣传，推动两岸文化交流（见表6-5）。

表6-5 文化娱乐设施规划用地指标

城市规模（万人） 分项指标	小城市（<20）	中等城市（20~<50）	大城市		
			I（50~<100）	II（100~<200）	III（≥200）
文化娱乐	占中心城区规划用地比例（%）	0.8~1.0	0.8~1.1	0.9~1.2	1.1~1.3	1.1~1.5
	人均规划用地（平方米/人）	0.8~1.1	0.8~1.1	0.8~1.0	0.8~1.0	0.8~1.0

四　规划建设体育设施

目前，福建省体育设施发展总体稳步提升，农村体育健身稳步推进，处于全国较好水平。各市应加强现有全民健身工程点的维护和建设，因地、因时制宜对旧体育场馆进行改造更新，完善设施配备，积极推进学校体育场馆向公众开放，保证现有体育设施充分、合理的利用；按照省、市、县（市、区）、镇（街道）、居委会（村）五级配套建设全民健身场地设施，每个市、县、区应建设一座全民健身中心，设区市应建设一座以上青少年活动营地和多功能活动场所，完成乡镇一级农民健身活动中心建设，加强全民健身活动设施建设；设区市及20万人口以上的城市应建成设施配套齐全的体育中心，形成15分钟可达体育健身场地的设施网络，90%以上的县（市、区）建有体育场、综合体育馆和游泳池，100%的社区、建制村均应建成公共体育设施，提升全省体育设施建设水平，形成覆盖全省的体育设施网络（见表6-6、表6-7）。

表6-6　体育设施规划用地指标

城市规模（万人） 分项指标		小城市（<20）	中等城市（20~<50）	大城市		
				I（50~<100）	II（100~<200）	III（≥200）
体育	占中心城区规划用地比例（%）	0.6~0.7	0.6~0.7	0.6~0.8	0.7~0.8	0.7~0.9
	人均规划用地（平方米/人）	0.6~0.7	0.6~0.7	0.6~0.7	0.6~0.8	0.6~0.8

表6-7　市级、区级体育设施规划用地指标

城市规模 分项	小城市	中等城市	大城市		
			I	II	III
市级体育设施	9~12	12~15	15~20	20~30	30~80
区级体育设施/平方米/小时	——	6~9	9~11	10~15	10~20

第四节　加快完善市政公用设施

一　构建完善的城镇供水工程

各城市依据划定的饮用水源保护区，依法科学保护饮用水源，加强对统一流域各城市取水口、污水排放口位置的协调安排，建设优质饮用水工程，合理利用水资源，增强安全供水能力，保障城镇饮用水需求。加快建设和完善城市供水设施，推进农村居民饮水安全工程建设。各城镇因地制宜，立足各县已建成水厂，优化新建水厂布局，采用集中与分散供水相结合的城乡供水方式，建立城乡联网供水运营管理方式，将城镇供水系统的优质饮用水和优良服务向周边较近的农村延伸，促进城乡供水一体化。山区聚居人口较少，对乡镇供水难以覆盖的村庄，要以解决水源为重点，通过建设山塘、蓄水池等小型供水工程，配套相应的净水和消毒设施，实施就近取水，小片供水；偏远山区及小岛要按"大岛建、小岛迁""下山脱贫"等办法，实现异地致富、异地解决饮水安全问题。促进区域和城市统一供水，城市应整合现有的建设局、水务局、乡镇政府及各民营企业供水水厂，建立一体化的供水网络和供水体制，城镇要打破行政区划界限，统一调配供水水源，推进多个城镇供水设施，共建共享和联网供水，提高区域供水集约度和安全性。加强城乡水厂和配套管网建设，实施一批备用水源、应急水源和蓄引调水工程，完善供水网络，减少管网漏损率，建立集约化、规模经营的供水体系；提高制水工艺水平，抓好城乡备用水源和水质监测，确保供水安全。完善乡镇供水工程，逐步实现乡镇全面自来水化，2020年设市城市公共供水普及率应达到95%以上、县城达90%。

二　构建安全高效的电力供应体系

坚持电源建设与电网建设并举，合理布局电源建设，优化电源结构，完善电网建设，形成协调发展、结构合理、技术先进、经济高效的"纵向贯通、横向延伸；交直相济、三省环网"的海西智能电网。建设与城镇发展相适应的各级电压的输变电工程，形成安全可靠的电力网；提高电网运行的经济性，变电所布点应尽量接近负荷中心，甚至直接深入城市中心供电；协调电网走廊与城市发展的关系，主要城市预留综合管线通道，应综合考虑城市可能的拓展方向，避开城市未来的发展方向，降低城市发展跨越市政通廊的发展成本；加快拓展与周边地区的联网，提高电网在更高层面、更大区域范围内优化配置资源的能力，加强电网运行的安全可靠性。加快规划建设高压变电站，完善供电网络，调整优化电源结构，加强城乡电网建设改造，健全分配电网和供电预警保障机制，保障城乡供电用电安全稳定；加强城乡电网改造和燃气管网建设，新城区要全面推广地下管线综合管沟建设，旧城区要逐步改造（见图 6－1）。

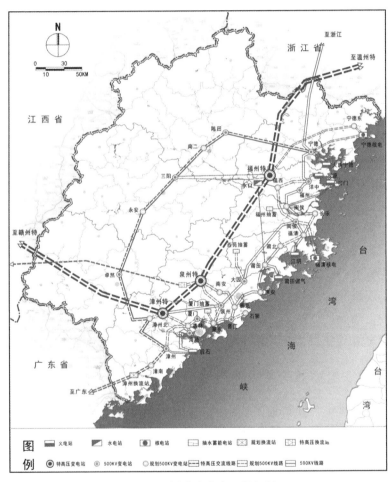

图 6－1　福建省电力工程规划

三　加强城镇信息基础设施建设

以"数字福建"建设为平台，以"三网"融合、云计算、物联网为重点，统筹布局建设新一代移动通信网、下一代互联网、数字广播网、卫星通信等设施，推进城市光纤到楼入户，加快农村和偏远地区的宽带网络建设，逐步形成惠及全民的信息网络，为数字化城镇发展奠定基础。

加快实施信息化工程规划。目前，福建省信息基础设施水平快速跃升，已经建成一个覆盖面广、技术先进的信息网络体系，固定和移动宽带网络覆盖全省，物联网应用示范初见成效，三网融合进入试点阶段，试点建设工作全面展开，全省广电网络和机构整合正加紧推进。但仍需深入推进"数字福建"建设，使信息资源开发利用能力不断增强、政府社会管理方式不断创新、公共服务水平不断提高，城市群信息化综合指数达到国内先进水平。规划期末，建成宽带、融合、安全的下一代信息通信基础设施，网络能力与信息化水平达到中等发达国家以上水平。

构建先进的信息基础设施，实现"三网"融合发展。大力发展新一代移动通信系统，推动 3G 网络向 LTE 网络演进，推动无线宽带接入技术、全球定位系统等无线技术的运用；积极发展下一代互联网，建立以光纤接入为主的数字化、宽带化和业务多样化的综合接入网；充分运用先进通信技术，打造适度超前的立体通信网络，构建和完善城市群高速宽带城际骨干传输网。

充分发挥信息化的带动和支撑作用，重点建设和完善公共服务平台。大力发展电子商务，建设面向全社会的第三方公共物流平台，依托公共通信网，建设功能完善、安全可靠的信息网络，推动信息资源共建共享。全面推进社会发展信息化，加快建设教育、文化、医疗、社区服务、社会救助等面向民生的信息服务体系。加快福莆宁、厦漳泉两大都市区通信服务同城化建设，推进城市社区信息化。大力推进政务信息网络基础设施建设，建设政务综合信息服务体系，提升电子政务水平，实现业务协同和信息共享，健全全省电子政务总体框架。全面推进制造业企业信息化，发展新兴产业，改造提升传统产业，带动福建信息产品制造业、通信服务业、软件业和数字视讯产品业的发展，加快信息化与工业化的深度融合，提高企业经济管理水平和资源利用效率。积极推进海峡两岸信息化合作，通过建设平潭"智慧岛",推进信息网络互通和通信业务合作,探索两岸信息化合作新模式。

继续推进数字城市示范建设,完善城市地理信息、智能交通、社会治安、环境管理、市容管理、灾害应急处置等城市运行系统,优化城市智能管理,全面提升城市管理科学化、精细化水平,形成覆盖国民经济和社会各个领域的完善的信息化体系。加强城市之间信息基础设施和信息网络建设,促进城市公共信息资源的利用和共享,以信息一体化促进区域发展一体化。推动农村信息化发展,加快农村和偏远地区的宽带网络建设,完善"三农"信息系统,实施"万村千乡上网工程"。推动信息化与现代农业的紧密结合,提高农业产前、产中和产后各环节的信息技术应用水平。

四 加强城市地下排水系统规划建设

加快城市排水管网、排涝泵站和排涝河道等基础设施的建设、改造,提高城市防汛排涝能力。提高城镇防洪排涝的能力。引导城市道路、广场、停车场铺设透水路面或碎石路面,广泛利用公共场所、地下室、地下隧洞等空间调蓄雨洪,减免城市内涝灾害;结合流域河道整治,合理保留城市湖泊、水塘,严格保护湿地和城市水生态景观,提高城市排洪排涝能力;建立和完善雨洪利用管理体系,研究分散雨水收集、利用方式;开展海堤工程规划和海堤配套设施除险加固建设,复核沿海重要保税区、开发区以及重要化工、油气、能源储备生产单位自建海堤防洪防潮排涝能力,并结合沿海防护林建设,增强海堤抗风暴潮能力。分类、分区实施防治措施。海潮以堤防、挡潮闸为主,配合排涝措施组成防洪体系;河洪宜以堤防为主,配合水库、分(滞)洪、河道整治等;山洪采用工程措施与生物措施相结合的方法进行综合治理;建设或扩大水利工程的调蓄能力,对大型水利枢纽工程进行优化调度。沿海和河流下游城镇重点进行防洪(潮)排涝工程建设,河流上游地区应采取"分散建库、库堤结合"的方式进行流域上游防洪治理,沿海城镇以建排涝挡潮闸为主要方式排涝,沿江城镇以排涝站抽排,辅以闸排,重点建设防洪水库和防洪堤工程,以自排方式为主排涝。建立准确及时、迅速反应的防洪减灾管理体系。制定防御超标准的洪涝水、风、潮预案,以及相应的防洪排涝调度实施方案和应急方案,推进全省洪水预警报系统的升级改造和县级洪水预警报系统建设,加快全省防汛指挥决策支持系统建设。推进防汛防台风预警指挥到乡、视频到村的能力建设。

五　推进城镇生活污水处理设施和配套管网建设

　　强化对城市污水处理设施运行的管理和监督，加快城市污水处理配套管网的建设和改造，提高城乡污水综合治理能力。完善城镇污水管网建设，在进行城市污水管网规划时应充分考虑实际存在的污水处理厂建设时序问题，解决好污水处理工程近远期结合的问题，提高污水收集率，保证产生的污水能及时有效地得到处理。县级以上城市适度超前新建或扩建城市生活污水处理厂，完成未达标准污水处理厂的升级改造。对人口密集、空间相邻、规模适当且地形条件允许的城镇、工业区应打破行政界限，统一规划建设污水处理设施，提倡有条件地区设施建设的共建共享。农村居民点按照"宜建则建、宜输则输"的原则，将靠近城镇污水收集系统，可重力自流或不须经高程提升就可纳入城镇污水管网系统的农村生活污水，纳入城镇污水处理厂集中处理；离城镇较远的农村，宜采用分散处理的方式，并积极探索沼气利用、人工湿地等处置模式，实施资源化、生态化污水处理。至2020年，全省城镇污水处理率应平均达到80%以上，其中特大城市生活污水处理率达到90%，大中城市达到80%，小城市达到70%。加大对重点工业行业减排控制力度。加快推进开发区污水集中处理厂和城市（镇）污水处理厂建设及其管网的配套建设，切实提高污水处理能力和运行率。加大排污整治，落实减排项目，减排 SO_2、COD 排放量。继续加强污染源在线监控设备安装和联网工作。强化对重点流域、重点区域、重点行业的治理，大力实施重点流域水环境综合整治工程。对污染严重企业实施污染综合治理，加强各类开发区、产业园区等重点区域的污染整治。

　　沿海城市群联系紧密，城镇之间已形成空间连绵的态势，污水处理设施应有条件做到共建共享。完善城乡垃圾中转体系，加快生活垃圾焚烧厂建设，全面推进餐厨垃圾处理试点，提高城市（含县城）生活垃圾无害化处理率。合理布局垃圾转运体系，强化垃圾源头管理，建立分类收集系统。要适度超前配置完善城市垃圾转运站，优先在都市地区建立完善的垃圾分类收集系统，以都市区或县（市）域单元为基础，实行完善的区域垃圾分拣集散方式，推进城市垃圾转运体系向邻近的农村地区延伸。鼓励有条件的城市或片区建设垃圾焚烧发电厂，结合城镇发展情况，推广应用垃圾焚烧发电，综合利用生物质能，逐步减少卫生填埋比例。加速实施垃圾收费制度，根据各地的实际情况，采用"一步到位"（即收取的垃圾处理费按产业化后的垃圾运输、处理运营价格一次性一并计价征收）或"分步到位"（即收取的垃圾处理费暂只考虑征收垃圾处理部分产业化运营的费用，以后视实际情况再增加垃圾中转、运输环节的费用）的办法开征城市垃圾处理费。加强工业固体废物和医疗废物污染的防治，完成省危险废物综合处置场改扩建工程。加快国家危险废物处置技术研发（福建）中心建设，提高危险废物处置技术水平。固体废物产生量大、污染严重的企业，采取清洁生产工艺；建立企业内部多层次、多渠道的资源再利用和深加工系统，控制固体废物最终产生量。规划期垃圾无害化处理率应达到95%，其中城市（县级市以上）生活垃圾无害化处理率达应到99%以上。建立完善的城镇垃圾处理产业化体系及环境卫生行业管理体系；城镇垃圾处理全面实现减量化、资源化、无害化；城镇垃圾处理及环境卫生工作整体达到国内先进水平，详见专栏6-1。

专栏6-1 市政基础设施和公共服务设施建设重点

1 城镇供水保障

实施集中式饮用水源规范化建设及环境整治工程、水源生态修复与建设工程。重点解决20个城市缺水问题，解决600万农村人口饮水安全问题。

2 城市公共交通

在市区有200万人以上的城市建设轨道交通网络化运营系统，建设快速公共汽车、现代有轨电车等地面公共交通系统，有100万~200万人的城市建设以公共汽（电）车为主体的地面公共交通系统。人口在100万以下的城市基本实现中心城区站点500米全覆盖，公共交通占机动出行比例达到80%以上。

3 城市公共教育

在城市建成区范围内，10万人口区域内设30~36个班级规模的普通高中，3万~5万人口区域内设18~36个班规模的初中，1万~2万人口区域内设18~36个班规模的小学。在城市建成区范围外，5万人口以上区域设1~2所初中，5万人口以下区域应当设1所初中，办学规模为每所18个班。城市建成区范围外的小学应当按照服务半径规划设置，服务半径原则上不超过2公里。

4 城市社区卫生服务

大中城市原则上按照3万~10万名居民或按照街道办事处所辖范围规划设置1所社区卫生服务中心，根据需要设置若干社区卫生服务站。

5　城市公共文化

　　建设社区文化活动场所。1 万~1.6 万户、3 万~5 万人规模的社区建设建筑面积 4000~6000 平方米、用地面积 8000~12000 平方米的文化活动中心；3000~1 万户、1 万~1.5 万人规模的社区建设建筑面积 400~600 平方米、用地面积 400~600 平方米的文化活动室。在城市建成区范围内，100 万以上人口区域内设立大型公共图书馆，20 万~100 万人口区域内设中型公共图书馆；20 万以下人口区域内设小型公共图书馆。

第五节　完善城镇住房供应体系

　　坚持满足基本住房需求的原则，加快构建以政府为主提供基本保障，以市场为主满足多层次需求的住房供应体系，完善房地产市场调控长效机制，有效调控城镇住房价格和租金，保障城镇居民住有所居。通过完善廉租住房制度、改进经济适用住房制度、规范公共租赁住房制度和落实住房公积金制度，进一步完善城镇住房保障体系。

一　合理调整住房供应结构

　　重点发展普通商品住房，统筹落实新住房结构比例要求，着重增加中低价位、中小套型商品房的供应，适当控制大套型住房以及商业住房、办公用房等非住宅建设规模，严格控制低密度联排高档住房的建设。加快经济适用房和廉价住房建设，各地要依据对本地区住房现状调查的结果，合理确定经济适用房和廉价住房建设规模。城镇最低收入家庭廉价租住房资金实行坚持多渠道筹措资金的原则，市、县财政每年预算安排一定资金用于保障城镇廉租住房制度建设。积极探索经济适用住房和廉租住房有效供应的方式。有条件的地区，可以探索在经营性房地产开发项目中配套建设一定量的经济适用住房和廉租住房。在该项目土地使用权出让时，要明确项目中经济适用房和廉租住房配置规模、套数、户型、比例等，作为土地出让前置条件。开发商应按照土地使用权出让合同的约定，向政府管理部门提供经济适用房和廉租住房。有条件的地区要积极探索经济租赁房建设、货币补贴租赁住房方式，完善住房保障供应体系。要以城镇低收入家庭、中等偏下收入家庭和农民工家庭为服务对象，加大以公共租赁住房为重点的保障性住房建设力度，合理布局保障房建设，制定公平合理、公开透明的保障性住房租配办法，严格规范准入、退出管理。

二　健全城镇住房保障体系

加强保障性安居工程建设，鼓励将有稳定职业并在城市居住一定年限的农民工逐步纳入城镇住房保障体系。编制住房建设规划，按国家规定的住房套型结构比例要求分解到具体区域，合理布局，落实到具体项目，重点发展满足当地居民自住需求的中低价位、中小套型的普通商品住房，加大经济适用房和廉价住房的建设规模。积极引入竞争机制，提高保障性住房的服务、管理和运营效率。力争到"十二五"期末全省住房保障覆盖面扩大到 20% 以上。根据城市常住人口增加的需要，保障普通商品住房用地供给，增加以中小套型、中低价位普通商品住房为重点的住房有效供给。扩大租赁房源，规范住房租赁市场，依法稳定租赁关系。加大保障性住房建设力度，多渠道筹集廉租住房，多主体兴建公共租赁住房，多方式开发建设经济适用住房，因地制宜改造城市棚户区危旧房，努力解决城市人均建筑面积在 15 平方米以下的低收入家庭住房的困难，并逐步向住房困难的中等偏下收入家庭和新就业职工扩大。

三　加强中小城市和城镇房地产市场监管

增加中小套型、中低价位普通商品住房的有效供给，合理引导住房消费，规范房地产市场秩序。加强完善房地产市场监测和信息披露制度，充分利用动态信息数据，加强对房地产市场的监测和分析。整顿房地产交易行为，规范市场秩序，重点查处房地产交易环节的违法违规行为，加强对涉及住房价格和收费的监管，引导住房价格的形成。对违反规定乱收费，不按规定明码标价的，经济适用房不执行政府指导价及浮动幅度等不正当的行为要予以严肃查处。加强经济适用房和廉租住房的租金管理，对经济适用房实行政府指导价管理，确认价格以保本微利为原则，各地应结合当地实际，制定切实可行的廉租住房管理实施意见。严格执行经济适用房和廉租住房的申请、审核和公示制度，加大监管力度，制止违法购买，谋取不当利益的行为。实行差别化住房信贷和税收政策，合理引导自住和改善性住房需求，遏制投资性购房，规范房地产市场秩序。实施差别化的土地供应政策，新增建设用地向重点地区、重点领域、重点项目倾斜，全力保障重点产业、重点建设项目以及保障性住房和普通商品住房建设用地。加强房地产用地的调控和管理，制止圈积和炒卖土地行为，加强对经济适用房和廉租住房的监管，加大对闲置土地的清理和处置力度。推进用地供应、住房按揭优惠、保障性安居工程建设等方面城市房地产开发政策向中心镇和省级试点镇延伸。

第六节　加快绿色低碳城镇发展

一　加快绿色城镇建设

推广绿色建筑标准、绿色建筑设计和绿色社区建设。针对区域经济发展中不同行业用地需求及节约集约用地目标，健全完善地方用地控制标准与节约集约用地评价体系，以土地硬约束来促进经济发展方式的根本转变；推行节地型发展模式，防止圈地、低效用地和严格控制零散用地，推进工业项目向园区集中，引导城镇优化发展。实施"突出重点、区别对待"的供地原则，在实行最严格的耕地保护制度和最严格的节约用地制度的政策前提下，积极推进节地型发展模式，优先保证符合产业政策的重大工业项目用地，以及防灾减灾、保障性住房等重大民生工程用地；重点支持平潭综合实验区等十个城市新增长区域、台商投资区和综合改革建设试点镇发展的用地。

合理控制机动车保有量，优化步行和自行车道路系统，倡导绿色出行，大力发展绿色交通系统。推广城镇建设对自然生态环境低冲击的开发模式，建立低冲击开发建设指标体系。积极开展城镇综合节能，重点推进新建住宅和公共建筑节能及既有建筑节能改造，全面落实建筑节能强制性标准。福州、厦门、泉州三大中心城市保障性住房全面执行绿色建筑标准，鼓励和支撑成片开发绿色住宅小区。推动厦门市国家低碳城市试点工作。加强城市用能管理，推广使用可再生能源。

加强城市节约用水，促进节水技术改造和居民生活节水，积极创建节水型城镇，构筑节水型产业体系，沿海地区除紧缺型、高效益、带动型产业外，应严格控制高耗水产业布局，山区应严格控制发展高污染、高排放的工业项目；推广节水技术，改进工业生产工艺、改造城市供水管网，实现一水多用、重复利用、循环使用，提高用水效率；提倡节水理念，通过征收水资源费、污水处理费和实行阶梯式水价等措施，加强城市节约用水管理。推进再生水、雨洪水等非传统水资源利用。以经济发达且水资源缺乏的厦门市、泉州市、平潭综合实验区等城镇为重点，多渠道开拓非传统水源开发，积极推进海水直接利用及海水淡化，鼓励推广中水回用，积极实施雨水资源收集和利用技术，提高再生水利用率。

二　加强城镇生态环境保护与污染治理

推进城镇生态体系建设，提高资源环境承载力。开展环境综合治理，强化污染源头控制。加大对工业固体废弃物污染防治力度，加强危险废物全过程管理，推进垃圾资源化利用，完善生活垃圾分类回收。实施城市清洁空气行动，加强多种大气污染物综合控制。加强城市生态系统建设，扩大城市生态绿色空间，增强自然调节恢复功能。加强城市河湖水系治理，维护城市水系自然生态功能。增加中心城区公共绿地面积，重视立体绿化，提高建成区绿化覆盖率。依托自然山体、湖泊水系、交通干线绿化走廊等建设生态廊道，促进城市与自然共生。全面落实节能减排措施，严控主要污染物排放总量，持续改善城市水、大气和声环境质量，全面提高全省国控、省控断面和县级以上集中式饮用水源地水质达标率，加快生态示范区建设。注重提高土地集约和节约利用水平，尽量利用荒坡地、废弃地等未利用地安排城市建设，合理确定建设用地开发强度和投资强度，推广建设多层厂房，鼓励开发利用地下空间。认真落实各项节水措施，鼓励开发利用中水、海水淡化水等非传统水资源，推广普及先进适用的节水工艺、技术和器具，鼓励再生水利用，大力开展"节水型城市"创建活动。

加大城镇容貌整治力度，全力实施"点、线、面"攻坚计划和村庄环境综合整治，推进改造沿街建筑立面景观，全面实施拆违行动，打造优美宜居城镇环境。全面推进餐厨垃圾处理试点，所有设区市初步实现餐厨垃圾分类收运处理。加强县域小流域综合治理工作，全力营造青山绿水的田园风光。

第七节　推进城市管理现代化

一　提升城市规划管理水平

按照以人为本、节约集约、突出特色、绿色环保的要求，更新城市规划理念，优化城市空间格局，挖掘城市内涵，塑造城市特质，提高城市规划水平。科学编制城市总体规划，合理划定城市"三区四线"，详见专栏6－2，强化城市规划约束，推进城市规划管理精细化。强化各类规划审批，凡是控制性详细规划未编制和未经依法审批的用地，一律不得出让和批准建设。推进县域城乡总体规划编制试点，鼓励市县开展国民经济和社会发展规划、城市总体规划和土地利用总体规划的"三规融合"试点。实施积极的公共政策，促进人口、产业和各类要素向都市地区集聚和倾斜，提升都市地区核心竞争力和区域影响力；加快完成以都市区为主体形态的城镇化发展模式，促进都市地区人口集聚，规模壮大，引导全省城镇化有序集聚、协调发展。择优培育重要节点城镇，保障省域城镇化格局的适度均衡。加强城乡统筹和山海联系，缩小省域经济和城镇化发展的地区差异，

专栏6－2　城市"三区四线"规划管理

适建区	在已经划定为城市建设用地的区域，合理确定开发模式和开发强度。
限建区	在水源涵养地、水土保持型、防风固沙型、生态多样性维护型重点生态功能区域，限制城市建设开发活动。
禁建区	在国家级自然保护区、世界文化自然遗产、国家级风景名胜区、国家森林公园、国家地质公园等区域，禁止城市建设开发活动。
绿线	划定城市各类绿地范围的控制线，明确个同类型用地界线，规定绿地率控制指标和绿化用地界线具体坐标。
蓝线	划定城市地表水体保护和控制的地域界线，确保城市规划范围内需要保护和控制的主要地表水体，规定保护要求和控制指标。
紫线	划定城市历史文化街区和历史建筑的保护范围界线。
黄线	划定对城市发展全局有影响的、必须控制的城市基础设施用地的控制界线，明确用地位置、用地范围和控制指标。

实现全省城镇化"适度均衡"发展。根据福建城镇化进入快速发展阶段和城镇空间演进的特点，规划期内将都市区的发展作为推进城镇空间结构优化的主体形态，以逐步改善的交通和基础设施为支撑，以滨海都市带为脊梁，以福莆宁、厦漳泉两个大都市区为引领，以福厦泉三大省域中心城市和省域次中心城市为核心，以城镇聚合轴为骨架，以中小城市和小城镇为基础，形成层次合理、空间有序、地域开放、转型发展的网络化省域城镇空间体系，即形成"一带、两区、四轴、多点"的省域城镇空间组织结构。

都市地区应协同城乡生产和生活服务，走紧密型一体化城乡统筹道路；在产业发展方面，应大力发展战略性新兴产业和现代服务业，提升工业支持农业和促进农村富余劳动力转移就业的能力；在公共服务方面，强调设施的扁平化配置，应加大财政倾斜力度，以提高城乡设施与服务发展质量为重点，发挥都市地区网络化发展优势，引导城乡基础设施和公共服务统一规划、统一布局、统一推进，实现服务均等化；在空间组织方面，以中心城市为依托，以镇和中心村为据点，构建网络化的城乡空间体系，着力将传统村庄建设成为具备现代服务功能的新型社区，进一步提高农村地区的宜居水平。一般地区应以县（市）域中心城市和中心镇为纽带，组织农村地区的生产生活服务，提升县域统筹能力；在产业发展方面，在保护好生态环境的基础上，立足资源特点和产业优势，因地制宜，适度加大产业承接力度，发展生态农业、旅游业和对环境影响小的产业；在公共服务方面，强调设施的集聚化布局，以镇和中心村为节点，以县乡道路改造、安全饮水、电力通信、医疗卫生设施、中小学校舍为重点，引导农村地区设施体系建设，缩小城乡基本公共服务水平差距；在空间组织方面，应引导适度集中发展，优先发展区位、资源条件较好的城镇，有条件的镇应比照小城市标准完善设施配套；逐步撤并规模小、服务能力弱的镇或乡，提升社区配套水平。通过空间和资源要素整合引导农村剩余人口向中心城镇和沿海地区定居就业，提升城乡整体发展水平和质量。重视历史文化、风景名胜和特色景观资源的保护，强化城市设计、建筑设计和景观设计，重要地段的公共建筑和重点区域的景观设计应聘请一流设计队伍和名家大师完成。鼓励有条件的设区市开展派驻乡村规划师试点。

二　推进智能城市建设

按照建设现代化城市和"智慧城市"的要求，将"数字福建"平台运用于城市规划、城市建设、城市管理、城市公共服务及社区管理等方面，加快推进城市感知系统、城市运营海量信息捕捉和处理、信息决策系统等软性基础设施建设，完善城市地理信息、智能交通、社会治安、环境管理、市容管理、灾害应急处置等智能化信息系统，构建职责明晰、反应敏捷、处置高效的城市管理新机制，全面提升城市管理科学化、精细化水平。开展智慧城市（区、镇）建设试点，制定信息平台技术标准和评价考核指标，加强基础设施信息共享与服务能力建设。2015 年，全省信息化普及程度和应用水平将显著提高，通信业务收入将达到 503500 亿元，年均增长 89％。今后，移动化、宽带化趋势明显，电话用户总数将达到超过 44705000 万户，其中移动电话用户将超过 37704000 万户，普及率达到 100％，互联网上网用户超过 4500 万户，普及率为 34％。2030 年，建成宽带、融合、泛在、安全的下一代信息网络基础设施，网络能力与信息化达到中等发达国家以上水平。

加快产业信息化发展，利用信息技术改造和提升传统产业，带动福建信息产品制造业、通信服务业、软件产业、数字视讯产品业的发展，加快信息化与工业化的深度融合，提高企业经济管理水平和资源利用效率。加快建设先进的信息基础设施，实现三网融合发展。福莆宁、厦漳泉两大都市区将基本实现光纤入户，村通宽带达 100％，全面建成无线城市；推动 3G 网络向 LTE 网络演进，实现设区市 4G 信号全覆盖和行政村以上地区 3G 信号全覆盖。推动农村信息化发展，完善"三农"信息系统，实施"万村千乡上网工程"。推动信息化与现代农业的紧密结合，提高农业产前、产中、产后各环节的信息技术应用水平。推进社会发展信息化，加快建设教育、文化、医疗、社区服务、社会救助等面向民生的信息服务体系。加快政府信息化建设，提升电子政务水平。集中建设区域电子政务应用支撑，大力推进政府核心业务应用系统建设，实现业务协同和信息共享。大力发展电子商务，建设面向全社会的第三方公共物流平台，依托公共通信网，建设功能完善、安全可靠的信息网络，推动信息资源共建共享。推进海峡两岸信息化合作，建设平潭"智慧岛"，推进信息网络互通和离岸、在岸通信业务合作，着力探索两岸信息化合作新模式。

三　加强和创新城市社会管理

全面开展城市社区建设，构建社区综合服务管理平台，推动城市管理重心向街道和社区延伸。以居民需求为导向，整合人口、就业、社保、民政、卫生、文化以及综合治理、维稳、信访等管理职能和服务资源，建设集行政管理、社会事务、便民服务于一体的社区服务网络。促进城市养老服务业发展，积极探索社区养老和居家养老相结合的新模式，大力培养专业化的养老机构和服务人员。

完善城乡公共服务均等配给，建立设区市、县（市）、镇、村（居委会）四级，以公共财政投入为主的公共服务设施配套体系，形成总量适度、设施配套、功能完善、服务规范的城乡一体化公共服务设施网络。大都市区公共服务设施配给应以提升中心城市地位和职能为目标，承担全省性公共服务中心职能，并推动重大公益型公共服务设施、高等与职业教育基地在大都市区范围内统筹配置；其他都市地区应积极提升公共服务水平，推进设施建设由基本适应向适度超前转化；一般地区城市确保公共服务设施的均等配给和均衡布局，达到全面建设小康社会的目标。兴建和完善一批重点文化设施，建立布局合理、设施完善、功能齐备、服务方便的公共文化服务体系。

加强城乡接合部、城中村、流动人口聚居地的社区居委会建设。深入推进"平安福建"建设，完善城市社会治安防控体系，创新城市社会治安综合治理方式，建立健全源头治理、动态协调、应急处置相互衔接和相互支撑的治安综合治理机制。以社会化、网络化、信息化、网格化为重点，完善社会治安防控体系。加强城镇防灾减灾能力建设，完善灾害监测和预警体系，加强城市消防、防洪、抗震等设施和救援能力建设，合理规划布局和建设应急避难场所，健全应急管理机制，整合应急资源，完善预案体系，提高应对处置各类突发事件的能力和水平。深入开展优秀管理城市创建活动，提高人民群众对城市管理工作的满意度。

第七章
推进城乡一体化发展

第一节　推进城乡规划一体化

一　城乡规划一体化的内涵

1. 明确城乡一体化的概念

推进城乡规划一体化，必须先明确城乡一体化的概念。"城乡一体化"最早来源于马克思的思想，在其 1858 年出版的《政治经济学批判》一书中首次提出了"乡村城市化"这一理念。城乡融合理论是恩格斯关于城乡一体化的思考，他指出，"通过消除旧的分工，进行生产教育、变换工种、共同享受大家创造出来的福利，以及城乡的融合，使社会全体成员的才能得到全面的发展"。① 第二次世界大战之后，"逆城市化"现象的产生证实了城乡关系发展最终将趋于融合的趋势，这一阶段有关"城乡一体化"的理论层出不穷，其中最有影响力的思想来源于英国城市学家埃比尼泽·霍华德的"田园城市"理论，他认为应当使乡村和城市"成婚"，建成一种兼有乡村和城市优点的"田园城市"，这种结合对城乡双方都有益处。关于城乡一体化，20 世纪的杜能、詹姆斯等学者掀起了研究的热潮，随后的各专家学者对城乡一体化的研究和发掘更加深入，在不同领域对其有不同的阐述。经济学角度的研究，认为城乡一体化是现代农业和工业联系日益

---

① 《马克思恩格斯全集》（第 1 卷），人民出版社，1995，第 224 页。

增强的客观要求，是生产力达到一定水平的基础上，加强城市和乡村之间的交流和合作的必然趋势，其相互依存、相互促进，将城乡视为统一的整体，通过要素的自由流动和人为协调，取得最佳效益，达到一种经济一体化和空间融合的最优状态。

2. 正确认识城乡规划一体化

城乡规划一体化是指把城市和乡村视为一个整体，就其社会、经济和环境等各方面科学合理地制订统一的发展计划和部署，整合城乡各类资源，使城乡一体化，即经济一体化和空间融合这一最优目标得以实现。我国由于长期受到城乡二元结构的影响和制约，规划上呈现出重城轻农的倾向，这不仅使农村发展愈渐落后，城乡差距扩大，还降低了资源的配置效率，产生了诸如建设无序、耕地减少等一系列问题，也影响了城市的发展。因此，必须正确认识城乡规划一体化的深刻内涵。

二 城乡规划一体化的意义

党在十八大报告指出，要加快完善城乡发展一体化体制机制，着力在城乡规划、基础设施、公共服务等方面推进一体化。报告把抓好规划一体化作为推进城乡一体化发展的内容之一，具有十分重要的意义。

1. 城乡规划一体化是落实科学发展观的生动体现

主要表现在以下两个方面：第一，体现以人为本。规划的编制是为了引领城乡朝着更好的方向发展，让人民群众过上幸福的生活。所以，作为城乡一体化发展的规划必须坚持"以人为本"的思想，并把这一思想融入规划编制的过程中，实现好、维护好、发展好最广大人民的根本利益是应有之义。第二，体现全面、协调、可持续性。将城市和乡村看作一个整体，用全面、协调、可持续性的眼光对待城乡的发展问题，做好城乡发展的事前规划，不仅能够缩小城乡发展的差距、减少各类社会矛盾的发生，还能确保整个经济社会走上良好的永续发展道路。

2. 城乡规划一体化是引导城乡经济发展和资源配置的理论依据

通过各方商议和全方位考量的规划必然具有前瞻性，坚持规划先行，以规划为依据，不仅可以充分发挥一体化规划在城乡经济发展中的引导作用，还能从全局出发，使城乡的资源得到合理有效的配置。

3. 城乡规划一体化是建设社会主义新农村的迫切需要

社会主义新农村的建设迫切需要有良好的规划作为保障，一体化的城乡规划要求修编村庄布局、中心村建设和农民集中居住区建设等问题，加快中心镇建设和小城市的培育以及各种基础设施的完善，这样的规划就能够引导、促进农村人口和村庄有序集聚，对社会主义新农村的建设无疑是有益的。

4. 城乡规划一体化是推进城乡一体化发展的重要前提

按照发展的客观要求和地域的空间演化，就有关城乡发展的各种重大问题事先进行统筹规划，避免盲目发展、无序竞争造成的浪费，明确其科学发展、转型发展的途径，发挥各地的资源优势，这对于推进城乡一体化的有序建设，提升该地域在全国区域发展格局中的地位和作用从而在区域竞争中赢得主动，具有重要的意义。

三 国内外关于推进城乡规划一体化的典型案例

1. 发达国家对于城乡规划一体化探索实践的典型案例

（1）英国。这个最早发展工业化、出现城乡差距的国家，从很早就认识到城乡协调发展的重要性，因而较早提出了城乡协调发展的理论并付诸实践。它的实践探索经验主要表现在以下三个方面[1]：第一，它建立起了完整的城乡规划体系。1903 年，世界上第一个田园城市式的卫星城莱奇沃斯在伦敦以北 56 公里的郊区得以建立，随后，威尔温田园城也于 1920 年建立。第二，通过立法将规划制度化，并在实施过程中适度合理地超前发展。英国议会于 1946 年通过了《新城法》。20 世纪 50 年代末伦敦市中心 50 公里的半径内，建成了 8 座卫星城。第三，重视保护城乡特色文化。在一体化的过程中，始终坚持因地制宜的原则，以大中城市为中心的"田园城市""乡村城市"城市群是城乡发展的一大特色，缩小了城乡发展的差距。

（2）德国。虽然较之英、法、美，德国的城市化起步晚，但其发展速度之快、水平之高却是有目共睹的，这主要得益于德国"城乡一体"的发展模式，在境内对城乡进行统一规划，使其分布合理、均衡发展。由于德

---

① 何侍昌、田丽：《对国内外城乡统筹发展的思考》，《长江师范学院学报》2013 年第 1 期。

国的特殊国情及其追求"全德国区域的平衡发展和共同富裕"① 的观念，一开始就将城乡视为统一的整体进行规划自然符合情理。在一体化规划的探索实践中，它的独特之处体现在城乡一体化规划的管理体制上。在规划的管理上，德国分四级机构，各级机构各司其职，下级机构在服从上级领导的过程中，还保有相当的自主权，留下了很大的自由空间供城乡各区自主具体操作。

2. 国内省市对于城乡规划一体化探索实践的典型案例

（1）重庆市。在重庆的 3100 多万人口中，大约 2300 万人分布在农村和小城镇。长期以来，重庆市始终面临着一个难题——城市经济实力不够雄厚，辐射带动能力弱。"一圈两翼"发展战略成为重庆实现社会经济改革的关键。美国《国家》杂志在一篇报道中写道："作为中国的缩影，今天的重庆正在为中国，也许是为世界做一项最伟大的试验——让 5 亿中国农民住进他们新建的城市"。重庆市从战略规划出发，重视乡村发展，将城乡发展结合起来进行合理统筹。"一圈两翼"的一体化规划使重庆在短时间内稳步缩小了区域差距，"'圈翼'人均 GDP 之比由 2005 年的 2.44:1，缩小到 2010 年的 2.2:1"，"一圈"带动"两翼"奋飞的壮丽蓝图有利于重庆未来保持良好的发展态势。

（2）河北省唐山市。唐山市政府于 2008 年编制了处于国内领先水平的《唐山城乡发展一体化战略规划（2008～2020）》，同时又组织了市规划部门和县（市）区编制了近郊区城市化发展规划、县城扩容建设规划、中心镇扩大发展规划、中心村扩村建设规划、基层村建设规划。体现了"全域唐山"为规划的指导思想，科学的规划推进了唐山城乡一体化的发展进程，促进了产业的协调发展，优化了资源的合理配置，极大地改善了民生，它是推进城乡发展一体化的成功经验之一。

四 推进福建省城乡规划一体化的思路

随着福建省城镇化的发展及城乡一体化探索的深入，理顺城乡规划体系，打破城乡规划分离的状况，以科学的规划统筹城乡协调、持续的发

---

① 卢中华、王郡华：《城乡一体化的国际经验及其对我国的启示》，《临沂师范学院学报》2008 年第 5 期。

展，可谓任重而道远。不仅要从实际出发，充分了解省域的实情，总结探索经验，还应借鉴吸收国内外的先进经验为己所用，正确、合理、科学地推进福建省的城乡规划一体化进程。

1. 推进城乡规划一体化，应实现科学性、前瞻性、务实性与可操作性的有机统一

坚持科学发展、协调发展、集约发展的原则，树立科学发展的理念，将发展的目标与福建省实际情况相结合，短期建设与长远发展相结合，局部利益与整体利益相结合。制定规划必须要有前瞻性，尊重城乡一体化的发展规律，坚持从实际出发，站在高起点去规划城乡发展。同时，应当使规划编制的程序规范化，可以采取"三方参与"的模式，即规划委员会决策、专家评审、公众参与的审批制度形式，与此同时，建立相应的城乡规划委员会，形成公开、民主、科学的决策机制。特别需要强调的是，科学性本身就包含了"以人为本"的指导思想，作为城乡发展一体化的规划必须坚持以人为本，群众不仅是城乡一体化发展成果的享受者，更是城乡一体化发展的建设者。因此，在编制规划的过程中不能忽略人民群众的意见。战略上的总规划由决策者及专业部门制定，与市民切身利益相贴近的详细规划，应将驻地群众的意见考虑进来，可以参照"阳光工程"的模式构建"阳光规划"，使这一过程充分发扬民主、集中民智、凝聚民心。通过实行规划批前公示、批后公布、公开查阅和广泛听证的制度，广泛争取社会各界人士的意见。

2. 推进城乡规划一体化，应健全相互配套衔接的城乡规划体系

推进城乡规划一体化，需树立规划新理念，摒弃"二元结构"方法，强调开放式、全覆盖、片区发展和多规叠合，将城乡综合起来进行规划，健全相互配套衔接的城乡规划体系。

（1）要做好城乡整体的空间布局规划

根据城市在国家和福建省域中的地位和作用，突破行政界限，合理划分主体功能区，规划以省域中心城市、省域次中心城市、地方性中心城市（或都市区副中心城市）、县域中心城市、中心镇、一般镇组成的六级城镇等级体系。要重视县域村镇体系和布局的规划编制，合理安排乡镇建设、农田保护、产业集聚、村落分布、生态涵养等空间布局。按照发展中心村、保护特色村、整治空心村的要求，完善村庄布局，合理引导农村住宅和居民点建设。以中心村为重点推进农村社区建设，充分考虑农业作业的合理半径，在农民自愿的基础上，推动村庄布局适度集聚。在提升自然村落功能的基础上，保护发展特色村，强化乡村的地域文化特色。

（2）要打破诸多规划相互分割的现状，对规划进行整体协调、合理衔接

在强化国民经济与社会发展规划、土地利用总体规划和城乡规划主导地位的基础上，把省域内城市群、城市带的发展规划与中心城市、卫星城市的规划结合起来，把大、中、小城市的规划和小城镇的规划结合起来，把县域、中心镇规划与新农村、农村社区规划结合起来，实现多规叠合。与此同时，加强城镇规划与周边乡村规划在产业布局、基础设施网络、公共服务设施、生态空间布局等方面的衔接协调。

（3）要建立覆盖全城乡的规划体系

各级政府将编制和管理城乡规划的经费纳入财政预算，认真加强城乡一体化规划的编制。纵向上建立完善的由省域城镇、县城（镇）、乡和村庄各系统规划构成的规划体系，横向上形成总体和各类专项规划构成的规划体系，实现城乡规划的全覆盖。

3. 推进城乡规划一体化，应体现地域差异，突出城乡特色

（1）在推进城乡规划一体化的过程中，应当注重体现地域差异

虽然同处于福建省内，但还是存在着诸如地形地貌、气候等自然环境及风俗习惯等人文环境的差别，由此形成各地不同的建筑风格和生活习惯，在编制规划时也需要考虑在内。要编制能够体现和凸显地方特色、各具风貌的现代"新"乡村，而坚决摒弃"城城相似""村村一面"的千篇一律的规划思路，绝不能简单地把单一的发展模式套用在城乡发展一体化的多元格局上。

（2）在推进城乡规划一体化的过程中，应当注重突出城乡特色

一体化的规划是为了指导城乡一体化的发展，但要实现城乡一体化，并不意味着要完全地消除城乡之间的差异性。研究表明，差异是永远存在的，城乡之间的差距只会缩小而不会消失，但正是因为有这样的差异才造就了城市和乡村迥然不同的发展特色，因此才能组成了一个多元化交流、求同存异、共同进步的空间。就像埃比尼泽·霍华德的"田园城市"理论认为的那样，应该使整个省域的发展兼有城市和乡村各自的优点，"使城

市更像城市，乡村更像乡村"，在编制城乡一体化规划时，对丰富而多元的结构进行科学的整合和提升，在尊重发展规律、保护生态环境的基础上，因地制宜，切实推进城乡生产方式、消费方式、景观文化等差别化的协调发展。

4. 推进城乡规划一体化，应充分发挥政府的作用

政府是推进城乡规划一体化的重要角色，只有充分发挥政府的"领头羊"作用，以其权威性和专业性，从宏观上制定科学合理的规划，才能从根本上改变当前的城乡"二元结构"，推动城乡一体化的发展进程。在政府作用下的城乡一体化规划，需要注意以下两点。

（1）政府应致力于改善经济发展的大环境

建立完善统一的城乡市场和规范市场行为，以平等、自由的竞争机制，促进资源的有效配置，实现生产要素从效率低的部门流向效率高的部门，打破区域发展的市场界线。在综合的市场体系构建当中，重视推进城与乡、工与农、农户与市场的相互衔接。

（2）充分发挥政府的各项职能

这是推进城乡规划一体化的关键所在。要实现城乡整体的发展，要求政府应在规划时就将农村的发展问题摆在最重要的位置，必须在综合考察城乡状况的基础上，通过公共财政等手段，调整收入分配格局，加大改革力度，促使公共资源向农村倾斜。同时，综合运用财税费减免、财政补贴、利率优惠、投资参股等鼓励措施和政策工具，吸引社会资金投入农村经济社会的发展当中。还要辅以科学的政绩考核机制，抓好在规划中政府自身的建设和管理，确保城乡一体化规划的实施。

5. 推进城乡规划一体化，应加强对城乡规划的管理和监督

为了确保福建省城乡规划一体化的顺利推进，必须加强对规划的管理和监督。

（1）要尽快出台城乡规划的地方性法规，使一体化规划的管理体制得以建立。例如，有关建设工程规划的管理体制，福建省在根据自身情况制定法规时，宏观上可参照《中共江西省委江西省人民政府关于加快推进新型城镇化的若干意见》中指出的："建立以控制性详细规划为法定依据的建设工程规划管理机制，严格实施用地红线、水体蓝线、绿地绿线、历史文化保护紫线、市政公用设施黄线等五线管理制度，严格规范用地性质和容积率等规划条件的调整程序，以农村住房集中建设改造项目为切入点，逐步实行城乡一体的工程规划建设管理体制。"

（2）要整合管理城乡一体化规划的部门，将分离和分设的规划部门统一于城乡一体化规划部门的管理之下，对城乡建设进行统一的规划和布局，同时将城市经济管理和公共服务的职能延伸至农村，创造一体化的行政管理模式。这样才能避免权力分散和协调不周等问题，为科学地推进城乡发展规划一体化扣除障碍。

（3）要健全城乡规划建设的监督机构，强化对城乡一体化规划实施的监督管理，将监察贯穿于整个城乡规划制定和实施的全过程。

第二节　推进城乡基础设施一体化

由于我国长期实行城乡分割的"二元"结构，以农补工、以乡养城，致使政府工作的重心过多地放在城市的发展上，使农村与城市的差距越来越大，严重阻碍福建省域经济发展与现代化进程。因此，必须重视推进省域内的城乡一体化建设，而其中关键的就是要使农村的基础设施能够与城市有效衔接起来，推进省域内城乡基础设施的一体化发展。

推动福建省整体经济向前跨越式发展亟须协调城乡发展。城市发展到一定阶段之后，现代化成果必然会向农村延伸，良好的农村基础设施是保障城市文明向农村扩张的桥梁，换言之基础设施在城乡协调发展的过程中能够起到引导、支撑和渗透的作用。只有在农村构建完备的基础设施，才便于在农村地区形成物流、人流、资金流、信息流、交通流，促进农业和农村的经济发展，缩小城乡之间的差距，为省域内的经济增长提供新的发展空间，提升福建省整体的经济发展水平。

一　国外统筹城乡基础设施建设的经验

1. 法国。法国目前已经基本实现了基础设施的城乡均等化。法国一直以工业化和城市发展为主，第二次世界大战后，农业人口缩减到只占全国总人口的 25.4%，到 1979 年仅占 8.5%。稳步的工业化和繁荣的城市发展使得法国政府开始意识到农村发展的重要性，他们逐渐将目光转移到农村基础设施的建设上来。得益于"二战"前就已具备较为良好的城市基础设施及其后的发展，至 20 世纪 60 年代，法国城市的基础设施基本形成了一个较为完善的体系，这为之后开展大规模农村基础设施建设积攒了丰富的经验。法国农村地区最初建设基础设施的资金主要来自私人投资，随后政府投入了大量资金用于改造落后的西部与中央高原地区的交通和通信设施建设。在基础设施建设的具体模式上，法国政府采取的是中央与地方合作、地方与专业化公私合营公司合作的形式，建设经费中由政府支援 60% ~ 75%，公司承担剩余部分，其他工农业部门和金融机构可参与投资。这就促进了法国农村的基础设施建设，也促进了法国农业的长足发展。20 世纪 70 年代末，法国农业已经实现高度机械化，成为世界最发达的农业国之一。

2. 韩国。1971 年韩国开始了影响深远的新村运动，该运动经历了三个阶段：早期建设阶段（1971 ~ 1973）、发展与完善阶段（1974 ~ 1980）、自我发展阶段（1981 年后），新村运动进展到后期，韩国农村的基础设施建设水平已经基本接近城市。新村运动的早期阶段首要目标是为了"改善与农民生活关系最为紧密的基础设施条件"，为了极大地调动农民自主建设的积极性，政府统一领导并组织实施大规模的基础设施建设，同时无偿提供钢筋、水泥等物资。这一时期的建设，初步改变了农村的面貌，改善了农民的生活条件。新村运动的中期阶段重点是从改善农民的基本生活条件转变为提高农民的生活环境和生活质量。这一时期，不仅建设了一批自来水设施和生产公用设施，而且新建了大批的保障性住房，使得农村的基础设施建设上了一个台阶。新村运动进入农村的自我发展阶段后，农村的基础设施已经相当完备，民间组织和农民还自发对其进行了后期的建设和完善，最终使得韩国顺利地推进了城乡基础设施的一体化。

二　福建省城乡基础设施发展现状分析

近年来，中共福建省委和省政府高度重视基础设施（尤其是农村基础设施）的建设，在交通、给水、电力、通信、清洁设施等方面取得了重大进展。

1. 现代化综合交通网络初具规模。（1）全省在建和运营的铁路里程超过了 2000 公里，迎来了双线快速运输的动车时代；（2）城市轨道交通建设起步；（3）高速公路总里程突破了 2400 公里，超过 90% 以上的县市已通或在建高速公路；（4）"年万里"工程提前竣工，农村公路网络逐渐完善，总里程突破 8 万公里。2003 年，福建省政府为使每个建制村至少能有一条路面硬化的公路通往乡镇或主要干线，投入了资金 140 亿元，规划在 7 年内建成总计 4 万公里的农村公路，启动了"年万里农村路网工程"。截至 2008 年底，"村村通"在全省得以全面实现，比预期提前了两年。（5）农村客运站点建设、通车情况得以改善。省交通厅实施的政策补贴有效地提升了站点数及通车量。数据显示，"截至 2007 年上半年，全省开通农村客运线路 1891 条，投放车辆 7317 辆，通班车乡镇数量 975 个，通车率达 99%，通班车建制村数量 11101 个、通车率达 74.5%"；（6）海西港口群发展迅速，总吞吐能力超过 3 亿吨。

2. 水利建设不断加强，饮水质量获得改善。大力支持水利建设，同时将重点放在诸如病险水库出险加固工程、小型农田水利设施、水利水毁工程集中整治修复、农村饮水安全工程等项目上。水利设施的改善不仅提高了农业的生产条件，还促进了农业减灾防灾抗灾体系的构建。大力实施了"水利六千"工程，连续六年将其列入为民办实事的工作项目当中。直至 2009 年，全省已有防洪堤 5826 公里，各种不同规模的水库 3026 座。同时，城乡饮水质量也在这一时期获得了改善。《福建省"十一五"城乡居民饮用水工程建设专项规划》出台后，进一步规范了饮水安全工程的建设和管理，保障了农村人民的饮水质量。截至 2008 年，完成额度占总任务的 102.6%，已超额完成计划内任务。

3. 电网电力跨越式发展，城乡电网电力的发展趋于均衡。福建省的电网于 21 世纪开始了跨越式发展，从孤立的电网运行到将福建电网并入华东电网，再到现代化海西电网的初步建成，2009 年提前一年实现了惠及全省的 500 千伏大环网，超高压、大容量、安全性好且各级电网协调发展的电网，为福建省带来了巨大的经济效益和社会效益，成为福建现代化建设的一大有力保障。同时，于 2007 年全面启动的"新农村电气化建设工程"提升了农村整体的电力水平。这一工程将农村电网与城市电网统一进行规划，经过一定时期的建设与发展，2008 年福建省的农村电网供电可靠率达到了 99.54%，已十分接近城市的供电可靠率，城乡电网、电力发展逐渐走向平衡。

4. 通信综合服务能力显著增强。近年来，福建省全面推进"数字福建"建设，2007年正式开通"海峡西岸新农村公共信息平台"，推进"通信信息化助建新农村"及农村信息化"百村示范"工程，城市和乡村整体的信息化水平得到显著提升。至2010年底，全省光缆线路长度达到39.3万公里，有线电视干线网络总长度14.4万公里，有线电视总用户数613.2万户、有线电视入户率61.4%；互联网用户2388万户，全省固定和移动电话普及率分别是28.8%和83.3%。加之"地下光缆、空中微波、天上卫星"等信息通道的搭建，全省的信息化建设步上了一个新台阶。

5. 夯实"清洁"设施建设，生态环境日趋改善。在"生态省"战略的导向下，不断夯实"清洁"设施建设，国控、省控的重点排污单位实施全面在线监控，提高了城乡污水、垃圾无害化处理率，实现了每个县市均建有一座以上垃圾和污水处理设施。

但是，福建省的城乡基础设施建设也存在不完善、欠衔接、不便捷等诸多不足和问题。

第一，在公共交通方面存在的问题：（1）福建省交通基础设施网络有待进一步完善，技术装备总体水平仍然偏低，覆盖广度和通达深度都明显不足。例如，农村道路的修建由于技术水平问题，抗灾能力过低，既无法保障安全又造成资源浪费。（2）省域内的交通基础设施建设资金压力较大，地方配套资金不足，特别是在一些山区县市，距离经济发展中心较远、所需成本高、建设难度大，进一步拓展相关投融资渠道尤其必要。（3）在区域间、方式内，各种交通运输发展协调不足，尚缺能够全面协调的综合机制。（4）农村公共交通配套设施亟须完善，管理及养护工作有待进一步加强。配套设施滞后于农村交通基础设施建设的水平，造成"有路无班车"的现象，农村出行难的问题没能从根本上得以解决。与此同时，农村公路还普遍存在重建轻养、建设不规范、养护不到位、管理能力薄弱等问题。

第二，水利建设还不能够满足社会经济发展的需要。有相当数量的病险水库及大中型病险水闸需要除险加固。在饮水质量上，农村饮水安全尚得不到较好的保障，个别地方饮用水源地水质污染没有得到合理有效地管理和整治。

第三，城乡电网整体的安全性、抗灾性和供电能力有待提高，潜在的资源开发难度增大。农村电网结构较城市相对薄弱，易产生网损、供电设施过载等现象,面临进一步改造升级的问题。同时,农村电力供需不平衡、电力管理体制不合理、城乡电网尚未实现"同网同价"。在通信建设方面,不仅分散、浪费、效率低下,而且城乡建设发展极不平衡,重复建设的现象依然存在。

第四,城市和农村的环境问题仍然严峻,部分地区存在随意堆放或排放未经处理的垃圾和污水的现象,污水和垃圾的处理率在全国排名偏低。

三 推进福建省城乡基础设施一体化的思路

1. 确定城乡基础设施发展的重点。推进城乡基础设施的一体化须着重提升农村基础设施的水平,才能从根本上逐渐缩小两者的差距,促进一体化顺利实现。目前,要重点发展的农村基础设施主要有交通运输设施、邮政通信设施、农田水利和供水设施、能源设施、"清洁"设施、增加住房等问题。交通设施方面,要加快城乡间短途客运公交化改造,加大农村客运站场建设力度。同时,有力推进重点镇等级客运站的建设,落实行政村招呼站、候车亭的建设。要着力提高行政村客运通村率、城乡客运一体化率;邮政通信方面,首先,要加强农村邮政设施建设,完成全省空白乡镇邮政局所的补建任务,保证每个行政村建有村邮站,城市和乡镇政府驻地村每户建有一个信报箱。其次,要加快农村地区宽带网络的建设,使20户以上自然村通电话能力达100%,并建立起健全的农村信息化综合服务平台,行政村实现"村村能上网";在农田水利和供水设施方面,应该建设一批大中型骨干调蓄工程和小型水源工程,对县级以上水库水源地展开保护工程的建设,切实推进小型农田水利重点县和初级水利化县的建设。同时,要加强对饮用水源地的保护,实现城乡供水同水源、同管网、同水质、同服务,改善城乡饮水质量,切实保障饮水安全,提高乡镇自来水普及率。能源设施方面,实现新一轮农村电网改造升级工程,新建成一批新农村电气化县(乡、村),尽快在其他清洁能源的开发与利用上,实现与城市的对接;"清洁"设施方面,需加快农村垃圾集中处理和污水处理,基本实现镇级污水处理设施全覆盖,全面开展行政村生活污水处理。要使城乡卫生厕所普及率达到90%以上,生活垃圾集中收集实现行政村全覆盖,无害化处理率达到40%以上。在农村住房问题上,需加快农村住房改造建设,基本完成农村困难群众危旧房改造,多渠道改善农村住房困难群体的居住条件，提高政策性农村住房保险水平。

2. 拓宽城乡基础设施建设的投融资渠道，加大对农村的支持力度。实现城乡基础设施建设资金一体化尤为重要。因此，应该先适度规划基础建设资金分配比例，在优先推进城市基础设施建设的前提下，进一步扩大公共财政覆盖农村的范围，在以公共财政为投资主体的基础上，建立多元化的资金投入制度，吸收社会各界资金用以补充公共财政的不足。在扩大农村基础设施投资总量的同时，要注意提高投资收益，优化投资结构，降低投资成本。

3. 健全长效机制，加强对城乡基础设施的维护与管理。加强对农村基础设施的管护，坚持建管并重，按照责、权、利相统一的原则，建立农村基础设施管护的长效机制，推进农村基础设施产权制度改革。深化水利工程单位管理体制改革，落实水利工程运行管理费、维修养护费，加快农民用水户协会建设。

第三节　推进城乡公共服务一体化

今后一个时期是全面建成小康社会的关键时期，也是城乡一体化的关键时期。公共服务领域中，尤其是农村基本公共服务体系建设是城乡一体化的重中之重。

一　城乡公共服务一体化的基本内容

城乡公共服务一体化是指政府为社会公众提供基本的、与经济社会发展阶段相适应的、体现公平原则的大致均等的公共产品和服务。城乡公共服务一体化是我国在推进城乡一体化进程中，结合我国新时期战略任务和具体国情，针对我国城乡公共服务差异提出的新概念，目的是为了促进城乡一体化进程。

1. 城乡公共服务一体化的概念。所谓与经济社会发展阶段相适应是指一体化过程应该是分阶段、多层次的动态过程。在不同阶段的目标和表现是不同的，依据我国中长期发展规划，结合福建省的具体情况，可以分为三个阶段目标。第一阶段为近期目标，加大对农村地区的基本公共服务投入，初步建立农村居民的基本公共服务体系，并逐步健全多层次的非基本公共服务体系。第二阶段为中期目标,政策将更广泛地惠及广大农村居民,基本建立城乡公共服务一体化体制。第三阶段为长期目标,即全体城乡居民平等实在地享受到大致均等的公共服务。首先,全体公民享受基本公共服务的机会和原则均等,从制度安排上使所有公民有平等享受公共服务的权利;其次,全体城乡居民享有基本公共服务的结果大体相等,由于各个区域客观存在的经济、地理、人文等差异及城乡之间公共服务需求也不同,不可能做到每个成员的绝对均等,大体相等是指相对状态的均等,允许合理范围内的差距存在,而最终所有城乡居民享受到的公共服务的数量和质量大体上相等;最后,在提供大体均等的公共服务的过程中,应尊重城乡居民的自由选择权,每个城乡居民的需求不尽相同,所以在提供公共服务的时候,要充分考虑个人意愿。

2. 城乡公共服务一体化的内容界定。从我国现阶段的实际情况以及国际经验来看,有四种类型的公共服务:一是生存服务,包括社会保障、社会救助、就业服务等;二是发展服务,包括义务教育、医疗卫生服务、文化体育服务等;三是基本环境服务,包括公共交通、基础设施、环境保护等;四是基本安全服务,包括公共安全、国防安全、消费安全等。虽然学者们对于纳入公共服务范围的界定存在争议,但是教育服务、医疗卫生服务和社会保障服务这三项公共服务都普遍认为是基本的公共服务。

二 城乡公共服务一体化的意义

只有坚持统筹城乡发展的基本方略,打破城乡"二元"结构,逐步缩小城乡差距,才能实现城乡一体化。其中,公共服务一体化是城乡一体化的重要内容,实现城乡公共服务一体化具有重要的理论意义和现实意义。

1. 城乡公共服务一体化的理论意义

公共服务均等化的概念起源于西方,在西方经济学界,福利经济学中的很多理论和公共服务均等化相关联。福利经济学是以最大化社会经济福利为目标,为公共服务均等化提供了经济学基础。

(1)庇古理论。为了实现社会福利的最大化目标,庇古提出了两个基本命题:一是国民收入总量越大,社会经济福利就越大;二是国民收入分配越是均等化,社会经济福利就越大。首先,公共服务作为国民收入和社会福利的媒介,享受了公共服务会增加效用,即社会福利增加,所以只要在效用未饱和的前提下，增加国民收入及对公共服务的投入，社会福利也会随之增加。其次，公共服务越是均等化，社会经济福利越大。庇古将收入分配均等化和资源配置对等，公共服务作为一种资源，公共服务均等化将促进社会福利最大化。这里所说的均等化是指在尊重社会成员的个人意愿前提下，实现公共服务的相对均等，而不是绝对的均等，绝对的均等将导致效率的缺失，所以庇古的理论兼顾了效率和公平原则。

（2）帕累托效率理论。帕累托效率是指在不损害其他任何人的公共服务效用的前提下，至少有一个人的效用得到了改善。由于公共服务具有非竞争性和非排他性的特性，在一定数量内，扩大公共服务对象的范围不会有人受到损失，至少其中有一个人受益，这符合帕累托效率理论。所以享受公共服务的人越多，越接近公共服务均等化，社会福利就越接近最大化。

（3）卡尔多补偿原则。补偿原则关注的是社会的整体福利，兼顾效率和公平。补偿原则是指国家政策的改变使部分人受益，部分人受损，如果受益部分补偿了恶化的部分后还有剩余，就说明社会整体福利增加了。补偿原则为财政支出结构调整提供了理论依据，政府的着力点应该放在"补偿"上，应该建立一种机制来补偿受损的一方，政府应通过转移支付手段来实现补偿目标。

（4）社会福利函数。社会福利函数的研究者认为社会福利和影响因素之间存在一定的函数关系。不同的学者认为影响因素不同，产生了诸如功利主义社会福利函数、社会正义论社会福利函数、精英主义社会福利函数等理论。其中，与公共服务均等化密切相关的是罗尔斯的社会主义论社会福利函数。他认为社会的福利水平取决于社会中效用最低或境况最差的那部分人的福利水平，所以实现公共服务均等化才能有效提升这部分人的福利，才能更好地实现社会福利最大化。

（5）阿玛蒂亚·森的理论。阿玛蒂亚·森提出了"能力"中心观，他认为创造福利的并不是商品本身，而是它带来的机会和活动，而这些机会和活动是建立在个人能力的基础上。他认为不能用单纯的效用来表示福利存在缺陷，社会福利水平的提高应来自个人能力的培养和提高。要培养和提高个人的能力，必须关注个人的生存和发展环境，公共服务中生存服务和发展服务与个人的生存发展环境直接相关，政府不应该只关注经济效率，更应该注重个人能力的培养和提高，政府应保障每个人生存和生活的条件，实现公共服务的相对均等化才能更快地实现社会福利最大化。

2. 实现城乡公共服务一体化的现实意义

（1）构建和谐社会，缓和社会矛盾的客观要求。首先，构建社会主义和谐社会的终极目标是以人为本，实现人的全面发展。马斯洛的需求层次理论把人的需求从低到高分为生理、安全、归属和爱的需要，只有实现了基本公共服务均等化，才能切实保障每个社会成员的需求，实现人的全面发展。其次，和谐社会的要求是民主法治、公平正义、诚信友爱、充满活力、安定有序、人与自然和谐相处。公平正义是和谐社会的核心，实现公共服务均等化是实现公平正义的重要内容。因此，实现公共服务均等化是促进社会和谐的客观要求。最后，当今我国社会不公平问题日益凸显，在公共服务方面突出表现为不同地区之间、城乡之间和不同阶层群体之间的严重失衡。这种公共服务的不均衡很容易引发一系列的社会问题，实现公共服务均等化有利于缓和社会矛盾。

（2）统筹城乡均衡发展的必然要求。长期以来的城乡二元结构体制导致了城乡之间的不均衡，城乡差距越来越大。虽然近年来采取了许多措施，城乡差距在逐渐缩小，但是效果不显著，其中最为严重的问题是城乡公共服务的差距。这就需要统筹城乡公共服务体系，实现城乡公共服务一体化，使城乡居民享受到大致均等的基本公共服务。

（3）服务型政府的重要职能。服务型政府是以公共利益为目标，以公众客观需求为尺度，以为全社会提供高质量的公共产品和公共服务为己任，所以这样的政府也是民主和负责任的政府、法治和高效的政府、实现合理分权的政府、为全社会提供优质产品和服务的政府。实现公共服务一体化是政府不可推卸的职责，政府在公共服务供给中占主导地位，更应该把职责重点转移到实现公共服务均等化上来，充分满足全体社会成员的公共服务需求。

（4）促进农村经济发展，解决"三农"问题。当前建设社会主义新农村面临难得的机遇。一方面，国家综合实力和公共财政能力的大幅提高，为解决城乡二元结构的问题提供强有力的经济基础；另一方面，随着农村经济的发展，农村居民产生了更高层次的需求。有效推进城乡公共服务一体化进程，特别是农村公共服务的完善，诸如加强农业基础设施建设、农村社区建设、社会保障服务、文化和体育服务、医疗卫生服务、教育服务等，将有效解决社会主义新农村建设过程中的"三农"问题。

三　福建省城乡公共服务的发展现状及其目标

1. 发展现状

福建省高度重视城乡公共服务发展，努力通过科学合理的规划、切实有效的措施，使城乡公共服务设施建设不断完善。

（1）教育服务。改革开放以来，福建省大力实施科教兴省战略和人才强省战略，教育发展取得了历史性跨越。第一，全省基础教育发展稳步提升，建立了比较完整的教育体系。2010 年，全省适龄幼儿入园率达89.45%，小学学龄入学率达99.98%，初中学龄入学率达98%，高中教育毛入学率达83.4%，覆盖全省人口83%的地区实现"双高普九"的目标，基本完成高校布局和福州地区大学新校区建设，高考录取率达80%，形成了比较完整的教育体系；全省受教育程度明显提高，人均受教育年限达9.4 年。第二，教育质量稳步提升。建立了一批职教集团，大力增加高校新增博士点、硕士点，高校科研经费快速增长。第三，教育更公平。率先实现城乡义务教育免费，建立了完整的助学体系和基本医疗保险制度，对农村义务教育寄宿生、中职学生实施生活补助，推行"免费营养早餐工程"，免除中职学校农村家庭经济困难和涉农专业学生学费，接近90%的随迁子女在公办学校就读，建立了留守儿童关爱服务体系，全面消除中小学 D 级校舍危房，率先将农村义务教育学校教职工编制标准提高到城市水平，并重视农村教师队伍建设等。第四，教育经费财政投入增加。财政性预算内教育经费占财政支出比重连续 9 年居全国首位，财政性教育经费从2001 年的95.21 亿元增加到 2010 年的391.33 亿元，年均增长 17%。

（2）就业服务。构建了较为完备的人力资源体系，全省就业局势总体稳定。坚持就业优先的发展战略，统筹城乡就业，建立和完善就业服务体系，城镇登记失业率在 4% 以内。劳资关系总体和谐，合同签订率进一步提高，所有市、县、区建立了欠薪应急保障金制度和协调劳动关系三方机制，逐步完善劳动争议处理机制，劳动争议仲裁结案率达到 93.83%。职业技能培训取得成效，实施"高技能人才培养工程"和"产业技工培养计划"。

（3）社会保障服务。第一，社会保障水平逐步提高，率先将农民工纳入失业保险，到 2010 年，全省城镇基本养老保险、基本医疗保险、失业保

险、工伤保险、生育保险人数分别达 635.27 万人、1226.25 万人、374.18
万人、417.74 万人、374.41 万人；新型农村社会养老保险达 523.17 万人，
覆盖面达 40%，新型农村合作医疗达 2404 万人，参与率达 98.13%。第
二，医疗卫生服务方面，进一步完善城乡基层医疗卫生服务体系，基本形
成县医院—乡镇卫生院—村卫生室三级医疗体系。加强了农村基本医疗设
施建设，为 153 所卫生院配置了远程医疗设备和 192 所乡镇卫生院配置了
救护车，现有社区卫生服务中心 193 家，街道覆盖率达 95%。第三，社会
救助方面，越来越多的困难群众享受到政府的补助和支持。到 2010 年全省
有 98.9 万人享受最低生活保障，160.6 万人享受医疗救助，全省各类养老
服务机构达 1138 个。

（4）文化和体育服务。文化方面，深化文化体制改革，完善公共文化
服务体系，全省县级以上图书馆、博物馆、纪念馆免费开放，深入实施文
化信息资源共享、农村文化惠民工程，新增和改建了一大批乡镇文化站、
农家书屋，实现了农村电影数字放映和"一个行政村一个月放映一场电
影"和 20 户以上自然村通广播电视的目标。体育方面，全省人均体育设
施用地高于全国平均水平。

2. 发展目标

（1）教育服务。福建省教育事业发展卓有成效，但是，优质学前教育
不足，教育区域发展不均衡，极化效应明显，职业教育不够广泛，高等教
育总体水平不高，高校数量较少，水平层次较低，科研水平相对低下，教
育体制不够完善，结果不够合理，投入总体不足。针对存在的现实问题，
今后要全面深化教育体制改革，力争尽快基本实现教育现代化，基本形成
学习型社会，进入教育强省和人才强省行列。基本实现普及学前到高中教
育，全面实现"双高普九"，大幅提高学前三年毛入园率，高中教育毛入
学率；基本实现教育均衡发展，合理配置师资、校舍、基础设施资源，实
现义务教育均衡发展；建立完善的高等教育格局，提高 20~59 岁劳动力人
口平均受教育年限及从业人员继续教育参与率。

（2）就业服务。近年来，福建省在就业服务方面的进展有目共睹，为
"十三五"发展就业服务创造了有利条件。但随着经济形势变化，就业服
务发展还存在许多问题：经济的发展带来产业结构的调整，就业格局也随
之变化，农村劳动力转移人口逐年减少，就业结构、就业需求的多样化，

使得就业更加困难，就业公共服务平台建设还未统一，未实行就业数据共享和业务协同；劳动力素质不高，技能人才特别是高技能人才严重短缺，就业队伍稳定性较差；劳动合同不够完善，个别行业合同签订率低，劳资纠纷频发等。为解决普遍存在的问题，福建省制定了就业发展的目标：第一，推进就业立法，保障同工同酬，优化就业结构，促进高质量就业，建立基层就业公共服务平台。第二，全面实施劳动合同制，完善协调劳动关系三方机制，有效保障劳动者权益。第三，基本建立覆盖城乡的职业培训体系，形成较为完善的技能人才队伍。

（3）社会保障服务。社会保障体系目前存在严重的农村投入不足的问题，覆盖面有待提高，农民工和被征地农民的社会保障问题仍较突出；卫生资源配置在城乡之间、地区之间发展不平衡；农村留守人员和人口老龄化加速，社会养老服务体系和社会救助有待提升。针对现存问题和城乡之间的不平衡，提出了发展目标：第一，统筹推进城乡社会保障服务一体化，扩大社保覆盖面，向农村发展，建立以居家养老为基础、社区服务为依托、机构养老为支撑、信息服务为辅助的城乡社会养老服务体系。第二，提高医疗卫生总量，建立和完善覆盖城乡的多层次医疗保障体系，基本实现人人享有基本医疗保障。在农村完善以县医院为龙头、乡镇卫生所为骨干、村卫生室为基础的三级服务网络，在城市建立以省、市三级综合医院和专科医院为中心，社区卫生服务机构为基础，门诊部、诊所为补充的新型城市医疗卫生服务体系。

（4）文化和体育服务。在公共文化和体育服务体系建设中，虽然极大丰富了福建省城乡居民的精神文化活动，强化了身体素质，但还存在比较显著的问题：起步晚，基础弱，投入低，文化设施水平不均衡，差距大。到2015年，福建省文化体育服务发展目标：第一，以文化强省建设为目标，建立覆盖全省的布局合理、设施完善、功能齐备、服务方便的省、市、县（区）、乡（镇）、行政村五级公共文化服务体系。实现县有博物馆、图书馆、文化馆、影院、剧院，乡镇有综合文化站，社区有文化活动中心，村有文化活动室、农家书屋。全省广播电视基本实现数字化、网络化，实现20户以下已通电自然村广播电视户户通。第二，保证现有体育设施的充分、合理利用，加强各级全民健身场地设施网络的建设。以中心城市为引领，提升全省体育设施建设水平，体育设施向社区、乡村延伸，使全省绝大多数农民都能就近享受到服务。加快实施城市社区、行政村体育健身工程建设。力争所有县（市、区）建有体育场、综合体育馆和游泳池；社区、建制村建成公共体育设施。

四 实现城乡公共服务一体化的主要措施

1. 深化体制机制改革

实现城乡公共服务一体化，首先需要相应的制度保障。只有从制度上保障，规划上科学合理，才能最终实现一体化目标。

（1）统一城乡户籍制度

一方面，继续推进城镇化进程，加快劳动力向城市转移的步伐，并解决农民工的身份问题；另一方面，政府应把基础设施和社会事业发展的重点转向农村，逐步加大对农村基本公共服务的投入。

（2）建立服务型政府。政府不应该只关注经济发展目标，还应关注人们的福利和社会公平。要转变政府职能，创新政府管理方式。

（3）深化农村土地制度改革。农村土地承载着农民基本社会保障功能，农民对于土地的依赖，使得实现城乡公共服务一体化必须从农村土地制度进行改革。首先，应赋予农民充分的土地使用权，使农村土地可以进行抵押融资，增加农民的可支配收入。其次，要建立完善统一的农村土地流通市场，有效保障农民土地的收益。

（4）优化组织结构，合理规划行政区划。着力打破城乡界限，坚持体制内外衔接，优化组织结构，构建以政府公共服务组织为主、以社会化服务组织为辅、以群众自我服务组织为基础和人民群众广泛参与的公共服务体系。首先，按照统筹城乡公共服务一体化的目标，整合相关机构和人员、信息资源、设备设施，实现城乡公共服务管理资源共享，提高政府行政效率；其次，通过行政区划改革逐步消除城市和农村行政级别的不同，减少县级行政单位，扩大县级行政区规模，实现省级政府统一管理并向下分权，授予县政府更多的公共服务管理权。

2. 加大公共财政支持

实现公共服务均等化的一项基本途径就是公共财政制度的改革。

（1）调整财政支出结构。由于农村公共服务建设起点晚、水平低，必须调整财政支出结构，将增加公共服务预算内财政支出投向农村基本公共服务建设。

（2）建立均衡性转移支付制度。各个地区、城乡的经济发展状况的差异决定了地区之间、城乡之间财政收入能力的不同，以及实现城乡公共服务一体化能力的不同。为实现区域之间、城乡之间的公共服务一体化，必须利用好财政转移支付制度，包括上级政府对下级政府的纵向转移支付和同级政府间的横向转移支付制度，实现财政能力的平衡，进而实现公共服务一体化。

（3）实现财权和事权的统一。当前，乡、县政府在实现公共服务一体化进程中承担着农村主要的建设任务，由于2004年的分税制改革，税收收入上移，上级政府得到了更多的财政收入，而乡、县政府财政收入紧张，收入与职责严重不协调，导致农村基本公共服务建设落后。所以，在城市与农村公共职责的划分上，实现财权和事权统一，县政府作为改善农村公共服务现状的主要实施者，应该享有更多的财政收入权，以便更好地分配城乡资源，实现一体化。

3. 拓宽融资渠道，形成多元供给模式

（1）金融机构应该增加公共服务业贷款规模，加大对符合条件的服务业企业授信额度，积极增加相关金融服务品种。有关部门应进一步完善中小企业信用担保体系、风险分担机制和财政补偿机制，积极搭建融资平台，鼓励社会对公共服务的供给。

（2）打破以往公共服务供给主体一元化的思维，实现多元供给。政府和市场在公共服务供给中都存在一定的局限性，为了兼顾效率与公平实现公共服务利益最大化，要寻求实现政府主导的多元供给模式。可以制定相关政策，鼓励和吸引各类慈善组织、基金会等民间组织和民间闲散资金，以多种方式参与或提供基本公共服务，从而提高基本公共服务供给效率、扩大公共产品与服务供给能力。

4. 创新管理监管机制，强化绩效考核

（1）在公共服务多元供给模式中，实现公共服务的生产与管理分离，对从事产品生产的事业单位实行转企改制，公共服务产品生产引入市场机制，推行政府采购，出台优惠政策。同时，政府在统一决定公共服务供给结构和数量时要充分考虑民众的公共服务需求，建立完善的民众公共服务需求表达机制，改变以往"自上而下"的供给决定模式为"自下而上"的

决定模式。

（2）建立公共服务评价指标体系，完善公共服务发展信息的监测、预警和发布制度，形成更高效的反馈制度。建立以公共服务为导向的干部政绩考核制度，针对不同地区的具体情况，将发展目标量化，并将工作目标层层分解，有效落实到具体的部门和个人，不断完善公共服务的目标考核体系。

第四节　提高社会主义新农村建设水平

在科学规划县域村镇体系和布局的同时，统筹安排农村基础设施建设和社会事业发展，以建设农民幸福生活的美好家园。

一　新农村建设的基本原则

1. 以人为本。始终把农民群众的利益放在首位，充分发挥农民群众的主体作用，尊重农民群众的知情权、参与权、决策权和监督权，引导他们大力发展生态经济，自觉保护生态环境，加快建设生态家园。

2. 因地制宜。立足农村经济基础、地形地貌、文化传统等实际，突出建设重点，挖掘文化内涵，展现地方特色。

3. 生态优先。遵循自然发展规律，切实保护农村生态环境，展示农村生态特色，统筹推进农村生态经济、生态人居、生态环境和生态文化建设。

4. 以县为主。美丽乡村建设工作应以县为单位通盘考虑，整体推进。省、市各级加强支持和指导。

二　国外农村建设的经验

1. 农村公共基础设施和组织制度建设

（1）农村公共基础设施建设。发达国家对农村基础设施建设的投入较大，效果也比较明显，而发展中国家对农村基础设施建设的投入则相对较少。但无论是前者还是后者，农村公共基础设施的建设总体上都是由政府主导，社会、市场和农民合作组织为辅。不过"政府主导"也有不同的实现形式，这取决于农业和农村发展的需求指向、本国的国力及由其最终决定的公共财政能力，以及政府和社会组织的职能定位。美国等发达国家的市场化程度高，政府在农村基础设施建设中的作用主要表现在法律法规的制定、激励政策的实施和信息引导上，实际建设则由不同性质的企业承担。法国在推进城市化进程中，十分注重对小城镇及乡村道路建设的投入，提升城乡交通层次，促进城乡交流。韩国的"新村运动"由政府提出各类工程建设项目，经村民民主讨论决定后，政府再免费提供水泥、钢筋等建材完成建设，如果效果良好，政府会继续追加建设投入。新村运动初期，政府把工作重点放在改善生活环境等基础设施建设上，通过一系列工程建设，改变了农村面貌，得到了广大农民的拥护和称赞。日本的农民自治组织——农协，发展得很成熟，在农村基础设施建设中的作用巨大。印度经济发展水平整体不高，政府只能针对农村地区的发展需求重点建设一些最基础的设施。

（2）农村经济合作组织建设。目前国外农村经济合作组织形成了三种发展模式。一是以专业合作社为主的欧洲模式，以德国、荷兰、法国为代表，大多是根据某一产品或某一项农业功能或任务而成立一种合作社，前者如牛奶合作社、小麦合作社，后者如收割合作社、销售合作社。合作社由农户提交股金，有的还吸收一部分政府的财政补贴。合作社与政府的关系比较密切，农业合作社成为连接农民与市场和政府的纽带与中间组织。二是以综合性合作社为主的日韩模式，以日本、韩国、以色列、泰国、印度和中国台湾为代表，如日本、韩国的"农协"。综合性合作社涵盖生产、销售和多种业务，是半官半民的组织，与政府关系密切，政府对农协给予了大量的财政和政策支持。三是以跨区域、协作式合作社为主的美加模式，美国、加拿大、巴西建立在大农场、大农业基础上的共同销售性合作社，一般一个专业合作社只经营一种产品，但体现了对该产品的深度开发，涵盖了销售、运输、储藏、初加工、深加工等各个环节。

国外政府对农村合作社持保护和扶持的态度，给予的政策比较优惠。国外一般规定对合作社的经营免征所得税，许多发展中国家立法明确规定合作社可以减免税收，并从国家获得低息贷款。一般来说，国外对合作社主要是法律规范和政策扶持，直接进行行政干涉和管制的较少，目前全世界已经有90多个国家和地区颁布了有关合作社的法律。

（3）涉农金融体系建设。国外农村涉农金融体系包括三大部分：农村合作金融体系、农村金融体系和农业保险体系。合作金融指由农民或民间资本采取合作方式成立的金融机构，以解决农业发展中的资金问题。总的来说，许多国家都建立了比较发达的农村金融体系以支持农业的发展，这些金融机构通过各种渠道筹集资金，并提供比较宽松优惠的贷款条件；更重要的是，它们大都得到了政府的大力支持；政府通过立法来保障支持农业发展的金融机构的正常运行。

（4）农地与农地流转制度。第一，发达国家的农地流转。美国农地属农场主私有，农村土地经营制度的历史基础是家庭私人农场，农场主拥有稳定而有保障的土地私人所有权。政府采用信贷支持、政策引导、利息调节、价格补贴等经济手段，鼓励家庭农场规模适度扩大。在土地流转过程中，一般不涉及土地的所有权，大多是土地使用权、经营权的有偿转让，土地转让由政府与家庭农场主通过签订经济契约来实现，土地流转的主要目标在于农场规模的扩大、生产要素的优化组合以及先进科技与管理的运用。第二，发展中国家的农地流转。这方面印度具有代表性。印度农地流转的特点是：农地流转的目的和结果都是扩大农地规模经营，而且这种扩大都是基于经济发展、农业技术进步、农村劳动力转入非农产业的事实和趋势。作为土地以小农户经营为主的土地私有制国家，仅依靠市场的力量未能完全实现农地的合理流动，农地私有权在一定条件下成为农地流转的障碍。政府对土地流转的立法和行政干预不足，致使土地及其他生产要素不能实现有效的配置与优化组合，广大农民在土地收益分配中的权益难以得到保障。

2. 推广运用现代农业科学技术

当前国外在农业科技推广上存在着四种模式。第一种是以政府农业部门为主体的农技推广模式，政府是农业科研和推广的主要执行者和融资方，采取自上而下的推广运作方式，以以色列为代表。第二种是以大学（农学院）为中心的农技推广模式，政府将农技事业中的技术部分转移给涉农高校负责，政府从政策和宏观上把握国家农技发展方向，同时整合社会资源，形成"教育—科研—推广"三位一体的模式，以美国为代表。第三种是以农民合作组织为纽带的推广模式，政府和农民合作组织相协同，采取自下而上的运作途径，做到农民需要什么就提供什么服务，以日本为代表。第四种是商业市场化推广模式，鼓励社会资金进入农业科研，推动农业公司开发农业新技术并加以推广，其特点是逐利性、针对性都很强，以法国为代表，美国、意大利采取这种模式的比例也较高。

3. 农村社会政治生活的组织和管理体系

西方国家的农村基层组织大多属于地方自治性政权组织，这与我国将乡镇政府作为基层政权组织，而将村委会作为群众性自治组织有很大区别。虽然同样在农村基层实行自治，但却有英美型地方自治和大陆型地方自治的差异。英美型地方自治存在于英国、美国、加拿大、澳大利亚等国家。这些国家信奉固有权力说，认为地方自治的固有权力不可剥夺。大陆型地方自治存在于法国、德国、意大利和日本等国家，这些国家主张"权力让予说"，认为地方权力是国家的主动让渡①。大多数发展中国家的基层政权组织名称、体例、组织原则、机构设置、职责权限等都是同型的，历史传承性较强、村社体制明显是其显著特点。但不同国家间也有差别。

4. 充分发挥政府的主导作用

在新农村建设中，政府的主导作用主要体现在四个方面。第一，积极倡导与大力推动农村建设。第二，对农村建设有科学的规划。德国在基于土地整理的乡村更新计划中，由政府机构根据农业发展，乡村更新和公共建设等需要，依轻重缓急选择土地整理地区，完成先期规划，并在广泛征求和考虑公众意见的基础上，重新修订规划。美国从1990年起，农业部向"全国农业开发合作"以及相关项目提供赞助，建立"州农村发展委员会"，要求每一个委员会必须有自己的战略规划，确立提高农村居民生活质量的方法和措施。第三，对农村建设提供制度和机制上的保障。韩国政府为了支持新村运动，中央政府成立了由内务、农林、工商、建设、文教、邮电及经济企划院等部门行政官员组成的特别委员会，道、直辖市、市、郡、面、邑、村也成立了相应的机构，建立了从中央到地方的领导体系与相互协作机制。第四，提供物力和财力上的支持。政府的大力支持是农村改革和建设取得成功的基本保证。德国从20世纪50年代起对落后的农业区采取投资补贴、拨款、农产品价格支持、低息贷款等措施，加速推进农业和农村的现代化发展。

5. 重视对农民的教育和培训

建设新农村，人才是关键。发达国家和地区在农村改革和建设中十分重视通过教育提高农民的科技文化水平和思想道德素质。国外农村教育有

---

① 程又中、胡宗山：《国外农村建设的经验教训》，《当代世界与社会主义》2007年第2期。

三大特点尤其引人注目：一是注重实用和行业技能培养，二是重视农业科学教育和课程改革，三是注重农校学生综合素质的提高，四是由政府提供农村教育的经费。法国1960年颁布了"农业教育指导法案"，建立农业教育培训体系。农业部在全国建立了一批农业研究机构和农业学校，从事农业人才的培养。同时，法国政府还确立了公立私立共同办农业教育的体系，逐步实现农业教育的系统化和规范化，国家对获得毕业证书的人员，在安置和农业经营方面给予优惠待遇，在传统农业转变过程中，全国有25%的农场主接受过中等以上的专业培训。韩国在1972年成立研修院，负责培训新村运动的骨干①。培训内容涉及地区开发、意识更新、经营革新、市民教养等内容。我国台湾地区也十分重视对农民的教育培训。针对不同的教育对象，其教育培训形式大体划分为农业科技培训、素质教育和家政服务教育三大类。

三 国内社会主义新农村建设的有益实践

1. 浙江省湖州市②

湖州市新农村建设经验集中体现了"四性"：一致性，即政府作为与农民需求保持一致；全面性，即新农村建设各方面的目标要求全面推进；全域性，即新农村建设不仅在一个县、一个区推进，而且在全市农村范围内推进；均衡性，即在全面推进新农村建设的过程中，各方面都取得显著成效。湖州市新农村建设注重六个"结合"：一是社会主义新农村建设目标与本地实际情况相结合，二是地方党委、政府的工作任务与人民群众的发展要求相结合，三是新农村建设与美化生态环境相结合，四是新农村建设与农村工业化、城镇化相结合，五是新农村建设与发展现代农业相结合，六是新农村建设与历史文化传承相结合。具体来讲有以下几方面。

（1）注重城乡统筹发展规划先行。湖州市城乡统筹发展的经验有：第一，建立城镇化和农村新社区建设联动机制，即以"新农村建设与新型城镇化联动推进、协调发展"的思路，以中心镇、中心村建设为重点，统筹

---

① 赵庆海、费利群：《国外乡村建设实践对我国的启示》，《城市问题》2007年第2期。
② 翁鸣：《社会主义新农村建设实践和创新的典范——"湖州·中国美丽乡村建设（湖州模式）研讨会"综述》，《中国农村经济》2011年第2期。

城乡规划、建设与管理，有序地提高农村城镇化水平和农民居住相对集中率，有效地避免了仓促建设、随意建设带来的"后遗症"。第二，农村新民居建设不搞"一刀切"，而是采取因地制宜、因史制宜的办法，充分考虑村镇不同的地理风貌、历史文化和民族风俗，加强对历史文化名镇和名村的保护，最大限度地将新农村建设与村镇的历史、文化、民族特色有机地结合起来。例如，对名镇和名村的新农村建设，尽量采取修旧如旧的方法，保存其历史原貌特征。第三，在城乡统筹规划下合理利用农村土地。一方面，通过土地整理和开发以及推进农地依法有序有偿流转，扩大农业经营规模，为发展现代农业创造条件，以提高农业生产效率和经济效益；另一方面，将新增建设用地用于发展工业特别是农产品加工业和服务业，吸纳从小规模农业生产中转移出来的富余劳动力，以保证农村劳动力就业转换有序、稳步推进。

（2）生态文明构建美丽乡村。生态农业是现代农业发展的趋势，生态环境是新农村建设的重要内容。湖州市精心设计美丽乡村建设。第一，在充分利用自然风光和人文历史的基础上，重点建设一批"美丽乡村示范村"。第二，大力开展植树造林，形成山清水秀的生态环境，这已成为湖州市干部群众的共同认识和自觉行动。2006 年，安吉县被评为全国首个"国家生态县"。湖州市农村植被覆盖率总体上达到了 75% 以上，也就是说，除了水面、公路和建筑以外，绝大部分山地和耕地都有植被覆盖。最具代表性的是安吉竹乡国家森林公园、天荒坪风景名胜区和龙王山自然保护区。第三，重视和实施农村环境综合整治，重点是"道路硬化、垃圾收集、污水处理、卫生改厕"。全市农村生活污水处理率已达 60% 以上，农村垃圾收集已经常态化，即形成了"农户集、村庄收、乡镇运、区县处理"的运行机制，解决了目前中国农村普遍存在的生活垃圾无法处理的顽症，较好地实现了"村容整洁"。

（3）产业发展富裕群众生活。农业多功能性理论指出，农业除了具有生产食物和纤维等主要功能以外，还具有社会发展、环境保护、粮食安全、人文教育、观光休闲等其他多种功能，这就表明农业可以进一步开发，农村资源要素可以重新配置，并以此丰富和促进农村经济社会发展。湖州市不仅注重粮食生产和农产品深度开发，而且充分利用和开发青山绿水等自然资源，大力发展休闲农业和乡村旅游业。与此同时，湖州市提出

"乡村经营"的概念。美丽乡村的最终目标就是经营乡村，即用高水平的乡村建设夯实乡村经营的基础，用高效益的乡村经营实现新农村建设和发展的可持续性。乡村休闲旅游就是乡村经营的一个"重头戏"，即通过乡村休闲旅游带动农村产业的全面发展和提升。湖州市在发展休闲农业中，注重和兼顾农业的经济、生态、教育、文化等多方面意蕴，主要做法有：第一，编制《休闲产业与乡村旅游发展规划》，做到布局科学、产业联动；第二，注重旅游产品和精品线路的开发，尤其是农业题材、特色主题、节庆活动等新型旅游项目；第三，抓好农业园区建设，将现代农业与农业旅游融为一体；第四，提升"农家乐"的文化内涵和服务水平；第五，抓好休闲农业经营管理人才的培养。湖州市农村产业的发展有效地提高了农民收入，2009 年，全市农民人均纯收入达到 11745 元，比 2005 年增长 61%；城乡居民收入比从 2005 年的 2.11:1 缩减到 1.98:1。

（4）以人为本创建和谐社会。新农村建设的根本目的是提高农民群众的生活水平。湖州市经验值得借鉴的有：第一，充分考虑和注意保护农民群众的利益，在新农村建设中，特别注意"三个集中"与"三个提高"的关系，即在农业资源集中、农村工业园区集中、农村新社区集中的过程中，强调提高现代农业发展水平、农民收入水平、农村公共服务水平，以保证农民群众享受改革发展的成果。第二，促进乡镇特色产业的发展和经济转型升级，全市 18 个中心镇成为区域农民就业转移、创业增收的重要平台。同时，为了帮助农村劳动力更快地适应新的工作岗位，湖州市兴办了农民学院、农村社区学院并开展了农民职业教育、远程教育和技术培训。第三，积极推进社会保障制度创新。其中包括：加大推行城乡居民社会养老保险的力度，提高适龄人员参加率；完善被征地农民基本生活保障制度；逐步完善农村居民最低收入保障制度。目前，湖州市农村居民最低收入标准已达到城镇居民的 70%。第四，加强政策的引导作用。在政府主导的农民集中居住区建设中，探索推行宅基地置换居住用房或物业用房的安置模式，为农民提供居住或创业的场所。同时，注意听取和重视农民群众的意见，运用民主协商的方式解决有关问题。

（5）市校合作助推农业农村发展。新农村建设的一个重要目标是"生产发展"。通过现代农业技术实现农村和农业发展无疑是最理想的途径，但对于一个地级市来说，诸多现代产业元素的形成必须借助外部力量。湖州与浙江大学合作共建浙江省社会主义新农村试验示范区，就走出了一条产学研相结合的成功之路。

（6）党政善治发挥领导作用。第一，坚持以科学发展观为指导，认真搞好科学规划，杜绝盲目建设和瞎指挥，做到没有规划不设计，没有计划不施工。第二，注重农村调查研究，认真听取农民群众的意见，做到政策制定是为了群众利益，政策内容要符合群众需要，政策实施得到群众支持，政策结果实现群众满意。第三，站在历史的高度把握未来的发展，善于发现、集中、总结和升华广大干部群众的集体智慧，充分调动干部群众的积极性，并将其转化为新农村建设的具体实践行动。第四，从统领地方全局出发，把握好经济发展与社会发展、工业发展与生态环境、城镇发展与农村发展、近期发展与远期发展的相互关系。第五，注重队伍建设、制度创新和人才培养，特别是农村基层党支部和村委会的建设，通过加强民主管理、民主决策，妥善处理经济社会发展中的各种利益关系。实施村民事务代办制，促进乡村干部作风改变，为美丽乡村建设提供制度保障和人才保障。

2. 江西省樟坪畲族乡[①]

（1）依靠招商引资，实现富民兴乡。该乡坚持"跳出畲乡看畲乡、跳出畲乡建畲乡，调头向外、内外结合"的总体发展思路，同时确立了"绿水青山留在畲乡，金山银山垒在园区"的发展战略，进一步增强了招商引资工作的领导力度，突出招商工作为主抓手，强化工业的主导地位。坚决落实"亲商、爱商、安商、扶商、富商"的"五商"措施；实行"包洽谈、包签约、包资金到位、包协调、包开工投产"的"五包"机制。以诚招商，以情招商，创新机制，真抓实干，使招商引资项目达到签约一个，成功一个，真正做到"引得进、留得下、稳得住"。同时，以市工业园为平台，坚持走"打破地域界限，走出去、请进来；充分利用本乡木竹资源优势，发展精深加工；创立品牌，开发茶叶资源"的路子，通过招商引资，带动民营经济的发展。

（2）积极发展旅游产业，转变畲乡经济发展模式。畲乡政府十分重视

---

① 梅童、甘沙林：《促进老区经济发展　共建社会主义新农村——江西省樟坪畲族乡建设社会主义新农村的经典案例分析》，《农村经济与科技》2007 年第 12 期。

本乡旅游业的发展，多次邀请有关专家实地考察畲乡旅游资源情况，并结合畲乡实际，因地制宜编制了"畲乡旅游发展规划"，高起点、高标准规划建设了上山修竹宾馆、畲寨山哈客楼、民俗文化村、图腾广场、景点简易山路等旅游基础设施项目。总结畲乡的成功经验：一是畲乡的旅游发展思路明确。畲乡党委、政府综合畲乡旅游资源的实际情况，提出了"以生态为本，文化为核，自然为景"的旅游发展思路，围绕食、宿、行、游、娱、购六大旅游要素，对乡域旅游资源进行科学规划，合理布局，着手规划开发民族文化旅游和生态休闲旅游相结合的精品旅游模式，突出旅游发展规划，以民族文化、生态休闲为特色，建立和完善景区配套设施建设，对旅游开发实行市场化运作和企业化管理，加大旅游宣传力度，大力引进资金投入旅游项目，推动旅游服务上档次、上水平，力争使樟坪旅游项目纳入鹰潭市旅游框架体系。二是以建设社会主义新农村建设为契机，推进畲乡旅游整体环境的提升。按照"规划科学、布局合理、功能配套、群众参与、统一规划、分户建设、市场动作"的原则，结合畲族民俗文化，创建了畲乡民俗文化村。民俗文化村的竣工，整体展现了畲族人民的风情风貌，优化了畲乡的旅游环境，提升了畲乡的旅游品位，吸引了大批游客前来观光旅游。

3. 浙江省金华市①

金华市按照新农村建设和新型城市化协调推进的要求，抓紧完善资源要素配置机制和人口集聚引导机制，强化规划的核心引领和调控能力，重点做精"一核"，建好"两线、三村"，实现"点、线、面"的整体提升。

（1）做精"一核"。规划是核心，是建设美丽乡村的龙头和基础，后续建设都围绕规划展开，规划的水准直接决定整个美丽乡村建设的水平，因此，必须精益求精。一是精心调研。通过组织多层次、广覆盖的调研活动，掌握当地农村发展的历史、现状和趋势，充分听取基层干部群众的意见和建议，力戒脱离实际、脱离群众的"办公室规划"和"书斋规划"。二是精细编制。以县（市、区）为单位全域编制的美丽乡村建设规划既是布局规划，也是乡村建设和发展规划，不仅要明确建设区域、建设内容、

---

① 祝维伟：《关于美丽乡村建设背景下村庄整治转型提升的思考》，《新农村》2013年第7期。

建设强度，还要解决怎么建设和怎么发展的问题。因此，按照"生活宜居、设施配套、产业发展"的要求高起点规划、全域规划、深度规划，并做好与其他规划的衔接工作。三是精准实施。按照规划建设城乡一体化的要求，同步安排规划的实施资金和配套项目，完善督查机制，确保规划的引导和调控作用得到有效发挥。通过建立健全美丽乡村建设项目负责人和施工人员培训制度，防止在规划实施过程中变形走样。

（2）打造"两线"。环境美是美丽乡村的直观属性，建设环境美是村庄整治转型提升的基础任务。通过全域整治建设，全面打造美丽乡村的生态线和风景线。一是全面打造美丽乡村生态线。扎实推进"平原绿化""四边三化""双清""三改一拆"四大行动，按照"统一部署、联合整治，城乡联动、区域一体"的原则深化农村环境综合整治，优化提升农村基础设施的长效管理工作，使绝大部分农村人口直接受益，加快编织城乡"生态网"，促进农村面貌有根本性改观。二是重点打造美丽乡村风景线。按照"洁净立线、绿化连线、景观亮线"的要求，以沿景区、沿产业带、沿山水线、沿人文古迹等为重点区域开展美丽乡村风景线建设，打造一批极具乡土特色的品质型生活社区和开放式休闲旅游景区。以"大景区"的理念指导美丽乡村风景线建设，力求线上整体风格协调、功能呼应，设施一体化配套，并区分核心景点村和一般沿线村，分别有侧重地实施建设。潜力大的区域优选实施，特别是与浙中城市群生态绿道及旅游一体化规划、农家乐精品示范区紧密关联的线路要优先启动，确保建设一批成熟一批。

（3）育好"三村"。村点是美丽乡村的基本细胞，其中洁美村是基本点，中心村、特色村和精品村是核心点，在功能布局和人口容量规划、整治建设内容和项目、建设和扶持标准、相关基础设施和公共服务配置等方面予以统一考虑、区别对待。一是培育洁美村，普遍提升村庄洁美水平。将"洁美村庄"创建作为村庄整治的升级版，进一步扩大"垃圾处理、污水治理、卫生改厕、村道硬化、村庄绿化"五大基础项目的受益面。二是培育中心村，加快提升布局美水平。有针对性地选择区位条件好、经济基础强、宅基地整理复垦潜力大的乡政府机关所在村、原乡镇政府所在村、下山移民新村、产业特色村等作为中心村培育建设重点，大力发展村域经济，配套建设农村基础设施和公共服务设施，使中心村建成"人口集中、产业集聚、要素集约、功能集成"的美丽乡村。三是培育精品村,重点提升个性美水平。将原"村庄整治示范村"创建活动升级为"美丽乡村精品培育计划",发挥村庄既有优势,因地制宜开展全面精品村和特色精品村创建。坚持从村庄布局、景观风貌、产业优势及文化习俗等方面着手,按照"绿化一村一景""产业一村一品""文化一村一韵"的要求,加快培育精品景观、精品文化、精品产业、精品管理和精品服务,做强、做优美丽乡村风景线建设的"核心景点"。在对历史文化村落实施全面保护的基础上,精选古建筑保留相对集中、自然生态优美、民俗风情独特的村落予以重点规划、重点保护、重点建设、重点开发,引导发展主题文化特色旅游,打造一批具有乡土韵味、体现"文旅"结合、生态经济和生态文化融合互动的精品村庄。

四 加快福建省新农村建设的思路

1. 建立现代化、集约化农村产业模式。现代生态农业是农业持续发展的保障,这能够保证食品安全,增加农民收入。现代生态农业的特点,决定了它在农村生态环境保护中将发挥重要作用。新农村应大力发展节约资源又能促进可持续发展的生态农业,以此作为协调解决传统农业与环境保护矛盾的手段,调整优化农业产业结构,改变过去单一种植业生产结构为农林木副渔、生产加工为一体的复合型生态循环系统,提高物质循环和能量转化效率,实现资源利用与环境协调发展,逐步形成物质和能量的良性循环。

2. 合理的规划乡村建设,完善乡村基础设施。现阶段,地方政府应当承担起责任,领导村民发展、管理农村事务,特别是对新农村建设做出合理规划。新农村规划的总体目标要以生态理论为指导,按照生态系统规律并结合新农村经济与社会发展规划的现实要求,坚持经济建设、城乡建设、环境建设同步规划、同步实施、同步发展的原则。与此同时,政府在财政上应给予适当支持,并在其他方面加强物质支持,诸如完善新农村基础设施体系等。

3. 加强宣传教育,增强人们的环保意识。新农村应利用各种媒体加大环保宣传力度,向农村干部宣传保护生态建设的重要性,促使其充分认识加强农村环保工作的紧迫性。要向农民宣传环保意识,把环保建设工作提高到一个新水平，引导广大农民走"生产发展、生活富裕、生态良好"的文明发展道路。

4. 建立并完善农村自我环境监管机制。新农村应该建立自我环境监管机制，这样村民就能够直接感觉到环境恶化对自身的影响。可在环境敏感地区建立不同层面的环境监管机制，这种方式不仅可以提高村民的环境保护意识，还能为环境监测提供宝贵的第一手资料，对保护环境，促进农民身体健康具有重大意义。①

5. 城乡互动，加快农村产业升级。农业是基础产业，但在市场经济条件下，靠单纯农业发展，很难取得农村经济的快速增长。大力发展农产品加工业以及其他优势工业，是完善农村产业结构，增加农村经济收入，发展农村经济的重要途径。第一，大力发展农产品加工业。发展农产品加工业可以缓解因加工业发展滞后对农业的制约瓶颈，增加农产品的储存性能，延长销售时间，便于长途运输和远距离大范围销售，拓展农产品加工增值能力和市场竞争能力。第二，突出资源优势，依据城乡工业类型错位互补的原则，培养新的经济增长点。如矿山及原材料生产、机械制造及零部件加工、农村能源电力建设、建筑材料等适合农村大力发展的工业部门。发展农村工业能为农村剩余劳动力创造就业机会，有利于农村的科技进步，有利于改变农村的生产生活方式，有利于城乡经济的协调发展和提升农村经济的整体水平。

6. 找准新农村建设的突破口。新农村建设的突破口应选在农村公共产品有效供给上。长期以来，中央财政对城镇基础设施建设、公共服务投入了大量资金，而农村基础设施建设和公共设施服务基本上靠农民自己投入，这就造成了城乡在基础设施建设、公共服务方面差距拉大。突破口主要有：一是改善农村交通。近几年，县乡村公路和道路状况有所改善，但质量较差。可以把道路硬化作为新农村建设的一项重要内容。二是安全饮水。现在农村还有大量人口用的是有害的水，要进行深水井改造，同时进行自来水建设。三是清洁能源，在适合搞沼气的地方加快普及沼气。四是卫生整治。农村卫生方面要实行人畜分离，修建垃圾处理场，解决污水处理问题。

---

① 姜四海：《浅论社会主义新农村建设中出现的环境问题及其对策——以兴城市南大山乡新民村为例》，《经济研究导刊》2012 年第 29 期。

第五节 强化现代农业的基础支撑

坚持走特色农业现代化道路，充分发挥政府的作用，加快转变农业发展方式，提高农业综合生产能力、抗风险能力和市场竞争能力。

一 坚持走特色农业现代化道路

1. 实施品牌农业战略，走标准化、品牌化、精细化生产之路。从国内外市场需求来看，食品安全已经成为越来越多消费者首要考虑的因素，因此，大力发展有机、绿色、无公害食品，树立安全食品品牌，全面推进品牌农业建设，将成为福建现代农业实现跨越式发展的必由之路。近年来，福建高度重视品牌农业发展工作，采取有力措施加以推进，品牌农业蓬勃发展，在加快农业产业化、标准化、市场化进程，促进农产品品质提升和农业增效、农民增收等方面发挥了积极作用。在积极实施农业品牌战略的同时，福建省要大力推进农业标准化生产。围绕主导产品和特色产品的生产需要，制订覆盖产前、产中、产后全过程的农产品质量和生产技术综合标准。重点抓好各市主要农产品批发市场和主要农产品集中产地县和快速检测室的建设。积极推行 GMP、HACCP、ISO14000、ISO9000 认证和管理工作。加强农业投入品监管、生产过程管理和农产品质量安全监测，鼓励和引导企业进行农产品商标注册和质量认证，发展无公害产品、绿色食品、有机农产品。

2. 大力发展生态高效农业，走可持续发展之路。农业既是能源消费者，也是生产者；既是工业"三废"消纳地，也有自身污染源。农业节能减排对缓解能源压力、加强农业资源环境保护、促进农业节本增效意义重大。长期以来，福建的农业增长主要依靠资源开发和消耗。这种增长方式不仅成本高、效率低，而且已成为制约福建现代农业持续健康发展的主要瓶颈。从发达国家经验来看，现代农业的发展都不是靠扩大耕地面积或增加化肥和农药投入，而是依靠农业科技进步，依靠资源利用效率的提高和高新技术的广泛应用，充分发挥科技在集约降本、增产提质、转化增值、提升拓展方面的潜力，使现代农业发展由粗放型增长方式向集约型增长方式转变。在发展模式上，高科技农业、信息农业、设施农业和精准农业等将在福建农业节能减排方面发挥越来越重要的作用。随着环境保护的深入人心和可持续发展战略的深化实施，可持续农业已成为福建现代农业发展的重要内容。可持续农业的主要模式是生态农业，利用动物、植物、微生物间的相互依存关系，应用现代科学技术，保护和充分利用自然资源，防止和减少环境污染，形成生态和经济的良性循环，实现农业的可持续发展，这种具有生态文明内涵的农业模式是现代农业发展的方向。

3. 调整优化农业产业结构，走优势与特色农业发展之路。调整农业结构就是要改变农业的弱势地位，促进农业增效、农民增收。调整的重点是要围绕优势和特色农产品，优化品种结构，大力发展农产品加工业和涉农服务业，加大农产品加工业产业集群建设力度，提高农产品加工转化率，实现就地转化，延长产业链条，把优势和特色农产品做大做强。福州、厦门、泉州和漳州四个沿海发达地市由于非农部门经济较为发达，要利用资金、技术和市场优势发展高技术含量和高附加值的优质创汇农业，发展精品农业，形成优势产业。闽西北地区由于经济发展水平较低，城镇化、工业化对农业的促进作用尚不明显，应在继续实施"山海协作"的政策条件下，大力发展生态型畜牧业和林、竹、蔬、果、茶、菌等绿色产品和优势产业。

4. 创新组织经营形式，走产业化、市场化经营之路。立足福建省现代农业发展现状，要实施农业产业化经营：一是要培育龙头企业，实施"强龙带动"工程，集中扶持发展一批产业关联度大、市场竞争力强、辐射带动面广的重点骨干龙头企业。鼓励引导龙头企业开展强强联合，培育一批跨地区、跨行业的大型龙头企业集团。逐步完善利益联结机制，通过龙头企业的核心带动作用，把农户联合起来，做强产业。二是抓基地建设，做大农业产业规模，形成规模效益。三是发展农民专业合作社。积极引导和鼓励供销社、龙头企业以及专业大户、农村能人领办各类农民专业合作组织。引导农民专业合作组织依法登记，规范运作，明晰产权，完善组织章程和内部管理制度，建立健全利益分配和风险调节机制，增强自我服务和自我发展能力，逐步提高农民组织化程度。

5. 深化闽台农业合作，走外向型农业之路。要大力发展以闽台农业交流与合作为重点的外向型农业经济，推动闽台区域生产要素跨地区流动，构建区域共同发展平台，在产业对接、经贸协作、文化交流、人才技术交流、旅游合作等方面深入开展多领域、多层次的合作。通过建立有目标、有步骤、有秩序的经济合作机制，实现我国台湾地区的资金、技术、市场管理以及经营理念与福建的人力资源、广大市场相结合，促使两岸农业的竞争力能够在合作中共同发展，在发展中共同提高，进而促进外向型农业的发展。农业"走出去"是一个大战略，是福建现代农业发展的客观要求。在充分依靠科技解决福建农业生产资源短缺的同时，以闽台农业合作为推手，大力发展外向型农业，利用国外的资源、先进科技和管理模式有助于解决福建省水和耕地等农业资源紧缺的问题，有利于促进农产品出口，解决农产品供需平衡，增加农村劳动力就业机会。福建省一些企业如超大集团、圣农集团等已有成功的经验，随着国际环境趋于宽松，其他有条件的企业"走出去"，福建省外向型农业必将呈现出更大的成长趋势。

二 充分发挥政府的主导作用

加快建设现代农业，就要在充分运用市场机制的基础上，按照统筹城乡经济社会发展的思路，完善政策，建立制度，并致力于公共投资以提高资源配置效率和比较优势，提高生产率和市场效率。

1. 着力完善农业基础设施体系。农业基础设施是农业生产的物质技术条件，也是一个国家或地区农业和农村经济发展的"先行资本"。农业基础设施建设投入高而投资回报率较低，它的利用具有公共性，难以确保每一个消费者按实际消费支付相应价格。因此，各级政府应当是农业基础设施建设的主导力量。在发展目标上，应围绕提高农业装备水平、优化农业发展环境、改善群众生活质量，坚持以效益为中心，把基础设施建设与农业综合开发相结合，与推进城镇化战略相结合，与工商服务业发展相结合，构建城乡统一的基础设施网络。在重点内容上，治水、改土、兴林、修路、办电、建园协同推进，山水田林路综合施治。在投入机制上，政府直接投入的重点应是社会共享型基础设施，"条条"上协同支持，"块块"上适度集中，以发挥政府投入的综合效益。同时，着眼于促进民间资金向民营资本转变，注重通过政府投入的引导作用鼓励和支持业主开发，吸纳社会资金投入农业基础设施，逐步建立起国家、集体、社会力量等多渠道、多形式、多层次的多元化投入格局。

2. 全面深化农村体制改革。完善的市场体制，是现代经济发展的组织和制度前提。改革开放以来，城乡体制障碍还远没有彻底消除，二元结构还未根本改变，阻碍了城乡之间生产要素的合理流动，严重制约了城乡经济的协调发展，所以，必须加快体制创新步伐。体制创新的重点，一是农业经营体制的创新。家庭承包经营体制适应现阶段我国生产力发展水平，是推进现代农业建设的制度基础。但其经营规模小，生产、加工、销售脱节，组织化程度低等局限性日益突出，必须继续探索完善。从实践看，农业产业化经营是经营体制创新的有效形式。要通过"龙头企业＋合作经济组织＋农户"等形式，推动农业生产经营的市场化、集约化和规模化。同时，要在稳定农民土地承包关系的基础上，按照"自愿、有偿、依法"的原则，引导土地使用权的合理流转，促进土地使用权向龙头企业和经营大户适度集中，促进生产基地向优势名牌产品较快集中，推动土地资源向土地资本转变。二是农业管理体制的创新。长期以来，农业管理部门分割，职能交叉，管理界限不清，中间环节较多，深化改革势在必行。改革的方向，首先是明确政府调节农业的边界应以不损害农产品市场交易机制为限，以不损害农民收入增长为限，凡市场能够调节的均由市场调节。在此基础上，对农业的产前、产中和产后管理服务部门应实施职能明晰、机构调整、资产重组的组织变革，构建服务于生产、加工、销售一体化经营的管理体制。三是农产品流通体制的创新。随着农村商品经济的发展，农产品流通体制改革有了一定进展，但农产品流通中存在的问题仍较突出。要加快粮食等重要农产品的市场化进程，深化国有流通企业改革，消除行业间、地区间的市场封锁和行政壁垒，延伸"绿色通道"，逐步建立统一开放、竞争有序的市场体系。完善农产品流通调控制度，改进市场运行监测手段，建立规范化的市场监管机制，确保重要农产品的安全储备和对农产品进出口的有效调控。

3. 加大政策支持保护力度。政府对农业实施适度的支持保护，既是世界各国的普遍做法，也是我国农业参与国际竞争的现实需要。政府应制定和实施科学、合理、适当倾斜的农业政策，校正农业资源的非农化倾向，统筹城乡经济发展。当前，尤其要借鉴国际通行做法，在 WTO 框架下积极构建合理、有效的农业支持保护体系。一是用好"绿箱"政策。要不断提高财政预算内资金投入农业的比重，加大对农业基础设施、科研教育、技术推广的投入力度，通过项目贴息支持农业生产资料生产、农产品精深加工、农业科技开发等。二是改革补贴方式。将价格补贴直接发放给农产品生产者，使农民真正得到实惠。对因遭遇严重自然灾害而减产或绝收的农户给予救灾补助，帮助其恢复生产能力，降低自然风险损失。三是进一步减免税费负担。在农村税费改革的基础上，继续分阶段减少农业税费，整治各种不合理的乱收费、乱摊派，创造和改善有利于农业发展的经营环境。四是强化农产品生产经营预警机制。针对农产品生产周期长、信息传递慢、伴生影响大的特点，根据对国际需求、国内市场、自然风险等变化的预期，提前采取缓冲制衡措施，释放农民的生产经营风险。

4. 构建完备的农村服务体系。现代农业生产经营主要依靠市场机制的作用，客观上要求政府职能必须由组织管理向提供服务转变，由产中服务向产前、产中、产后全过程延伸，由生产服务向生产、交换、分配、消费全方位拓展。农业服务体系建设，要与乡镇事业单位机构改革相结合，按照公益性事业与经营性行为分开的原则，规范管理体制，理顺条块关系，精简事业编制，强化服务功能。一是完善市场服务。要在加快构建多层次、多类型、多功能的农产品市场体系的同时，着力农产品市场与生产要素市场相配套，提高市场的联结、辐射功能。规范市场行为，打击欺行霸市，维护正常的市场交易，逐步形成统一、规范、有序的市场环境。建好农产品和农业要素市场信息网，做好农产品信息，特别是中长期市场信息的分析，及时、准确为生产经营者提供服务。二是强化科技服务。重点要以龙头企业为依托，围绕农产品的良种培育和加工、储运、保鲜及农产品综合利用技术与设备的研究开发，加强重大技术攻关，有计划地建立一批高效益、标准化的区域性科技示范园区或基地。继续发挥科研单位和乡镇农技推广机构的作用，引导、鼓励龙头企业和民间科研机构、专业技术协会等社会组织参与技术推广，逐步形成公益性与经营性、专业化与社会化相结合的科技推广服务体系。三是加强金融服务。建立以政策性金融和合作金融为主导、商业性金融为辅助的农业金融体系，加强对农业项目、扶贫项目以及龙头企业、营销大户的资金支持，合理确定利息，改进贷款方式，适当放宽条件，扩大贷款规模，努力提高促进农业发展的金融服务水平。

5. 注重先进典型的引导示范。建设现代农业既是一个持续发展的渐进过程，也是一个探索、创新的实践过程，需要各级政府切实加强规划、指导和示范。在规划引导上，要着眼于培育区域特色产业和优势产品，根据自然条件优化区域布局，以此引导市场主体从事农业生产经营。在工作指导上，要注意把握现代农业发展的一般规律，抓住推进发展的关键环节，切实从以行政指挥为主转到综合运用行政、经济、法律手段上来，遵循经济规律，坚持依法行政；从直接介入微观经济活动转到加强引导、提供公共服务上来，当好引导者、服务者和"裁判员"；从一般性号召转到帮助解决具体问题上来，深入调查研究，加强分类指导，增强工作的针对性和实效性。在典型引路上，要注重发现和培育既体现现代农业基本特征、代表现代农业发展方向，又立足区域实际、具有带动效应的现代农业发展典型，并通过各种途径和方式倡导和推广，力促现代农业在典型示范中实现可持续发展。

三 营造良好的制度环境

1. 落实好涉农法律法规。《农产品质量安全法》和《农民专业合作社法》是实现现代农业的重要载体，这两部法律的落实，基本上可以回答多年来社会上对"三农"问题提出的主要疑虑，如小生产与大市场矛盾；家庭承包经营与规模经营的矛盾；农民是市场主体；农产品质量安全、农业标准化、农产品国际竞争力和农民国际维权等问题。《农产品质量安全法》对提高农产品消费安全、质量安全和国际竞争力具有重要作用。从源头上解决了农产品污染、实施过程监控，治理市场秩序和农产品质量安全的科技支撑等问题。这正是建设现代农业、提升农业整体素质的重要内容。当前重点要完善相关配套制度，加强农产品质量安全检验检测体系建设，增强农产品质量安全依法监管能力等。《农民专业合作社法》的颁布实施，有利于提高农民的组织化程度；有利于"公司＋农户"买断关系向合作组织与农民经济利益一体化方面转变；有利于实现现代农业标准化生产、专业化经营、信息化管理；有利于整合农民资金、技术和劳力等资源；有利于农业企业进行国际维权，对发展现代农业、促进新农村建设具有特殊意义。当前重点要广泛开展宣传，抓紧修订颁布《农民专业合作社示范章程》。

2. 深化支农强农的科技、金融等体制创新。一是深化农业科技创新体系改革。首先，是农业科研体制创新主体问题。农业科研与工业科研有所不同，农业科研是自然再生产与经济再生产相结合的科研类型。目前我国具有科研能力的大型农业企业很少，农业科研单位应作为科技创新主体，国家在投入上应将其作为创新主体对待。其次，是应用研究与基础研究问题。从目前情况看，"重应用研究、轻基础研究"的现象比较普遍。近年来，农业科研突破性成果、大成果少，大多数都是小成果。根本原因是基础性研究不够，缺乏基础性研究，应用性研究就是无源之水。这个问题若不能很好地解决，我国农业科研的发展必将后劲不足。最后，是农业科研机构的公益性问题。农业科研机构划为非公益性的比例过多，如中国农业科学院的 39 个研究所，划为公益性的只有 18 个，还不到 50%；留下的科研人员占原科研人员总数的比例仅为 21.4%。[①] 二是深化农技推广体系改革。将农技推广工作列为公益性事业，为乡镇站配备必要的设备，加强技术人员的知识更新；重视科技示范区、推广基地、成果展示区对周围农民的示范和辐射作用；大力推进农业科技入户。三是加快农村金融改革步伐，逐步建立农业政策性保险。金融贷款投入是建设新农村资金投入的重要来源。有关部门应在农民存款中划出一定比例保证农民贷款。另外，长期以来，"农民贷款难""农村信用社难贷款"严重困扰农村信贷，"两头难"归根到底是担保难。农民自发组成的贷款担保协会等形式，能够有效地解决担保难的问题，从根本上解决了"两头难"的问题，这种制度创新对农民、信用社、担保协会都有利，是一举多赢的组织形式，具有良好的发展前景。同时，要逐步建立农业政策性保险制度，这是解决"三农"问题的重要措施，应当把农业政策性保险作为长期的重大支农政策，将保险费补贴列入中央和地方财政预算。

四 加快转变农业发展方式

要注重运用高技术提升农业，借鉴工业化理念发展农业，引入商业运作拓展农业，发展高产、优质、高效、生态、安全的农业，推进形成闽东南沿海高优农业、沿海蓝色农业、闽西北绿色农业三大特色农业产业带。

1. 深化闽台农业合作。闽台两地农业基础条件的相似性和农业发展水平的互补性，使闽台农业合作成为推动海峡西岸新农村建设的重要因素。1997 年国家外经贸部、农业部、国务院台湾办公室批准福州、漳州两地设

[①] 万宝瑞：《把发展现代农业贯穿新农村建设始终》，《农业经济问题》2007 年第 1 期。

立海峡西岸农业合作试验区以来，闽台农业合作在促进福建农业发展、提高福建农产品竞争力、增加农民收入、实现社会和谐方面发挥着越来越重要的作用。

（1）闽台农业合作的优势明显、条件互补。第一，福建与台湾作为海峡两岸隔海相望的两个区域，地理位置相同，气候、地貌、生物种类等方面十分相似，两岸在农业的各个领域如水产业、果产业、菌产业、茶产业、畜牧业、蔬菜产业、花卉产业都有合作的气候、土壤等农业自然条件。第二，闽台农业资源要素有很强的依存性，福建农业发展对台湾的资本、技术存在依存性；台湾农业发展对福建土地、劳动力存在依存性。而台湾由于土地与劳动力资源的稀缺，农业资本要素相对过剩。由于农业投入机会成本的提高，农业资本要素投入失去相对优势，当前台湾农业发展必须靠资本和技术的外移，而福建农业发展要靠资本的深化和技术的进步，二者加强合作有利于实现双赢。第三，在世界经济全球化与区域经济一体化两种趋势同时增加的激烈竞争的环境中，由于闽台农产品出口结构和出口地区的趋同性，闽台农产品在国际市场上的竞争不可避免。台湾的水果、蔬菜、茶叶、畜产品和水产品等劳动密集型产品，原来都是较具竞争优势的，现在竞争力却在逐年下降，其中重要的原因是随着台湾劳动力价格不断提高，农产品生产成本上升，使台湾农产品失去了竞争优势。台湾资金与技术资源优势由于没有相应的土地与劳动力资源的配合而难以发挥。因此，两岸入世后闽台农业共同面临市场竞争日益激烈的挑战，产生了闽台农业合作，将产品劣势转化为资源优势，化互竞为互补，化竞争性为依存性，提升闽台区域农业竞争力的必要性和迫切性。

（2）以闽台合作助推海峡西岸农业产业带建设。一是沿海蓝色产业带。沿海蓝色产业带所涉及县（市、区）包括福州、莆田、泉州、厦门、漳州、宁德6个设区市所属的34个县（市、区）。目标是发展成为集海水养殖、近海捕捞、远洋捕捞、渔船避风补给、水产品集散与加工、休闲渔业和新型海洋产业为一体，海洋渔业经济发达，产业布局合理，科技先进，海洋生态环境优良，海洋综合管理完善，竞争优势明显的沿海现代海洋渔业经济区。发展重点是优化区域布局，构建各具特色的渔业经济区；培育和壮大现代海洋渔业经济体系；大力加强海洋资源保护、海洋环境保护、海洋防灾减灾体系建设；参与国际经济合作与交流，提高对外开放水平；健全海洋管理机制，提高综合管理水平。二是闽东南高优农业产业带。闽东南高优农业产业带所涉及县（市、区）包括福州、莆田、泉州、厦门、漳州5个设区市所属的47个县（市、区）。目标是发展成为区域化、专业化、标准化生产格局初步形成，主导产业突出，高科技农业快速发展，机械化水平高，设施农业发达，农产品加工体系健全，产业化经营水平高，市场竞争优势明显，外向型农业发达的高优农业产业带，成为全省率先实现农业现代化的示范基地和外向型农业基地。发展重点是调整农业结构，大力发展特色农产品，培育和壮大主导产业；建设农业标准化生产基地和绿色农产品生产基地，发展无公害农业、绿色农业和有机农业；建设闽东南高优农产品加工基地，提升加工转化水平；进一步改善软环境，大力发展外向型农业。三是闽西北绿色产业带。闽西北绿色产业带所涉及县（市、区）包括宁德、南平、三明、龙岩4个设区市所属的38个县（市、区）。目标是发展成为优质商品粮、林产业、特色畜禽、淡水养殖、园艺产业和生态旅游业协调发展，生态环境优美，农业特色突出，区域布局优化，标准化生产比重不断提高的绿色农业产业带，成为全省生态农业和绿色农业的生产基地。发展重点是改造传统农业，提高农业综合经济效益；加强生态环境建设，突出发展生态农业和绿色农业；发挥山区资源优势，加快培育生态旅游经济增长点。

2. 积极发展都市型休闲农业。大力发展观光、教育、体验、健身等多功能的休闲农业，加快发展以农家乐、森林人家、水乡渔村等为重点的乡村旅游。

（1）国外乡村旅游经典案例——以澳大利亚葡萄酒业旅游发展为例。从欧洲移民澳大利亚开始，葡萄酒业的生产制作就成为澳大利亚文化的重要组成部分，如今澳大利亚葡萄酒业已成为重要的乡村产业。澳大利亚葡萄酒业旅游的产生是基于以下几个因素共同作用的结果：一是可达性的显著改善和对公众的吸引力；二是葡萄酒业的持续扩张，不断产生新的葡萄生产区域和新的品种，以及新形式的葡萄酒生产；三是战后移民和欧洲生活方式等文化因素的影响，拓展了葡萄酒作为生活品的吸引力；四是伴随市场营销和技术革新，迎来了20世纪50年代和60年代葡萄酒生产的高峰。到20世纪80年代，葡萄酒业的旅游潜力才逐步被全澳洲人认识到，1984年维多利亚州政府经济与预算委员会提交了关于维多利亚葡萄酒产业的报告，这份报告是第一次综合研究维多利亚葡萄酒产业并指出"委员会认为应制定政策发展维多利亚的葡萄酒业旅游并将该政策与州区域旅游发展战略相协调和统一"。

（2）国外经验的有益借鉴。第一，乡村旅游的规模发展。由于受乡村土地分散、小规模经营的弊病的制约，福建省目前的乡村旅游存在分散，规模小，个体经营占主体，乡村旅游产品单一，产品深层次开发不够，产业经济结构不健全，经济贡献小的问题。因此，以土地联合经营为核心，形成合作经营组织，综合利用乡村的景观资源和农业景观，建设乡村旅游基地，提供多方面、全方位的旅游产品与服务，推动乡村旅游的规模发展。第二，专门的负责机构。乡村旅游是我国新世纪乡村发展和旅游业发展的主题之一。依据西方国家在经济转型过程中乡村旅游发挥的巨大作用，乡村旅游也将在乡村发展中扮演重要的角色。乡村旅游将成为除风景名胜区、都市旅游之外的最大的旅游地，对于乡村来讲这无疑是一次难得的发展机遇。第三，收入再分配的调整机制。乡村的发展要以促进乡村社区发展为目标，将农业、农民和乡村发展高度结合起来，使旅游业成为乡村重要的产业和社区经济内容，使农民从旅游业中直接获利。主要的做法有农民直接从事旅游产品生产（如观光农业的生产者等），直接参与乡村旅游服务，经营乡村旅游中介机构等多种形式，实现地区之间、产业之间、个体之间利益的再分配过程。第四，统一协调的市场。乡村旅游的发展不仅面临人口众多、土地经营规模小、服务设施滞后，经济水平低等多种制约因素；同时，乡村旅游资源受农业、文物、文化、宗教、环保、规划、建设、水利等多个部门的多头管理，在乡村旅游发展过程中形成了重要的机构制约，阻碍乡村旅游的快速发展。因此，借鉴美国 MOU 机制，建立合作组织，形成统一协调的利益市场是乡村旅游发展的重要政策促进环节。第五，建立健全的法规体系。乡村旅游的发展必须首先立法，借鉴西方国家的发展经验，结合我国实际情况，制定乡村旅游发展的法规要点，进行先期发展指导，并伴随乡村旅游的深入发展，进行法规的修正，以保证乡村旅游发展的正确方向和乡村旅游资源的可持续利用。先期的法规要点包括"乡村旅游规划纲要""乡村自然与人文遗产资源保护草案""乡村游憩土地利用规划实施细则""乡村旅游促进计划""乡村环境保护条例""乡村旅游开展申请条例""乡村旅游地规划与建设管理条例""乡村旅游经营者上岗管理条例"和"乡村旅游质量投诉与责任事故处理条例"等。

（3）发展都市型休闲观光农业的策略路径。都市型休闲观光农业既不同于一般农业基地，又不同于一般观光旅游农业，属于多功能性的、风格独特的都市型休闲观光农业园，在注重农业为中心城市服务的同时，还应当强调拓展农业的绿地、旅游、教育、体验等功能，这些是包括经济、生态、示范、社会等多重功能的大农业系统。从目前的发展趋势看，人们在长假里不仅要达到休闲的目的，而且还要求在休闲的过程中不断提高健康指数、提高自己的文化品位，满足精神需求。第一，认识上要高度重视。各级政府部门要加强对休闲观光农业的重视，站在农业发展前景、可持续发展的大环境下进行思考，加快当地休闲观光农业的转型。现行休闲农业经营者应积极配合有关部门招商引资，参与都市型休闲观光农业转型，实现规模经济效益。第二，设施上应注重专业化。在设施方面，包括硬件和软件设施，硬件设施体现在更加强调设备专业化，将传统的粗放式耕作，改为精耕细作，充分利用土地资源。软件主要体现在休闲农场的员工素质，管理层素质方面。要使休闲农业成功转型，对员工的一些基础性的培训是必不可少的，在此基础上还要聘请一些有经验的、熟悉农业生产发展同时又具有一定管理知识的管理者来进行休闲农业硬件、软件的管理。第三，运作上要重视创新。传统的休闲观光农业规模小，数量多，经营体制不健全，各休闲观光农场之间联系不密切，难以满足消费者多样的需求，都市型休闲观光农业将多个休闲观光农场合并，发挥各农场的优势，建立具有规模化的都市型休闲观光农业园，更强调专业化、集约化，通过多种服务满足多种需求。在科技投入方面，努力与高校合作，用科技创新带动产业发展。如北京朝阳农艺园。该地区休闲观光农业资源比较丰富，当地政府通过有计划的规划、设计，将本地有特色的"湖""山"等农业自然环境、农村人文资源，修建成了供都市居民旅游、采摘、体验农作、了解农民生活、享受乡土情趣的综合性休闲观光农业区。休闲观光农业的发展不仅增进了都市居民对农村与农业的体验，提高了旅游的文化内涵，而且也增加了农民收益，促进了农村全面发展。在宣传方式方面，改变传统的路标、口耳相传的口碑宣传方式，采用网络、电视广告、灯箱广告等大众宣传媒体，加大宣传投资，扩大宣传范围，将对目标市场的宣传扩大到福州、厦门等省内一线城市，依靠宣传树立都市型休闲观光农业的品牌，为休闲观光农业所供应的农副产品开阔市场奠定基础。注重对都市型休闲观光农业形象及产品的包装、定位，加大宣传力度，扩大了经营辐射区。第四，服务上要强调文化内涵。在产品服务项目方面，现行传统的休闲观光农业大致有休闲农场、观光农园、休闲胜地、民宿农庄、户外拓展等，产品服务项目缺乏特色、受季节性影响较大、无法保证旅游的持续性、产品无附加值。而都市型休闲观光农业将观光农园转变成市民农园，并新增了民俗旅游、天然农副产品供应两项。市民农园以休闲体验为主，不带有商业色彩，农园里所生产的农产品不能出售，只可自己享用或分赠亲朋好友。在目前情况下，观光农业不仅要改变其农业方式，更不能随意改变自然生态，要有乡村特色；旅游形式不能是走马观花，而要有科技文化含量，寓教于乐。市民农园较之观光农园强调了游客的参与程度，并且由于租赁土地的新模式，克服了传统休闲观光农业受季节性影响的制约因素。其中民俗旅游可以充分挖掘地区文化内涵，不局限于休闲资源表面，能更富于观念和感情的沟通与体验，更钟情于表象下文化底蕴的体验，更具有民间文化的独特魅力，使游客更具有地域归属感与回归自然的愉悦感。天然农副产品供应增加了休闲农业旅游的附加值，游客在休闲农庄旅游后还可以采购优质绿色的农副产品，不仅克服了当今公害污染严重的问题，还提高了城镇居民的生活质量。

五 构建集约化、专业化、组织化、社会化相结合的新型农业经营体系

构建集约化、专业化、组织化、社会化相结合的新型农业经营体系，从表面看是对农业生产组织方式提出的要求，但实质是对农业生产经营主体提出的新要求。首先，"专业化"强调是在分工细密化基础上专业化生产带来的效率提高；"社会化"是指商品农业程度的不断提高，是农业社会化服务体系的建立与完善，而"专业化"与"社会化"互为依存，递次推进。"专业化"与"社会化"是对农业生产主体提出的双重要求。"集约化"作为对农业集约经营的诠释，强调适度规模基础上的高投入高产出，包括生产资料的高投入和农业机械、设施农业等物质装备的高投入，集约化以提高农业资源利用效率和农业劳动生产率为出发点，但集约化的

关键在于农业生产主体有无能力投入以及高投入与高产出的经济利益比较。"组织化"主要是指市场经济活动中处于弱势地位的农民,借助特定的组织载体实现更趋紧密的经济联合,协调农民个体理性与集体理性的关系,提高农民作为农业生产经营主体的市场地位与谈判能力,减少农业生产的"同步震荡效应"。"组织化"强调农民在农业家庭经营以外的组织与联合,如以农民专业合作社为组织形式进行的联合。[①] 在保护好农民土地承包权益的基础上,着力培育新型经营主体,健全农业社会化服务机制,发展多种形式规模经营,逐步建立起以家庭经营为基础,以专业大户、家庭农场为骨干,以农民合作社和龙头企业为纽带,以各类社会化服务组织为保障的新型农业经营体系,促进农业生产经营的集约化、专业化、组织化和社会化。

1. 深化农村土地改革,提高经营集约化水平。继续扩大农村土地承包经营权登记确权试点,强化对农民承包地财产权的物权保护。深入开展土地流转规范化管理和服务试点工作,研究完善土地承包经营权流转管理办法,建立健全土地承包经营权流转市场,规范有序流转土地承包经营权。鼓励和支持承包土地向专业大户、家庭农场、农民合作社流转,发展多种形式的适度规模经营。鼓励有条件的地方结合开展土地承包经营权登记和农田基本建设,通过互换并地解决农户承包地细碎化问题。建立健全农村土地承包经营纠纷调解仲裁体系,及时有效化解土地承包纠纷矛盾。引导和支持广大农户采用先进科技和生产手段,增加技术、资本等生产要素投入,不断提高集约化经营水平。加大对专业大户、家庭农场的扶持力度,完善培育专业大户和家庭农场的财政、税收、金融、保险和基本建设等政策措施。加大政策扶持力度,扩大阳光工程和农村实用人才培训规模,广泛开展种粮大户、养殖大户、家庭农场经营者和合作社带头人的培训,吸引和支持高素质人才务农创业。

2. 大力发展农民合作社,做大做强农业产业化龙头企业。按照积极发展、逐步规范、强化扶持、提升素质的要求,加快发展农民专业合作社。深入推进示范社建设行动,把示范社作为政策扶持重点,逐步扩大涉农项

---

① 胡胜德:《培育多元化经营主体构建新型农业经营体系》,《农业经济与管理》2013 年第 1 期。

目由合作社承担的规模。鼓励农民兴办专业合作和股份合作等多元化、多类型合作社。完善合作社税收优惠政策，对示范社建设鲜活农产品仓储物流设施、兴办农产品加工业给予补助。引导各地规范开展信用合作，创新保险产品和服务。支持龙头企业建设原料基地、节能减排、培育品牌。深入创建农业产业化示范基地，建立健全工作推进机制，研究出台扶持政策措施，积极为示范基地发展提供有效支持，促进龙头企业集群发展和县域经济发展。示范引导龙头企业与农户应建立更加紧密的利益联结机制，让农户共享农业产业化发展成果。深入实施"一村一品"强村富民工程，加快"一村一品"专业村镇建设，因地制宜培育壮大主导产业，带动农民增收致富。

3. 积极培育经营性服务组织，构建新型农业社会化服务体系。从市场准入、税费减免、资金支持、人才引进等方面加大扶持力度，推进农业社会化服务主体多元化、形式多样化、运作市场化，使农民享受到低成本、便利化、全方位的社会化服务。鼓励和支持经营性农业服务组织参与良种示范、农机作业、抗旱排涝、沼气维护、统防统治、产品营销等服务。开展农业社会化服务示范县创建工作，通过扶持典型、总结经验，探索构建服务供给充足、体系综合配套、供需对接顺畅、服务机制完善的新型农业社会化服务体系，探索推动农业社会化服务工作的有效措施。鼓励各地搭建区域性农业社会化服务综合平台，有效整合各类公益性、经营性服务组织资源，形成综合配套服务体系，创新服务供需对接机制。鼓励公益性服务机构、经营性服务组织发挥各自优势，开展多种形式分工合作，发展专业服务公司＋合作社＋农户、龙头企业＋合作社＋农户等服务模式。

第八章

创新城镇化发展的体制机制

第一节　深化土地开发管理制度创新

按照管住总量、严控增量、盘活存量的原则，严格保护耕地和节约利用土地，改革土地管理制度，推进土地征收和供应等领域的改革，不断完善土地产权、用途管制、市场配置、收益分配等配套制度建设，提高城镇化发展的土地资源保障能力。

一　创新土地政策，优化土地结构

1. 积极探索建立差别化的土地供应政策。优先保障交通、水利、能源等基础设施项目和民生项目用地，严格限制高能耗、高排放、产能过剩和重复建设项目上马，切实保障自主创新与战略性新兴产业建设用地。一是对经济比较发达或优势比较明显的地区，如厦门市、福州市，按照科技含量高、经济效益好、资源消耗低、环境污染少的要求，在项目选择、投资规模、投资强度、容积率等方面提高用地"门槛"；对部分经济欠发达的地区，适度放宽条件，给予一定的倾斜政策，为这些地区加快发展速度、缩小与发达地区之间的差距创造条件。二是合理安排各行各业用地，既要保障发展快、成效好的产业用地，也要安排基础性、公益性项目用地，以保障经济持续、健康、协调发展。三是在支持中心城市和主导产业发展用地的同时，为新农村建设、县域经济发展留有空间，做到地区之间、城乡之间和行业之间的统筹兼顾。

2. 完善差别化土地政策的体制机制。一是加强差别化土地政策与财政、货币等政策的配套协调。加快完善与差别化土地政策相适应的财政、货币、产业等方面的配套政策，实现在政策工具、政策时效、政策功能等方面的协同配合，形成规范有序、分类管理的区域土地政策体系和强大的政策合力，实现对区域土地的供给和需求、短期和长期、紧缩和扩张等双向调控。首先，应加快建立针对性的税收政策，完善地方土地利益分配机制，为实现土地要素供给宏观层面的调控建立必要的支撑。积极维持资本市场的繁荣与发展，为激活区域土地金融市场提供重要的平台。其次，加强与产业政策的配套协调，对符合区域产业政策导向的项目予以积极的用地支持，为促进区域产业结构优化升级和经济发展方式的转变实施严格的用地控制。二是提高差别化土地政策传导机制的运行效率。受区域经济发展形势的复杂性、土地政策工具的实效性以及土地市场发育程度等的影响，差别化土地政策作用于区域协调发展的土地要素工具控制、土地资产价格、土地金融传导机制，存在一定程度的效率损失，差别化土地政策在传导过程中存在明显时滞[1]。因此，应进一步完善土地政策参与区域经济调控的目标体系、政策工具和政策体系，增强土地管理部门对区域经济形势和区域土地供需的研判和预见性，理顺开发管理体制，提高调控效率。进一步完善土地市场体系，建立科学合理的地价定价机制和土地金融体系。加快推进相关法制建设，为区域土地政策的制定和实施提供重要保障。三是完善差别化土地政策调控监测和预警体系。加快完善具有区域特色的土地政策参与区域协调发展调控的监测和预测系统，建立统一的区域形势分析评价指标体系、土地与金融市场监管联动机制和网络，及时对区域经济发展动态和土地市场进行分析和预测，对各省、市和区域的建设用地指标、土地价格、土地税费等进行动态化、科学化、前瞻性的监测和预警。通过定量化、空间化和可视化的土地信息监测和预警，为国家制定调控区域经济协调发展的土地政策提供必要的参考。

3. 加强规划管理，优化土地利用结构。一是科学实施土地利用规划，统筹安排各行业用地需求。土地利用总体规划是一切土地管理的龙头，是对国土资源空间管制和用途管制的基本制度。各类与土地利用相关的规划

---

① 王永宇：《差别化用地如何成真》，《中国土地》2012 年第 4 期。

要与土地利用总体规划相衔接，编制土地利用总体规划应本着节约集约用地的原则，发挥宏观调控作用，严格贯彻控制增量、合理布局、集约用地、保护耕地的方针，对城镇布局、产业布局、功能分区、基础设施配置进行科学安排，合理确定建设用地规模，做到"以规划定方向，以项目定土地，以投入产出定面积"。二是优化产业结构，调整招商引资策略。严格控制低附加值、高耗能、高污染项目用地，着力提高高附加值生产性项目用地比例。重点引进用地面积小、投资密度大、科技含量高、资金到位及时、能带动上下游产品形成产业链的项目，积极变"招商引资"为"招商选资，招商选项"，从源头上改变"是项目就招，有资就引"的落后招商引资理念和粗放式管地、用地方式。适度提高建筑密度和容积率，鼓励引导合理开发利用地上地下空间，提倡企业按统一标准，建造标准厂房，支持企业建造多层厂房。三是推进产业集聚发展，提高区域土地效益。按照"区域集中、产业集聚、开发集约"的原则，搞好工业集中区建设，改变工业分散布局的模式。在公共及公益性基础设施建设项目上，充分论证，优化设计，科学选址，节约用地，提高区域性社会资源的共享程度。

二　节约集约利用土地，提高土地利用效率

推进节约集约用地是缓解建设用地供需矛盾的必由之路，对促进经济社会可持续发展具有十分重要的作用。

1. 建立存量闲置和空闲土地档案。通过存量土地清查，建立现有存量闲置和空闲土地动态档案，全面、及时、准确掌握本辖区范围内存量土地的批准时间、面积、类型、用途、权属、分布与处理情况。

2. 鼓励盘活利用存量土地。新上建设项目首先要利用现有建设用地，严格控制建设占用耕地。对原有划拨用地的"关、停、破"国有工矿企业，要鼓励其以地、以设备招商，对不改变用途的可暂保留划拨土地使用权；凡工业用地在符合规划、不改变用途的前提下，提高土地利用率（增加容积率）的，不再收取调整土地有偿使用费；凡城区内"退二进三"的企业和改制、破产企业的划拨用地，依法收回土地使用权，纳入政府土地储备库，通过招、拍、挂的出让方式重新供给急需用地的项目使用。

3. 积极消化利用闲置和空闲土地。开展闲置和空闲土地的清查工作，在摸清底数的基础上，对清查出的闲置和空闲土地，本着"先易后难，先

优后劣，先国有后集体，先城市后农村"的原则，通过司法、经济、行政等多种途径妥善处理债权债务关系，依法有序进行处置。有效调整低效用地，针对占地大、用地少、效益差的企业适当调整和压缩用地面积；对出让合同生效或建设用地批准书颁布之日起一年以上未动工开发建设的，依法征收土地闲置费，并责令限期开发建设；对闲置两年以上的，依法收回统一储备，优先安排给符合国家产业政策、急需和高效益的建设项目使用。

4. 实施更严格的建设用地控制标准。一是提高土地产出效益，使工业项目建成达产后土地亩均产值和亩均税收均有大幅提高。二是提高节地水平，新建工业项目建筑系数一般不得低于40%；除生产安全、工艺流程等有特殊要求的项目外，工业企业不得建造单层厂房；鼓励在各类园区和工业聚集区内集中建设多层标准厂房，多层标准厂房一般不得低于三层，容积率应达到1.2以上，且符合安全生产和环境保护要求，对多层标准厂房的城市基础设施配套费实施一层全额征收、二层减半征收、三层以上免征的政策。

5. 建立宅基地有效退出机制。第一，应该积极做好村镇体系规划，衔接好土地利用总规、城市规划、村庄建设规划，在此基础上鼓励有条件的农民退出宅基地进城落户，政府对退出的宅基地按照"同地同权同价"的原则，进行补偿，退出宅基地的农户不可再申请宅基地。第二，对于超占宅基地施行有偿使用，即超过国家规定的部分宅基地面积，农村集体经济组织可以进行有偿收回，确实无法收回的，对超过的部分面积施行有偿使用，具体使用费应依据当地具体情况分别确定。第三，对于长期闲置的农村宅基地，农村集体经济组织可以按照"同地同权同价"原则有偿收回，降低农村宅基地空置率，减少空心村。通过建立完善的宅基地退出机制，不仅可以提高农村宅基地的使用效率，节约集约利用土地，而且有利于为新型城镇化的顺利开展提供土地资源。

三　探索土地在城乡和区域的配置新模式

在尊重农民意愿、保障农民权益的基础上，实行城乡用地增减挂钩政策，逐步建立城镇建设用地增加与农村建设用地减少相挂钩、城镇建设用地增加规模与吸纳农村人口进入城市定居规模相挂钩、新增城市建设用地指标与当地土地开发和整理数量相挂钩的机制。通过实行"三挂钩"政策，将积极推动集中集约用地，严格控制增量，积极盘活存量，减少批而未供、批而未用的土地。

1. 探求维护农民权益策略。第一，应逐步提高土地征用补偿费标准。补偿必须符合市场经济规律，能充分体现土地的潜在收益和资产价值，反映土地市场的供需状况。现行的《中华人民共和国土地管理法》中规定的征用耕地补偿费用标准相对较低，土地征用补偿费标准应随着社会经济发展逐步提高。第二，应建立合理的利益分享机制，允许集体经济组织代表农民同征地主体平等协商谈判，让集体和农民合理分享到所征土地的增值收益，避免"买断式"征占土地的现象。对房地产开发等开发性项目用地，引入谈判机制，允许集体土地逐步进入一级市场，让集体经济组织代表农民作为市场主体一方，参与土地市场交易。第三，应建立失地农民社会保障体系。建立失地农民养老保障、最低生活保障和医疗保障制度，提供受教育和培训的机会，以及法律援助等，使他们拥有基本的生存权与发展权。第四，创新农民安置方式，重点提倡为农民提供就业岗位的安置方法；重点提高失地农民的职业技能，加大对失地农民的再就业培训力度，积极为他们的就业拓宽渠道；采用优惠政策鼓励企业接受失地农民再就业，为失地农民创造更多就业机会。

2. 创新城乡建设用地增减挂钩实施管理方式。第一，在一定条件下允许某些地区扩大实施范围。城乡建设用地增减挂钩政策应先在经济条件好的，自然条件较好的地区推行，并可以适当加快推行速度；而对于经济条件较差、自然条件不好的地区，应适当的控制实施范围和速度，等条件成熟后逐步扩大范围；对于没有条件的地区应暂缓实施。第二，在加强宏观调控和监管的同时，必须着眼提高行政效率。在保证国家宏观土地政策落实的同时，要加强指标控制、简化操作程序，适当下放具体审批权限，提高土地管理行政效率。第三，允许一部分地区先建新，后拆旧。这种方式应该使用于对城乡建设用地增减挂钩有成熟的规划，有条件如期归还指标的地区。"先建新"可以有效地解决挂钩中资金筹集问题，允许符合"先建新、后拆旧"条件成熟的地区使用一定比例指标，设立挂钩专户，把建新地块中招、拍、挂供地所得的净收益用于投入农村折旧地块复垦和农村安置补偿，这样可减轻工作面临的财政困难。

3. 完善农村土地金融体系。推进农村金融制度改革，放宽农村金融准入政策，提高集体经济组织的融资能力和抵御风险的能力，有条件自主运作城乡建设用地增减挂钩，以获取最大化的土地收益。要正确引导城市商业性金融资源进入农村，加快农村合作金融体系创新步伐，可尝试成立土地流转收益基金、土地信托等金融组织，扩大农民以财产进行融资借贷的能力，同时还可构筑现代政策性农村金融体系，在条件成熟地区，进行农村金融制度创新实验，开拓土地金融事业。对农村金融机构和金融环境要进行规范化、制度化的监管。

4. 完善监督体制机制。加强对城乡建设用地增减挂钩政策的宣传力度，使其深入人心，提高公众参与的积极性和监督积极性；严格依照有关法律法规监督"挂钩"程序和实施的规范化，对耕地占补平衡的监督管理和考核要量和质两手抓，坚决杜绝"占优补劣"的现象；监督周转指标的使用情况及土地增值收益的合理分配。

5. 建立健全农村土地流转市场。健全的农村土地流转市场是实现农村土地资本化的必要条件。只有将建设用地使用权进行流转，才能更好地激活经济，才有能力去偿还筹集的资金，增加新农村建设的财力，保障和改善农民的生活水平。农用地流转，也是实现农业现代化的必然要求，指导将耕地承包经营权入股"农村土地股份合作社"或流转给经营大户，进行规模化经营，实现承包经营权资本化经营，有利于农业科技应用，既提高土地的利用效率，又增加了农民收入。

6. 创新城乡用地增减挂钩的形式。一是可以在保证农用地，特别是耕地不减少、甚至增加的前提下，适度增加城镇建设用地；二是在城乡建设用地总面积不增加的前提下，实现城乡建设用地的布局优化；三是将分散的农村集体建设用地相对集中利用，在提高土地利用效率的同时，提高农村基础设施、公益设施的土地利用效率；四是通过交易所内市场化的流转，体现土地货币化的价值，这具有创新意义和指引作用。

7. 通过土地交易所来推进挂钩政策的实施。增减挂钩政策实际上是不同的土地权利在空间上的再转让，即将农村建设用地的权利转让成为城市建设用地使用权利，通过土地交易所来推进挂钩政策的实施。土地交易所就是转让土地使用权的专业市场，其基本功能是集合农村建设用地转让的买方和卖方，通过公开竞价确定价格，完成土地转让，配置建设用地资源。具体操作过程如下：拆旧区的卖方通过土地整理后获得建设用地指标，然后带着该指标进入土地交易所进行竞拍。买方根据自己的需求，对不同类别的土地进行不同的出价，在竞价中实现土地的级差地租。这样，建设用地的供求双方就可以在"自由、自愿、互惠"的前提下实现土地资源在更大范围的最优配置，从而摆脱政府"拉郎配"式的行政配置手段。当然，土地交易所这一市场机制的引入，并不是完全独立于政府的管制，土地交易所由政府负责筹办，主要是审查交易所的会员资格，起草交易所章程，确定监管机构的权限和责任，建立交易所的治理结构。

四 深入推进土地征用制度改革，保障农民土地权益

1. 规范国家土地征用权的行使。规范国家土地征用权的行使，是构建新型土地征用制度的前提。规范征地权的行使，必须着重解决规范政府决策、明确征地主体和限定征地范围三个核心问题。为此可从以下五个方面入手：一是构建一种能够有效促使各级政府慎重行使土地征用权这种特殊的政府公权力的决策机制，从源头上避免草率行使政府征地公权力行为，杜绝"拍脑袋决策、拍胸脯上马、拍屁股走人"的现象；二是继续深入推进依法行政建设，充分发挥人大、政协和社会各界的监督作用，构建和疏通被征地农民信访、上访、申诉、控告的渠道，形成约束和监督征地这种政府公权力过度行使与透支滥用的监督体制；三是从落实《宪法》修正案的高度，抓紧立法以规范土地征用权的行使，并强调科学规划的重要性，赋予土地利用规划更严肃的法律地位，真正体现土地利用规划和城市建设规划的权威性，形成一种依法征地、依规划征地的用地制度；四是相关部门应抓紧研究和制订一套切实可行的公益事业征地目录，以尽快匡正现阶段土地征用范围过宽的问题，并进一步推进各类以公益目的征地的行政审批制度改革，在此基础上还要深入探讨并给出非公益目的征地的法律规定和操作办法；五是应结合清理整顿土地市场的契机，严查此前违规设立的各类开发区、大学城、乡镇园区大肆圈地、非法征地行为，在全社会形成一种违法用地必究的法律威慑力量，促使建设用地者形成有法必依的用地意识。

2. 加强对耕地尤其是基本农田的保护。国家明确了任何单位和个人不得占用基本农田，并规定了国家重点建设项目选址确实无法避开基本农田

保护区，需要占用基本农田时，涉及农用地转用或征用土地的，必须经国务院批准。要坚决克服一些地方政府在征地时，通过先调整土地利用总体规划，来变相占用基本农田的问题。因此，在征地过程中，必须走"可持续发展"之路，坚持土地用途管制制度，切实保护耕地尤其是基本农田。对于不可避免地占用耕地的，必须做到占补平衡，而且补充耕地的质量一定要相当；对占用基本农田的，必须严格审批和高额补偿。

3. 完善农村集体土地产权制度。目前由于土地集体所有条款太抽象虚幻以及土地承包经营条款没有完全到位，必然造成以下两个方面的结果：一方面，在农村内部，造成农民集体土地所有者和农民集体土地经营管理者在土地补偿费分配和使用上产生矛盾；另一方面，在城乡对接中，个别地方，为从建设单位和农民手中赚取丰厚的"剪刀差"收益，不断人为地加快城市化进程，大量征用集体土地，使农民纷纷失去承包地。因此，应当构建一种新型的农村集体土地产权制度，以保证农民土地使用权利能有效对抗征地公权力的过度行使。新制度应当具备四个层次的内容：一是正常状态下农民的土地使用权利应该服从政府为公共目的行使土地征用的公权力；二是当经营性单位为非公益目的滥用国家土地征用权时，农民的土地使用权利应该有权对抗这种公权力的行使；三是即使存在特殊情况，即当经营性单位获准进行非公益目的而征用农民土地使用权利时，农民应该有权选择以市场方式来公平地兑现其土地使用权利的价值；四是应该赋予农民真正的土地财产权，让农民能够真正分享社会发展的成果，使农民在征地中能真正实现土地财产权的价值。

4. 健全农业人员妥善安置方式。农业人员安置方式的比较和选择，是构建新型土地征用制度的关键。被征地农业人员的安置，与建立社会保障制度密切相关。在建立社会保障制度方面，各地应量力而行，做出适当选择：对经济发展速度快、财政收入好的沿海城市，可以尝试将被征地农民一步到位地纳入城市职工养老保险体系；对经济发展相对较快、财政收入相对较好的特大城市，可以谋求建立介于城市职工养老保险与农村养老保险之间的保险体系；而对于如厦门经济特区这样经济发展和财政收入相对一般的大城市，可建立区别于上述体系的被征地农民基本生活保障制度，而在设置基本生活保障制度时，预留将来与城市职工养老保险的接口；对经济发展落后、财政收入薄弱的小城市，可在适当提高货币化安置标准的基础上，辅之以实行农村社会养老保险的办法。

5. 在合理界定公益性与经营性建设用地的基础上逐步缩小征地范围。未来征地制度改革的方向，应是逐步创造条件，落实宪法关于公共利益征地的规定：一是由政府组织实施的基础设施、公益事业、民生工程、办公设施、国防外交以及法律法规规定的其他公共利益用地，继续实行国家征收。二是符合规划的城市新区成片开发用地，按照宪法规定和城市统一规划管理需要，继续实行国家征收。三是城市规划建设用地范围内的"城中村"和城乡接合部用地，考虑到土地混合利用和立体利用难以按公益性和经营性用地分开管理、土地全部开发后原集体经济组织将逐步消亡、农民将逐步转为城市居民，不宜继续保留为集体土地，但为保障农民权益，可采取在政府组织下由用地单位与集体经济组织协商征购的方式，征购后土地属国家所有；或者由集体经济组织自愿申请征为国有后，由集体经济组织自行开发或与其他市场主体合作开发。

6. 实行土地垂直管理。完备的农村国有土地管理体系中，土地管理部门分为中央、省、县（市）、乡（镇）四级，实行土地的垂直管理。上下级土地管理部门之间不仅是业务和政策指导关系，而且上级土地管理部门决定下级土地管理部门的人事任免。农村国有土地管理体系的基本职能是：农村土地管理的立法与制定合理的政策，实现土地管理的宏观调控；制定土地规划和农地基本用途与使用制度，保护基本农田；规范和监督农村土地使用权的流转，促进农地使用权流转市场的健康发展；保障国家为公共利益依法有偿征用农村土地的顺利进行。最基层的乡（镇）一级农村国有土地管理部门的主要工作是：从地籍管理方面对农村土地进行全面清查登记，建立完善的土地档案；明确农民（户主）拥有的国有土地权属状况后，对农民的土地使用权予以登记、备案，核发统一规范的农村国有土地使用权证书，进行土地使用权流转、继承时的登记等规范化管理；协助税务部门收取农村国有土地使用税；对擅自将耕地转为非农用途、毁坏耕地或弃种弃管等行为进行处罚；进行土地的征用及补偿工作等。

第二节　建立可持续的公共财政和投融资机制

按照财力与事权相匹配的原则，完善财税体制，加大财政转移支付力度，夯实市、县（市、区）政府财力。通过扩大债券融资，强化政策性金融、吸引社会资金投入等方式，为城镇基础设施建设拓宽融资渠道。

一　深化财税体制改革，提高财政保障能力

1. 强化政府财政的宏观调控能力。市场经济在处理政府与市场关系时，要求发挥市场在资源配置中的基础性作用，政府活动范围以弥补市场失效为界限。事实证明，符合这一要求，即可收到政策功能与机制作用双向协调、共同促进、相得益彰的良好效果。改革是一个利益重新分配的过程，在改革尚未创造出新增利益之前，改革的初始成本，也就是对改革的利益受损害的价值补偿，只能由财政来负担。另外，经济全球化所带来的不确定性，也是需要加强财政宏观调控的重要原因。总之，无论从改革、发展、稳定的角度看，还是从推进新型城镇化的角度讲，都要以充足、强大的财政实力为后盾。

2. 协调推进财税体制改革与国有企业改革、金融、投资体制改革。构建社会主义市场经济体制不是财政单兵推进的改革，需要国有企业改革与金融体制、投资体制等领域的改革协调推进。财税体制改革的推进中，在进一步理顺政府与国有企业的分配关系时，必须以国有企业改革的同步推进为前提，构建自主经营、自负盈亏的国有企业经营实体，国家以对国有企业的出资额享有经营管理权限。以放权让利为特征的财政体制改革并非否定财政的调控地位，而是强化金融在国民经济运行中的地位。财政职能的不健全和宏观调控的功能"缺位"，不仅极大地限制了财政政策的选择空间，同时又对银行信用形成畸形的依赖，对货币政策产生了"缠绕性"的干扰与冲击，必然使财政、货币政策各自作用的正常发挥及二者的协同配合更加困难。

3. 同步推进财税体制内部的改革。预算管理领域的部门预算改革、收支两条线改革、政府采购制度改革和国库集中收付制度改革是相互联系、相互制约的预算支出管理的重要环节，为提高改革效果，也需要坚持同步推进的原则。政府采购制度改革贯穿预算编制到资金支付的全过程，政府采购预算的细化编制是推行政府采购制度的前提，政府采购资金实行直接拨付是推行政府采购的制度保障，政府采购制度改革对预算编制和国库集中收付改革具有不可替代的促进作用。同时，国库集中收付制度改革是一

项涉及整个财政管理的基础性改革，贯穿于财政预算执行的全过程。因此，为提高财政支出改革的综合效益，相关支出领域的改革必须坚持同步推进、协调配套的原则。

4. 提高公共产品和公共服务的质量。随着效率观念的深入人心，公众也开始用效率的眼光来看待政府部门的活动，不仅关注政府提供公共产品和公共服务的数量，而且关注政府提供公共产品和公共服务的质量。这就要求在今后的财政工作中更多地关注公共资源使用的影响和效果，在加强投入控制的同时，不断探索提高财政资金使用效益的新途径。

5. 加快形成统一、规范、透明的转移支付制度，提高一般性转移支付的比重。转移支付体系是收入体制与支出体制的结合部和交汇点。改革完善转移支付制度，必须进一步提高一般性转移支付的比重，同时，优化专项转移支付结构，改进转移支付分配方法，并切实提高透明度。

二 进一步完善"营改增"、房产税、城市维护建设税、资源税等税收征收办法

1. 完善"营改增"。扩大"营改增"试点行业范围。从税制完善发展方向看，营业税全面改征增值税是大势所趋，但将营业税全面或大部分改征增值税涉及较多问题，既包括现行税制结构的重大调整，也关系到当前财政分配体制的变革，牵涉面非常广。情况复杂况且地区间的行业范围试点不一，将导致税源在地区间进行转移。因此，"营改增"的行业试点范围应在总结已经试点行业经验的基础上，逐渐扩大最终全面推行于整个征收营业税的行业。要加快完善"营改增"抵扣链条，从"营改增"试点情况来看，并没有按照政策最初预计的方向发展，抵扣链条不完善，导致某些行业只有销项而无进项来源，从而使企业税负增加[1]。因此，要加快完善"营改增"抵扣链条，坚持公平税负，体现增值税的中性原则。

2. 积极稳妥推进房产税。第一，坚持税收法定原则，加快房产税立法工作。对个人住房征收房产税，关系到千家万户的切身利益，是公权力对公民财产权利的介入。因此，对什么是房产税、征税主体、纳税主体、税率、税率环节、纳税期限和地点、减免税、税务争议等具体内容，必须由

---

[1]　何鑫：《完善"营改增"政策问题的探讨》，《税务研究》2013 年第 1 期。

国家权力机构作出具体明确规定。在条件成熟时，应尽快将《房产税暂行条例》上升为由全国人大制定的法律，再辅之以具体的实施细则加以配套，维护依法治税的权威性。第二，实现公平与效率的有机结合。作为财产税类的一种，房产税在性质上更偏重于公平方面，因为它具有调节社会贫富差距的功能。不过，一旦某一税种为公平之意而设置，往往就不可避免地会设计得复杂一些，以兼顾不同纳税人各种不同的具体情况，体现量能课税的原则。但是，税制的复杂程度越高（虽然它更可能体现公平程度），执行的难度也就可能越高。房产税虽然具有财政收入贡献稳定的优势，但也应看到它在征管方面的劣势，即征管成本相当高。在大多数发展中国家和经济转轨国家，房产税的征收率都非常低。由于房产的价值评估不是纳税人自我评估的，因此需要有大量的人力、物力与财力投入评估工作。由此而带来的税收征管成本，很可能与征收房产税所带来的收入不相匹配。第三，加快税收征管机制的转型。税务机关的征管机制仍然建立在间接税的基础上，以企业或单位纳税人为主要征管对象，即便对于直接面向个人的直接税，如个人所得税等，也多采用代扣代缴的间接形式征税。随着个人收入水平的提高及个人财富的增加，这种既有的税收征管机制不仅难以适应纳税人越来越多且越来越分散的局面，也会导致税收的流失。房产税作为直接税的一种，其税源非常分散，纳税人的房产可能分布很广，如果仍然延续既有的税收征管机制，而不加快转型，未来的房产税完善恐怕会因缺乏强有力的征管机制的保障而达不到预期效果[1]。税制改革，从一定意义上讲，也就是税收征管机制的改革。为适应完善房产税的需要，税收征管机制必须加快从既有的间接税征管模式向直接税征管模式转型，而这一转型的基础，在于尽快建立健全个人纳税人的基础信息资料。针对个人房产，加紧建立财产登记制度和房产税征收管理税源监控信息体系以及房产拥有、使用登记制度，对房产税的各个环节实现动态、全面的监控和管理。另外，进一步完善房产税所带来的税收征管机制的转型，也有利于为其他直接税的征管奠定基础。

3. 进一步完善城建税。第一，把外资企业纳入征税范围。按照公共物品理论，城建税应当由所有享受公共设施社会公共服务并取得收入的单位

---

① 张德勇：《进一步完善房产税的几个问题》，《税务研究》2011 年第 4 期。

和个人缴纳，这样才符合税负公平理论。因此，为了给内外资企业的公平竞争创立一个健康良性的环境，应该把外资企业也纳入城建税的征税范畴。当然，为了经济的稳定发展，也应该遵循循序渐进的过程，目前对于外资企业，不能再全部免征城建税，也不宜搞"一刀切"全部征收城建税，可以对产品出口型和技术先进型以及环保型外资企业暂免征城建税，其他外资企业则比照内资企业照章征收城建税。这样不但为内、外资企业的公平竞争创造条件，同时也充分考虑了企业的承受能力，并且又可以为地方政府筹集到更多的城镇建设资金，提高城建设施水平，以吸引更多的投资者，从而长远地促进地方经济的发展。第二，提高城建资金的使用效率。各级财政应加强对城建资金的管理，坚持专款专用的原则，继续推进城建资金财务公开制度以及大型公共建设项目的财务公开制度。第三，加大对绿色城镇建设的投入。在立法中应考虑向绿色化倾斜，这不仅是为了城镇公共设施的更新改造与维护，而且应该从可持续发展的大视野重新定位城建税。在立法中不但为了取得稳定的财政收入，还要筹集更多的环保资金。

4. **深化资源税改革。**第一，采取一定的税收优惠政策。资源税费的改革在推行前期势必会遭到来自各方面的阻力，同时，改革会对一些实力较弱的资源企业造成较大压力。考虑到这些因素，在资源税费改革初期采取一定的税收优惠政策是必要的，它可以鼓励资源企业改进自身的生产条件、提高资源利用效率、发展可再生能源等。因此，在资源税费改革的基础上，对于企业节约能源及环境保护方面的支出以及引进先进设备的支出，在计算应纳税所得额时给予一定的扣除。第二，推进环境税收体系构建。生态环境的保护，以及为确保经济社会可持续发展是一项持久而重要的任务，不是依靠资源税这一项税种就能解决的问题。开征环境税，与资源税配合发挥作用，建立起完善和规范的大环境税收体系，将使税收的杠杆作用得到较大程度的发挥，构建起生态环境保护的立体税收网络，可以极大地推进经济社会的可持续发展。第三，建立规范的监督与约束机制，防止税负向消费者转嫁。当前的资源市场价格形成机制并不健全，占有资源的企业在资源价格的定制上具有主导地位，因而资源开采企业很可能会借机抬高资源产品价格[1]，最终通过转嫁由消费者承担资源税税负，如果

---

① 张德志：《浅析资源税改革》，《当代经济》2010年第15期。

税负由消费者承担，资源税的征收就背离了应有的功能。这样，政府只是增加了一项税收收入，既不能调控企业和投资者的行为，也不能起到保护自然资源、促进可持续发展的作用，更不能给消费者带来福利。

三　深化投融资体制改革，广辟城镇建设投融资渠道

1. 探索市场化和多元化政府融资模式。推进市场化和多元化的主要思路是设法提高直接融资的比重。一方面，可以鼓励地方政府融资平台大力发行城投债，将融资的主要模式转为发行债券，进而减少对商业银行贷款的依赖。另一方面，通过建立基于偿债机制在内的一系列信息公开、监督机制，这样可以提高平台公司运作的透明度，接受社会的监督。同时，融资模式市场化要鼓励民营资本进入公共投资领域，进一步优化市场化机制，最终通过民营资金的进入提高政府资金的利用效率。还可以探索社保基金类资金、风险投资基金进入公共投资领域的可能性，以弥补建设资金的不足。

2. 加大地方政府与政策性金融机构的合作。从政策层面看，地方融资平台的监管将进一步加强。国务院2010年已经发文要求对各级地方政府融资平台公司债务进行全面清理，避免融资平台的企业债务，并将其全部转化为政府债务，防范财政金融风险。财政部等部委联合下发了文件，对地方政府融资平台进行分类管理。所以，在目前政策背景下，地方政府与政策性金融机构的合作显得更为重要。这主要是因为：一方面，从普通商业银行信贷融资将变得比以前困难。根据国家有关文件规定，除有关法律规定的公路建设、土地收购储备和城市快速轨道交通等在建项目外，只有财政性资金还款比例在70%以下的公益性在建项目和偿债资金70%以上来源于公司自身收益的公益性新建项目，可以继续通过融资平台公司获得银行贷款。另一方面，虽然商业银行受自身的效益驱动和在政府的压力下愿意进一步提供贷款，但是政府项目的政策性、公益性与商业银行的市场性、营利性存在矛盾。同时，政府项目资金运用与商业银行资金来源的期限结构存在矛盾。当融资平台公司获得商业银行贷款，就是把居民或部门的短期储蓄资金转化为长期的项目投资，存在期限错配的风险。[1] 由政策性银

---

① 赵璧、王保安：《可持续发展视角下的北京市政府投融资研究》，财政部财政科学研究所，2012。

行为地方政府融资平台提供专项信贷支持，可以有助于实现地方政府债务的集中控制和专业化管理。政策性银行的资金来源渠道主要是发行中长期金融债券，资金来源的期限结构与地方政府融资的资金需求更为匹配，甚至可以根据资金需求发行特定的专项金融债。

3. 规范政府投资行为。按照市场调控与政府行政调控的职能划分，科学界定政府投资的范围。要严格政府投资的资金管理和项目管理，加大监督和稽查的力度，充分发挥政府投资的效益。按照建立社会主义市场经济体制的要求，建立以产业政策为基础，综合运用经济的、法律的和必要的行政手段，克服市场失灵现象，对投资总量和结构进行灵活而有效的宏观调控。

4. 强化企业主体的投资地位。企业是市场的主体，也是投资的主体。改革的深化，就是要强化企业的投资主体地位。要全方位地完善企业在经营活动中所必须拥有的投资项目选择权、自主投资决策权和风险的自我承担权，[1] 政府及其职能部门只能依法从土地、资源、规划、环保和劳动安全等方面对企业的投资行为进行管理，不能盲目干预、更不能包办一切。

5. 提高财政管理水平。财政管理水平直接影响财政职能作用的效果和财政资金绩效。第一，按照依法理财、民主理财、科学理财的要求，切实提高做好财税工作的能力和水平。第二，健全财政法律制度体系。推进修订预算法及其实施条例。积极推动增值税法、财政转移支付管理暂行条例等财税法律和行政法规的立法进程。第三，规范财政工作运行机制，认真做好财政行政复议工作。完善财政行政审批程序，进一步清理行政审批事项。规范部门预算编制程序，提前预算编制时间，细化预算编制内容，提高预算编制的科学性和准确性。狠抓预算执行管理，强化部门预算责任，加快预算支出进度，加强分析和动态监控，完善评价体系，增强预算执行的均衡性[2]。第四，加强财政监督，建立健全政府财政统计报告制度，推进建立健全覆盖所有政府性资金和财政运行全过程的监督机制，深入开展重大财税政策实施情况专项检查督查。

---

① 张新明、陈汉臻、王希凡：《投融资体制改革及其政策取向》，《统计研究》2004 年第 2 期。

② 《坚定不移深化财税体制改革——财政部部长谢旭人访谈》，《宁波经济（财经视点）》2010 年第 5 期。

第三节　探索人口管理新模式

以农业转移人口市民化为重点深化户籍制度改革，建立统一的人口基础信息库，创新和完善人口服务制度，努力让流动人口安居乐业、各得其所。

一　积极稳妥推进户籍管理制度改革

1. 大力推进户籍制度改革。为了使户籍制度改革得到有效的落实，实现城乡在政策上的平等、产业发展上的互补、国民待遇上的一致，让农民享受到与城镇居民同样的文明和实惠，使整个城乡经济社会全面、协调、可持续发展，应做好以下几项工作：一是根据城镇化发展的新要求，制定具体的工作细则，以具有合法固定住所、稳定职业或生活来源为基本落户条件，实现农村户口迁入城市的自由，彻底打破城乡分割的二元户口管理结构。二是建立户籍改革与城镇化发展的长效机制。消除户口歧视的制度性原因，把县（市）所在的城区中心作为发展重点。中小城市应积极实现对具有丰富工作经验和优秀管理能力的外来务工人员的落户，为稳定推进当地的产业发展提供重要保障。其他一些经济相对落后、需要大批高素质人才参与建设的地区，应注重对大学和中专院校毕业生的引进。三是加强人口的日常管理，应以身份证制度作为建立人口管理的基本依据，实现开放、动态的户籍管理。

2. 健全与户籍改革相配套的制度及机制。推进城乡户籍制度改革，消除人为的城乡分割的行政藩篱，关键在于取消城镇户口背后各种复杂的附加利益，让农民享有与城镇居民同等的国民待遇。逐步取消城乡之间利益分配的差距，实现城乡融合。这里有政策改革和社会改革两个方面的内容：一方面，要认真清理与户籍相连的各种附带功能，清理在就业、教育、医疗等方面的歧视性政策。凡是直接影响经济发展，又因历史遗留需要补偿，而且不会产生大的社会影响的附加条件应立即废除。另一方面，取消城镇户口背后的利益，必须同健全社会保障制度联系起来，解决农民进入城镇后的基本保险。农村人口加快向城镇集中，将会使城镇的就业、住房、养老、教育、医疗等社会问题凸显出来。因此，与户籍管理制度改革相配套,必须建立起相应的失业保险、养老保险和医疗保障制度。

3. 推进县域经济结构升级,提升中小城市的产业竞争力。各市(区)县要根据资源优势,推进当地产业发展,促进产业的升级。城镇化将成为中小城市经济发展的重要途径,伴随城镇化产生的劳动力转移和人口聚集问题,首先就是要保证这部分劳动力的稳定就业,所以必须要有相应的产业发展作为支撑。各地区应积极发展第二、三次产业,特别是可以发挥具有地区比较优势和地方特色的产业经济,并且利用市场机制推动地区产业升级和地区间产业转移。经济发展的过程也是产业结构不断调整的过程,原有产业在发展中必然会面临产业升级或产业转移的选择。产业升级或转移必然伴随着劳动力结构的变化,各地区应通过用户籍制度改革对劳动力的流动产生促进作用,实现以市场机制为导向的地区产业升级或地区间产业转移。

4. 加大城市基础设施建设力度,增强中小城市的辐射与吸纳能力。一是促进各地区中、小学教育资源的优化配置。福建省外来人口规模较大的地区如石狮、晋江市等,教学资源相对不足。因此,对于未来人口转移输入地区的各中小城市,应根据当地的人口规模和结构,按照合理的比例进行教学设施、师资的配置,保障新落户人员子女获得便利、公平的教育机会。二是提高医疗卫生建设水平。福建省各中小城市的医疗卫生建设水平明显低于各设区市的市辖区,并且总体与周边的省份相比存在差距。各中小城市应按照当地的常住人口数量、结构进行卫生医疗机构设施供给和医护人员配置,保证新落户居民获得与原地居民同等的医疗卫生服务。三是加强城内交通和城际交通网建设。户籍制度改革后与劳动力流动伴随的各种资源的流动也将更为活跃,因此,尤其要重视城际道路交通建设,以便利民众、提高交通运输效率为目标,通过建成高速的城市交通网络减少各种资源流动的成本。

5. 完善城乡医疗保险制度的统筹整合与衔接。第一,加大推进城乡医疗保险整合与统筹的工作力度,增强医疗保险的公平性,使基本医疗保险制度能够更加适合现在城镇化过程中的人口流动的特点,建立可携带的医疗保险体系。第二,要加强农村医疗卫生建设,建立城乡医疗资源共享、统筹城乡发展的公共卫生服务体系,进而缩小农村与城市医疗建设的差距,改善农村的生活水平。如此,农村迁移人口不占用城市医疗资源,缓解了城市压力，减少城镇居民利益分担，可使城镇居民与外来务工人员安居乐业。把医疗保障可携带性纳入制度设计要求之中，提高医疗保障的城乡统筹水平，进而促进户籍制度改革。

6. 加快住房公积金一体化和保障农民工住房建设。首先，应以较低门槛扩大住房公积金的覆盖范围，使外来务工人员可以享受到住房公积金政策。鉴于城乡房价的不同，也可适当调整农民的住房公积金贷款额度。与此同时，政府应尽力减小通货膨胀，抑制楼市泡沫，控制房价持续走高，稳定房价，尽力消除农民工住房问题，加强廉租房建设并惠及城市外来人口。农村居民进入城镇社区后，原住宅按宅基地批准面积、房屋层数、新旧程度及原宅基地复垦新增面积分别给予相应的补助和奖励。原在县城购置了普通商品房的农村居民，根据个人意愿，也可以选择退出农村宅基地，获得相关补助和奖励后，还可以享受城镇居民社会保障待遇。

7. 加快小城镇建设。加快小城镇建设是城镇化与农村现代化的必由之路。在加快小城镇建设的过程中，要大力发展第三产业，扩大就业机会，从根本上解决农村劳动力过剩的问题；要适应工业现代化的内在要求，促进农村产业技术升级，提高农业劳动生产率，增强竞争力；要切实加强小城镇的基础设施建设，改变农民的生活和消费方式，提高生活质量。同时，国家应在财政投资、金融信贷、发展规划等方面切实推动农村人口城镇化，缩小城乡发展差距，使城乡二元结构在社会主义新农村建设中逐渐消除，最终实现由城镇带动城市的制度改革，统一城乡户口管理制度。

8. 改革社会保障制度，逐步淡化城镇户口与农业户口的界限。剥离依附在户籍背后的各种不平等的利益分配制度，从而消除分配中的不公平。一是抓紧健全覆盖城乡的多层次社会保障服务体系和公共卫生服务体系。二是对与户籍改革有关的土地、选举、计划生育等制度和政策，也应积极开展调查研究，密切配合，及时做出相应的改革、调整和衔接。

二　健全与人口流动相适应的住房保障制度

1. 明确和规范地方政府实施住房保障的职责。各级政府应充分认识住房保障制度对于解决中低收入住房问题，平抑房价过快上涨以及构建和谐社会等方面的重要意义，并自觉、主动承担起住房保障的职责。第一，根据地区经济发展和收入状况，分阶段、分层次，因地制宜地确定住房保障方式。针对现行住房保障方式重购买轻租赁、保障手段单一的问题，可考虑在现有建房和租金补贴基础上，结合财政资金介入，采用多种形式进行保障方式创新。第二，承担经济适用房廉租房建设、供应的管理监控职责，承担住房保障基金的筹措任务。第三，制定本地区经济适用房和廉租房的建设、供应计划，定期向社会公布。第四，制定有关住房保障制度的税收和转移支付标准。

2. 加大公共财政的支持力度。住房保障作为政府向中低收入和最低收入家庭提供的一种公共产品，离不开政府财政的支持。针对目前住房保障制度建设、实施中存在的覆盖面窄、保障程度低及各地区之间保障水平差异较大等主要问题，应适当加大财政支出、转移支付的支持力度，并应考虑将住房保障支出正式纳入预算体系，建立住房保障专项基金。

3. 发展和完善住房保障供应体系。一是要加快廉租房制度建设，规范发展经济适用房，积极发展二手房市场和租赁市场。二是建立和完善住房保障制度的进入、退出机制，这是住房保障制度良性运转的关键。

4. 准确界定保障性住房购买对象。保障性住房购买对象的界定一直是政府无法解决的一个难题。随着人口流动的加快，购买的对象界定边界就将变得更加模糊。居民可支配收入对保障性住房建设的影响很大，而对于居民的收入进行调查统计然后对其界定，由于工作量很大，同时，对居民来说除了有工作方面的明显的收入，而且还有其他方面的隐性的收入。所以对居民可支配收入的调查统计，以及对其收入等级进行界定，困难很大。这一障碍使得保障性住房政策一直以来都无法完全有效的实施。要以中国人民银行的个人征信系统为基础，建立以中央银行牵头，协同各大商业银行以及中小银行单位的信用制度体系和收入申报制度体系对居民的可支配收入和居民家庭住房情况进行调查研究。从而加强对收入分配的监督，对保障性住房购买对象进行严格的界定，防止界定不清而造成的种种问题。

5. 逐步建设以财政补贴为主，多渠道融通资金的资金筹集方式，在此基础上积极完善住房公积金制度。通过实行财政贴息、减免税费和税收优惠政策，充分发挥企业和民间资本投资建设保障性住房的积极性。同时政府应做到专款专用，加强对工程资金的使用和管理。积极完善住房公积金体系，提升住房公积金制度在法律上的地位，加强住房公积金的行政执法管理，扩大其覆盖面，使更多的收入比较低的人群能享受到住房公积金制度的优惠；由于现阶段我国住房公积金规模已经很大，所产生的金融效益也相应较大，所以在借鉴国外经验的基础上，切实加强公积金的金融性管理，形成一条公积金资金管理链，通过资金的循环利用来实现保值、增值的效果，从而更好地体现保障性住房的保障性。

6. 强化住房管理，做到公平、公正和公开。确保保障性住房的分配公平是实施保障性住房工程至关重要的工作。为了公平、公开和公正地分配保障性住房，可建立规范化的保障性住房市场的准入审核制度，对承标建房的单位进行严格审核，同时准确划分保障性住房的购买人群标准；建立公示轮候制度，公平对待每一个有购买保障性住房需求的购买者；建立健全退出机制，对保障性住房实行动态管理，针对已购买保障性住房的人群，根据调查结果定期地对社会公示已购保障性住房人口的收入状态，对已不符合保障性住房居住要求的人群，按照具体规定退出保障性住房市场，投机取巧者对其进行相应的警示或处罚。在保障性住房的建设方面则应加强工程质量监管，强化工程前期招投标流程、中期保障房质量安全监督和后期保障性住房验收以及资金落实等项目的管理；在管理好保障性住房资源的同时引入市场手段和竞争机制，通过服务外包，购买服务、社会化物业管理等方式管理和运营保障性住房，实现保障性住房可持续运转。

7. 住房用地的供给是保障性住房建设的重要前提。土地出让收入历来是属于地方政府重要的财政收入来源，但出让的土地用于商业用途和保障性住房建设用途之间存在很大的收入差距，这也是抑制地方政府增强保障性住房建设动力的根源。各级政府应出台有力的政策措施，根据各地方政府保障性住房的实际需求划分相应的保障性住房用地供给，地方政府应建立完善的城市规划和用地计划与保障性住房建设实现有机衔接。对地方保障性住房市场进行专项的考察，专门建立保障性住房用地计划；对在建保障性住房，不得任意改变其建设标准和建设方式；对已供应的保障性住房用地，地方政府不得任意改变这类用地的土地性质和土地用途。在此基础上，根据地方保障性住房的实际情况，完善地方政府对于商品房建设面积和保障性住房建设面积的合理的比例制度。

三　完善惠及全民的社会保障体系

1. 增强全民社会保障的意识。充分调动企业和社会成员参保的积极性，是因为社会保障工作是涉及千家万户的大事，这不仅关系国家的利益和发展，更与全体社会成员休戚相关。国家功能和社会保障的本质决定了应该在建立和完善现代社会保障制度的过程中承担责任。与此同时，还必须通过深入、细致、扎实的宣传工作，使社会上下对社会保障的重要性形成共识，摒弃"福利保障"观念，树立"自我保障"意识，充分调动广大社会成员自觉参保的积极性。为提高企业参保的积极性，在促进就业和完善社会保障等制度方面实行财税和信贷优惠政策，使企业按时足额为各类员工缴纳相关社会保障费用。

2. 扩大筹资渠道，建立可靠、稳定的社保资金筹措机制。资金是社会保障制度运行的"血液"，社会保障体系离不开资金的支撑，只有形成稳定、可靠的资金来源，才能确保社会保障事业的发展。随着经济社会的发展，人均寿命延长，老龄化社会到来，人们对生活质量和健康质量的要求进一步提高，要求社会保障既能体现自己养活自己的原则，又能够筹措到足够的资金以备将来使用。一方面，要继续依法扩大社会保险基金的征缴覆盖面和提高基金征缴率，城镇各类企事业单位及其职工都要按规定参加社会保险，并依法足额缴纳社会保险费；另一方面，应调整财政支出结构，努力提高社会保障支出的比重。同时，还要采取有效措施补充社会保障资金，包括发行社会保障长期债券、变现部分国有资产等。在农村，以必要的财政支持为前提，积极探索养老保险、大病医疗保险和最低生活保障的新形式。另外，还可以采用个人捐赠、发行彩票等形式扩大基金的筹集渠道。

3. 努力扩大社会保障范围，缩小城乡差别。实现城乡统筹安排人数的覆盖是做好社会保障工作的坚实基础，社会保障的覆盖面越大，互济功能就越大，抗御风险的能力就越强。目前现行的社会保障，覆盖正规就业，不覆盖非正规就业；覆盖城镇地区，不覆盖农村地区；国有企业高覆盖，其他所有制企业低覆盖；覆盖就业人口，不覆盖其他人口。为保证社会保障事业的健康发展，必须在现有基础上，努力扩大社会保障范围，斩断社会保障与就业状况、企业性质、城乡二元结构的联系，将基本医疗保险扩大到城镇居民，新型农村合作医疗逐步落实覆盖到全体农村居民；提高工伤保险的强制力度，调整保险费率，扩大工伤保险覆盖面；将常年需要救助的绝对贫困人口纳入农村最低生活保障覆盖范围，并逐步扩大到农村低收入人口；基本养老保险制度扩大到机关事业单位等①。

4. 改变农村单一的社会保障组织形式。目前，农村的社会福利事业是由民政部主管，但这种单一的组织形式已经不能满足新形势发展的需要，应采取由省市民政部门牵头，与财政、教育、劳动、卫生、科协、文化等部门和相关事业单位共同负责和协调全省的社会福利工作。县、乡、村政府根据当地的实际情况，依据法律的有关规定，制定农村社会保障的规划、收费标准实施办法，监督检查社会保障基金的征收、管理、经营和使用，对农村社会保障进行严格、统一、科学、规范的管理。

5. 建立健全农村社会保障制度。在农村社会保障制度中，农村最低生活保障、农村养老保险和农村保险三项制度是重点。就最低生活保障制度而言，它是国家和社会为保障收入难以维持最基本生活的农村贫困人口而建立的社会救济制度。建设农村最低生活保障制度，需要注重以下两点：其一，科学确定最低生活保障线标准；其二，正确界定最低生活保障对象。就农村医疗保险制度而言，目前农村的医疗保险大致有合作医疗、"统筹解决住院费"、预防保健、合同等多种形式②，其中合作医疗是最为普遍的形式。实践表明，村办村管、村办乡管、乡村联办、乡办乡管等多种形式的农村合作医疗，是广大农民通过互助救济、共同抵御疾病风险的好办法。具体方法有：正确选择使用医疗的形式及内容；合理补偿医疗费用；建立科学合理的合作医疗筹资机制；建立健全管理规章制度；实施对政府监管部门的有效监督等。就农村社会养老保险制度来看，其一，正确规定养老保险资金的筹集和缴纳方式，在现阶段实行"以个人缴纳为主、集体补助为辅、政府予以扶持"的办法；其二，切实做好养老保险基金的管理及保值增值工作，以省为单位的基金管理公司的形式管理养老保险基金；其三，是采取灵活多样的养老保险形式，大力提倡普通保险和职业保

---

① 曾秀敏、苏艳霞、孙翠娟：《我国社会保障体系的建立和完善》，《特区经济》2009 年第 7 期。
② 李葳：《建立健全我国农村社会保障体系的意义及对策》，《学习与探索》2005 年第 3 期。

险的相互结合。

6. 全面深化改革，进一步提高社会保障水平。必须推进社会保险制度改革，抓紧制订适合农民工特点的养老保险办法，主要是修改、补充、完善养老金的计发办法，提高企业退休人员养老金的替代率。规范企业年金制度，允许作为补充养老保险的企业年金个人缴费不再缴纳个人所得税。将老工伤保险人员纳入统筹，确保新、老工伤人员政策、待遇一致，消除老工伤人员的不稳定因素[1]。采取多种方式充实社会保障基金，强化基金监管，确保基金安全，实现保值增值。在经济持续快速健康发展、财政收入大幅增长、在岗职工工资水平逐年提高的情况下，适度提高企业退休人员社会保障待遇水平，使社会保障待遇水平与经济发展水平相适应，保证社会保障可持续发展，不断提高社会保障的能力和水平。

7. 加强和完善社会保障基金管理，形成社会保障基金筹集、运营的良性循环机制。社会保障基金投资运用必须严格遵循安全、有效的原则，以保证其保值和增值。政府不能搞风险性投资，更不能作为地方政府和部门的机动财力挪作他用。

8. 从法制的角度来确立和推动养老保险制度的完善。经过多年的不断实践检验与探索，企事业单位职工基本养老保险制度的改革已经取得了巨大的进展。但是，基本养老保险制度在实际贯彻执行中还存在着许多实际问题，部门与部门之间，单位与单位之间在政策执行上还存在较大差异，执行的力度也很不规范，不利于解决人口老龄化的养老的难题。因此必须制定相关的法律，以推动基本养老保险制度的完善。

第四节　推进行政区划调整和管理服务创新

优化行政层级和行政区划设置，合理调整和增设城市建制，形成设置科学、布局合理、服务高效的行政区划和行政管理体制。

一　积极稳妥推进行政区划调整

1. 行政区划调整应与推进城镇化发展相结合。城镇化的一般特征是农

---

① 汪云曙：《关于完善社会保障体系有关问题的思考》，《云南财经大学学报》2006 年第 8 期。

村人口向城镇转移，其根本的决定因素是第二、三次产业的发展。城镇化进程对行政区划工作而言，就是要创新和完善城镇型区划体制，奠定区域统筹发展基础，实行城乡空间协调发展。城乡空间协调可以分为三个层级：第一层级是都市圈内的城乡统筹，其重点是做好区域经济的总体布局，完善区域城镇体系，建设区域性基础设施，特别要考虑沿交通线或产业带的城乡发展规划；加强区域内重点开发区、优化开发区、限制开发区、禁止开发区等主体功能区建设在城乡之间的协调；充分考虑区域产业发展的需要，突破行政区边界，允许要素资源在更大区域范围内优化配置。第二层级是城市中心与周边镇、乡村的统筹，它的重点在有效地建立城市反哺农村的机制，规划若干个具有良好发展条件的中心镇，实现城镇之间的合理分工，鼓励工业向城镇产业园区集中，提高产业集聚效率。第三层级是中心镇、县城与周边乡村的统筹，这更强调城镇的聚集作用，鼓励农村富裕人口向中心镇集中，农地向农业大户集中。

2. 行政区划调整应与区域内资源合理配置相结合。资源要素、基础设施等在区域统筹发展中起着决定性的作用，通过适当的行政区划调整，有效地整合现有资源要素，充分利用基础设施，将会推动区域统筹的加速发展。受地方利益驱使，原有层级的县（市、区）政府人为设置行政区隔限制了经济要素的自由流动，导致了区域分工不明确、产业结构雷同严重的局面。通过行政区划调整，实施撤县设区等措施将直接减少行政上的管理层级，这在一定程度上降低了经济资源要素流动中的制度性门槛，其结果将有助于区域大市场的形成，有助于经济资源根据市场配置进行合理流动。一方面，能够强化设区市政府的集聚能力，实现在市场规律的作用下集聚发展和规模效益的最大化，更好地发挥中心城市对腹地的辐射和带动作用；另一方面，理顺了设区市政府和下级政府之间的利益关系，从而确定中心城市和郊区城市之间的城市功能定位，保证了城市建设不再是围绕老城区摊大饼似的向外扩张，而是确立真正意义上的中心城市与郊区城市互动的、以组团式为主的跨越式城市发展战略。

3. 行政区划调整应与地方行政管理体制创新相结合。区域的统筹发展必然要求不断改进和创新地方政府的管理方式和运行机制，行政区划的调整恰恰是行政管理体制改革的动因和着眼点，是地方行政体制改革的催化剂。

4. 强化行政区划的行政管理职能。目前我国普遍存在"行政区经济"现象，但行政区经济是一种过渡性的区域经济类型。从长远发展态势来看，行政区经济必将随着政治与经济体制的逐步完善而削弱，经济全球化、空间经济一体化将迫使各地区规范经济活动，使行政区经济逐步退出。有关行政区与旅游区关系的研究也表明，前者边界相对固定，而后者边界却具有变动性和动态性。两类区域经常不重合，不应该总是依靠行政区划调整来达成与旅游区域的关系整合。此外，行政区划调整也并非是推进城镇化的最终有效手段。因此，转变政府职能，淡化"区划经济"，稳定规范政区体制，不断强化行政的管理职能是未来行政区划调整的一个重要取向。

5. 加强行政区划调整的制度创新。其重点是要增加行政区划调整的透明度、增加公众的知情权和参与权。行政区划调整对于促进城市区域协调发展可以起到重要作用。但是，这只是一种手段，并不是全部手段。随着新公共管理模式逐步运用到我国的政府管理当中，随着城市与区域管治意识的增强，将会有更多的个人、民间非政府组织、社会团体等参与到城市与区域的发展当中。因此，要积极开展制度创新，针对存在的各种问题，采用相应的社会、经济、法律手段等来加以解决，并创造条件鼓励民间智慧"草根力量"参与到城市与区域的管治当中，尽可能减少政府对经济活动类似于"行政区划调整"的硬性干预。

6. 规范行政区划调整程序。目前，我国的行政区划调整工作在程序上尚存在许多问题，往往是市委市政府主要领导决定了之后，相关的手续只是走一下过场，连人大、政协都无法监督，更不用说普通市民。由于制度上的缺失、监督上的缺位，导致了一些行政区划调整存在着明显的瑕疵，给地方社会经济发展带来了不可挽回的损失。

二 完善行政管理体制

1. 确立清晰的改革总体目标和对策。当前行政管理体制改革滞后于各方面改革，原因之一是改革的长远目标不清晰，容易产生改革的盲目性，职能转变的不确定性，管理创新的无目的性，使行政体制改革成为每届政府的短期行为，出现了许多"翻烧饼"现象。以经贸委为例，计委、经委之间矛盾突出，很难在两个部门之间协调合并；而在合并后由于权力过于集中，长远与当前兼顾困难，又将其分拆；这届政府合并下届政府分拆，再下届政府又合并。现在有了《关于深化行政管理体制改革的意见》这样一个改革的纲领性文件，总体目标和对策已经明确，但还需要细化、分解、完善，使各项措施更具有操作性。

2. 探索新的行政管理体制改革方式。根据国内外行政管理职能和行政管理体制不断调整的长期性特点，我国的行政管理体制改革，应当首先考虑区分长期发展战略和阶段推进目标，太多依靠运动式的"硬改革"，已经不再适应现实需要。因此，要重视"小改革"和"软改革"，即通过一系列和风细雨、持之以恒的管理制度、机制和方式的创新，来促进行政管理体制改革的量的转变和积累，为大力度的"硬改革"做好有效的心理、管理、制度上的铺垫和准备，为具有中国特色行政管理体制的建立和完善奠定坚实的基础①。

3. 在转变政府职能上实现新突破。转变政府职能是深化行政管理体制改革的核心，要把着眼点放在实现"三个根本转变"上，即实现政府职能向创造良好发展环境、提供优质公共服务、维护社会公平正义的根本转变，突出解决阻碍落实科学发展观的体制机制问题，从制度上更好地发挥市场在资源配置中的基础性作用，更好地发挥公民和社会组织在社会公共事务管理中的作用，更有效地提供公共产品。要全面正确履行政府职能，加快推进政企分开、政资分开、政事分开、政府与市场中介组织分开，准确定位、科学配置政府职能；要完善政府经济调节职能，继续加强和改善宏观调控，健全宏观调控的体系和机制；要改进市场监管职能，健全市场监管体系；要按照构建和谐社会的要求，强化社会管理职能，完善社会政策，创新社会管理体制和机制，提高应急管理能力和水平；以建设服务型政府为切入点，强化公共服务职能，突出解决民生问题，努力实现基本公共服务均等化。

4. 在创新方式上实现新突破。提高行政效能、创新政府管理和服务方式是深化行政管理体制改革的重要环节和必要手段，这体现在政府管理和服务的运行机制、工作流程、技术方法、管理理念等多个方面。当前和今后一个时期，要重点抓好三个方面的工作：其一，继续深化行政审批制度改革。要按照"巩固成果、防止反弹、突出重点、明确任务、措施配套、

---

① 寇凤超：《中国行政管理体制改革的任务与策略》，《湖南行政学院学报》2009 年第 4 期。

深入推进"的要求，深入贯彻实施行政许可法，全面清理行政许可项目的法定依据和实施主体，对不符合行政许可法规定的许可项目要坚决取消，对应该修改法定依据的要抓紧修改。对依法设定的许可项目，要简化和规范许可程序。其二，大力推行政务公开。要进一步扩大政务公开的范围，规范公开的内容和形式，强化政务公开监督机制，使政务公开真正成为各级行政机关施政的一项基本制度。其三，加强电子政务建设，进一步发挥电子政务在提高政府管理效率上的作用。

5. 在优化政府组织结构上实现新突破。优化政府组织结构是深化行政管理体制改革的重要内容，要按照精简、统一、效能的原则和决策权、执行权、监督权既相互制约又相互协调的要求，围绕职能转变和理顺职责关系，推进机构改革，进一步优化政府组织结构。要认真总结经验教训，精简政府机构，推进政府事务综合管理，探索实行职能有机统一的大部门体制；实行决策和执行分开，改革行政执法体制；在深化国务院机构改革的同时，加快推进地方政府机构改革，试行和推广省直接管理县的体制，调整和完善垂直管理体制，进一步理顺和明确权责关系，深化乡镇机构改革，加强基层政权建设；要推进事业单位分类改革，规范和发挥社会组织作用，加快推进机构编制管理的法制化进程。

6. 建立和完善行政决策机制。一是建立规范的决策程序。现代行政决策的基本程序一般分为四个阶段：发现问题、确定目标、制订方案、寻求达到决策目标的途径。决策方案的评选审批，要先进行局部试验验证，按照科学决策理论的要求严格规范决策程序，必须保证从目标提出、调查研究、方案评估、咨询论证、最终择优都要有一整套严格的程序。必须高度重视行政决策的程序，这样才能制定出科学的行政决策，并以法律、法规的形式将这种科学合理的决策程序固定下来，从制度上杜绝长官意志，保证决策程序的规范性和有效性。以制度作保障，做到有法可依，有章可循。二是实行决策问责制，建立刚性的决策责任机制。实行决策责任制是从利益的层面保证决策科学化、民主化的重要新制度形式，"缺乏责任制的决策体制是不健全的，没有活力的，无责任就无所谓监督；无监督，决策就会失控，违法决策，不当决策，错误决策势必发生"。[1] 因此，实行行

---

① 刘倩妮：《完善行政管理机制　推进人事制度改革》，《湘潮》2008 年第 5 期。

政决策问责制建立决策责任机制势在必行。实行决策责任制的关键，是要坚持和完善领导干部重大决策失误责任追究制度，真正做到"权为民所用，情为民所系，利为民所谋"。把好权力关，做好利益的分配工作是行政改革的关键环节。同时，这也是人事制度改革的中心。

7. 从服务型政府建设的战略高度重塑政府理念。理念是行动的先导，只有理念的改革与创新，才能真正实现行动的改革与创新。没有理念指导的实践是没有灵魂的实践。构建服务型政府必须实现政府理念转变，即变全能行政观念为有限行政观念，变强制行政观念为引导行政观念，变暗箱行政观念为透明行政观念，变人治行政观念为法治行政观念，变以经济建设为核心为经济与民生并重的观念。政府理念重塑的核心是始终坚持以人为本，将人民群众的利益放在第一位，按照科学发展观的要求，促进经济社会和人的全面发展，满足人民群众的物质文化需要和公共服务需求。

第五节　完善城镇化协调发展机制

坚持协作共赢、融合发展，完善大都市区、城镇带合作协调机制，推动大都市区、城镇带内部市场体系、产业布局、基础设施、公共服务、环境保护一体化发展。

一　充分发挥规划的先导作用

1. 充分发挥规划的先导和龙头作用，必须在福建省城镇体系的总体框架内，以新城、新区建设为目标，统筹园区发展和城市建设，推进城市外延，拉开城市框架，优化城市布局，科学安排产业聚集空间，统筹安排生产生活设施的建设用地与建设时序，尽最大可能及时并适当超前建设市政基础设施与配套，推动工业化和城市化同步发展。

2. 充分发挥规划的先导和龙头作用，可以通过加强规划来整合土地资源，有效拓展工业发展空间。通过合理划定"禁止建设区、限制建设区、适宜建设区"，综合协调城市规划与土地利用规划，既为城市加快发展提供充足的空间，又保障生态安全与可持续发展。要通过编制规划，将农村集体自留地与工业园区进行整合，按照城市规划的功能，宜工则工，宜商则商、宜居则居，实现规模开发，使农村、农民共享工业化、城镇化成果。同时以务实的村镇规划推进社会主义新农村建设，因地制宜发展工业、服务业、农业、林业、渔业、旅游业等，建设特色新农村，实现"人口向城镇集中，工业向园区集中，土地向规模集中"。

3. 充分发挥城乡规划的政策导向作用，协调社会各方利益在空间上的集合和分配，全面推动城乡规划水平迈上新台阶，更好地为城市转型服务。规划编制一定要宽视角、高起点、深层次、全覆盖，在规划的实施阶段，要加强对项目建设全过程的服务和沟通，想企业所想，急发展所急。力求将城市规划落实到项目建设中去。

二 破除行政壁垒，完善商品和要素自由流动的制度环境

1. 弱化行政区划概念。区域经济一体化的本质含义是建立共同市场，以实现要素的合理流转和优化组合，一般情况下并不排斥或否认行政区划的存在。如欧盟甚至世贸组织，都是旨在推进区域经济一体化，建立共同市场，但决不要求拆除任何行政区界。我们不能舍本求末，将解决问题的希望全部寄托于调整行政区划，这样做非但不能最终解决问题，还有可能进一步加剧行政壁垒，延缓一体化进程。解决行政壁垒的根本途径还在于解放思想、与时俱进，首要的是在观念上淡化"楚河""汉界"，同时一定要借助政府推动，冲击行政壁垒，通过市场运作，用有形的手和无形的手共同拆除地方保护主义，推进整个区域内经济社会以及生态环境建设的一体化发展。

2. 建立区域合作的共同市场规则，实施统一规划，调整经济布局。在这方面可以借鉴欧盟统一市场的经验。参考当年欧盟统一市场的规定，区域间统一市场或建立共同市场的基本要求是统一市场规则。其内容包括：第一，相互开放各类市场，做到市场透明；第二，资本市场和金融服务自由化，推动资本在区域间自由流动；第三，统一技术标准，排除技术标准方面的贸易障碍；第四，相互承认各类技术资格证书，人员在地区间自由流动和就业；第五，统一创业和企业经营的法规，为企业在地区间流动和合作提供良好的基础。显然，上述规则的基本要求就是在区域之间统一政策、降低要素流动区域的高门槛（高交易成本），消除行政壁垒，实现产品互相准入、资本自由配置、要素自由流动、企业跨区运作的统一市场。扩大企业的市场配置空间，在更大范围获得规模经济和范围经济及技术外

溢。遵循经济技术梯度转移规律，合理部署全新的生产力布局和经济发展格局，这是推进区域经济一体化发展的坚实的物质基础。并且实施合乎市场经济要求的行政协调，引导大中小城市的错位、梯度发展。

3. 挖掘地域共同文化内涵，以文化的同脉性来消解行政壁垒。文化是指人类在社会历史发展过程中所创造的物质财富和精神财富的总和。在城市发展进程中，文化和精神的力量不可低估。在区域经济合作的进程中，不断挖掘区域共同文化的深刻内涵，精心打造地区共同文化圈，将是推进区域经济合作，冲破区域间行政壁垒的不竭动力。

4. 放松进入管制，引入竞争机制。市场进入是反垄断法的一个重要概念。它是衡量市场进入难易程度的一个重要标志。构成市场准入障碍的主要是垄断。对于竞争的实质限制，是一切垄断形式的客观要件。其效果都表现为对社会公众竞争者市场准入的限制。无论就市场经济的本质要求来说，还是就市场经济发展的经验分析而言，市场机制都表现为一定交易领域的经营者之间的竞争关系。行政垄断和经济垄断则都逆流而动，表现为对建立竞争关系的直接或间接的拒绝。不仅如此，更表现为窒息一定交易领域的竞争。市场有着天然的扩张能力，市场体系越完善，行政权力进入市场的必要性和可能性就越小。因此，要破除行政垄断，必须要给垄断行业注入竞争机制，促进市场体系的发展与完善。政府首先应开放市场，取消市场禁入政策，以各种形式扩大市场准入。这就要求改变传统的关于自然垄断必须限制市场进入的观念，并对行政性垄断产业部门进行重组，根据不同产业的特性吸引非国有经济成分进入，形成竞争性的市场过程，从而对原有垄断企业的成本核算形成市场内生的硬约束。

5. 加强思想文化建设，消除行政垄断产生的思想根源。在市场取向的改革过程中，普遍的独立个人的生成是良好市场秩序和公平市场规则形成和确立的基本前提。没有经济独立和行为独立的个人，就没有构成市场经济主体的"经济人"，也就难以建立起真正的公平竞争的市场秩序。因此，应通过各种途径增强公民的平等自由观念，努力让人们清楚自己拥有哪些权利以及权利受到侵害后的救济途径，要着力增强公民的政治主体意识和民主意识，培养公民的政治责任感和社会责任感，使人们认识到自己是国家的主人，从而积极参与国家的管理和社会活动。社会可以充分发挥媒体的宣传教育作用，通过广播、录音、电视、电影等多种方式使法治深入人心，使权利、平等与自由观念深入人心。加强思想文化建设，在全社会形成符合市场经济和现代民主政治要求的思想观念，从而消除行政垄断产生的思想根源。

三 科学构建促进城乡生产要素双向自由流动的动力机制

1. 确立劳动力开发战略，建构城乡劳动力双向流动保障机制。劳动力是生产要素中最具活力的因素。促进劳动力要素自由流动，关键在于解决影响劳动力流动的体制障碍，建立城乡一体化的户籍管理制度、教育培训制度、劳动就业制度和社会保障制度。这就要求，优化城乡就业政策，充分发挥政府对劳动力资源配置的导向作用；统筹城乡劳动力就业规划，取消各种限制劳动力合理流动的法规政策；大力提高城乡劳动力资源配置效率，加快建立统一规范的有利于城乡劳动力双向自由流动的市场体系；深化户籍管理改革，促进城乡人口双向自由流动；用身份证管理代替户籍制度，建立国民信息系统；深化劳动人事改革，完善政府对劳动就业的政策法规和管理方法；全面落实科教兴国战略，把劳动力素质提升放在劳动力开发战略的优先地位；强化职业培训，提升劳动者就业技能和适应职业变化的能力；拓宽科技劳动力资源开发渠道，加大劳动力资源存量和经济知识含量；完善相互配套与衔接的社会保障网络，建立全省统一的覆盖城乡的社会保障体系；完善市场机制，促进平等就业；加强技能培训，促进素质就业；建立市场调节工资的形成机制，引导劳动力资源有序流动；制定农民工进城就业、落户城镇的政策，使农民工能在城市安家，拥有归属感和安全感。

2. 统一资本资源的市场统筹配置，健全城乡资本要素双向流动激励机制。资本是经济增长的发动机。具体来说，就是统一城乡资本市场，完善城乡财政税收金融制度，实行倾斜农村、支持农村的经济政策；加大政府对农村发展的资金支持，建立支农资金稳定增长机制；健全城乡统一税赋制度，对农村税收实行优惠政策；确保财政对农业、农业基本建设和农业科技的投入额度，大力推进农村现代化、工业化和城市化；加大政府宏观调控力度，确保农村新增贷款规模不断增长；逐步健全农村贷款抵押担保制度，允许农民用土地使用权进行抵押贷款；加大以工补农、以工建农的力度，建立农业现代化发展基金；实行优惠和鼓励政策，引导外商投资农业领域；通过在股票市场上不断融资和对关联企业进行资产重组，实现企业规模的快速扩张；发展农村龙头企业，提高农业市场竞争能力，推动农业现代化、工业化。建立健全"资本下乡"的体制机制，建立农村融资平台；建立信用担保体系，健全利益补偿和风险分担机制。

3. 改革城乡土地管理体制，建立城乡土地要素流转机制。土地是重要的生产要素。土地产权制度是实现农业土地资源合理配置的制度安排。城乡土地流转要坚持"政府引导，市场调节，流转自愿，依法有偿"的原则。建立城乡统一的土地产权制度，将城乡土地统一明晰到自然人和企业法人；更新农村集约化、规模化经营模式，发展现代农业；以土地承包权入股设立农民专业合作社，使农民变"股民"，促进农民的职业分化和农业的规模经营；实行以土地换社保，以宅基地换住房，用"地票"激活农村要素市场；在严格土地利用规划的前提下，实施农村集体建设用地使用权直接进入市场流转工程，确保期权届满后集体的所有权；健全农业自然灾害风险转换分担机制、土地流转损失救助机制；出台土地增值税税种，确保国家利益。建立基层土地流转管理服务体系，促进土地在城乡间合理流动；科学评估土地价值，严格土地流转程序；规范土地流转政策，扩大土地流转规模；寻找土地流转政策与产业的契合点，减少对土地利用性质的改变。

4. 整合科技资源，完善城乡技术扩散传导机制。现代社会，技术是决定经济发展的主要力量。技术扩散是指技术在空间上的流动和转移。继续推进以工业化、产业化改造传统农业，提升农业劳动的生产效率。要畅通科技支农渠道，抢占农业和农村发展的制高点，以科技壮基地、兴龙头、强品牌、出效益。推广新技术、新品种、新方法，完善技术创新机制。依托科研院所和专家学者，建立长期合作关系；加强农村企业科技研发机构建设，推进科技创新；加强乡土人才培养，打造专业化的农村科技队伍；树立农村科技示范户，实施"科技入户工程"，构建与现代农业和农村工业化发展相适应的科技创新体系，推进绿色农业、新品种培育引进、延伸产业链条、资源高效利用等方面的新突破。积极做好科研成果在农村的承接和推广工作，有序壮大农村科技服务组织，促进科研机构走向农村经济；建立先进技术产业化运作机制，加速成熟科技成果的转化应用；优化农村科技人才发展环境，构建农村科技创新、人才创业的激励机制，全面落实生产要素参与分配政策；整合城乡科技资源，组织科技下乡，让现代科技进村入户。

5. 重视人才资源，健全城乡优秀人才引进机制。人才资源是生产要素最重要的资源。应牢固树立人才强省的理念，健全城乡优秀人才互动机制，集聚农村经济发展中的各类优秀人才、创新人才管理，缩小城乡人才管理差别；实行城乡人才资源整体开发，形成城乡衔接、优势互补、协调有序的城乡人才工作新格局；消除人才流动中的城乡身份、所有制限制，探索建立流动人才保险衔接、户籍准入、人事代理等制度；建立统一的人才素质评价确认体系。整合城乡人才培训资源，突出培训重点，提升培训效能；扩大人才活动平台，优化人才激励机制；建立市场配置、项目对接、资源共享的机制；支持引导农村经济能人带产品、带技术、带人员到城市经商，创业发展。鼓励留学和海外人才带成果、带项目、带专利到农村创业。支持大学生、乡土人才在农村创业兴业；组织高校毕业生到农村基层支教、支农、支医和扶贫；引导农村人才进城市、进园区、进项目，促使他们加快向城区和非农产业转移。增强城乡产业的关联度，促进城乡产业优势互补、一体化发展；作好"利益的转移"，积极引导城市剩余向农村外溢。

6. 建设互联互通的信息平台，构建区域信息交流互动机制。信息鸿沟是造成区域差距的重要因素。加快建立区域互动的信息网络，加强区域之间项目信息、就业信息、技术信息、人才信息、市场信息的交流与合作；充分利用网络新媒体和传统媒体准确、及时地发布就业、科技、教育、人才等信息；以信息化人才队伍为龙头，以覆盖全省联系国内外的信息体系为载体，以信息采集发布交易的技术平台为依托，开发专业应用软件，为区域经济协调发展服务。

四　探索建立有利于分工协作的利益分享机制

1. 构建利益共享机制的实现路径。一是制定统一的合作规则，建立激励相容的合作机制。合作规则与激励相容的合作机制是否完善直接影响地方政府对合作收益的预期，影响利益分配是否公平。地方政府合作必须提高制度化程度，尽早制定统一的合作规则，建立激励相容的合作机制。从"囚徒困境"博弈中可知，只有在长期合作或者有外界力量强行介入的情形下，"囚徒"才会选择对双方都有利的合作策略。只有建立激励相容的合作机制和利益协调制度，才能使地方政府追求本地及自身利益的行为正好与实现区域整体利益最大化的目标相吻合。从制度理论的角度，制定统一的规则并建立激励相容的利益协调机制，是保证各地方政府作为利益主体，在有限的"囚徒困境"博弈中达成合作均衡的制度保证。二是建立制度化的利益表达和协商机制。制度化的利益表达和协商机制是各参与主体获得充分合作收益预期的保证。地方政府之间的合作关系，实质上也就是不同地区、不同等级地方政府之间的利益协调关系，制度化的利益表达机制和协商机制是建立地方政府间利益共享合作关系的前提。在地区之间开展合作之前，必须在地方政府之间进行多层次、多形式的协商与沟通，充分考虑各地的利益诉求，协调各地方政府的利益矛盾，为达成利益共享的合作协议奠定基础。三是完善利益补偿机制。地方政府合作的利益补偿机制主要是通过建立规范的财政转移支付制度来实现地区间利益转移和损益补偿，实现利益分配的公平与合理性。在现实中，区域合作经常不能保证利益分配在地方政府之间达到均衡状态，完善的利益补偿机制对于平衡不同地区和地方政府之间的利益分配和弥补参与方的利益损失具有极其重要的意义。健全利益补偿机制有利于进一步促进区域合作利益分配的公平和公正，有助于提高区域合作的整体效益，促进区域经济的协调发展。四是成立有约束力的利益协调机构。地方政府合作及其利益分享机制还需要有组织保障，必须成立制度化的组织协调机构来协调地区利益、引导区域合作并监督和管理利益分享机制的具体执行情况。有影响力的利益协调机构是利益共享机制实际运行和地方政府合作形成及维持的有效组织保障。

2. 完善基础设施一体化发展机制。第一，加强区域性基础设施建设的统筹规划，打破行政区域的限制。城乡基础设施建设是将城镇及乡村同时纳入建设系统中考虑，要实现基础设施城乡一体化，就需建立区域的统筹建设及管理系统，有效集中地利用区域资源，建立共享共建设施区域性解决基础设施建设问题。要实现基础设施建设区域性统筹规划，需打破各地方行政区域的限制，促进各级政府更多的交流协作，从区域层面建设统筹性基础设施系统来高效利用有限的资源和能源。第二，完善城乡基础设施建设系统。基础设施中各个系统是相对独立的，每一个系统都完整地自成体系，各个相对独立的系统之间又存在相互依赖和相互制约的关系，整个基础设施建设系统中的每一项建设都发挥自身不可替代的作用，任何一项因子的缺失都会对系统整体功能产生一定的影响。如缺失污水处理设施就会造成水污染资源随意排放，从而造成水源污染引起供水危机；缺少信息通信设施会导致地方发展闭塞，也会面临灾害发生时指挥抗灾系统瘫痪；缺失环卫设施会导致整体环境恶化，引起各种威胁健康安全的问题出现，等等。因此，要实现基础设施一体化的基础是要完善基础设施建设系统，保障基础设施系统建设的完整性。第三，结合生态原理，运用技术实施基础设施生态化建设。社会发展系统是一个集自然因素与人工因素复合的复杂的生态系统，基础设施作为社会发展的重要物质支撑体系，其系统具有与社会相似的属性，应用生态原理，促使基础设施建设向生态化发展，通过技术手段合理有效地利用资源，并降低对环境的破坏程度，可促进社会可持续发展，建立和谐舒适的人居环境。基础设施生态化建设的主要途径是发展新能源和可再生能源的利用；通过应用技术建立基础设施系统的自我调节体系，加强对环境的治理能力。如污水处理方式中的氧化塘、人工湿地、化粪池等应用，垃圾处理方法中填埋、堆肥、焚烧等方式的选择；利用沼气应用原理及太阳能建立生态农业模式。第四，加强综合防灾能力，提高生存环境的安全系数。城乡综合防灾系统包含很多子系统工程，如常见的防洪、防震、地质防灾、消防、人防系统及各种突发性公共安全应急防护，还有不常见的冰冻灾害、风灾、雪灾等各种对人类生存安全存在威胁的灾害。综合防灾系统除了防灾工程中所涉及的各种建设布局内容及防灾措施，还与基础设施中交通能源、通信、给排水等系统组成的生命线系统关系密切。灾害的发生并不能被阻挡也较难预测，只有通过加强城镇的自身综合防灾减灾能力来降低灾害带来的损失和破坏。很多城镇综合防灾建设薄弱，特别是农村地区，因此，首先要加强综合防灾中生命线工程的建设，这是防灾系统中重要的保障系统，生命线系统涉及基础设施建设的其他子系统，这是基础设施各系统之间的协调内容，应建立一个系统的规划方案，有重点的组织生命线工程建设。另外，通过各种生态措施、工程措施等技术手段来加强城乡综合防灾中各子系统工程的具体内容建设，提高人类生存环境的安全系数。第五，建立行政管理调控体制，强化实施机制。基础设施规划要实现城乡一体化就需打破区域中各乡镇的行政区划分割，作为最高行政机构的政府，应成立相关组织机构，宏观调控区域范畴的基础设施建设，建立基础设施统一协调的管理体制，保证基础建设规划的系统性、计划的统一性、实施的同步性、管理的有效性，避免重复建设，造成投资浪费。城乡一体化基础设施规划是从城镇、农村整个区域来协调建设基础设施，它强调的是城镇与农村的协调及各种基础设施系统规划的协调，需加强与相关专项规划、行业规划的政策衔接，协同推进基础设施的建设与发展，通过各专项规划、行业规划和年度计划落实规划中的各个项目的实施。

五　创新生态环保协调机制

1. 大力发展新能源，搞好生态移民，将项目支持列为建立生态环境补偿机制的重中之重。要根据生态建设的需要，将新产业、新能源的发展列为重点支持范围。生态旅游、绿色农业等新产业为实施生态环境补偿提供了良好的产业选择。风能、太阳能的开发利用减少了生态恢复的任务，从根本上解决了生态补偿问题。科学规划、分期分批地组织好生态移民开发也是生态环境补偿的一个重要措施，既可保持生态不受破坏，也便于集中管理，减少污染。

2. 完善生态环境补偿管理。为了使生态环境补偿机制有效运行，必须完善生态环境补偿组织体系，包括补偿政策制定机构、补偿计算机构、补偿征收管理机构、补偿流通网络体系等，以解决补偿主体—补偿依据—补偿数量—补偿形式—补偿途径—补偿征收—补偿使用—补偿监管等诸多环节的问题，确保生态补偿活动顺利展开。应在生态环境资源所有者与生产企业间建立起商品货币关系，实现生态环境资源经营权与所有权的分离，建立生态环境资源交易市场，实现生态环境资源经营权合理转让，利用价格机制、竞争机制建立起生态环境资源集约化开发与利用体系。同时，为保证生态补偿政策的公平合理，应借鉴欧盟的监测评估经验，建立一支社会化的生态环境补偿政策监管和评估机构队伍，对生态环境效益、经济效益、社会效益进行全方位的评估。建立生态环境补偿资金使用绩效考核评价制度，[①] 对资金使用绩效进行严格的检查考核，并建立相应的奖惩制度，更好地发挥生态环境补偿资金的激励和引导作用。

---

① 王钦敏：《建立补偿机制　保护生态环境》，《求是》2004 年第 13 期。

3. 建立生态环境专项资金并加大财政转移支付力度。发挥政府调控作用，健全公共财政体系，建立生态环境保护建设专项资金，列入财政预算，增强财政资金在生态环境中的激励和引导作用。研究制定有关财政办法，将因保护生态环境而造成的财政减收作为计算财政转移支付资金分配的一个重要因素。[①]

4. 进一步完善立法。制度在促进合作、减少冲突上扮演着关键的角色，而要建立稳定的制度，离不开坚实的法律法规基础。流域跨界生态补偿实际上是上下游政府之间部分财政收入的重新再分配过程，这就意味着生态补偿金最终由纳税人承担。因此，为确保跨界生态补偿机制的未来稳定性，跨界生态补偿规范性文件的制定主体应从政府转为由人大以立法形式加以规范。而且，立法事项也应解决狭窄的法律补偿问题，即谁有法律上的权利、阻止跨界水污染义务的法律性质，以及补偿的程序机制等事项，转向一个更宽的框架，包含每一方的基本利益[②]。在法律框架设计中，监督扮演了一个中心的角色，即对生态补偿金的使用须有严格的程序规定和监督机制。与此同时，还应具体规定省级政府对跨界生态补偿的财政支持措施，尽量从流域定位做出财政上的安排，以提升市和县（市、区）的合作意愿。

六　建立健全不同行政区域之间的城市化协调协商机制。

引导各地通过建立协调会议、联席会议、城市（镇）联盟等方式，构建对话平台，加强沟通合作。都市区中心城区与都市区内相关城市、跨行政区域相关城市，要完善省级相关部门指导、中心城市主导、有关市县全面参与的协调机制，推动解决城乡规划、基础设施布局、产业定位、重大经济社会政策等方面的重大问题。建立都市区资源统筹配置、信息动态交流机制，加强企业和社会团体间的合作交流，促进资源共享，提高资源配置和使用效率。支持山区和沿海共建产业园区，发展双向"飞地"经济。

---

① 曲爱珍：《对建立生态环境补偿机制的思考》，《青海环境》2004 年第 4 期。

② 曾娜：《我国流域跨界生态补偿机制研究——基于地方规范性文件的分析》，《特区经济》2012 年第 11 期。

附 录

福建省新型城镇化规划 (2014～2020)①

前 言

《福建省新型城镇化规划（2014～2020年)》，以党的十八大、十八届三中全会精神为指导，根据中共福建省委九届十次全会要求和《国家新型城镇化规划》《海峡西岸经济区发展规划》和《福建省主体功能区规划》《福建省国民经济和社会发展第十二个五年规划纲要》编制。本规划按照走中国特色新型城镇化道路、推进以人为核心的城镇化新要求，明确未来城镇化的发展方向、主要目标和战略任务，是指导全省城镇化健康发展的战略性、基础性规划。规划期为2014～2020年。

第一章 城镇化发展现状与态势

城镇化是一个伴随工业化发展的自然历史过程，是一个国家和地区现代化的重要标志。积极稳妥扎实有序推进城镇化是保持经济持续健康发展的强大引擎，是加快产业结构转型升级的重要抓手，是解决农业、农村、农民问题的重要途径，是推动区域协调发展的有力支撑，是促进社会全面进步的必然要求。当前福建已进入全面建成小康社会的决定性阶段，必须牢牢把握城镇化蕴含的巨大机遇，准确研判城镇化发展的新趋势、新特点，妥善应对城镇化面临的风险挑战。

---

① 2014年6月17日中共福建省委、省人民政府正式印发。

第一节 发展现状

改革开放以来，福建城镇化经历了一个起点低、速度快的发展历程。

——城镇人口迅速增长。1978～2013 年，城镇经济的繁荣发展吸纳了大量的农村转移劳动力，城镇常住人口从 336 万人增加到 2293 万人，城镇化率从 13.7% 提高到 60.8%，高于全国平均水平 7 个百分点，年均提高 1.35 个百分点。

——城镇数量不断增加。1978～2013 年，城市从 6 个增加到 23 个，建制镇数量由 62 个增加到 612 个。沿海城镇带以全省 44.4% 的国土面积集聚了 79.4% 的人口，成为拉动经济快速增长和集聚人口的主要区域。

——城镇综合服务功能不断增强。城镇水、电、气、路、通信等基础设施水平显著改善；人均居住、公园绿地面积大幅增加，教育、医疗、文化体育、社会保障等公共服务水平明显提升，城市管理水平进一步提高。

表 1 城市（镇）数量和规模变化情况

（单位：个）

城镇类型	1978 年	2012 年
100 万～300 万人口城市	0	2
50 万～100 万人口城市	1	1
20 万～50 万人口城市	1	7
10 万～20 万人口城市	4	13
城市总数	6	23
建制镇总数	62	606

注：城市人口指城区（县城）常住人口。

表 2 城市（县城）基础设施和服务设施变化情况

基础设施和服务设施	2005 年	2012 年
供水普及率（%）	92.0	98.4
燃气普及率（%）	94.0	97.4
人均道路面积（平方米）	10.5	13.5
人均住房建筑面积（平方米）	31.4	38.2
污水处理率（%）	56.0	83.8
生活垃圾无害化处理率（%）	78.0	93.2

续表

基础设施和服务设施	2005 年	2012 年
人均公园绿地面积（平方米）	8.00	12.10
义务教育阶段公办学校接收随迁子女比率（%）	85.70	90.50
病床数（万张）	3.54	6.10

——城乡协调发展水平不断提高。农村基础设施和公共服务快速发展，社会主义新农村加快建设，农村教育、文化、卫生、社会保障等社会事业蓬勃发展，农民生产生活条件发生显著变化，呈现出农村社会结构加速转型、城乡发展加快融合的态势。大量农村劳动力转移就业，提高了城乡生产要素配置效率，推动国民经济持续快速发展，带来了社会结构深刻变革，促进城乡居民生活水平全面提升。

第二节　主要问题

在加快推进城镇化进程中，仍存在一些必须高度重视并着力解决的深层次矛盾和问题。

——大量农业转移人口难以融入城市社会，市民化进程滞后。农业转移人口及其随迁家属享受教育、就业、医疗卫生、社会保障、保障性住房等方面公共服务不均衡，城镇内部出现新的二元矛盾，农村留守儿童、妇女和老人问题日益凸显。

——城镇化空间布局欠合理，大中小城市和小城镇协同发展水平较低。城镇格局存在"小、散、弱"的现象，中心城市辐射带动能力不强，中小城市集聚产业和人口不足，小城镇数量多、规模小、服务功能弱。

——城镇基础设施较为滞后，管理服务能力亟待提高。一些地方重经济发展、轻环境保护，重城镇建设、轻管理服务，市政设施有待完善，公共服务供给能力不足，城市管理运行效率不高，城中村和城乡接合部等外来人口集聚区人居环境较差。

——城镇规划建设管理水平不高，城乡风貌特色不明显。规划层次不高、质量标准偏低、实施管理不严，一些城市建筑布局不合理、不协调。城镇文化韵味不浓，文化传承与创新功能较弱，局部地区乡土特色和民俗文化流失。违法占地、违法建筑等"两违"现象较为突出。

——体制机制不健全，制约了城镇化健康发展。城乡分割的户籍管理、土地管理制度、社会保障制度和行政管理、财税金融等制度，固化着已经形成的城乡利益失衡格局，制约着农业转移人口市民化，阻碍了城乡发展一体化。一些地方过度依赖土地出让收入和土地抵押融资，加大了政府性债务等财政金融风险。

第三节　发展态势

当前，福建城镇化发展的外部条件和内在动力已发生重大变化，必须进入质量与速度并重、以提升质量为主的转型发展新阶段。

——城镇化仍将处于持续较快发展阶段。福建省人均耕地少，农业劳动生产率低，城乡山海差距较大，距进入城镇化相对稳定时期，仍具有较大发展空间。

——人的城镇化成为核心任务。新型城镇化以有序推进农业转移人口市民化为主要内容，重点是促进农业转移人口逐步转化为有稳定就业和稳定居所的城镇人口，享有与城镇居民平等的待遇。

——城镇化引领作用日益凸显。城市群与产业群、港口群联动发展，城镇化与信息化、工业化、农业现代化同步推进，呈现出以港兴市、港城互动、产城协调的良好发展态势。

——城镇化转型发展的要求更加紧迫。自然资源和生态环境问题的约束日益增强，主要依靠劳动力廉价供给推动城镇化模式不可持续，必须创新发展模式，推动由速度型向质量型转变。

第二章　指导思想和发展目标

按照国家新型城镇化规划的总体部署，结合省情，遵循规律，走具有福建特色的新型城镇化道路，加快以福建为主体的海峡西岸城市群建设。

第一节　指导思想

以邓小平理论、"三个代表"重要思想、科学发展观为指导，紧紧围绕全面提高城镇化质量，加快转变城镇化发展方式，以人的城镇化为核心，有序推进农业转移人口市民化；以福州和厦漳泉两大都市区和中小城市建设为重点，推动大中小城市和小城镇协调发展；以综合承载力为支撑，以体制机制创新为保障，通过改革释放城镇化发展潜力，坚持"五位一体"、"四化同步"、"三群联动"、城乡统筹、山海协作，着重解决"人进城、建好城、管好城"的问题，走具有福建特色的以人为本、优化布局、生态文明、文化传承的新型城镇化道路，实现"百姓富、生态美"有机统一，为加快推进现代化步伐，全面建成小康社会奠定坚实基础。

要坚持以下基本原则：

——以人为本，公平共享。以人的城镇化为核心，合理引导人口流动，有序推进农业转移人口市民化，不断提高人口素质和居民生活质量，促进人的全面发展和社会公平正义。

——四化同步，统筹城乡。推动信息化和工业化深度融合、工业化和城镇化良性互动、城镇化和农业现代化相互协调，促进城镇发展与产业支撑、就业转移和人口集聚相统一，促进城乡要素平等交换和公共资源均衡配置，形成以工促农、以城带乡、工农互惠、城乡一体的新型工农、城乡关系。

——优化布局，集约高效。以综合交通网络和信息网络为依托，以城市群为主体形态，促进大中小城市和小城镇合理分工、功能互补、协同发展。严格划定永久基本农田，合理控制城镇开发边界，优化城镇内部结构，促进城镇紧凑发展，提高国土空间利用效率。

——生态文明，绿色低碳。把生态文明理念全面融入城镇化进程，着力推进绿色发展、循环发展、低碳发展，节约集约利用土地、水、能源等资源，强化环境保护和生态修复，减少对自然的干扰和损害，推动形成绿色低碳的生产生活方式和城镇建设运营模式。

——文化传承，彰显特色。充分发挥生态、历史、人文优势，体现区域差异性，提倡形态多样性，防止千城一面，发展有历史记忆、文化脉络、地域风貌的美丽城镇，形成符合实际、各具特色的城镇化发展模式。

——市场主导，政府引导。充分发挥市场配置资源的决定性作用和更好发挥政府作用，切实履行政府制定规划、提供公共服务和营造制度环境的重要职责，使城镇化成为市场主导、自然发展的过程，成为政府引导和科学发展的过程。

——统筹规划，分类指导。因地制宜、循序渐进落实规划，尊重基层首创精神，鼓励探索创新和试点先行，凝聚共识、重点突破，积极稳妥扎实有序推进新型城镇化。

第二节　发展目标

综合考虑发展趋势和条件，福建省城镇化的主要目标是：

——城镇化水平和质量稳步提升。城镇化健康有序发展，常住人口城镇化率达到67%，户籍人口城镇化率达到48%左右，户籍人口城镇化率与常住人口城镇化率差距明显缩小，山区和农村地区人口密度进一步降低，并向中心城区、县城等城镇有序转移，城镇常住人口达2700万左右。

——城镇化布局和形态更加优化。沿海城镇带产业和人口集聚度逐年提高。支撑城镇化健康发展的综合交通运输网络和信息网络更加完善。城镇规模结构更加合理，空间布局体系更加完善。中心城市辐射带动作用更加突出，中小城市特色化和竞争力明显提升，小城镇服务功能增强。海峡西岸城市群成为我国经济社会发展的新增长极。

——城镇人居环境显著改善。稳步推进义务教育、就业服务、基本养老、基本医疗卫生、保障性住房等城镇常住人口基本公共服务全覆盖，基础设施和公共服务设施更加完善，消费环境更加便利，生态环境持续保持优良，饮用水安全得到保障。自然景观和文化特色有效保护，城镇发展个性化，城市管理人性化、智能化。

——城镇化体制机制不断完善。户籍管理、社会保障、住房保障、教育、医疗、社会服务等方面的体制改革取得实质性进展。城乡土地管理制度改革取得突破，行政管理体制、财税体制、城镇建设融资机制更加完善，逐步形成城乡居民有序流动、安居乐业的制度环境。

表3　新型城镇化发展主要指标

指标	2012 年	2020 年
城镇化水平		
常住人口城镇化率（%）	59.6	67.0
户籍人口城镇化率（%）	34.1	48.0 左右
基本公共服务		
义务教育阶段公办学校接收随迁子女比率（%）	90.5	95.0

续表

指　标	2012 年	2020 年
基本公共服务		
城镇失业人员、农业转移人口、新成长劳动力免费接受基本职业技能培训覆盖率（％）	—	≥95.0
城镇常住人口基本养老保险覆盖率（％）	66.9	≥90.0
城镇常住人口基本医疗保险覆盖率（％）	96.0	98.0
城镇常住人口保障性住房覆盖率（％）	15.4	≥25.0
基础设施		
设区市建成区公共交通占机动化出行比例（％）	21.0	35.0
城市（含县城）公共供水普及率（％）	98.4	99.0
城市（含县城）污水处理率（％）	83.8	90.0
其中，城市污水处理率（％）	85.6	95.0
城市（含县城）垃圾无害化处理率（％）	93.2	98.0
城市宽带接入能力（Mbps）	4.0	100.0
城市社区综合服务设施覆盖率（％）	90.5	100.0
资源环境		
人均城市建设用地（平方米）	89.8	≤100.0
城镇绿色建筑占新建建筑比重（％）	2.0	50.0
非化石能源消费比重（％）	14.5	20.0
城市（含县城）建成区绿地率（％），	37.5	38.5
其中，城市建成区绿地率（％）	38.2	39.0
设市城市空气质量达到国家标准的比例（％）	30.0	60.0

注：①"—"为暂无统计数据。②城镇保障性住房：包括廉租住房、公共租赁住房、经济适用住房、限价商品住房和棚户区改造安置住房等。③人均城市建设用地：国家《城市用地分类与规划建设用地标准》规定，人均城市建设用地标准为 65.0～115.0 平方米，新建城市为 85.1～105.0 平方米。④城市空气质量国家标准：在 1996 年标准基础上，增设了 PM2.5 浓度限值和臭氧 8 小时平均浓度限值，调整了 PM10、二氧化氮、铅等浓度限值。

第三章　有序推进农业转移人口市民化

按照尊重意愿、自主选择，因地制宜、分步推进，存量优先、带动增量的原则，以农业转移人口为重点，兼顾高校和职业技术院校毕业生、城镇间异地就业人员和城区城郊农业人口，统筹推进户籍制度改革和基本公共服务均等化。

第一节　推进符合条件的农业转移人口落户城镇

有序放开农业转移人口落户条件，在自愿的基础上，优先考虑进城时间长、就业能力强、可以适应城镇产业转型升级和市场竞争环境的农业转移人口，逐步推进符合条件的农业转移人口及随迁家属在城镇落户。优化、完善全省城乡统一的户口登记管理制度，全面实行以居民合法稳定职业、合法稳定住所（含租赁）为基本依据的户口迁移政策，基本满足农业转移人口特别是新生代农业转移人口落户城镇的合理预期。

——合理设置福州市辖区和厦门市、平潭综合实验区落户条件。根据综合承载能力和发展潜力，以就业年限、居住年限、城镇社会保险参保年限等为基础，因地制宜制定具体的农业转移人口落户标准，引导农业转移人口落户的预期和选择。

——全面放开其他城镇落户限制。除福州市辖区、厦门市、半潭综合实验区外，其他地区要全面放开落户限制，有合法稳定住所，与居住地用人单位依法签订劳动（聘用）合同（或依法持有工商营业执照）的人员及其父母、配偶、未成年子女，均可将户口迁入居住地。

第二节　推进农业转移人口享有城镇基本公共服务

按照保障基本、循序渐进的原则，推进城镇基本公共服务由主要向本地户籍人口提供转变为向常住人口提供，逐步解决在城镇就业居住但尚未落户的农业转移人口享有城镇基本公共服务的问题。

——完善城乡劳动者平等就业制度。建立覆盖城乡的公共就业服务体系，完善就业服务管理信息系统，将有转移就业愿望的农村劳动力纳入公共就业服务范围，享受与城镇居民同等的免费职业指导、职业介绍、政策咨询等公共就业服务。完善劳动力引进激励机制，鼓励开展省际、省内沿海与山区劳务协作。实施农民工职业技能提升计划，规划期内每个农民工至少得到一次免费的基本职业技能培训。强化企业开展农业转移人口岗位技能培训责任，足额提取并合理使用职工教育培训经费，落实职业培训资金直补企业政策。鼓励农业转移人口取得职业资格证书和专项职业能力证书，并按规定给予职业技术鉴定补贴。加强劳动保障监察、劳动争议调解仲裁和法律援助，发挥各级解决企业工资拖欠问题联席会议作用，维护农民工劳动权益。

——保障随迁子女平等享有受教育权利。建立健全中小学生学籍信息管理系统，为学生学籍转接提供便捷服务。坚持以流入地政府负责为主、以城镇公办中小学为主，将随迁子女义务教育纳入各地政府教育发展规划和财政保障范畴，足额拨付教育经费。义务教育阶段的农业转移人口随迁子女，按照相对就近入学原则，通过电脑派位等方式统筹安排在公办学校就学。对未能在公办学校就读的，采取政府购买服务等方式，保障随迁子女在普惠性民办学校接受义务教育。面向随迁子女招生的民办学校，依法享受与公办学校同等的优惠政策。设立民办教育发展专项资金，促进民办学校提高办学水平。将农业转移人口随迁子女纳入当地普惠性学前教育，纳入免费中等职业教育招生范围。所有高中应逐步面向农业转移人口随迁子女开放招生，农业转移人口集中且高中资源较为紧缺的市、县（区）应积极扩大普通高中教育资源。实现农业转移人口随迁子女在流入地平等享有参加中考、高考的权利。

——扩大社会保障覆盖面。扩大参保缴费覆盖面，适时适当降低社会保险费率。鼓励农业转移人口积极参保、连续参保。依法将农业转移人口纳入城镇职工基本医疗保险，允许灵活就业人员参加当地城镇居民基本医疗保险或新农合。完善社会保险关系转移接续政策，在农村参加的养老保险和医疗保险规范接入城镇社保体系。强化企业缴费责任，扩大农业转移人口参加城镇职工工伤保险、失业保险、生育保险比例。健全商业保险与社会保险合作机制，开办各类补充性养老、医疗、健康保险。

——改善基本医疗卫生条件。根据常住人口配置城镇基本医疗卫生服务资源，将农业转移人口及其随迁家属纳入社区卫生服务体系，免费提供健康教育、妇幼保健、预防接种、传染病防控、计划生育等公共卫生服务。加强疾病监测、疫情处理和突发公共卫生事件应对。按照与户籍人口同等待遇原则，将农业转移人口及其随迁家属纳入城镇医疗救助范围。

——拓宽住房保障渠道。通过廉租房、公租房、租赁补贴等多种形式改善农业转移人口居住条件，逐步把进城落户农民完全纳入城镇住房保障体系。完善商品房配建保障性住房政策，新建商品住房项目应当按商品住房总建筑面积的 10% 比例配建公共租赁住房。综合运用投资补助、财政贴息、税费优惠等政策，鼓励各类主体参与公共租赁住房建设和运营，对公共租赁住房建设和运营按规定免收行政事业性收费和政府性基金。大中型企业单位可利用自有存量土地建设公共租赁住房，各类企事业单位可将闲置住宅房屋和腾出的非住宅房屋按规定改造为符合标准的公共租赁住房。农业转移人口集中的开发区和工业园区可集中建设住宅类或宿舍类公共租赁住房，鼓励探索园区内企业出资、园区管理机构组织代建，按企业投资比例分配的公共租赁住房投资模式。

第三节　建立健全农业转移人口市民化推进机制

强化各级政府责任，合理分担成本，充分调动社会力量，构建政府主导、多方参与、成本共担、协同推进的农业转移人口市民化机制。

——建立政府、企业、个人成本分担机制。根据农业转移人口市民化成本分类，明确成本承担主体和支出责任。政府承担农业转移人口市民化在义务教育、就业服务、基本养老、公共医疗卫生、社会保障、保障性住房以及市政设施等方面的公共成本。努力推动企业落实农业转移人口与城镇职工同工同酬制度，加大职工技能培训投入，依法为农业转移就业人口缴纳职工养老、医疗、工伤、失业、生育等社会保险费用。积极引导农业转移人口参加城镇社会保险、职业教育、技能培训等，提升融入城市社会的能力。

——合理确定各级政府职责。省政府制定全省农业转移人口市民化总体安排和配套政策，增加对吸纳外来农业转移人口较多市县的财政转移支付，增强市县提供基本公共服务的财力保障。市、县（区）政府负责制定本行政区农业转移人口市民化的具体方案和实施细则，出台落户标准，提供基本公共服务，承担相应财政支出。

——完善农业转移人口社会参与机制。推进农业转移人口融入企事业、子女融入学校、家庭融入社区、群体融入社会，建设包容性城市。提高各级党代表、人大代表、政协委员中农业转移人口代表和委员的比例，积极引导农业转移人口参加党组织、工会和社团组织，有序参政议政和参加社会管理。加强科普宣传教育，提高农业转移人口科学文化素质。鼓励农业转移人口参与社区公共的活动、建设和管理，加强对农业转移人口及其随迁家属的人文关怀，丰富精神文化生活，增强责任感、认同感和归属感。

第四章 优化城镇化布局形态

落实国家和省主体功能区规划，严格按照主体功能区定位推动发展和推进城镇化，承载能力减弱的区域实行优化开发，重点开发区域实行集约高效开发，限制开发区域做好点状开发、面上保护，禁止开发区域停止一切不符合法律法规要求的开发活动。实施差异化发展战略，根据土地、水资源、大气和生态环境承载能力，优化城镇化空间布局和规模结构，构建以人为核心、以中心城市为依托，中小城市和小城镇协调发展、产业和城镇融合发展、新型城镇化和新农村建设协调推进的格局。

第一节 增强中心城市辐射带动能力

围绕构建以福建为主体的海峡西岸城市群，加快形成分工明确、布局合理、功能互补、错位发展的城市发展格局。

——加快推进大都市区建设。强化福州、厦漳泉大都市区自身内在联系和功能互补，加快同城化步伐，加强区内城乡规划、产业布局、基础设施建设、基本公共服务和环境保护等方面的协调衔接，创新要素市场管理机制，促进生产要素自由流动和优化配置，实现集约发展、联动发展、互补发展，成为引领全省城镇化发展和辐射带动周边地区的经济高地。

——发展壮大中心城市。发挥中心城市支撑城镇化格局的重要支点作用，做大做强福州、厦门、泉州三大中心城市，加快漳州、三明、莆田、南平、龙岩和宁德等区域中心城市发展及平潭综合实验区开放开发，优化产业结构和城市空间布局结构，提升城市品位，强化综合承载能力，推动中心城区与周边区域的交通、信息网络等连接和产业分工协作，增强辐射带动和综合服务能力。适时推动具备条件的市、县（区）开展区划调整。

福州市。构筑"一区、两翼、双轴、多极"空间发展布局，推动中心城区东扩南进、沿江向海跨越式、组团式发展，推进福州新区开放开发，在更高起点上加快建设闽江口金三角经济圈，推动城市、港口和产业联动发展，统筹周边县（市）发展，提升服务全省的政治、经济、文化等功能，打造创业环境和人居环境俱佳的现代化、国际化的滨江滨海大都市。

厦门市。发挥经济特区龙头带动作用，加快跨岛发展步伐，全面实施美丽厦门战略规划，加快岛内外一体化，提升城市承载力和宜居度，形成"一岛、一带、多中心"的大海湾、大山海、大花园城市格局，当好全面深化改革的排头兵，积极推进对台交流合作先行先试，力争建成美丽中国的典范城市。

漳州市。实施"中心东移、跨江南扩、面海拓展"的空间发展战略，依托大项目构建现代产业体系，健全公共服务功能，加快建设厦门港南岸新城、古雷石化新港城，打造海西先进制造业中心、全国新兴海洋产业基地和对台经贸文化交流基地、滨海度假旅游基地和生态宜居的田园城市。

泉州市。按照"一湾两翼三带"城市空间布局，引导现代产业和高端项目布局向环湾集中，增强集聚辐射、综合服务功能。全面深化金融和民营经济综合配套改革，充分发挥"东亚文化之都"品牌效应，打造现代化海湾城市、海峡西岸先进制造业基地和现代服务业中心、文化旅游强市、民营经济创新发展示范区。

三明市。以生态工贸区为核心，实施"三城整合、多点联动、中心提升、特色支撑"的空间发展战略，加强三明市区与沙县县城的同城化建设，形成新三明中心城区，加强与永安的产业协作，提升产业空间承载能力和发展水平，建设海西生态型综合枢纽和宜居宜业中心城市。

莆田市。以湄洲湾北岸为核心，以环兴化湾南岸和仙游为两翼，以主城区现代商务集聚区、湄洲岛国家旅游度假区、北部绿色生态观光区为基地，构筑"一核两翼三基地"网络化城镇空间格局，打造世界妈祖文化旅游中心、海峡西岸先进制造业和清洁能源基地、东南沿海区域性交通枢纽和现代物流中心。

南平市。全面推进武夷新区开发建设，建设闽浙赣交界区域新兴中心城市、国际知名旅游度假目的地、海西北部重要交通枢纽、闽北新兴产业基地，打造绿色发展示范区。推进武夷新区和延平区协调发展，优化提升中心城区，拉开城市框架，建设组团式山水园林城市。

龙岩市。构建"双轴、双廊、一城、四轴"区域空间发展格局，推进城市轴向拓展，提升主城功能，加快三大新城建设，协调生态环境综合治理、产业发展、矿区开发与城镇建设，打造海峡西岸生态型经济枢纽，构建闽粤赣边区域性中心城市。

宁德市。实施"港城一体、环湾推进"的空间发展战略，加快宁德主城区发展，加强港城综合交通体系建设，推进重大临港工业项目向环三都澳布局。彰显山、海、川、岛、湖、港、城一体的城市特色，打造海西特色文化和生态旅游胜地、绿色宜居海湾城市。

平潭综合实验区。构建分工合理、功能互补、协调发展的"多区多组团"空间开发格局。用好用足特殊政策，积极探索和实践两岸合作新模式，推进两岸"五个共同"综合实验，打造"两岸同胞合作建设、先行先试、科学发展的共同家园"和机制先进、政策开放、文化包容、经济多元的现代化、国际化综合实验区。

第二节　加快发展中小城市

把加快发展中小城市作为优化城镇规模结构的主攻方向，加强产业和公共服务资源布局引导，提升质量，增加数量。

——夯实中小城市发展基础。积极实施"大城关"战略，发展壮大县域经济，鼓励引导产业项目在资源环境承载力强、发展潜力大的中小城市和县城布局，依托优势资源发展特色产业，夯实产业基础。加强市政基础设施和公共服务设施建设，教育医疗等公共资源配置要向中小城市和县城倾斜。

——创新中小城市管理体制。对具有区位交通优势、产业基础较好、经济实力较强、发展潜力大的部分小城市和县城，扩大管理权限，壮大产业实力，优化发展空间，逐步成长为超过50万人口的中等城市。推进省级以上开发区（工业园区）与周边城市（镇）有机衔接，发展成为功能完善、特色鲜明的城市新区。

第三节　有重点地发展小城镇

坚持分类指导、差别化发展、择优培育，科学稳妥推进乡镇整合，优化重点中心镇布局，引导小城镇走特色化、集约化、现代化的发展道路。完善小城镇规划，提升景观和建筑设计水平，强化规划实施管理，加大环境综合整治力度，改善小城镇人居环境。继续推进小城镇综合改革建设试点。加强中心城市周边小城镇的统筹配套发展，逐步建设成为卫星城。支持具有特色产业、生态魅力、历史文化积淀的小城镇，发展成为各具魅力的特色镇。选择若干区位条件好、吸纳人口较多、经济实力较强的小城镇，实施扩权强镇改革，赋予同人口和经济规模相适应的管理权，并支持建设相应的基本公共服务设施，培育"小城市"。加强远离中心城市的县城和小城镇的基础设施和公共服务设施建设力度，发展特色优势产业，拓展面向"三农"的市场服务网络。

第五章　强化城镇化发展产业支撑

强化产业吸纳城镇就业和容纳城镇人口的重要经济基础作用，推动工业化、信息化、农业现代化和城镇化良性互动，加快城市群、产业群、港口群"三群"联动，增强城镇创新能力，培育发展符合本地资源禀赋条件、具有竞争优势的产业，形成结构优化、技术先进、清洁安全、就业容量大的现代产业体系。

第一节　推动产业结构优化

加快调整优化产业布局和结构，构建大中小城市和小城镇特色鲜明、优势互补的产业发展格局。

——培育各具特色的产业体系。强化专业化分工协作，福州、厦门、泉州中心城区加快"退二进三"步伐，推动产业结构向高端、高效、高附加值转变，增强高新技术产业、现代服务业、先进制造业对研发机构、高端人才的吸引力，尽快形成服务型经济为主的产业结构；中等城市要推动传统产业转型升级，加快"退城入园"步伐，培育发展高新产业，着力增强服务业吸纳就业能力；小城市和小城镇要利用土地、劳动力、资源等要素成本优势，因地制宜地发展特色产业和劳动密集型、资源加工型产业。

——加快产业转型升级。改造提升传统优势产业，淘汰落后产能，培育高新技术产业、战略性新兴产业，发展附加值高和就业容量大的制造业等都市型工业，有效推动人才、技术和资本向城镇流动。发挥服务业就业容纳器功能，积极争取国内外大型企业来闽设立区域总部、研发中心、营销中心、结算中心，扩大规模、提升水平，提高服务业在经济总量中的比重，增强城镇经济活力。

第二节 推进港城产城互动发展

统筹城市、港口、产业发展，加快临港经济发展和临港新城建设，推动产业和城市融合发展，形成产业发展、城镇建设与人口集聚的有机统一。

——推动港口和城市协调发展。推进福州新区、厦门岛外新城、漳州厦门港南岸新城、泉州环湾新城和莆田、宁德滨海新城建设，高标准规划建设一批服务港区和临港大工业区的临港新城，配套完善商务、商贸、人居、休闲、旅游等服务功能，繁荣港区经济、促进港城联动发展。加快发展临港经济，依托环三都澳、闽江口、湄洲湾、泉州湾、厦门湾、东山湾六大湾区临港工业区，提升发展石化、冶金、船舶、汽车、机械装备、电子信息、纺织鞋服、建材等产业集群（基地），大力推动电子商务和创意产业发展，加快培育形成一批新能源、新材料、生物医药、海洋高新技术等战略性新兴产业，突出龙头培育、链条延伸、集聚发展，打造若干产值超百亿的龙头骨干企业和产值超千亿的优势产业集群或基地。

——推动产业布局与城镇空间协调互动。充分考虑产业与城区之间互动关系，推进功能混合和产城融合。按照布局集中、产业集聚、土地集约、生态环保的要求，合理配置产业用地，提高土地使用效率，推进产业集聚发展。把各类园区纳入城镇统一规划，精心谋划和组织各类园区开发建设，促进园区建设与城市建设、生态建设有机衔接，逐步发展成为功能完善、特色鲜明的城市新区。提升县域重点开发区功能，加强小城镇建设与园区布局的统筹，合理布局建设产业发展基地，促进产业园区集中布局，引导人口向城镇集聚。逐步形成城区以第三产业为主、工业园区以第二产业为主、外围以城市郊区农业为主，构建"三二一"产业合理分布的新格局。

第三节 加快发展现代农业

坚持用工业化理念发展农业、用先进适用技术提升农业，用现代经营方式拓展农业，着力推进集约化、专业化、组织化和社会化，全面提升农业现代化水平。

——构建新型农业经营体系。提高农业科技创新能力，做大做强现代种业，健全农技综合服务体系，推广现代化农业技术，完善农业种粮补贴制度。坚持家庭经营在农业中的基础性地位，推进家庭经营、集体经营、合作经营、企业经营等共同发展。鼓励承包经营权在公开市场上向专业大户、家庭农场、农民合作社、农业企业流转，发展多种形式规模经营。鼓励成立土地股份合作社、土地承包经营权信托公司，支持发展"土地托管"合作社。鼓励和引导工商资本到农村发展适合企业化经营的现代种养业，向农业输入现代生产要素和经营模式。加快构建公益性服务与经营性服务相结合、专项服务与综合服务相协调的新型农业社会化服务体系。

——完善农产品流通体系。统筹规划农产品市场流通网络布局，重点支持重要农产品集散地、大宗特色农产品主产区和交通便利地区市场建设。加快推进以城市便民菜市场（菜店）、生鲜超市、城乡集贸市场为主体的农产品零售市场建设。健全覆盖农产品收集、存储、加工、运输、销售等环节的冷链物流体系。支持发展农产品连锁经营、物流配送、电子商务等新型流通方式，扩大农批对接、农超对接范围，培育新型流通业态。强化农产品地理标志和商标保护。

第四节　提升城镇创新能力

发挥城镇创新载体作用，依托科技、教育和人才资源优势，实施创新发展战略，推进科技、产业融合发展，增强城镇可持续发展能力。

——完善创新支撑体系。营造创新的制度环境、政策环境、金融环境和文化氛围，鼓励原始创新、集成创新、引进消化吸收再创新，推动技术创新、商业模式创新和管理创新。建立产学研协同创新机制，进一步突出企业的技术创新主体地位，发挥大型企业骨干作用，激发中小企业创新活力。发挥"6·18"虚拟研究院推动项目、技术、资本、人才与产业有效对接的平台作用。建设创新基地，集聚创新人才，培育创新集群，完善创新服务体系，发展创新公共平台和风险投资机构，推进创新成果资本化、产业化。加强知识产权运用和保护，健全技术创新激励机制。

——加强创新人才培养培训。普通高等学校要加快培养适应新型城镇化发展需要的创新型、应用型人才，职业院校要通过定向培养、订单培养等多种形式培养"用得上、留得住"的实用型、技能型人才。发挥当地职业院校资源优势，加强学历教育及各类职业培训，提升城镇从业人员的学历水平、岗位适应性和技术技能水平。

第五节 营造良好就业创业环境

发挥城市创业平台作用，完善扶持创业的优惠政策，加强和完善就业服务，形成鼓励和支持创业新机制，促进社会就业。

——建立健全扶持创业机制。充分利用城市规模经济产生的专业化分工效应，放宽政府管制，降低交易成本，激发创业活力。运用财政支持、税费减免、创业投资引导、政策性金融服务、小额贷款担保等手段，为中小企业特别是创业型企业发展提供良好的经营环境，促进以创业带动就业。

——着力促进社会就业。加强劳动就业公共服务设施建设。促进以高校毕业生为重点的青年就业和农村转移劳动力、城镇困难人员、退役军人就业。结合产业升级开发更多适合高校毕业生的就业岗位，实行激励高校毕业生自主创业政策，实施离校未就业高校毕业生就业促进计划。合理引导高校毕业生就业流向，鼓励其到中小城市、城镇基层一线创业就业。

第六章 提高城镇综合承载能力

优化城乡空间结构和管理格局，健全促进跨区域城市发展协调机制，推动形成城市间基础设施和公用事业设施共建、利益共享机制。加快完善社会服务及居住服务功能，优化人居环境，提升管理水平，以资源环境承载力为基础，增强城镇集聚要素、吸纳人口、传承文化、辐射带动的能力，努力实现生产空间集约高效、生活空间宜居适度、生态空间山清水秀。

第一节 构建城镇现代综合交通运输体系

围绕加快推进交通运输现代化，建设以大型海空港和综合运输枢纽为依托，以快速铁路、高速公路、国省干线公路、城际（市）轨道交通和管道运输网为骨架，有效衔接大中小城市和小城镇的安全、便捷、舒适、机动、经济、低碳的海峡西岸现代综合交通运输体系，强化省内城镇间和与周边城市群间的交通联系。

——加快综合交通基础设施建设。加快推进"三纵六横"干线铁路网建设，进一步完善疏港铁路支线。持续完善"三纵八横"高速公路网，加快"八纵十一横十五联"国省干线公路网建设，着力推进普通国省干线公路城镇过境拥堵路段改造。持续推进海西大港口建设，推动港口资源整合和集约化开发，形成定位明确、布局优化、分工合理、优势互补的海峡西岸北、中、南三大港口群发展格局，加快建设厦门东南国际航运中心。大力发展民航业，加快建设厦门翔安、福州长乐机场二期等项目，大力发展通用航空和临空经济，构建分工合理、功能互补、干支协调的区域性航空枢纽。力争到2020年全省高速公路通车里程达6000公里，铁路运营里程达5000公里，民航吞吐达7000万人次，港口货物吞吐量突破8亿吨，集装箱吞吐量力争达到2000万标箱。

——加快构建城际快速通道网络。推动交通资源整合，加快推进城市轨道交通、快速通道、绕城高速和综合交通枢纽等基础设施建设，强化各城市间、城市各组团间及连接重要城镇的便捷交通联系。加强铁路、公路、民航、水运与城市轨道交通、地面公共交通等多种交通方式的衔接，完善集疏运系统与配送系统，实现客运"零距离"换乘和货运无缝衔接。加快构建福建省"一环两网"城际轨道交通系统，力争到2020年城际轨道交通运营里程突破200公里，城市轨道交通运营里程突破200公里。

——改善中小城市和小城镇交通条件。加强中小城市和小城镇与交通干线、交通枢纽城市的连接，加快国省干线公路升级改造，提高中小城市和小城镇公路技术等级、通行能力和铁路覆盖率，改善交通条件，提升服务水平。推进新一轮国省干线公路网和农村公路网规划项目建设，继续实施农村公路安保工程、撤渡改桥、危病桥改造、陆岛交通码头工程，加强农村公路管理养护，推进农村公路灾害点整治，加快规划布点村庄道路建设，实施镇村公交公路提档改善工程，加大对农村客运、城镇公交站点建设力度，推进城乡公交客运一体化，提高小城镇与农村主要公路交通的通达便捷度和安全可靠性，推动交通基础设施和服务向农村延伸。到2020年，通乡镇公路基本实现三级及以上达标，有条件地区通镇、村客车基本实现公交班车化。

——拓展连接周边城市群的综合通道。加快以铁路、高速公路为骨干，以普通国省道为基础，与民航、水路和管道共同组成的对外交通骨干网络建设，加强海峡西岸城市群与长江三角洲、珠江三角洲城市群交通干线、交通枢纽城市的连接。重点推进跨省铁路、公路、港口等重大交通项目的统筹规划布局和协同建设，促进省际特别是与台湾的交通通道的贯通衔接。

第二节　提高城镇空间利用效率

按照统一规划、协调推进、集约紧凑、疏密有致、环境优先的原则，优化城镇空间结构，统筹中心城区改造和新城区建设，提高城镇空间利用效率，改善城镇人居环境。

——强化中心城区服务功能。完善大中城市中心城区高端服务、现代商贸、信息中介、创意创新等功能。统筹规划地上地下空间开发，推动商业、办公、居住、生态空间与交通站点的合理布局与综合利用开发，完善中心城区功能组合。制定城市市辖区设置标准，优化市辖区规模和结构。旧城改造以设施完善、功能提升为主，坚持保护修复与改造更新并重。加快城区老工业区搬迁改造，有序推进旧住宅小区综合整治、危旧住房和非成套住房改造，实施棚户区改造行动计划，推进集中连片城市棚户区和城中村改造，到2020年全面完成棚户区改造任务。

——严格规范新城新区建设。坚持规划先行，合理开发建设城市新区，划定城市开发边界，提高人口密度，防止城市边界无序蔓延。由于中心城区功能高度叠加、人口密度过高，工业化程度较高，以及规避自然灾害等原因，确需规划建设新城新区，要科学预测人口发展规模，必须以人口密度、产出强度和资源环境承载力为基准，与行政区划相协调，严格控制新城建设用地规模，控制建设标准过度超前。按照集约紧凑、产城融合、功能多元、集聚人口的要求，统筹生产区、办公区、生活区、商业区等功能区的合理分布及适度混合，加强基础设施和服务设施的配套建设，在集聚产业的同时有效集聚人口，防止新城新区空心化。

——改善城乡接合部环境。提升城乡接合部规划建设和管理服务水平，促进社区化发展，增强服务城市、带动农村、承接转移人口功能。加快城区基础设施和公共服务设施向城乡接合部地区延伸覆盖，引导住宅集中建设，加强环境整治和社会管理综合治理，改善生活居住条件和治安环境，增强容纳外来人口能力。保护生态用地和农用地，建设绿色隔离区，形成有利于改善城市生态系统、提高城市环境质量的生态缓冲地带。

第三节　加强公共服务设施建设

根据城镇常住人口的增长趋势和空间分布，统筹布局建设教育、医疗卫生、文化、体育、社会福利、养老等公共服务设施，增强对人口集聚和服务的支撑能力。

——调整学校布局和建设规模。扩建新建小区、旧城改造、新城新区和产业集聚区建设，要根据城镇人口规模和空间分布密度，同步规划建设中小学、幼儿园，鼓励中小城市优先改造提升有扩容需求的城乡接合部中小学和幼儿园，推广"名校办分校、老校带新校、强校扶弱校"等办学模式。

——建立健全公共卫生服务体系。科学布局综合医院、专科医院和社区卫生服务机构，健全社区卫生服务机构与城市大医院之间分工协作、分级诊疗、双向转诊的医疗卫生服务体系。完善重大疾病防控、妇幼保健、卫生监督等专业公共卫生机构和计划生育服务网络。

——加强公共文体设施建设。建设社区综合性公共文化服务场所，实施公共文化服务项目和其他公共服务项目共建共享。加强公共体育设施建设，完善全民健身服务体系。

——加强社会保障服务设施建设。完善市县级社会福利和社会救助设施建设。根据城镇老龄人口分布状况，科学布局养老机构，加快社区养老服务照料中心（站）建设。促进城市养老服务业发展，积极探索社区养老和居家养老相结合的新模式，大力培养专业化的养老机构和从业人员。加强社会保障综合服务平台建设。

——创新公共服务供给方式。发挥市场配置资源的决定性作用，引入市场机制，扩大政府购买服务规模，实现供给主体和方式多元化。根据经济社会发展状况和财力水平，各级政府要切实担负起责任，逐步提高城镇居民基本公共服务水平，在学有所教、劳有所得、病有所医、老有所养、住有所居上持续取得新进展。

第四节　加快完善市政公用设施

建设安全高效便利的生活服务和市政公用设施网络体系，重点实施交通、能源、市政、水利、信息、环保六项基础设施提升工程，全面提高生活服务和市政公用设施水平及运行效率。

——推动城市综合管廊建设。进一步完善电力、通信、水利等基础设施，加快给排水、供气、供电等老旧管网改造。统筹协调各类工程管线的规划建设，新建道路、城市新区、旧城改造和各类园区实行城市地下管网综合管廊模式。加强城市地下排水系统规划建设，加快城市排水管网、排涝泵站和排涝河道等基础设施建设改造，加强防洪设施建设，完善城市排水与暴雨内涝防治体系，提高城市防汛排涝能力。完善提升城市、县城污水处理及再生利用设施和配套管网，推进雨污分流改造和污泥无害化处置。

——优先发展城乡公共交通。全面实施公交优先战略，将公共交通放在城市交通发展的首要位置，理顺体制，加大投入，加快建立以快速公交系统为骨干、常规公交为基础、功能层次分明、网络布局合理、衔接换乘方便的高品质公交客运体系和以公共交通为主体的城市机动化出行系统，积极发展快速公共汽车、现代有轨电车等大容量地面公共交通系统，科学有序地推进城市轨道交通建设，推动形成公共交通优先通行网络，提高覆盖率、准点率和运行速度。优化公共交通站点和线路设置，基本实现100万人口以上城市中心城区公共交通站点500米全覆盖。统筹规划城乡道路交通网络和场站设施建设，合理配置城乡道路资源，优先保障公共交通设施用地。优化公交线网布局，加密公交线路，增加公交班次，扩大公交服务范围，建设快速公交等地面公共交通系统。大力发展智能交通，建设公众出行信息服务系统、车辆运营调度管理系统、安全监控系统和应急处置系统，推动各种交通方式、城市道路交通管理系统的信息共享和资源整合。强化交通综合管理，有效调控、合理引导个体机动化交通需求。改善绿色出行条件，优化步行和自行车道路系统，实现人车分流。积极发展上学、旅游、购物等特色公交服务，鼓励大型商场、企事业单位发展通勤交通。

——加强水、电、气和污水、垃圾处理等设施建设。建设安全可靠、技术先进、管理规范的新型配电网络体系，加快推进城市清洁能源供应设施建设，完善燃气输配、储备和供应保障系统，大力发展热电联产，淘汰燃煤小锅炉。加快城镇天然气管网、液化天然气（压缩天然气）站等设施建设，因地制宜发展大中型沼气、生物质燃气，到2020年县城以上城市全面实现燃气替代生活燃煤，使用清洁燃气的中心镇达到70%左右。城镇建设和改造优先采用分布式能源。加强城镇水源地保护与建设和供水设施改造与建设，确保城镇供水安全，实现县城和中心镇公共供水普及率95%以上。积极推进省级综合改革试点镇、"六江两溪"沿岸1公里范围内建制镇及其他地区镇区人口在3万人以上的建制镇因地制宜建设污水处理设施，实现中心镇区污水处理全覆盖。加快完善城镇垃圾收集、运输、处理系统，推行垃圾分类收集，完善镇垃圾中转系统建设，积极推进生活垃圾焚烧处理厂建设，实现县县建成垃圾无害化处理场（厂），镇镇建成垃圾中转站，不断提高城市、县城生活垃圾无害化处理、资源化利用水平。完善危险废物、医疗废弃物集中处理设施，积极推进城市餐厨垃圾处理厂建设。

——完善便民利民服务网络。优化社区生活设施布局，打造包括物流配送、便民超市、平价菜店、家庭服务中心等在内的便捷生活服务圈。加强无障碍环境建设。合理布局并加大城市停车场和立体车库建设力度，新建大中型商业设施要配建货物装卸作业区和停车场，新建办公区和住宅小区要配建地下停车场。推进城镇商业网点规划建设，配备商品交易市场、批发零售业、餐饮住宿业等必备的商业服务业网点设施，明确市镇的中心商圈和社区层面的网点布局，保障居民生活必需的商业服务业业种、业态不缺失。

第五节　提升城镇发展品质

顺应现代城镇发展的新理念新趋势，推动城市绿色发展，提高智能化水平，增强历史文化魅力，让居民望得见山、看得见水、记得住乡愁。

——加快绿色城镇建设。加快建设生态文明先行示范区，将生态文明理念全面融入城镇发展，构建绿色生产方式、生活方式和消费模式。实施绿色建筑行动计划，完善绿色建筑标准及认证体系，扩大强制执行范围，加快既有建筑节能改造，大力发展绿色建材，强力推进建筑工业化。节约集约利用土地、水和能源等资源，促进资源循环利用，控制总量，提高效率。加快建设可再生能源体系，推动分布式太阳能、风能、生物质能、地热能发展，提高新能源和可再生能源利用比例，推进新能源示范城市建设和智能微电网示范工程建设。严格控制高耗能、高排放行业发展。实施大气污染防治行动计划，开展区域联防联控联治，改善城市空气质量。合理划定生态保护红线，扩大城市生态空间，保护森林、湖泊、湿地，将农村废弃地、其他污染土地、废弃工矿用地转化为生态用地。实施美丽福建宜居环境建设行动计划，持续推进"点线面"综合整治、"三边三节点"规划建设和"四绿工程"，保护城市大山水格局，改善城乡人居环境品质，优化公路铁路沿线景观，基本建成覆盖全省的绿道网络。大力推动绿色消费，推广使用节能节水产品、高效能照明产品、节能环保型汽车。发展绿色交通系统，严格执行运营车辆燃料消耗量准入制度，到2020年淘汰全部黄标车，合理控制机动车保有量，改善步行、自行车出行条件，倡导绿色出行。加强城市固体废弃物循环利用和无害化处置，完善废旧商品回收体系和垃圾分类处理系统，构筑生活垃圾综合处理及资源再生利用产业链。开展厦门市、南平市国家低碳城市试点工作。

——注重人文城镇建设。发掘城镇文化资源，强化文化传承创新，展现地域文化差异，尊重山水格局，坚持慎砍树、不填湖、少拆房，打造历史底蕴厚重、时代特色鲜明的人文魅力城镇空间。注重旧城改造中历史文化遗产、民族文化风格和传统风貌等的保护及周边环境治理，促进功能提升与文化文物保护相结合。新区建设注重融入传统文化和民族文化元素，与原有城镇自然人文特征相协调。加强历史文化名城名镇名村、历史文化街区、传统村落、历史建筑、特色建筑和优秀近现代建筑保护，复兴特色历史文化街区和历史风貌区，设立省级传统村落保护名录。培育和践行社会主义核心价值观，加快完善文化管理体制和文化生产经营机制，建立健全现代公共文化服务体系、现代文化市场体系。鼓励城市文化多样化发展，促进传统文化与现代文化、本土文化与外来文化交融，形成多元、开放、包容的现代城市文化。

——推进智慧城市建设。统筹利用城市发展的物质资源、信息资源和智力资源，推动物联网、云计算、大数据等新一代信息技术创新应用，实现与城市经济社会发展深度融合。强化信息网络、数据中心等信息基础设施建设，提高宽带网络覆盖水平。合理布局建设新一代移动通信网、下一代互联网、数字广播网、卫星通信、数据中心等设施，推进城市光纤到楼入户，加快城市公共热点区域无线局域网建设，加快农村、偏远地区宽带网络建设，逐步形成惠及全民的信息网络。加强"数字福建"在城市规划、建设、管理、公共服务及社区管理等方面的引领和支撑作用，加快推进城市感知系统、运营海量信息捕捉和处理、信息决策系统等软性基础设施建设，完善城市地理信息、智能交通、社会治安、环境管理、市容管理、灾害应急处置等智能化信息系统，促进跨部门、跨行业、跨地区的政务信息共享和业务协同，强化信息资源社会化开发利用，推广智慧化的信息应用和新型信息服务，构建职责明晰、反应敏捷、处置高效的城市管理新机制，促进城市规划管理信息化、基础设施智能化、公共服务便捷化、产业发展现代化、社会治理精细化。加快建设都市区智能交通管理系统，利用卫星定位等技术，建立健全城市综合交通管理调度信息平台，提升城市交通信息化管理水平。开展智慧城市（区、镇）建设试点，制定信息平台技术标准和评价考核指标，加强基础设施信息共享与服务能力建设。增强城市要害信息系统和关键信息资源的安全保障能力。

第六节　提高城市规划建设水平

适应新型城镇化发展要求，提高城镇规划科学性，加强空间开发管制，健全规划管理体制机制，严格建筑规范和质量管理，强化实施监督，提高城镇规划管理水平和建筑质量。

——创新规划理念。把以人为本、尊重自然、传承历史、绿色低碳理念融入城市规划全过程。城市规划要由扩张性规划逐步转向限定城市边界、优化空间结构的规划，科学确定城市功能定位、形态、规模、开发边界、开发强度和保护性空间，合理划定城市"三区四线"（适建区、限建区、禁建区，绿线、蓝线、紫线、黄线），加强城市空间开发利用管制，加强道路红线和建筑红线对建设项目的定位控制。统筹规划城市空间功能布局，促进城市用地功能适度混合。合理设定不同功能区土地开发利用的容积率、绿地率、透水率等规范性要求。建立健全城市地下空间开发利用协调机制。统筹规划市区、城郊和周边乡村的发展。

——完善规划程序。完善城市规划前期研究、规划编制、衔接协调、专家论证、公众参与、审查审批、实施管理、评估修编等工作程序，探索设立城市总规划师制度，提高规划编制科学化、民主化水平。推行城市规划政务公开，加大公开公示力度。加强城市规划与经济社会发展、主体功能区建设、国土资源利用、生态环境保护、基础设施建设等规划的相互衔接。推动有条件的市县探索经济社会发展总体规划、城市规划、土地利用规划等"多规合一"。

——强化规划管控。保持城市规划权威性、严肃性和连续性，坚持一本规划一张蓝图持之以恒加以落实，防止换一届领导改一次规划。加强规划实施全过程监管，依规划进行开发建设。以规划强制性内容为重点，加强规划实施督察，对违反规划行为进行事前事中监管。加强"两违"治理，制定"两违"具体认定标准及分类处置方案，确定拆除重点，逐步处理现存违建，确保"两违"零增长。严格实行规划实施责任追究制度，加大对政府部门、开发主体、居民个人违法违规行为的责任追究和处罚力度。制定城市规划建设考核指标体系，加强人大对城市规划实施的监督检查，将城市规划实施情况纳入各级党政领导干部考核和离任审计。运用信息化手段，强化对城市规划管控的技术支撑。

——严格建筑质量管理。加强建筑设计、施工、监理和建筑材料、装修装饰等全流程质量管控。严格执行先勘察、后设计、再施工的基本建设程序，加强建筑市场各类主体的资质资格管理，推行质量体系认证制度，加大建筑工人职业技能培训力度。坚决打击建筑工程招投标、分包转包、材料采购、竣工验收等环节的违法违规行为，惩治擅自改变房屋建筑主体和承重结构等违规行为。健全建筑档案登记、查询和管理制度，强化建筑质量责任追究和处罚，实行建筑质量责任终身追究制度。

第七节　加强和创新城市社会治理

树立以人为本、服务为先理念，完善城市治理结构，创新城市治理方式，提高社会治理水平。

——完善城市治理结构。坚持多方参与、共同治理，加快形成党委领导、政府负责、社会协同、公众参与、法治保障的城市社会管理体制，加快形成政社分开、权责明确、依法自治的现代社会组织体制。坚持科学民主依法决策，注重平等广泛沟通协商，积极引导社会组织参与城市社会管理，充分发挥公众参与的基础性作用，畅通和规范群众诉求表达、利益协调、权益保障渠道。坚持综合治理，强化道德约束，规范社会行为，调节利益关系，协调社会关系，解决社会问题。坚持源头治理，标本兼治、重在治本，以网格化管理、社会化服务为方向，健全基层综合服务管理平台，及时反映和协调人民群众各方面各层次利益诉求。加强城市社会管理政策法规体系、体制机制、人才队伍和信息化建设。

——强化社区自治和服务功能。健全社区党组织领导的基层群众自治制度，推进社区居民依法民主管理社区公共事务和公益事业。构建社区综合服务管理平台，推动城市管理重心向街道、社区延伸。以居民需求为导向，整合人口、劳动就业、社保、民政、卫生计生、文化以及综治、维稳、信访等管理职能和服务资源，建设集行政职能、社会事务、便民服务于一体的社区服务网络。发挥业主委员会、物业管理机构、驻区单位积极作用，引导各类社会组织、志愿者参与社区服务和管理。加强社区社会工作专业人才和志愿者队伍建设，推进社区工作人员专业化和职业化。加强城乡接合部、城中村、流动人口聚居地等的社区居委会建设，强化流动人口服务管理。

——深入推进"平安福建"建设。建立健全源头治理、动态协调、应急处置相互衔接、相互支撑的治安综合治理机制。创新立体化社会治安防控体系，改进治理方式，促进多部门城市管理职能整合，鼓励社会力量积极参与社会治安综合治理。及时解决影响人民群众安全的社会治安问题，加强对城市治安复杂部位的治安整治和管理。理顺城管执法体制，提高执法和服务水平。加大依法管理网络力度，加快完善互联网管理领导体制，确保网络和信息安全。

——完善城市应急管理体系。加强安全生产、防灾减灾能力建设，强化行政问责制和责任追究制。完善灾害监测和预警体系，加强城市消防、防洪、排水防涝、抗震等设施和救援能力建设，提高城市建筑的灾害设防标准，合理规划布局和建设应急避难场所，强化公共建筑物和设施的应急避难功能。完善突发公共事件应急预案和应急保障体系，提高应对处置各类突发事件的能力和水平。加强灾害分析和信息公开，开展市民风险防范和自救互救教育，建立政策支持的巨灾保险制度，发挥社会力量在应急管理中的作用。

第七章 推进城乡发展一体化

坚持工业反哺农业、城市支持农村和多予少取放活方针，加大统筹城乡发展力度，增强农村发展活力，逐步缩小城乡差距，促进城镇化和新农村建设协调推进。加快消除城乡二元结构的体制机制障碍，促进城乡要素平等交换和公共资源均衡配置，让广大农民平等参与现代化进程、共同分享现代化成果。

第一节 推进城乡统一要素市场建设

加快建立城乡统一的人力资源市场，落实城乡劳动者平等就业、同工同酬的制度。逐步建立城乡统一的建设用地市场，保障农民公平分享土地增值收益。建立健全有利于农业科技人员下乡、农业科技成果转化、先进农业技术推广的激励和利益分享机制。创新面向"三农"的金融产品和服务，统筹发挥政策性金融、商业性金融和合作性金融的作用，推动具备条件的民间资本依法发起设立中小型银行等金融机构，保障金融机构农村存款主要用于农业农村。加快农业保险产品创新和经营组织形式创新，完善农业保险制度。鼓励社会资本投向农村建设，引导更多人才、技术、资金等要素投向农业农村。

第二节 推进城乡规划、基础设施和公共服务一体化

加强城镇规划与周边乡村规划在产业布局、基础设施网络、公共服务设施、生态空间布局等方面的衔接协调。科学编制县（市）域城乡总体规划、村镇体系和布局规划，合理安排市县域城镇建设、农田保护、产业聚集、村落分布、生态涵养等空间布局。扩大公共财政覆盖农村范围，提高基础设施和公共服务保障水平。统筹城乡基础设施建设，加快基础设施向农村延伸，强化城乡基础设施连接，推动水电路气等基础设施城乡联网、共建共享。加快公共服务向农村覆盖，加快形成政府主导、覆盖城乡、可持续的基本公共服务体系，推动城乡基本公共服务均等化。在一些经济发达地区实现城乡一体化，个别条件成熟的地区实现全域城市化。

第三节　加快建设新型村庄

按照建设社会主义新农村要求，坚持遵循自然规律和城乡空间差异化发展原则，科学规划县域村镇体系，统筹安排农村基础设施建设和社会事业发展，实施串点成线、连线扩面，推进美丽乡村建设，努力形成一村一韵、一村一景、一家一品的建设格局。

——提升乡镇村庄规划管理水平。按照"以镇带村、以村促镇、镇村互动"的原则，进一步修编完善县市域村镇体系规划和乡村规划，按照发展中心村、保护特色村、整合空心村的要求，在尊重农民意愿的基础上，科学引导农村住宅和居民点建设，方便农民生产生活。重点支持中心村培育建设，把中心村建设与村庄整治、造福工程搬迁、农村危房改造建设、农民饮用水、农业综合开发、农村联网公路、乡村文化体育、绿化示范村、农村电气化、农民体育健康工程等有机结合起来，形成建设合力。在提升自然村落功能基础上，保持乡村风貌、民族文化和地域文化特色，保护有历史、艺术、科学价值的传统村落、少数民族特色村寨和民居。

——加快发展农村社会事业。完善农村中小学校舍建设改造长效机制，改善办学条件，配强师资力量，保留必要的教学点，方便农村学生就近上学。加强农村公共文化设施建设，深入实施农村重点文化惠民工程，建设农村数字化文化网，建立农村文化投入保障机制，丰富农民精神文化生活。健全农村三级医疗卫生服务网络，加强乡村医生队伍建设。继续完善新农合、农村社会养老保险政策体系，建立科学合理的保障水平调整机制。加强农村最低生活保障的规范管理，有条件的地区可以实施城乡最低生活保障相对统一的标准。健全农村留守儿童、妇女、老人关爱服务体系。

——加强农村生态环境保护。深入开展人居环境综合整治，实施乡村"家园清洁行动"和清洁工程，重点推进农村垃圾、污水处理、裸房旧房和土壤环境整治。控制农药、化肥和农膜等面源污染，加大畜禽养殖污染防治力度。加快农村河道、水环境综合整治，防止城市和工业污染向农村扩散。发展乡村旅游和休闲农业，创建生态文明示范村。

第八章 创新城镇化发展体制机制

尊重市场规律，统筹推进人口管理、土地管理、财税金融、城镇住房、生态环境等重点领域和关键环节体制机制改革，形成有利于城镇化健康发展的制度环境。

第一节 推进人口管理制度改革

以农业转移人口市民化为重点，深化户籍制度改革，创新和完善人口服务制度，逐步消除城乡区域间户籍壁垒，还原户籍的人口登记管理功能，促进人口有序流动、合理分布和社会融合。

——建立居住证制度。加快户籍制度改革，引导和鼓励农业转移人口优先向中小城市和建制镇转移。积极推动市县放宽、放开落户限制，全面推行流动人口居住证制度，以居住证为载体，建立健全与居住年限相挂钩的基本公共服务提供机制，并作为申请登记居住地常住户口的重要依据。城镇流动人口暂住证持有年限累计进居住证。

——完善人口信息管理利用制度。加强和完善人口统计调查制度，进一步改进人口普查方法，健全人口变动调查制度。加快推进人口基础信息库建设，分类完善劳动就业、教育、收入、社保、房产、信用、计生、税务等信息系统，逐步实现跨部门、跨地区信息整合和共享。加快实行以公民身份证号码为唯一标识，依法记录、查询和评估人口相关信息的制度，为人口服务和管理提供支撑。

第二节 深化土地管理制度改革

完善最严格的耕地保护和节约集约用地制度，按照管住总量、严控增量、盘活存量的原则，创新土地管理制度，优化土地利用结构，提高土地利用效率，合理满足城镇化用地需求。

——建立城镇用地规模结构调控机制。严格控制新增城镇建设用地规模，严格执行城市用地分类与规划建设用地标准，实行增量供给与存量挖潜相结合的供地、用地政策，盘活利用现有城镇存量建设用地，提高城镇建设使用存量用地比例。探索实行城镇建设用地增加规模与吸纳农业转移人口落户数量挂钩政策。建设用地供给向集约用地程度高、发展潜力大、吸纳人口多的卫星城、中小城市和县城适当倾斜。优先安排和增加生活用地和居住用地，合理安排生态用地，保护城郊菜地和水田，统筹安排基础设施和公共服务设施用地。建立有效调节工业用地和居住用地合理比价机制，提高工业用地价格。坚决杜绝工业用地不合理的地价优惠。

——健全节约集约用地制度。完善各类建设用地定额标准体系，严格执行土地使用标准，适当提高工业项目容积率、土地产出率，探索实行长期租赁、先租后让、租让结合的工业用地供应制度，加强工程建设项目用地标准控制。建立健全规划统筹、政府引导、市场运作、公众参与、利益共享的城镇低效用地再开发激励约束机制，盘活利用现有城镇存量建设用地，建立存量建设用地退出激励机制，推进老城区、旧厂房、城中村的改造和保护性开发，发挥政府土地储备对盘活城镇低效用地的作用。加强农村土地综合整治，健全运行机制，规范推进城乡建设用地增减挂钩，总结推广工矿废弃地复垦利用等做法。禁止未经评估和无害化治理的污染场地进行土地流转和开发利用。完善土地租赁、转让、抵押二级市场。

——深化国有建设用地有偿使用制度改革。扩大国有土地有偿使用范围，逐步对经营性基础设施和社会事业用地实行有偿使用。减少非公益性用地划拨，对以划拨方式取得用于经营性项目的土地，通过征收土地年租金等多种方式纳入有偿使用范围。

——改革农村土地管理制度。全面完成农村土地确权登记颁证工作，依法维护农民土地承包经营权。在坚持和完善最严格的耕地保护制度前提下，赋予农民对承包地占有、使用、收益、流转及承包经营权抵押、担保权能。保障农户宅基地用益物权，改革完善农村宅基地制度，在试点基础上按照国家部署慎重稳妥推进农民住房财产权抵押、担保、转让，严格执行宅基地使用标准，严格禁止一户多宅。在符合规划和用途管制前提下，允许农村集体经营性建设用地出让、租赁、入股，实行与国有土地同权同价入市。建立农村产权流转交易市场，推动农村产权流转交易公开、公正、规范运行。

——深化征地制度改革。缩小征地范围，规范征地程序，完善对被征地农民合理、规范、多元保障机制。建立兼顾国家、集体、个人的土地增值收益分配机制，合理提高个人收益，保障被征地农民长远发展生计。健全争议协调裁决制度。

——强化耕地保护制度。严格土地用途管制，统筹耕地数量管控和质量、生态管护，完善耕地占补平衡制度，建立健全耕地保护激励约束机制。落实各级政府耕地保护责任目标考核制度，建立健全耕地保护共同责任机制；加强基本农田管理，完善基本农田永久保护长效机制，强化耕地占补平衡和土地整理复垦监管。

第三节　创新城镇化资金保障机制

加快财税体制和投融资机制改革，创新金融服务，放开市场准入，逐步建立多元化、可持续的城镇化资金保障机制。

——完善财政转移支付制度。按照事权与支出责任相适应的原则，合理划分各级政府在教育、基本医疗、社会保障等公共服务方面的事权，建立健全城镇基本公共服务支出分担机制。充分考虑常住人口因素，建立财政转移支付同农业转移人口市民化挂钩机制。调整和完善省级财政对基础设施、公共服务设施、保障房等领域的投资补助办法和标准。完善县级基本财力保障机制，增强地方政府提供基本公共服务能力，逐步提高地区间基本公共服务均等化水平。借助信息化管理手段，逐步完善城镇基本公共服务补贴办法。

——建立规范透明的城市建设融资机制。建立健全地方债券发行管理制度和评级制度。规范政府举债融资机制，通过发行市政债券等多种方式拓宽城市建设融资渠道。创新金融服务和产品，多渠道推动股权融资，提高直接融资比重。允许非公有制企业通过特许经营等方式参与城市基础设施投资和运营，鼓励公共基金、保险资金等参与项目自身具有稳定收益的城市基础设施项目建设和运营。探索公共设施市场化配置改革，建立社会资本参与道路养护、环卫保洁、园林绿化等公共项目的建设和运营机制。

——鼓励银行加大信贷支持力度。研究落实政策性金融专项支持政策，适时设立城市基础设施、住宅政策性金融分支机构或地方性机构。探索专门的城镇开发金融机构服务模式。支持银行业金融机构与金融资产管理公司合作，运用类股权投资方式，为城镇项目提供资本金。允许银行按城镇项目建设资本金到位情况，同比例提供贷款支持。着力提高金融机构对县域经济支持能力，推动银行业金融机构向县城、重点镇延伸金融网点和服务，培育村镇银行、小额贷款公司等机构。

第四节 健全城镇住房制度

建立市场配置和政府保障相结合的住房制度，推动形成总量基本平衡、结构基本合理、房价与消费能力基本适应的住房供需格局，有效保障城镇常住人口的合理住房需求。

——健全住房供应体系。立足保障基本需求，推动合理消费，加快构建以政府为主提供基本保障、以市场为主满足多层次需求的住房供应体系。对低收入和中等偏下收入住房困难家庭，实行租售并举、以租为主，满足基本住房需求。稳定增加商品住房供应，大力发展二手房市场和住房租赁市场，推进住房供应主体多元化，满足市场多样化住房需求。

——健全保障性住房制度。建立各级财政保障性住房稳定投入机制，扩大保障性住房有效供给。完善租赁补贴制度，加快推进廉租住房、公共租赁住房并轨运行。扩大住房公积金制度覆盖面，加强住房公积金资金和信息安全监管。加强保障性住房管理，制定公平合理、公开透明的保障性住房配租政策和监管程序，严格准入和退出制度。提高保障性住房物业管理、服务水平和运营效率。

——健全房地产市场调控长效机制。调整完善住房、土地、财税、金融等方面政策，共同构建房地产市场调控长效机制。各城市（含县城）要编制城市住房发展规划，确定住房建设总量、结构和布局。确保住房用地稳定供应，完善住房用地供应机制，保障性住房用地应保尽保，优先安排政策性商品住房用地，合理增加普通商品住房用地，严格控制大户型高档商品住房用地。实行差别化的住房税收、信贷政策，加大市场监管力度，支持合理自住需求，抑制投资投机性购房需求。加快住房信息系统建设，建立以土地为基础的不动产统一登记制度，实现全省住房信息联网，推进部门信息共享。

第五节 强化生态环境保护制度

建立健全推动城镇化绿色循环低碳发展的体制机制，实行最严格的生态环境保护制度，形成节约资源和保护环境的空间格局、产业结构、生产方式和生活方式。

——建立生态文明考核评价机制。把资源消耗、环境损害、生态效益纳入城镇化发展评价体系，完善体现生态文明要求的目标体系、考核办法、奖惩机制。对限制开发区域取消地区生产总值考核。

——建立国土空间开发保护制度。建立空间规划体系，严格落实全省主体功能区规划，划定生态保护红线，建立和实施国家公园体制。加快完善城镇化地区、农产品主产区、重点生态功能区的空间开发管控制度，建立资源环境承载能力监测预警机制。强化水资源开发利用控制、用水效率控制、水功能区限制纳污管理。对不同主体功能区实施差别化财政、投资、产业、土地、人口、环境、考核等政策。

——实行资源有偿使用制度。推进自然资源及其产品价格改革，全面反映市场供求、资源稀缺程度、生态环境损害成本和修复效益。建立健全居民生活用电、用水、用气等阶梯价格制度；完善矿产资源有偿使用和矿山生态环境恢复治理保证金制度。

——健全生态补偿制度。进一步完善生态补偿政策法规，切实加大生态补偿投入力度，扩大生态补偿范围，提高生态补偿标准。加大对限制开发、禁止开发区域的财政转移支付力度。按照"谁受益、谁补偿，谁污染、谁治理"的原则，建立重点流域生态补偿制度。建立湿地、海洋、水土保持等生态补偿机制。

——建立资源环境产权交易机制。培育环保市场，建立健全交易平台和中介服务体系，推行节能量、排污权、水权交易制度，建立吸引社会资本投入生态环境保护的市场化机制，推行环境污染第三方治理。

——实行最严格的环境监管制度。建立和完善严格监管所有污染物排放的环境保护管理制度，独立进行环境监管和行政执法。建立陆海统筹的生态系统保护修复和污染防治区域联动机制。完善污染物排放许可制，实行企事业单位污染物排放总量控制制度。加大环境执法力度，严格环境影响评价制度，加强突发环境事件应急能力建设，完善以预防为主的环境风险管理制度。建立领导干部生态环境损害责任终身追究制。对造成生态环境损害的责任者严格实行赔偿制度，依法追究刑事责任。开展环境污染强制责任保险试点。

第九章　强化规划实施保障

本规划由省有关部门和各级地方政府组织实施。各级各部门要高度重视、求真务实、开拓创新、攻坚克难，确保本规划确定的目标和任务如期完成。

第一节　切实加强组织领导

合理确定各级政府和部门分工，建立健全城镇化工作协调机制。省发展改革委牵头推进规划实施和相关政策落实，监督检查工作进展情况。省直有关部门要切实履行职责，根据规划提出的各项任务和政策措施，研究制定具体的实施方案。市、县（区）政府要建立健全工作机制，全面贯彻落实新型城镇化规划，因地制宜地研究制定符合本地实际的具体政策措施。加快培养一批专家型城市管理干部，提高城镇化管理水平。

第二节　强化政策措施统筹

根据本规划制定实施方案和配套政策，建立健全地方相关法规、标准体系。加强部门间政策制定和实施的协调配合，推动人口、土地、住房、生态环境、财政金融等方面政策和改革举措形成合力、落到实处。城乡规划、土地利用规划、环境保护规划、交通规划等要落实本规划要求，其他相关专项规划要加强与本规划的衔接协调。省级财政要逐步加大对各地城镇化发展工作的支持力度，大力支持城镇规划、公共服务、基础设施建设、产业集群、环境整治、新农村建设等重点领域和重点工作，各设区市要确保加大对城镇化工作的投入。加强城乡基础设施统筹规划、建设资金统筹安排、重大项目统筹推进，为提高基本公共服务均等化水平、促进城乡发展一体化奠定坚实基础。

第三节　推进工作方式创新

继续推进一批以农业转移人口市民化、产城融合、土地流转、文化传承、生态文明等为主题的新型城镇化改革试点和创新城市、智慧城市、低碳城镇试点。因地制宜、分类指导，突出特色、积极探索，抓紧解决长期进城务工经商的农业转移人口落户、城市棚户区改造、农民工随迁子女义务教育、农民工职业技能培训等已形成普遍共识的问题；深入研究、循序渐进解决建立农业转移人口市民化成本分担机制和建立多元化、可持续的城镇化投融资机制等难点问题。

第四节　加强监测评估

加强城镇化统计工作，建立健全体现城镇化水平、基本公共服务、基础设施和资源环境等方面的统计监测指标体系和统计综合评价指标体系，规范统计口径、统计标准和统计制度方法。加强城镇化进程的研究分析，定期发布城镇化发展报告，科学评价城镇化发展水平和推进质量。建立健全城镇化推进信息系统，动态监测城镇规划建设情况，形成快速反应和综合调控机制。加快制定有利于城镇化健康发展的监测评估体系，实施动态监测与跟踪分析，开展规划中期评估和专项监测，推动规划顺利实施。

参考文献

［1］李强：《多元城镇化与中国发展：战略及推进模式研究》，社会科学文献出版社，2013。

［2］新玉言：《新兴城镇化——格局规划与资源配置》，国家行政学院出版社，2013。

［3］〔法〕保尔·芒图：《结合产业革命看城镇化》，陈希秦译，商务印书馆，1997。

［4］李珀榕：《中国的就地城镇化——理论与实证》，国家行政学院出版社，2013。

［5］国务院发展研究中心课题组：《中国城镇化前景、战略与政策》，中国发展出版社，2010。

［6］王世元：《新型城镇化之土地制度改革路径》，中国人民大学出版社，2014。

［7］汪晖、陶然：《中国土地制度改革难点、突破与政策组合》，商务印书馆，2013。

［8］李伟、陈民、彭松：《政企合作——新型城镇化模式的本质》，社会科学文献出版社，2013。

［9］王建：《城镇化与中国经济新未来》，中国经济出版社，2013。

［10］《国家新型城镇化规划（2014 - 2020 年）》，人民出版社，2014。

［11］张占斌：《城镇化蓝皮书：中国新型城镇化健康发展报告》，社会科学文献出版社，2014。

［12］简新华、何志扬、黄锟：《中国城镇化与特色城镇化道路》，山东人民出版社，2010。

［13］顾朝林、赵民、张京祥：《省域城镇化战略规划研究》，东南大学出版社，2012。

［14］李铁、乔润令：《城镇化改革的地方实践》，中国发展出版社，2013。

［15］魏后凯：《走中国特色的新兴城镇化道路》，社会科学文献出版社，2014。

［16］肖金成、党国英：《城镇化战略》，学习出版社，2014。

［17］陈文魁：《城镇化建设与可持续发展》，国家行政学院出版社，2013。

［18］王凯、陈明：《中国城镇化的速度与质量》，中国建筑工业出版社，2013。

［19］张可时：《农村经济改革与乡村城镇化发展》，社会科学文献出版社，2013。

［20］潘培坤、凌岩：《城镇化探索》，同济大学出版社，2012。

［21］孙伟：《反思成展会背景下的城乡发展》，上海大学出版社，2013。

［22］巴曙松、杨现领：《城镇化大转型的金融视角》，厦门大学出版社，2013。

［23］中国发展研究基金会：《中国城镇化进程中的住房保障问题研究》，中国发展出版社，2013。

［24］段进军：《江苏城镇化转型与新型城镇化道路研究》，苏州大学出版社，2013。

［25］陕西省住房和城乡建设厅：《陕西省新型城镇化发展研究与实践》，中国建筑工业出版社，2014。

［26］宋亚平、项继权：《湖北新型城镇化转型与治理研究》，湖北科学技术出版社，2014。

［27］刘险峰：《山东特色城镇化问题研究》，山东人民出版社，2014。

［28］贾利军：《江浙沪城市连绵区经济整合与城镇化发展研究》，上海三联出版社，2014。

［29］曾福生、吴雄周、刘辉：《新农村建设和城镇化协调发展——以湖南省为例》，经济科学出版社，2012。

［30］张雷：《中国城镇化进程的资源环境基础》，科学出版社，2009。

［31］朱红根：《城镇化发展的国际经验及其借鉴》，《农村经济》2005年第11期。

［32］肖万春、肖泽群：《国外城镇化的风险防范经验对我国城镇化发展的

启示》,《武陵学刊》2011 年第 2 期。

[33] 何赛萌:《浅谈国外城镇化发展的经验和启示》,《现代经济信息》2013 年第 6 期。

[34] 周述杰:《借鉴国外城镇化经验加快小城镇建设的对策思考》,《广西社会主义学院学报》2011 年第 6 期。

[35] 王秀玲:《对国外城镇化发展的思考》,《河北师范大学学报》(哲学社会科学版),2006 年第 4 期。

[36] 陈峰:《国外城镇化发展的路径与借鉴》,《武汉建设》2009 年第 4 期。

[37] 杨特、包佳丽:《国外城镇化发展战略成败及启示》,《中国经贸导刊》2010 年第 24 期。

[38] 丁宇:《国外城镇化建设道路及启示》,《学习月刊》2011 年第 3 期。

[39] 汪立波:《国外城镇化模式纵观》,《农村工作通信》2010 年第 1 期。

[40] 吴凤明、王秀莲:《国外城镇化经验及其借鉴》,《农业经济》2003 年第 4 期。

[41] 金花:《我国城镇化发展的阶段性特征与主要矛盾》,《经济纵横》2011 年第 11 期。

[42] 杨风、陶斯文:《中国城镇化发展的历程、特点与趋势》,《兰州学刊》2010 年第 6 期。

[43] 刘勇:《中国城镇化发展的历程、问题和趋势》,《经济与管理研究》2011 年第 3 期。

[44] 蔡秀玲:《中国城镇化历程、成就与发展趋势》,《经济研究参考》2011 年第 63 期。

[45] 陈映:《中国农村城镇化的发展历程及现状分析》,《西南民族大学学报》2005 年第 6 期。

[46] 沈和:《当前我国城镇化的主要问题与破解之策》,《世界经济与政治论坛》2011 年第 2 期。

[47] 赵峥、倪鹏飞:《当前我国城镇化发展的特征、问题及政策建议》,《战略研究》2012 年第 2 期。

[48] 赵玉红:《我国城镇化发展趋势及面临的新问题》,《经济纵横》2013 年第 1 期。

［49］ 吴志澄：《福建省城镇化与政府行为研究》，《福建论坛》2002 年第 11 期。

［50］ 林茜、王珂、陈玲：《改革开放 30 年来福建省城镇化水平分析与对策思考》，《科学咨询》2009 年第 2 期。

［51］ 陈明、张云峰：《城镇化发展质量的评价指标体系研究》，《中国名城》2013 年第 2 期。

［52］ 郭叶波：《城镇化质量的本质内涵与评价指标体系》，《学习与实践》2013 年第 3 期。

［53］ 杨梅：《湖北长江经济带城镇化质量研究》，《长江论坛》2012 年第 1 期。

［54］ 何平：《中国城镇化质量研究》，《统计研究》2013 年第 6 期。

［55］ 郝华勇：《基于主成分分析的我国省域城镇化质量差异研究》，《青岛市委党校学报》2011 年第 5 期。

［56］ 李川：《福建省域空间结构优化机制及其实现》，《规划师》2012 年第 4 期。

［57］ 林筱文：《福建省国土空间主体功能区划分与政策研究》，《发展研究》2010 年第 8 期。

［58］ 乔力、胡兵：《城镇化与产业的协调发展》，《魅力中国》2009 年第 12 期。

［59］ 叶振宇：《城镇化与产业发展互动关系的理论探讨》，《区域经济评论》2013 年第 4 期。

［60］ 朱潋：《产业发展与城镇化——以乐清为例的分析》，《浙江社会科学》2003 年第 5 期。

［61］ 徐国喜：《"海西"背景下福建省产业结构调整与优化对策》，《科技和产业》2011 年第 1 期。

［62］ 陈燕予：《低碳经济视角下的福建省产业结构优化研究》，《赤峰学院学报》2011 年第 11 期。

［63］ 方敏：《福建产业结构变迁及优化路径研究》，《福建论坛》2006 年第 1 期。

［64］ 关秀华：《论福建省产业结构优化升级》，《经济研究导刊》2011 年第 11 期。

［65］ 王丽华：《产城融合发展模式及策略思考》，《中国集体经济》2012

年第 31 期。

［66］李学杰：《城市化进程中对产城融合发展的探析》，《经济师》2012
年第 10 期。

［67］张燕友：《促进北京产业融合发展研究》，《经济与管理研究》2007
年第 5 期。

［68］魏祖民：《加快提升产城融合水平》，《宁波经济》2013 年第 3 期。

［69］蓝菲：《四川产城融合发展问题探析》，《商场现代化》2012 年第
9 期。

［70］李三虎：《新型城市化下广州推进产业融合发展研究》，《城市观察》
2013 年第 3 期。

［71］贺传皎：《由"产城互促"到"产城融合"——深圳市产业布局规
划的思路与方法》，《城市规划学刊》2012 年第 5 期。

［72］蒋华东：《产城融合发展及其城市建设的互融性探讨——以四川省天
府新区为例》，《经济体制改革》2012 年第 6 期。

［73］陈柳钦：《产业融合问题研究》，《长安大学学报》2008 年第 1 期。

［74］刘畅、李新阳、杭小强：《城市新区产城融合发展模式与实施路径》，
《城市规划学刊》2012 年第 7 期。

［75］刘荣增、王淑华：《城市新区的产城融合》，《城市问题》2013 年
第 6 期。

［76］夏骥：《对上海郊区产城融合发展的思考》，《城市》2011 年第
12 期。

［77］李守波：《高技术产业与传统产业融合发展研究》，《当代经济》
2006 年第 3 期。

［78］陈瑞泉：《保障和维护农民工子女的受教育权》，《中国农村小康科
技》2009 年第 3 期。

［79］王飞：《非政府组织促进农民工市民化的路径探究》，《西部经济管理
论坛》2013 年第 2 期。

［80］苏莉：《福建省城镇体系现状及发展思路》，《福建建设科技》2012
年第 1 期。

［81］《福建省农民工就业稳定性及影响因素分析》，《长春工业大学学报》
2012 年第 7 期。

［82］林永健：《福建省农民工社会保险转移接续先行一步的建议》，《就业与保障》2009 年第 8 期。

［83］林宇：《福建省农民工子女成就动机内驱力调查报告》，《教育测量与评价》2010 年第 8 期。

［84］周锦标：《广州市农民工积分入户政策的实践与启示》，《信阳农业高等专科学校学报》2012 年第 4 期。

［85］蔡素恒：《简论做好农民工医疗卫生工作的伦理意义》，《中国医学伦理学》2005 年第 3 期。

［86］高拓：《建立农民工市民化成本分担机制的思考》，《中州学刊》2005 年第 3 期。

［87］杨莉芸：《农民工市民化的户籍制度障碍——一个制度分析框架》，《山东农业大学学报》2013 年第 1 期。

［88］周建华：《农民工市民化的经济增长效应分析》，《现代经济探讨》2013 年第 3 期。

［89］丁文恩：《农民工市民化的路径研究——基于河南数据的分析》，《农业经济》2013 年第 3 期。

［90］于晓媛：《农民工医疗卫生问题探析》，《理论建设》2007 年第 1 期。

［91］张丽：《通识教育视野下农民工子女教育问题研究》，《经济论坛》2011 年第 6 期。

［92］李永强：《我国建制镇发展现状引发的思考》，《中国国情国力》2012 年第 12 期。

［93］赵元强：《我国小城镇发展模式特点及影响因素分析》，《科技创新导报》2013 年第 2 期。

［94］李莉、吴雁彬：《粤东地区融入海峡西岸经济区发展研究——谈〈海峡西岸经济区发展规划〉》，《重庆科技学院学报》2011 年第 23 期。

［95］阎驰骋：《中原经济区农民工市民化的途径及对策研究》，《新乡学院学报》2013 年第 1 期。

［96］彭江：《重庆市农民工市民化的教育培训资源统筹对策》，《重庆文理学院学报》2013 年第 2 期。

［97］刘佳林：《基于 STEP 法和 IDEF0 模型的小城镇交通规划研究》，《交通企业管理》2009 年第 12 期。

[98] 郭海东：《小城镇交通综合规划与管理模式探析》，《交通标准化》2010 年第 1 期。

[99] 王晓琳：《小城镇交通可持续发展问题研究》，《知识经济》2010 年第 1 期。

[100] 蔡慧敏：《〈城乡规划法〉背景下的城乡发展规划一体化》，《新乡学院学报》2010 年第 5 期。

[101] 曲丽丽：《十二五时期我国城乡一体化发展的思路》，《苏州大学学报》2010 年第 5 期。

[102] 徐光平：《十二五时期协调推进新型城镇化与新农村建设研究》，《东岳论丛》2011 年第 8 期。

[103] 卢中华：《城乡一体化的国际经验及其对我国的启示》，《临沂师范学院学报》2008 年第 5 期。

[104] 甄峰：《城乡一体化理论及其规划探讨》，《城乡规划汇刊》1998 年第 6 期。

[105] 杨玲：《国内外城乡一体化理论探讨与思考》，《生产力研究》2005 年第 9 期。

[106] 赵燕菁：《理论与实践——城乡一体化规划若干问题》，《城市规划》2005 年第 1 期。

[107] 陈述：《统筹城乡发展、推进城乡规划一体化的实践与思考》，《中国农村科技》2012 年第 3 期。

[108] 王爱科：《浅谈新时期城乡基础设施协调发展与规划》，《科技情报开发与经济》2009 年第 20 期。

[109] 何兵：《苏州推进城乡基础设施一体化的实践与探索》，《城乡建设》2012 年第 6 期。

[110] 郑晔：《在新农村背景下统筹城乡基础设施建设》，《社会科学研究》2012 年第 6 期。

[111] 王万茂：《中国土地管理制度、现状、问题及改革》，《中国土地科学》2012 年第 2 期。

[112] 林卿：《匈牙利土地管理制度及其对中国的借鉴》，《东南学术》2009 年第 2 期。

[113] 任平：《我国"两个最严格"土地管理制度理论矛盾与现实困境》，

《经济管理》2012 年第 8 期。

[114] 刘伯恩：《推动农村土地管理制度创新的基本思路》，《中国房地产》2009 年第 11 期。

[115] 冷静：《土地利用冲突与土地管理制度创新》，《国土资源导刊》2013 年第 1 期。

[116] 周亮华：《试论我国土地管理制度主要问题分析及改革策略》，《改革与开放》2013 年第 8 期。

[117] 杨帆：《上海城乡土地管理制度改革研究的回顾和若干建议》，《上海城市规划》2010 年第 4 期。

[118] 谢志岿：《如何制度化解决当前中国土地问题——对土地管理制度改革目标模式的探讨》，《中国行政管理》2012 年第 1 期。

[119] 杨顺湘：《欠发达地区统筹城乡有序推进土地制度改革——基于成渝改革试验区的实践》，《改革与战略》2011 年第 2 期。

[120] 贾彩彦：《近代中国城市化中城市土地管理制度变革的路径分析》，《贵州社会科学》2013 年第 3 期。

[121] 严金明：《基于城乡统筹发展的土地管理制度改革创新模式平息与政策选择——以成都统筹城乡综合配套改革试验区为例》，《中国软科学》2011 年第 7 期。

[122] 刘焱：《刍议打破行政区经济运行限制与城市土地管理制度创新》，《现代财经》2009 年第 10 期。

[123] 王振波：《城乡建设用地增减挂钩政策的观察与思考》，《中国人口、资源与环境》2012 年第 1 期。

[124] 杨刚强：《差别化土地政策促进区域协调发展的机制与对策研究》，《中国软科学》2009 年第 10 期。

[125] 马海涛：《中国财税体制改革 30 年经验回顾与展望》，《中央财经大学学报》2008 年第 2 期。

[126] 陈华：《我国财税体制改革思路分析》，《国际商务财会》2009 年第 12 期。

[127] 徐荔：《深化我国财税体制改革的思考》，《哈尔滨市委党校学报》2013 年第 2 期。

[128] 王恩胡、铁卫：《深化财税体制改革的思路与对策》，《宏观经济管

理》2009 年第 2 期。

[129] 史明霞：《深化财税体制改革的思考》，《中央财经大学学报》2008 年第 9 期。

[130] 高培勇：《奔向公共化的中国财税改革——中国财税体制改革 30 年的回顾与展望》，《财贸经济》2008 年第 11 期。

[131] 吴绍东：《对我国土地征用制度改革的探讨》，《黑龙江科学信息》2011 年第 6 期。

[132] 赵慧：《论我国现行土地征用制度的改革与完善》，《农村经济与科技》2008 年第 2 期。

[133] 孙汉泉：《浅谈土地征用制度改革》，《民营科技》2010 年第 3 期。

[134] 刘成试：《论我国现行土地征用制度改革》，《铜业工程》2010 年第 2 期。

[135] 王新萍：《我国现行土地征用制度的改革与完善》，《学术纵横》2008 年第 2 期。

[136] 廖富洲：《征地乱象与农村土地征用制度改革》，《中共中央党校学报》2011 年第 5 期。

[137] 程武：《我国税收征收管理的改革与完善》，《科技咨询》2010 年第 29 期。

[138] 郝昭成：《完善税收制度的思考》，《涉外税务》2013 年第 4 期。

[139] 张德勇：《进一步完善房产税的几个问题》，《税务研究》2011 年第 4 期。

[140] 胡海：《改革和完善税收征管制度的基本设想》，《湖南行政学院学报》2009 年第 2 期。

[141] 王慧：《改革发展成果分享与我国税收征收管理体系的完善》，《大连干部学刊》2008 年第 7 期。

[142] 曾万涛：《长株潭地区行政区划调整研究》，《地域研究与开发》2008 年第 1 期。

[143] 李金龙：《长株潭区域经济发展中的行政区划调整研究》，《经济研究导刊》2009 年第 23 期。

[144] 王开泳：《对我国大城市行政区划调整的思考——以广州市近年来行政区划调整为例》，《城市问题》2006 年第 7 期。

［145］杨宇：《多元视角下的新疆行政区划调整思考》，《地理学报》2013年第10期。

［146］佘丽敏、许学强、袁媛：《佛山行政区划调整与整合发展研究》，《热带地理》2005年第3期。

［147］王开泳：《国外行政区划调整的经验及对我国的启示》，《世界地理研究》2011年第2期。

［148］覃照素、韦善豪：《广西沿海地区行政区划调整研究》，《华中师范大学学报》2008年第2期。

［149］范红艳：《基于GIS空间分析的乡镇行政区划调整方法研究》，《地理与地理信息科学》2009年第2期。

［150］蔡成缓：《江苏省徐州市行政区划调整的探索与思考》，《统计科学与实践》2011年第1期。

［151］罗怀良：《四川省建国以来县级行政区划调整研究》，《云南地理环境研究》2008年第2期。

［152］陈小华：《试论我国行政区划调整制度的重构》，《人民论坛》2013年第6期。

［153］李开宇：《我国城市行政区划调整的问题与发展趋势》，《规划师》2007年第7期。

［154］龚敏：《厦门与漳州两地经济增长分析——兼论行政区划调整与中心城市建设》，《东南学术》2006年第1期。

［155］伍世代：《沿海城市经济吸引范围及相应行政区划调整分析——以福建省为例》，《内蒙古师范大学学报》2008年第1期。

［156］寇凤超：《中国行政管理体制改革的任务与策略》，《湖南行政学院学报》2009年第4期。

［157］刘杰、赫郑飞：《行政管理休制改革的思路和措施》，《中国行政管理》2006年第10期。

［158］唐铁汉：《中国行政管理体制改革的回顾与展望》，《新视野》2008年第6期。

［159］马义：《完善行政管理体制若干问题探析》，《辽宁行政学院学报》2004年第4期。

［160］王东东：《完善我国乡镇行政管理体制的思索》，《兰州学刊》2012

年第 8 期。

[161] 林琳：《平潭综合实验区优化行政管理体制研究》，《科技与产业》
2011 年第 12 期。

[162] 王东明：《进一步深化行政管理体制和政府机构改革》，《求是》
2008 年第 7 期。

[163] 唐铁汉：《加快行政管理体制改革的战略思考》，《国家行政学院学
报》2007 年第 6 期。

[164] 刘剑明：《加快推进行政管理体制改革的路径选择》，《行政与法》
2013 年第 2 期。

[165] 杨涌涛：《河南省城镇化进程中行政管理体制改革问题研究》，《河
南社会科学》2005 年第 6 期。

[166] 段尔煜：《对深化地方政府行政管理体制改革的思考》，《云南行政
学院学报》2008 年第 4 期。

图书在版编目（CIP）数据

福建省新型城镇化的宏观布局和战略路径/陈清著．—北京：社
会科学文献出版社，2015.5
（福建省社会科学规划博士文库项目）
ISBN 978 - 7 - 5097 - 7326 - 0

Ⅰ．①福…　Ⅱ．①陈…　Ⅲ．①城市化 - 发展战略 - 研究 - 福
建省　Ⅳ．①F299．275．7

中国版本图书馆 CIP 数据核字（2015）第 063430 号

· 福建省社会科学规划博士文库项目 ·

福建省新型城镇化的宏观布局和战略路径

著　　者／陈　清

出 版 人／谢寿光
项目统筹／王　绯
责任编辑／孙燕生

出　　版／社会科学文献出版社 · 社会政法分社 (010) 59367156
　　　　　　地址：北京市北三环中路甲 29 号院华龙大厦　邮编：100029
　　　　　　网址：www. ssap. com. cn
发　　行／市场营销中心（010）59367081　59367090
　　　　　　读者服务中心（010）59367028
印　　装／三河市东方印刷有限公司

规　　格／开　本：787mm × 1092mm　1/16
　　　　　　印　张：21　字　数：339 千字
版　　次／2015 年 5 月第 1 版　2015 年 5 月第 1 次印刷
书　　号／ISBN 978 - 7 - 5097 - 7326 - 0
定　　价／79．00 元